동중서 사상의 핵심과 전변

동중서 사상의 핵심과 전변

편　　역: 신창호·린자바오

공동집필: 다이춘민(代春敏)

린자바오(林家寶)

바이리창(白立强)

신창호(申昌鎬)

안구이링(安桂玲)

왕원수(王文書)

웨이옌훙(魏彦紅)

차오잉춘(曹迎春)

최쑤어장(崔鎖江)

우물이 있는 집

머리말

중국사상사에서 동중서(董仲舒)는 중화(中華)문화의 주춧돌을 놓은 위대한 철학자입니다. 그런 만큼, 공자(孔子)나 주자(朱子)처럼, 그저 '동중서'가 아니라 '동자(董子)'로 호칭합니다. '동자'는 한(漢)나라를 '대일통(大一統)'의 국가주의로 엮어낸 정치가이자 학자이며 교육자로서 존경받습니다. 역사상 여러 제왕과 저명한 학자들로부터 성현(聖賢)으로 인정받은 '선유(先儒)'입니다. 그가 제시한 '천인감응(天人感應)'·'천인합일(天人合一)'을 비롯하여 '음양오행(陰陽五行)', '성론(性論)', '재이설(災異說)' 등, 다양한 사유와 정책은 중국문화 제도의 디딤돌 역할을 해왔습니다.

정치·경제·사회·교육·복지 등 다양한 방면에서, 그것은 중국 국가주의 정책을 설계하고, 현실에서 실천한 유학 사상의 선구입니다. 동중서의 철학사상은 당시는 물론이고, 현재까지도 시대정신을 관통하고 있습니다. 현실 대책은 인재 등용을 통해 구체적이고 과학적입니다. 도덕 윤리는 의리(義利)의 조절을 통해 공동체의 성장과 번영을 인도합니다. 간략하게 정돈하면, 동중서학(董仲舒學), 즉 '동학(董學)'은 '독존유술(獨尊儒術)'의 구호를 선도했습니다. 그 이론과 실천을 통일한 실제 유학을 구현했습니다. 개인이건 공동체건, 인생의 풍요함을 안착하려는 인본주의적이고 인간주의적 철학입니다.

그러나 한국에서 동중서 철학사상에 관한 연구는 다른 중국철학사상에 비해 상대적으로 활발하지 않습니다. 『춘추번로』 번역서와 몇 편의 학위논문, 그리고 몇몇 주제를 다룬 논문이 조금 있는 수준입니다. 그것은 중국철학사상 연구가 공자·맹자 중심의 원시유학이나 주희를 필두로 하는 송대 성리학, 양명학 등 몇몇 분야에 치우쳐 있는 상황과도 연관됩니다. 이런 한국학계의 현실은 중국철학사상의 연구를 전체적으로 조망하는데 한계를 드러내는 것이기도 합니다. 역사적으로 볼 때, 사상사의 '허리'에 해당하는 사유의 접합점을 놓치는 결과를 가져옵니다. '동자'는 원시유학에서 성리학으로 이어지는 사유의 교량에서, 핵심적 지위를 차지합니다. 이 때문에 동중서에 관한 종합적인 연구는 중국사상사의 종단과 횡단을 체계적으로 연결하는 중요한 작업입니다.

이 편역서는 바로 그런 연구의 토대가 되기 위한 하나의 시도입니다. 특히, 동중서 연구의 메카인 중국 형수이대학교[衡水學院] 동자학원(董子學院)의 최고 전문가들이 발표한 연구논문을 중심으로, 동중서 사상의 핵심과 그 전변을 간추려 보았습니다. 그런 점에서 이 책은 '동학(董學)'을 전문적 수준에서 소개하는, 일종의 '동자' 사상 안내서입니다. 아마도 이 분야의 밀도 있는 중국학자들의 연구로는 한국에 처음 선보이는 저술일 것입니다.

이 책에 수록한 논문의 원래 출처는 다음과 같습니다.

代春敏(2024). 论宋诗中董仲舒形象的人文价值. 德州学院学报 40(05).

代春敏·王文书(2022). 从正名思想看董仲舒的仁义观. 泰山学院学报 44(01).

林家宝(2025). 董仲舒人性教育思想研究. 韩国 高丽大学 硕士論文.

白立强(2024). 贵元重始：董仲舒‘天人一’说再探-兼论天之‘神’. 新乡学院学报 41(04).

白立强(2024). 从‘叁才’到‘叁纲’：董仲舒王道观之嬗变. 扬州教育学院学报 42(02).

申昌镐(2021). 董仲舒의 国家主义 教育思想. 温知論丛 66.

申昌镐(2024). 儒教 性论에서 董仲舒의 位相. 宗教教育学研究 76.

安桂玲(2025). 董仲舒义利观对高校心理健康教育的启示. 衡水学院学报 27(01).

王文书(2023). 董仲舒生平履歷再考证. 河北大学学报(哲学社会科学版) 48(05).

王文书(2024). 西汉董仲舒学术继承者考述. 衡水学院学报 26(02).

魏彦红(2017). 董仲舒教化思想研究述评. 衡水学院学报 19(01).

魏彦红(2021). 董仲舒王道思想中的生态智慧与启示-以『春秋繁露』为中心. 社会治理 2021(09).

曹迎春(2014). 董仲舒生态思想研究. 衡水学院学报 16(03).

曹迎春(2017). 董仲舒官德思想及其现代价值. 衡水学院学报 19(02).

崔锁江(2018). 董仲舒天子思想及其与皇帝制度的关係. 当代中国价值观研究 3(03).

崔锁江·代春敏(2019).董仲舒五行关係论的多重模式及其对相生相剋的超越. 衡水学院学报 21(05).

동자(董子) 사상을 집중적으로 다룬 16편의 연구 성과를 간추렸습니다. 논문의 제목과 발표 연도에서 엿볼 수 있듯이, 동중서 철학사상의 최신 연구물이자 핵심 사상, 그리고 현대적 의미를 부여하거나 그 가치를 발굴하는데 이르기까지 다양합니다. 아울러 동자 사상의 핵심과 전변을 개괄할 수 있도록, 주제와 의미를 분류하여, 본문에서는 순서대로 재배치하여 정돈했습니다.

중국 학자들의 논문을 번역하는 과정에서, 간체(簡體)로 된 고전 원문은 모두 번체(繁體)로 바꾸어 각주로 제시하고, 원본과 대조하며 이해할 수 있게 하였습니다. 또한 철학사상 개념이나 논리 전개에서 중국식 표현을 비롯하여 의미 전달이 어려운 부분들은 가능한 한 한국식 표현으로 바꾸고 의역하여 풀이하려고 노력했습니다. 하지만 필자마다 독특한 논문 작성 방식과 글 쓰는 스타일, 표현 방법 등이 다양하고, 번역상의 난점 등을 고려하면, 모든 개념이나 용어를 통일하여 정리하지는 못했습니다. 어쩌면, 연구자마다 주요 개념이나 사유를 다양한 양상으로 표현하고 있는 만큼, 사상의 비옥함을 느낄 수 있을 것입니다.

이 책을 출판하기까지, 헝이수이대학교 동자학원과 고려대학교 동중서교육연구센터는 수년에 걸쳐 학술교류를 진행해 왔습니다. 중국과 한국을 오가며, 국제학술대회 발표도 하고, 간담회를 통해 양국의 학술교류를 촉진하려는 노력을 기울여 왔습니다. 이 책을 계기로, 앞으로도 더욱 알찬 학술교류의 장이 펼쳐지기를 기대합니다.

무엇보다도, 형수이대학교 동자학원과 하북성 동중서연구회 회장을 맡아, '동자학(董子學)' 연구를 선도하고 있는 웨이옌홍 회장님, 형수이대학교 동자학원 교수님들, 자료정리를 맡아준, 린자바오 연구원에게 깊은 감사를 표합니다.

심부득의(心不得義), 불능락(不能樂);
체부득리(體不得利), 불능안(不能安)!

마음이 의리를 얻지 못하면 즐거울 수 없고,

몸이 이익을 얻지 못하면 편안할 수 없다!

2025. 12. 동지(冬至) 절기에

고려대학교 연구실에서

편역자를 대표하여 신창호

발간 축사

　고려대학교 신창호 교수께서 편찬하신 『동중서 사상의 핵심과 전변』이 곧 출판된다는 기쁜 소식을 접하고, 헝수이(衡水)대학교의 동중서 연구자이자 중·한 학술교류의 직접 참여자로서 축사를 쓰게 된 것을 큰 영광으로 생각합니다. 이 소중한 학술 성과를 한국학계의 여러 학자와 함께 나눌 수 있게 되어 매우 기쁩니다.

　동중서는 중국 한나라 시기의 유학을 집대성한 사상가입니다. 그의 사상은 중국 전통문화의 핵심이자 정수일 뿐 아니라 시공을 초월하고 국경을 넘어서는 지혜를 담고 있습니다. 헝수이대학교 동자학원(董子學院)과 고려대학교 동중서교육연구센터는 동중서 사상에 대한 공통 관심을 바탕으로 깊은 학술적 우정을 맺어 왔습니다. 2019년 양 기관이 공동으로 개최한 '제1회 '동중서 철학과 『주역』 국제학술대회'가 고려대학교에서 성공적으로 개최되었고, 신창호 교수께서는 깊은 학문적 역량을 바탕으로 수준 높은 교류의 장을 마련하였습니다. 헝수이대학교 학자들 또한 논문을 발표하고, 심도 있는 토론을 진행하며, 양측 학술 협력의 새로운 장을 열었습니다. 이후 수년간 신창호 교수 일행은 여러 차례 헝수이대학교를 방문하여 동중서 국제학술대회에 참석하였고, 양측은 상호 방문과 논의를 통해 학술적 교류가 더욱 깊어졌습니다.

이번 출간하는 책은 이러한 학술적 우정의 결실이라 할 수 있습니다. 책에는 신창호 교수의 「동중서 국가주의 교육사상」과 「유가 인성론에서의 동중서의 지위에 관한 연구」가 수록되어 있는데, 연구의 깊이와 독창성이 돋보여 한국학계에서 동중서 사상을 이해하는 데 중요한 준거를 제공합니다. 또한 형수이대학교 여러 학자의 연구 성과를 엄선하여, 왕도의 지혜, 관료의 덕성, 교화 사상, 생태 이념, 의리관, 학술의 전승 등 다차원을 포괄하였습니다. 생애에 대한 엄밀한 고증에서 사상의 현대적 가치에 관한 심층적 탐구까지, 다양한 연구 시각을 한국학계에 제시하고 있습니다.

이 성과들을 한국어로 번역·출판한 것은 매우 큰 의의를 지닙니다.

첫째, 한국학계에 동중서 사상 연구의 최신 성과를 체계적으로 이해할 수 있는 중요한 자료를 제공하여, 한국에서의 동중서 연구의 지평을 확장하는데 기여할 수 있습니다.

둘째, 중·한 양국 동중서 연구의 학술적 다리를 놓아, 학문 연구 방법과 사상의 관점에 대한 상호 교류와 융합을 촉진합니다.

셋째, 동중서 사상 속에 녹아 있는 '천인합일(天人合一)'의 생태 지혜, '인의예지신(仁義禮智信)'의 도덕 이념, '덕주형보(德主刑輔)'의 통치 사상은 현대 사회의 거버넌스와 문명 교류에도 깊은 시사점을 제공합니다. 이에 양국이 동중서 사상이 전해주는 전통 지혜를 공유하고, 현대의 시대정신에 대응하는 중요한 사상적 자원으로 활용할 수 있습니다.

지나온 학술 성과가 이렇게 훌륭한 책으로 출판될 수 있도록 헌신과 책임감을 보여주신 신창호 교수께 진심으로 감사드립니다. 이는 중·한 학술교류의 새로운 출발점이 되어, 양국의 동중서 사상 연구가 더욱 심화하고, 동중서 사상의 지혜가 더 많은 이들의 마음을 밝히며, 중·한 문화 교류와 인류 문명 발전에 더욱 크게 기여할 수 있기를 진심으로 기원합니다.

2025년 12월 3일 언재(彦齋)에서

중국(中國) 하북성(河北省) 동중서연구회(董仲舒硏究會) 회장(會長)

웨이옌훙(魏彦紅)

차례

동중서의 생애 재고찰

왕원수(王文書)

I. 서언

동중서(董仲舒)의 생애를 기록하고 있는 기본 사료는 『사기(史記)』
와 『한서(漢書)』이다. 『사기』는 「유림열전(儒林列傳)」에서, 동중서에
대해 500자 남짓한 분량의 간략한 삶을 기록하였다. 다른 편들에서도
동중서에 대한 언급은 단편적인 문구에 불과하다. 반면, 『한서』는 『사
기』에 수록된 동중서 관련 전기(傳記) 내용을 바탕으로, 「천인삼책(天
人三策)」과 관련되는 한대(漢代)의 문서 자료들을 추가로 편집·수록
함으로써, 비교적 온전한 「천인삼책」의 내용을 후세에 남겼다.

『사기』와 『한서』에 남아 있는 자료에는, 동중서의 생애와 관련한
사건들의 정확한 발생 연도에 대한 명확한 기록이 없다. 역대의 학자
들도 오직 사서(史書)에 근거하여 동중서의 대략적 생애와 이력을 추
정했을 뿐이다.

동중서의 연보(年譜)를 비교적 온전하게 정리한 연구로는 다음과
같은 저술들이 있다.

수어(蘇輿)의 『춘추번로의증(春秋繁露義證)』 「동자연표(董子年表)」, 웨이정퉁(韋政通)의 『동중서(董仲舒)』 「동중서연표(董仲舒年表)」, 저우구이뎬(周桂鈿)의 『동학탐미(董學探微)』 「동중서연보고략(董仲舒年譜考略)」, 종자오펑(鍾肇鵬)의 『춘추번로교석(春秋繁露校釋)』 「동중서연보급생졸고(董仲舒年譜及生卒考)」 등이다. 이 외에도 구이쓰주어(桂思卓)의 편년사에서 고전으로: 동중서의 『춘추해석학(從編年史到經典—董仲舒的春秋詮釋學)』, 루웨이이(魯惟一)의 『동중서 유가유산과 「춘추번로」(董仲舒儒家遺產與春秋繁露)』 등의 저작에서도 동중서의 생애에 대한 고증에서 주목할 만한 견해를 제시하고 있다. 왕저(王澤)의 「동중서연보고보(董仲舒年譜考補)」는 앞서 언급된 동중서 연보들에 대한 보완적 고증을 시도하였으나, 여전히 일부 내용은 논의의 여지가 있다.

여기에서는 이러한 선행 연구 성과를 토대로, 현존 사료를 최대한 활용하고 상호 참조하는 가운데, 논리적 추리 방법을 활용하여 동중서의 생애 전반을 다시 고증하려고 한다. 그 생애의 대략적 윤곽을 보다 명확하게 밝힘으로써, 동중서의 일생을 구체적으로 제시하고, 관련된 오해를 바로잡으며, 이후 그의 사상 연구를 위한 역사학적 기초를 마련하고자 한다.

『사기』와 『한서』의 기록에 따르면, 동중서의 생애에서 비교적 두드러지는 경험은 다음과 같은 장면 또는 일화들로 요약할 수 있다.

'목불규원(目不窺園)', '하유강송(下帷講誦)', '양상강도(兩相江都)', '천인삼책(天人三策)', '묘화지옥(廟火之獄)', '교서위상(膠西爲相)', '현거치사(懸車致仕)', '루항문책(陋巷問策)', '배장무릉(陪葬茂陵)' 등이 그것이다.

이러한 사건들을 시간 순서에 따라 배열하고, 각종 사료를 바탕으로 개별 사건이 발생하고 전개된 구체적 시기와 공간적 위치를 정밀하게 확인하여 정돈해 나갈 것이다. 물론, 이러한 사건들 사이에는 시간적 차원에서 상호 참조와 비교를 통해, 전후 관계를 명확히 하는 작업도 포함된다.

Ⅱ. '삼년불규원(三年不窺園)' 고증

"동중서(董仲舒)는 고전을 깊이 연구하며 전념하였고, 60세가 넘는 나이에도 채소밭조차 들여다보지 않았다."[1]

제1권 「본조(本造)」에 등장하는 이 내용은 『사기(史記)』의 기록에서 유래하였다.

"동중서는 3년 동안 집 뜰의 정원도 바라보지 않았는데, 그 학문에 대한 열정과 정성이 이와 같았다. 그의 모든 언행은 예의에 벗어남이 없었고, 학자들은 모두 그를 스승으로 받들며 존경하였다."[2]

『한서(漢書)』에도 다음과 같이 기록하고 있다.

"3년 동안 정원을 들여다보지 않았는데, 그 열정과 정성이 이와 같았다. 언행은 모두 예의에 맞게 행하고, 학자들은 모두 스승으로서 그를 존경하였다."[3]

또한 『사통(史通)』에는 "동중서가 말을 타고 다녔지만, 3년 동안이

---

1) 『新輯本桓譚新論』「本造」: 董仲舒專精於述古, 年至六十餘, 不窺園中菜.

2) 『史記』「儒林列傳」: 蓋三年董仲舒不觀於舍園, 其精如此. 進退容止, 非禮不行, 學士皆師尊之.

3) 『漢書』「董仲舒傳」: 蓋三年不窺園, 其精如此. 進退容止, 非禮不行, 學士皆師尊之.

나 자기가 타고 다닌 말이 암놈인지 숫놈인지조차 알지 못하였다."[4]

이런 기록은 모두, 동중서가 얼마나 학문에 몰두하고 전념했는지를 구체적으로 일러주는 상징적인 사례들이다.

1. '불규원(不窺園)'의 '원(園)'은 형수(衡水)에 있다.

저우구이뎬(周桂鈿)은 '삼년불규원(三年不窺園)'의 일이 장안(長安)에서 발생한 것으로 보았다. 그러나 '불규원(不窺園)'의 '원(園)'은 형수(衡水)에 있다고 보는 것이 마땅하다. 왜 그런가? 동중서가 맡았던 박사(博士)는 서한 조정의 박사가 아니라 광천국(廣川國)의 박사였다. 때문에, 경제(景帝) 시기에 동중서는 서쪽의 장안으로 가지 않았다. 이 시기의 동중서는 여전히 광천국에 거주하고 있었다.

동중서는 정치 이론을 제시하면서, 일관되게 '백성과 이익을 다투지 말아야 한다!'라고 주장했다. 그 근거는 '하늘은 중복하여 주지 않는다(天不重予)!'라는 명제였다. 그는 「천인삼책(天人三策)」의 제2책에서 다음과 같이 분명하게 밝히고 있다.

하늘이 나누어주는 데는 일정한 법칙이 있다. 이를테면, 날카로운 이빨을 준 것에는 그 뾰족한 뿔을 제거하고, 날개를 준 것에는 두 발을 둘로 나누어 놓았다. 즉 크게 받은 것에게 작은 부분까지도 다 갖게 할 수는 없다는 뜻이다. 예로부터 나라의 녹봉을 받은 사람은 육체노동을 하지 않고, 말단에서 움직이지 않았다. 이 또한 '크게 받은 것에게 작은 부분까지도 다 갖게 할 수는 없다!'라는 천도(天道)와 뜻을 같이한 것이다. 이미 큰 것을 받고서도 또다시 작은 것을 가지려 한다면, 하늘조차 이를 보장할 수 없거늘, 하물며 인간이

---

4) 『史通』: 董生乘馬, 三年不知牝牡.

야 어떠하겠는가! 이 때문에 백성이 늘 소란스럽고 부족함을 괴로워한다. 자신은 총애를 받아 높은 지위에 있고, 가정은 따뜻하고 후한 녹봉을 누리면서도, 그런 권력을 이용하여 아래의 백성과 이익을 다투려고 한다면, 백성이 어찌 그와 견줄 수 있겠는가? 그리하여 노비를 많게 하고, 소와 양을 많이 기르며, 밭과 집을 넓히고, 생계를 위한 산업을 확장하며, 재물 쌓아두기를 힘쓰되, 그칠 줄을 모르니, 이 때문에 백성을 압박하고 짓누르게 된다. 백성은 날이 갈수록 피폐하게 생활하고, 달이 지날수록 궁핍함이 심해져 마침내 큰 곤궁에 이르게 되는 것이다. 부유한 자는 사치하고 넘치도록 누리며, 가난한 자는 궁핍하고 다급하여 근심과 고통에 시달린다. 이처럼 가난하고 괴로운 상황에 있는데도, 위에서 이를 구제하지 않으면, 백성은 삶을 즐기지 못하게 되고, 삶을 즐기지 못하면 죽음을 두려워하지 않게 된다. 죽음을 피하지 않으니, 어찌 죄를 피할 수 있겠는가! 이것이 형벌이 번성하고 간사한 행위가 끊이지 않는 이유이다. 그러므로 녹봉을 받는 집안은 그저 녹봉을 먹는 것으로 만족하고, 백성과 직업을 다투지 않아야만 이익이 고르게 분배되고, 백성 또한 가정마다 풍족할 수 있다. 이는 하늘의 이치이자 오래된 인간의 도리이며, 천자(天子)가 모범으로 삼아 제도를 마련해야 할 근본이며, 대부(大夫)가 마땅히 따라야 할 행동 지침이다. 공의자(公儀子)가 노나라의 재상이었을 때, 집에 들렀다가 베를 짜는 것을 보고는 화가 나서 아내를 내쫓았고, 집에서 식사하다가 곰취를 먹자, 화가 나서 그 곰취를 뽑으며 말하였다. "내가 이미 녹봉을 먹고 있는데, 어찌 다시 동산에서 일하는 백성의 이익을 빼앗겠는가!"[5]

5) 『漢書』「董仲舒傳」: 夫天亦有所分予, 予之齒者去其角, 傅其翼者兩其足, 是所受大者不得取小也. 古之所予祿者, 不食於力, 不動於末, 是亦受大者不得取小, 與天同意者也. 夫已受大, 又取小, 天不能足, 而況人虖! 此民之所以囂囂苦不足也. 身寵而載高位, 家溫而食厚祿, 因乘富貴之資力, 以與民爭利於下, 民安能如之哉! 是故衆其奴婢, 多其牛羊, 廣其田宅, 博其産業, 畜其積委, 務此而亡已, 以迫蹴民, 民日削月朘, 寖以大窮. 富者奢侈羨溢, 貧者窮急愁苦; 窮急愁苦而上不救, 則民不樂生; 民不樂生, 尚不避死, 安能避罪! 此刑罰之所以蕃而姦邪不可勝者也. 故受祿之家, 食祿而已, 不與民爭業, 然後利可均布, 而民可家足. 此上天之理, 而亦太古之道, 天子之所宜法以爲制, 大夫之所當循以爲行也. 故公儀子相魯, 之其家見織帛, 怒而出其妻, 食於舍而茹葵, 慍而拔其葵, 曰: "吾已食祿, 又奪園夫紅女利虖!"

이처럼 동중서는 자신의 이론을 철저하게 실천한 사상가였다. "동중서는 죽을 때까지 자신의 생계를 위한 산업을 일구지 않고, 학문을 닦고 저술하는 일을 임무로 삼았다."[6] "벼슬에서 물러나 집으로 돌아간 뒤에도 끝내 가산(家産)에 관해 묻지 않고, 학문을 닦고 저술하는 일을 임무로 삼았다."[7]

동중서는 관직에서 은퇴한 후, 장안(長安)의 누추한 골목에서 살았으며, 사유 재산이 없었으므로 정원과 밭을 가질 리 만무하다. 따라서 '3년 동안 정원을 들여다보지 않았다!'라는 의미의 '삼년불규원(三年不窺園)'의 일화는 그의 고향에서 있었던 일로 추정할 수 있다. 고향에는 그의 조상이 물려준 일부 재산이 있었기 때문이다. 동중서는 천자에게 「천인삼책(天人三策)」을 올리기 전까지 대부분의 시간을 형수(衡水) 지역에서 살았고, 그의 주요 활동 영역 또한 형수 및 인근 지역이었다.

2. 한 고조(漢 高祖) 7년경에 출생한 것으로 추정된다

"'한나라가 흥기하여 5대에 이르기까지, 오직 동중서만이 춘추(春秋)』에 밝다!'라고 이름이 나 있었으며, 그는 공양씨(公羊氏)의 전통을 계승한 인물이다."[8]

여기서 말하는 '한나라가 흥기하여 5대에 이르기까지'라는 것은 한나라의 '고조(高祖)-혜제(惠帝, 여후(呂後) 섭정 포함)-문제(文帝)-경제(景帝)-무제(武帝)'까지 5명의 황제를 가리킨다.

---

6) 『史記』「儒林列傳」: 至卒, 終不治産業, 以修學著書爲事.
7) 『漢書』「董仲舒傳」: 及去位歸居, 終不問家産業, 以修學著書爲事.
8) 『史記』「儒林列傳」: 唯董仲舒名爲明於春秋, 其傳公羊氏也.

"동중서는 직접 4대의 일을 보았다."[9]

여기에서 '4대의 일'은 『사기』에서 말하는 '5대'와 모순되지 않는다. 이에 대해 저우구이뎬(周桂鈿)은 비교적 합리적인 해석을 내놓았다. 공자(孔子)는 춘추』의 내용을 세 부분으로 시대구분을 하였다. 첫 번째는 '소공(昭公)-정공(定公)-애공(哀公)'의 시대이다. 이는 공자가 직접 경험한 '소견세(所見世)'이다. 두 번째, '문공(文公)-선공(宣公)-성공(成公)-양공(襄公)'의 시대이다. 이는 공자가 전해 들은 '소문세(所聞世)'이다. 세 번째, '은공(隱公)-환공(桓公)-장공(莊公)-민공(閔公)-희공(僖公)'의 시대이다. 이는 공자가 전해 들은 '소전문세(所傳聞世)'에 해당한다. 공자의 생몰 연대는 비교적 명확한데, 기원전 551년부터 기원전 479년까지이다. 기원전 551년은 노나라 양공 22년이며, 양공의 재위 기간은 기원전 575년부터 기원전 542년까지이다. 노나라 소공이 즉위한 기원전 541년에 공자는 이미 10세였으므로, 10세 이전은 아직 어린 시절로 세상사를 알지 못해 실제로 '직접 본 시대'로 간주하지 않는다.

이런 기준으로 추측해 보면, 동중서가 직접 경험한 4대는 '혜제-문제-경제-무제'를 의미한다. 따라서 그의 출생 시기는 한나라 고조 시대였다고 판단할 수 있다.

환탄(桓譚)의 신론(新論)』은 동중서의 나이를 직접적으로 언급한 사료이다. 『사기』와 『한서』 모두 '원(園)을 들여다보지 않았다!'라는 '불규원(不窺園)' 일화를 '천인삼책(天人三策)' 이전에 자리매김하고 있는데, 이는 시간 순서상 '불규원'이 '천인삼책'보다 앞서 발생했음을 의미한다. 즉 동중서는 「천인삼책」을 올릴 당시 이미 60세를 넘긴 상

---

9) 『漢書』「匈奴傳」: 仲舒親見四世之事.

태였다. 건원 원년(建元 元年, 기원전 140년)을 기준으로 「천인삼책」을 건의한 시점을 60여 년 거슬러 올라간다면, 그 시기는 기원전 200년 전후가 된다. 기원전 200년은 바로 서한(西漢)과 흉노(匈奴)가 백등지전(白登之戰)을 벌인 시기로, 이는 한 고조 7년의 일이다. 따라서 동중서는 당시 서한을 대표하는 사상가이자 정치가인 '가의(賈誼)'와 비슷한 연배로 보아야 할 것이다.

Ⅲ. '부경대책(赴京對策)' 건의

한(漢) 무제(武帝)는 16세의 소년으로 천자(天子)에 즉위했지만, 그 최고지도자로서의 수완은 매우 노련하였다.

즉위 초기에 첫 번째로 조직과 인사에 대한 배치와 조정을 단행하였다. 중앙의 핵심 의사결정 집단을 재편성하고 신진 인물을 발탁하여 중용하였다. 특히, 경제(景帝) 이후 3년(기원전 141년), "3월, 황태후의 이복동생인 전분(田蚡)과 전승(田勝)을 모두 열후(列侯)로 봉하였다."[10]라고 하며, 이들은 국정 주요 사안의 결정에 참여하게 되었다.

1. 왕국박사(王國博士) 신분으로 건원 원년에 실시된 현량대책(賢良對策)에 참가하였다.

두 번째 조치는 바로 현명하고 올바른 인품을 지닌 '현량방정(賢良方正)'을 천거하는 일이었다. "건원 원년(建元元年) 겨울 10월, 황제는 승상(丞相), 어사(禦史), 열후(列侯), 중이천석(中二千石), 이천석

---

10) 『漢書』「武帝紀」: 三月, 封皇太後同母弟田蚡·勝皆爲列侯.

(二千石), 제후국 재상인 제후상(諸侯相) 등에게 현량방정하고 직언(直言)과 극간(極諫)을 잘하는 선비를 천거하라고 명하였다."[11] 『사기』와 『한서』의 서술 순서를 보면, 서한 초기에는 태초력(太初曆)이 아니라 전욱력(顓頊曆)을 사용하였으며, 10월을 한 해의 시작인 세수(歲首)로 삼았다. 무제는 즉위하자마자 '현량방정'을 천거하는 제도를 통해, 훌륭한 신인을 등용하고 자신의 정치 기반을 다지기 시작했다.

"무제가 즉위하자, 전후로 수백 명의 현량문학지사(賢良文學之士)를 천거하였는데, 동중서는 그 가운데 한 사람으로 현량대책(賢良對策)에 참여하였다."[12]

이로 보아, 동중서는 건원 원년(기원전 140년) 무제가 즉위한 직후, 조정에서 시행한 '현량방정(賢良方正)' 천거 제도에 박사(博士)의 신분으로 참여한 것이 명확하다. 사실, 동중서는 서쪽 장안으로 가서 현량대책에 응하기 이전부터, 이미 경제(景帝) 시절에 박사 관직을 맡고 있었다. 그러나 그가 맡은 박사 관직은 중앙정부의 박사가 아니라 제후국의 박사였던 것으로 보인다. 일반적으로 중앙정부가 어떤 관직을 두면, 제후국도 그에 상응하는 관직을 두었다. 그러나 '7국의 난' 이후 중앙정부는 제후국의 관원을 억제하도록 조치하였다.

경제 5년, 제후국의 왕들은 다시는 자기의 나라를 스스로 다스릴 수 없게 하였고, 천자가 직접 관리들을 임명하였다. 승상을 '상(相)'이라 칭하고, 어사대부·정위·소부·종정·박사관 등의 관직은 폐지하였으며, 대부·알자·낭 등의 여러 관장과 승(丞)도 모두 그 정원을 줄였다.[13]

---

11) 『漢書』「武帝紀」: 建元元年冬十月, 詔丞相·禦史·列侯·中二千石·二千石·諸侯相擧賢良方正直言極諫之士.
12) 『漢書』「董仲舒傳」: 武帝即位, 擧賢良文學之士前後百數, 而仲舒以賢良對策焉.
13) 『漢書』「百官公卿表」: 景帝中五年, 令諸侯王不得復治國, 天子爲置吏, 改丞相曰相, 省禦史大

7국의 난이 평정된 이후, 서한 중앙정부는 제후국 왕들이 더 이상 지방을 자치할 권한을 가지지 못하게 만들고, 관직의 설치를 중앙이 직접 결정하였으며, 승상(丞相)의 명칭을 '상(相)'으로 바꾸고, 어사대부·정위·소부·종정 등의 관직을 폐지하였다. 또한 박사관·대부·알자·낭 등 여러 관장과 승(丞) 또한 정원이 줄어들었다. 제후국의 왕들도 조정과 마찬가지로 박사 관직을 둘 수 있었으나, 7국의 난 이후 그 정원이 축소된 것이다.

주지하다시피, 광천국(廣川國) 북쪽 인근에는 하간국(河間國)이 있었고, 하간국의 왕은 무제의 형인 하간헌왕(河間獻王) 유덕(劉德)이었다. 유덕은 학문을 숭상하고 고문(古文)을 좋아하였으며, 실사구시(實事求是)를 추구한 인물로, 『모씨시(毛氏詩)』와 『좌씨춘추(左氏春秋)』 박사를 세웠다.[14] 태항산(太行山) 동쪽의 많은 유생들이 하간헌왕 유덕의 문하로 몰려들었고, 당시 『시경(詩經)』의 대가였던 모창(毛萇) 또한 헌왕의 『시경』 박사였다.

이러한 사실로 미루어 볼 때, 지방의 제후국들도 왕국 박사(王國博士)를 설치할 수 있었음을 알 수 있다. 동중서는 광천국 박사의 신분으로 건원 원년의 현량대책(賢良對策)에 참여한 것으로 보인다.

2. 대책(對策) 이후 곧바로 강도상(江都相)으로 임명되었고, 건원 3년까지 재직하였다.

한나라 당시의 상황에 따르면, 동중서가 조지(趙地)에서 멀리 떨어진 관중(關中) 지역으로 가서 조정의 책문(問策)에 참여하기 위해서는 비교적 긴 시간이 필요했기 때문에, 건원(建元) 원년 봄이나 여름 무렵

夫·廷尉·少府·宗正·博士官, 大夫·謁者·郎諸官長丞皆損其員.
14) 『漢書』 「景十三王傳」: 立毛氏詩·左氏春秋博士.

에 참가했을 것으로 추측된다. 동중서는 무제(武帝)와 책문 형식으로 서면 대화를 진행하였고, 무제로부터 크게 인정받았다.

관례에 따르면, 책문을 마친 이후에는 일반적으로 중대부(中大夫)에 임명되었다. 예를 들면, 조조(晁錯)가 태자가령(太子家令)의 신분으로 책문에 참여한 후, 중대부로 임명되었다. 그 근거는 "이후 조정에서 유능한 문학 인사를 천거하라는 조서가 있었고, 조조가 중대부로 선발되었으며, 황제가 직접 책문하였다."[15]라는 기록이 있고, "당시 가의(賈誼)는 이미 사망하였고, 책문에 응시한 자가 백여 명이었으나 오직 조조만이 높은 평가를 받았는데, 이 때문에 중대부로 승진하였다."[16]라는 기록이 있다. 장조(莊助) 또한 책문 이후에 중대부로 임명되었다. "엄조(嚴助)는 회계군(會稽郡) 오(吳) 사람으로, 엄부자(嚴夫子)의 아들이거나 일설에는 종친이라 한다. 군에서 그를 현량(賢良)으로 천거하였고, 책문 응시자는 백여 명이었다. 무제가 엄조의 답변을 높이 평가하여, 그를 중대부로 단독 발탁하였다."[17]라는 기록이 있다.

동중서도 책문을 마친 뒤, 즉시 강도상(江都相)에 임명되었으며, 이는 건원 원년에 대책에 응시한 대부분의 학자가 낙방한 상황과 대비된다. 그 직접적 원인은 승상 위관(衛綰)의 건의에 있었다. "천거된 현량들 가운데 어떤 이는 신(申), 상(商), 한비자(韓非), 소진(蘇秦), 장의(張儀) 등의 사상을 연구하여 국가 정치를 어지럽히므로 모두 해임할 것을 요청하였다."[18] 그러자 무제가 이에 동의하였다. 그것은 다음과 같은 기록에서 확인된다.

---

15) 『漢書』「爰盎晁錯傳」: 後詔有司舉賢良文學士, 錯在選中. 上親策詔之.

16) 『漢書』「爰盎晁錯傳」: 時賈誼已死, 對策者百餘人, 唯錯爲高第, 繇是遷中大夫.

17) 『漢書』「嚴硃吾丘主父徐嚴終王賈傳上」: 嚴助, 會稽吳人, 嚴夫子子也. 夫子, 嚴忌也, 或言族家子也, 亦雲夫子之族子也. 郡舉賢良, 對策百餘人, 武帝善助對, 繇是獨擢爲中大夫.

18) 『漢書』「武帝紀」: 所舉賢良, 或治申·商·韓非·蘇秦·張儀之言, 亂國政, 請皆罷.

무제가 즉위 초기, 전국에 방정(方正), 현량, 문학, 재능과 역량이 있는 인재들을 천거하게 하여 파격적으로 등용하려고 했는데, 사방에서 수많은 학자가 상소하여 시정의 득실을 논하였고, 자기 과시와 선전으로 몰려든 이들이 천 명을 넘었다. 그러나 취할 만하지 못한 자는 즉시 보고한 뒤 해임하였다.[19]

동중서(董仲舒)는 강도상(江都相)을 2년여 동안 역임하였다.

건원 4년, 강도상 정당시(鄭當時)가 우내사(右內史)가 되었고, 5년에는 잔사(詹事)로 강등되었다.[20]

정당시(鄭當時)는 자가 장(莊), 진나라 사람이다. …… 장은 황로(黃老)의 학문을 좋아하였고, 그가 존경하는 사람은 마치 그를 보지 못할까 두려운 듯하였다. 젊고 직위가 낮았으나 그의 교우들은 모두 그의 할아버지 행적을 따르며, 세상에 이름난 인물들이었다. 무제가 즉위한 후, 장은 조금씩 승진하여 노중위(魯中尉), 제남태수(濟南太守), 강도상(江都相)을 거쳐, 결국 구경(九卿) 가운데 우내사로 임명되었다.[21]

정당시는 건원 원년부터 건원 4년까지 정당시는 4단계 승진하여, 건원 4년에는 강도상 직위에서 물러났는데, 대개 1년마다 직위가 바뀐 것으로 볼 수 있다.

강도상이 직위에서 물러난 빈자리에, 건원 원년에 동중서가 대책을

---

19) 『漢書』「東方朔傳」: 武帝初即位, 徵天下擧方正賢良文學材力之士, 待以不次之位, 四方士多上書言得失, 自衒鬻者以千數, 其不足采者輒報聞罷.

20) 『漢書』「百官公卿表」: 建元四年, 江都相鄭當時爲右內史, 五年貶爲詹事.

21) 『史記』「汲鄭列傳」: 鄭當時者字莊, 陳人也. …… 莊好黃老之言, 其慕長者如恐不見. 年少官薄, 然其遊知交皆其大父行, 天下有名之士也. 武帝立, 莊稍遷爲魯中尉, 濟南太守, 江都相, 至九卿爲右內史.

마친 후, 강도국의 국상으로 임명되었으며, 건원 3년까지 계속 강도상으로 재직했던 사실은 『사기』에 기록된 "지금 황제가 즉위하자, 동중서를 강도상으로 임명하였다.[22]"라는 내용과 일치한다. 또 『한서』에 기록된 "대책이 끝난 후, 천자가 동중서를 강도상으로 임명하고, 일을 왕에게 넘겼다."[23]라는 내용과도 부합한다.

3. 원고생(轅固生)과 공손홍(公孫弘)의 참여가 동중서의 대책 임명 사실을 뒷받침한다.

나중에 동중서의 적대자가 된 공손홍(公孫弘)과 경제 때 야저(野豬)와 싸운 원고생(轅固生) 또한 건원 원년의 책문에 참여하였다.

지금 황제가 즉위하자, 다시 현량(賢良)으로 원고생을 부르니, 여러 아첨하는 유생들이 원고생을 비난하며 '원고생은 나이가 많다!'라며 그를 돌아가게 했다. 당시 원고는 이미 90세가 넘었다. 원고생이 부름을 받았을 때, 혜(薛) 사람 공손홍도 함께 부름을 받았고, 공손홍은 원고생를 가만히 바라보았다. 그러자 원고생이 말하였다. "공손자(公孫子)! 학문을 바르게 하고, 세상에 아첨하는 행동은 하지 말게나!" 그 후, 제나라 사람들은 모두 원고생의 시를 본받았다. 제나라 사람들 가운데 시로 명성을 얻은 이들은 모두 원고생의 제자들이다.[24]

건원 원년, 황제가 즉위하자, 현량(賢良)과 문학적 재능을 가진 사람들을 모집하였다. 이때 공손홍은 60세였으며, 현량으로 박사에 임명되었다. 그는

---

22) 『史記』「儒林列傳」: 今上即位, 爲江都相.

23) 『漢書』「董仲舒傳」: 對既畢, 天子以仲舒爲江都相, 事易王.

24) 『史記』「儒林列傳」: 今上初即位, 復以賢良徵固. 諸諛儒多疾毁固, 曰"固老", 罷歸之. 時固已九十餘矣. 固之徵也, 薛人公孫弘亦徵, 徐廣曰: "薛縣在魯川." 側目而視固. 固曰: "公孫子, 務正學以言, 無曲學以阿世!" 自是之後, 齊言詩皆本轅固生也. 諸齊人以詩顯貴, 皆固之弟子也.

흉노에 가서 동향을 살피고, 그 정황을 보고했다. 하지만, 황제의 뜻에 맞지 않자, 황제가 화가 나서 그를 해임하고, 병으로 면직시키며 귀국시켰다. 원광 5년(元光 五年), 다시 문학적 재능을 가진 사람들을 모집하는 조서가 내려졌다. 자천국은 다시 공손홍을 추천하였고, 공손홍은 "나는 이미 서쪽에서 명령을 받았으므로 돌아가게 되어 미안합니다. 다시 한번 선발을 부탁합니다!"라며 사양했다. 결국 나라 사람들이 공손홍을 추천하여, 그는 태상(太常)으로 갔다. 태상령은 부름을 받은 유생들에게 대책을 물었고, 100여 명이 답했으며, 공손홍은 그 중 최하위였다. 대책을 제출한 후, 황제는 공손홍을 첫 번째로 임명했다.[25]

이로 보아, 두 번째 현량(賢良) 문학자들의 책문은 원광 5년(元光 五年)에서 이루어졌으며, 첫 번째인 건원 원년에 원고생은 나이로 인해 여러 사람의 비난을 받았고 실패했다. 공손홍은 흉노와의 협상 임무를 맡았으나, 황제의 뜻에 맞지 않아 해임되었다. 원고생과 공손홍의 사례는 동중서가 건원 원년 대책에 참여하고 직책을 맡은 사실을 뒷받침해 준다.

IV. 『한서』의 「천인삼책」을 건의한 시기 고증

『한서』에 기록된 「천인삼책」은 동중서 건원 원년의 대책이 아니며, 그 시점은 건원 6년 전후, 동중서가 중대부로 장안에 복귀한 후의 상

---

25) 『史記』「平津侯主父列傳」: 建元元年, 天子初卽位, 招賢良文學之士. 是時弘年六十, 徵以賢良 爲博士. 使匈奴, 還報, 不合上意, 上怒, 以爲不能, 弘迺病免歸. 元光五年, 有詔徵文學, 菑川國 復推上公孫弘. 弘讓謝國人曰: "臣以嘗西應命, 以不能罷歸, 願更推選." 國人固推弘, 弘至太常. 太常令所徵儒士各對策百餘人, 弘第居下. 策奏, 天子擢弘策爲第一.

소문으로 추정된다. 「천인삼책」의 구체적인 차례는 『한서』에 기록된 순서와 일치하며, 반고는 정부의 문서 자료를 참고하여 역사서를 편찬하였다.

무제 즉위 후, 영준을 진용하고, 명당을 세우고, 예복을 제정하여 태평을 기약했다. 그때 두 태후는 황로의 말을 좋아하여 유학을 말하지 않았다. 그러자 유학에 관한 일은 또 거론되지 않고 없어졌다. 나중에 동중서가 대책을 말했다.[26]

이후 인용된 것이 「천인삼책」이다. 건원 2년(기원전 139년), 조완과 왕장의 자살 사건이 발생했는데, 이로 미루어 볼 때, 『한서』에 인용된 대책은 건원 2년 이후에 작성되었을 것이다. 정확히 건원 2년 이후 몇 년에 해당하는지 알 수 있을까?

1. 첫 번째 책문, '정사를 맡아 70여 년 다스리기를 원함'에 대한 고증

동중서는 「천인삼책」의 첫 번째 책문에서 다음과 같이 말하였다.

옛사람들이 말하였다. "연못에 비친 물고기를 부러워하기보다 그물로 잡는 것이 낫다!" 지금 정사를 맡아, 70여 년 다스리기를 원하지만, 그보다는 물러나서 변화를 추구하는 것이 낫다. 변화를 추구하면 잘 다스릴 수 있다. 잘 다스리면 재해는 줄어들고 복록은 날로 더해진다.[27]

---

26) 『漢書』「禮樂志」: 至武帝即位, 進用英儁, 議立明堂, 制禮服, 以興太平. 會竇太後好黃老言, 不說儒術, 其事又廢. 後董仲舒對策言.

27) 『漢書』「董仲舒傳」: 古人有言: "臨淵羨魚, 不如退而結網." 今臨政而願治七十餘歲矣, 不如退而更化. 更化則可善治, 善治則災害日去, 福祿日來.

이에 대해 소우는 다음과 같이 문제를 제기했다.

「책문」에서 '지금 정사를 맡아 70여 년 다스리기를 원하다'라는 문구가 있다고 말했다. 한나라 초기, 건원 3년이 70세였다. 건원 원년에 있으면 70여 년을 말할 수 없으므로 건원 5년으로 정했다.[28]

소우는 문제를 발견했지만, 숫자 계산에서 정확하지 않았다. 『사기』와 『한서』는 모두 기원전 206년, 즉 유방이 진나라를 멸망시키고 한나라를 세운 해를 한나라의 원년으로 보고 있다.

원년 겨울 10월, 오성은 동경에 모였다. 패공은 파상에 이르렀다.[29]

한나라 원년 10월, 패공은 병사를 이끌고 제후들을 앞서서 파상에 이르렀다. 진(秦)나라 왕 자영은 아무런 장식도 없는 수레에 흰말을 타고, 목에 끈을 맨 채, 황제 인장과 조서를 내려 도로 옆에 있었다.[30]

건원 원년, 한나라가 이미 60여 년을 이끌어왔고, 천하가 평안하다. 천거된 신하들이 모두 천자의 봉선과 풍속 개정 등을 기대하고 있었다. 그리고 유학을 중시하며, 인재를 모았고, 조완·왕장 등이 문학으로 공경을 이루었으며, 고대의 명당을 세우고 제후들을 맞이할 계획을 세웠다. 그러나 두 태후가 황로의 말을 좋아하고 유학을 좋아하지 않아, 사람들이 조완과 왕장의 부패한 이득을 얻기 위해 그들을 불러 죽였고, 그들이 일으킨 일들은 모두 폐지되었다.[31]

28) 『春秋繁露義證』「附錄」: 齊召南雲: 『策』中有"今臨政而願治七十餘歲矣"之文. 漢初至建元三年爲七十歲, 若在建元元年, 不得雲七十餘歲, 因定爲建元五年.
29) 『漢書』「高帝紀」: 元年冬十月, 五星聚於東井. 沛公至霸上.
30) 『史記』「高祖本紀」: 漢元年十月, 沛公兵遂先諸侯至霸上. 秦王子嬰素車白馬, 系頸以組, 封皇帝璽符節, 降軹道旁.
31) 『史記』「孝武本紀」: 建元元年, 漢興已六十餘歲矣, 天下乂安, 薦紳之屬皆望天子封禪改正度

기원전 206년부터 건원 원년(기원전 140년)까지 66년, 이는 '한나라가 이미 60여 년을 이끌어왔다!'라는 표현과 일치한다. 건원 3년은 기원전 138년이며, 기원전 206년에서 기원전 138년까지는 70년에 미치지 않는다. 기원전 137년(건원 4년)이 되어야 70년이 된다. 따라서 건원 5년 이후에야 정확히 말할 수 있고, 건원 6년이 되어야 70여 년이라고 할 수 있다.

2. 두 번째 책문, '야랑·강거의 덕망으로 돌아오는 도리'에 대한 고증

두 번째 책문에는 다음과 같은 구절이 있다.

> 야랑, 강거는 먼 지역에 위치하고 있다. 덕망으로 돌아오는 도리, 이는 태평성대의 기초이다.[32]

『한서』「서남이전」의 기록에 따르면, 건원 6년, 당몽(唐蒙)은 낭중장(郎中將)으로 임명되어 다음과 같은 정책을 펼쳤다.

> 1000명을 이끌고, 만 명이 넘는 사람들에게 음식을 제공하며, 바불관을 지나 야랑후 다동을 만났다. 후하게 예물을 주고, 위엄과 덕으로 설득하였으며, 관리들을 임명하고 그의 아들을 영으로 삼게 했다. 야랑 주변의 작은 마을들은 모두 한나라의 비단과 베를 탐냈고, 한나라의 도로가 위험하다고 여겼지만 결국 한나라에 복종하지 않았으며, 몽을 따라 조약을 맺기로 했다. 돌

也, 而上鄉儒術, 招賢良, 趙綰·王臧等以文學爲公卿, 欲議古立明堂城南, 以朝諸侯. 草巡狩封禪改歷服色事未就. 會竇太後治黃老言, 不好儒術, 使人微得趙綰等姦利事, 召案綰·臧, 綰·臧自殺, 諸所興爲者皆廢.

32) 『漢書』「董仲舒傳」: 夜郎·康居, 殊方萬裏, 說德歸誼, 此太平之致也.

아가 보고한 후에 그곳을 검위군으로 삼았다. 파촉의 군사를 동원하여 도로를 정비하고, 북도에서 장강을 향해 나아갔다. 촉의 사마 상여는 또한 서쪽 오랑캐 지역의 공과 작에 군을 둘 수 있다고 말했다. 상여는 낭중장으로 임명되어 남쪽 오랑캐들에게 이를 전하며, 남쪽 오랑캐들처럼 하나의 도위와 10여 개의 군을 설치하여 촉에 속하게 했다."[33]

이로 미루어 볼 때, 야랑과 서남의 여러 오랑캐가 복속된 일은 건원 6년에 일어난 것이다.

상여는 몇 년 동안 낭중으로 재직하였다. 당몽이 야랑과 서북의 가운데를 탐지하는 일을 맡았을 때, 파촉의 관리와 군사 1000명을 보냈고, 군은 또 수천 명의 사람을 동원하여, 군법을 통해 그들의 우두머리를 처벌하자, 파촉 백성은 크게 두려워했다. 상이 이를 듣고, 사마상여를 보내어 당몽을 책망하며, 파촉 백성에게 상의 의도를 설명하게 했다. 조서는 이렇게 말했다. "바촉 태수에게 알리기를, 남쪽 오랑캐들이 자주 제멋대로 행동했으며, 그들의 침범이 오래되었고, 때때로 국경을 침범하여 사대부들을 괴롭혔다. 폐하께서 즉위하시어 천하를 보살펴 평안을 이루셨다. 그 후 군을 일으켜 병력을 보내 북쪽으로 흉노를 정벌하였고, 단은 두려워하여 무릎을 꿇고 화친을 요청했다. 강거는 서역에 있어, 사신을 보내어 조공을 청하며, 정성을 다해 왕을 섬겼다. 군을 동쪽으로 이동시켜, 민월과 서북 오랑캐들을 처벌하였다. 우측에는 반여를 조문하고, 태자가 궁정에 들어왔다. 남쪽 오랑캐의 군주와 서북의 우두머리는 항상 공물을 바치며, 태만하지 않고, 목을 길게 빼고 발을 구르며,

---

33) 『漢書』「西南夷兩粤朝鮮傳」: 將千人, 食重萬餘人, 從巴苻關入, 遂見夜郎侯多同. 厚賜, 諭以威德, 約爲置吏, 使其子爲令. 夜郎旁小邑皆貪漢繒帛, 以爲漢道險, 終不能有也, 迺且聽蒙約. 還報, 迺以爲犍爲郡. 發巴蜀卒治道, 自僰道指牂柯江. 蜀人司馬相如亦言西夷邛·笮可置郡. 使相如以郎中將往諭, 皆如南夷, 爲置一都尉, 十餘縣, 屬蜀.

모두 앞장서 도리를 따르려고 했다.[34)

사마상여가 작성한 조서에서 말하는 '강거 서역, 사신을 보내어 조공을 청하다!'는 야랑과의 교섭 이전에 일어난 일이다. 동중서가 두 번째 대책에서 말한 '야랑 강거, 멀리 떨어져 있는 곳에서 덕망으로 돌아오는 의리'는 바로 이 일에 해당한다. 따라서, 동중서의 두 번째 대책은 건원 6년의 야랑 통치를 한 이후에 작성되었음을 알 수 있다.

3. 세 번째 책문, '오경박사 설치'의 문제
동중서는 세 번째 책문에서 말하였다.

오늘날 스승은 길이 다르고, 사람들은 논의가 다르며, 각각의 학파는 서로 다른 길을 제시하고 의도하는 것도 다르다. 따라서 위에서는 사상을 하나로 통일할 수 없고, 법과 제도는 자주 변하여, 아래에서는 무엇을 지켜야 할지 모른다. 나는 어리석게도 여섯 가지 예술과 공자의 학문에 속하지 않는 모든 사상은 그 길을 끊어야 하고, 함께 발전하지 않도록 해야 한다고 생각한다. 잘못된 이론이 사라지고 나서야 만이, 통치의 기틀을 하나로 통일하고 법도가 명확해져, 백성이 무엇을 따라야 할지 알게 될 것이다.[35)

그렇게 하여, 건원 5년 봄(기원전 136년), '오경박사'를 두었으며,

---

34) 『史記』「司馬相如列傳」: 相如爲郎數歲, 會唐蒙使略通夜郎西僰中, 發巴蜀吏卒千人, 郡又多爲發轉漕萬餘人, 用興法誅其渠帥, 巴蜀民大驚恐. 上聞之, 乃使相如責唐蒙, 因喻告巴蜀民以非上意. 檄曰: 告巴蜀太守, 蠻夷自擅不討之日久矣, 時侵犯邊境, 勞士大夫. 陛下卽位, 存撫天下, 輯安中國. 然後興師出兵, 北征匈奴, 單於怖駭, 交臂受事, 詘膝請和. 康居西域, 重譯請朝, 稽首來享. 移師東指, 閩越相誅. 右弔番禺, 太子入朝. 南夷之君, 西僰之長, 常效貢職, 不敢怠墮, 延頸擧踵, 喁喁然皆爭歸義.

35) 『漢書』「董仲舒傳」: 今師異道, 人異論, 百家殊方, 指意不同, 是以上亡以持一統; 法制數變, 下不知所守. 臣愚以爲諸不在六藝之科孔子之術者, 皆絶其道, 勿使並進. 邪辟之說滅息, 然後統紀可一而法度可明, 民知所從矣.

초기 직급은 400석이었지만, 나중에 600석으로 늘렸다. 이에 따라 어떤 학자들은 건원 5년에 오경박사를 두는 것이 무제가 동중서의 '각각의 학파를 억제하고 배척하라!'는 제안을 받아들인 조치라고 생각하여, 세 번째 대책이 건원 5년 오경박사를 두기 전에 작성되었다고 추론했다.

그러나 사실은 그렇지 않다. 오경박사를 둔 일은 황로파의 대표 인물인 두 태후가 살아 있을 때 일어난 일이었다. 오경박사는 다른 학파들을 배척한 것이 아니라 단지 유학의 지위를 높이려는 의도였다.

전분이 각각의 학파를 억제하고 유학을 독존하는 운동에서 중요한 역할을 했다. 그러나 이는 여전히 두 태후가 사망한 이후에 일어난 일이다.

> "건원 6년, 두 태후가 세상을 떠나자, 정승 창과 대사마 청제는 상례를 처리하지 않아 면직되었다. 황제는 전분을 정승으로 임명하고, 대사농 한안국을 대사마로 임명하였다. 천하의 학자들과 군주들이 점점 전분에게 의지하게 되었다.[36]

두 태후가 붕어한 후, 무안후 전분은 정승이 되었고, 황로와 형명 및 여러 학파의 말을 배척하였다. 수백 명의 유학자를 초빙하였고, 공손홍은 봄·가을 의복을 입고 천자의 삼공으로 임명되어 평진후에 봉해졌다. 세상의 학자들이 모두 향풍을 따르기 시작했다.[37]

---

36) 『漢書』「竇田灌韓傳」: 六年, 竇太後崩, 丞相昌·禦史大夫青翟坐喪事不辦, 免. 上以蚡爲丞相, 大司農韓安國爲禦史大夫. 天下士郡諸侯愈益附蚡.

37) 『史記』「儒林列傳」: 及竇太後崩, 武安侯田蚡爲丞相, 絀黃老·刑名百家之言, 延文學儒者數百人, 而公孫弘以春秋白衣爲天子三公, 封以平津侯. 天下之學士靡然鄉風矣.

전분은 외척이었고, 삼공의 직위에 있었지만, 여전히 건원 2년의 정치 사건에 대해 두려워하며 황로학을 억제하는 작업에서 눈에 띄게 나서지는 못했다. 관직도 작은 중대부일 뿐이었다.

이를 통해 볼 때, 세 번째 대책은 건원 6년 두 태후 사망 이후에 작성된 것으로 추정할 수 있고, 오경박사를 두기 전에는 작성되지 않았음을 알 수 있다.

V. '원광원년설(元光元年說)'에 대한 반박

'원광 원년'의 찰거(察擧)는 '효렴(孝廉)'을 뽑는 일이었다. 찰거는 인재 등용 방식이고, 효렴은 '효도하는 사람과 청렴한 사람을 통틀어 이르는 말'이다.

원광 원년 겨울 11월, 처음으로 각 군과 국에서 효렴 각 한 사람을 뽑으라고 명령하였다.[38]

효렴은 한나라의 찰거 제도에서 다른 과목들과 구분되었다.

무제는 동중서의 말을 받아들여, 원광 원년에 처음으로 군국에 효렴을 뽑으라고 명령하였다. 군의 인구가 20만 이상이면 매년 한 사람, 40만 이상이면 두 사람, 60만이면 세 사람, 80만이면 네 사람, 100만이면 다섯 사람, 120만이면 여섯 사람을 뽑았다. 20만 이하일 경우, 2년에 한 사람, 10만 이하일

---

38) 『漢書』 「武帝紀」: 元光元年冬十一月, 初令郡國擧孝廉各一人.

경우, 3년에 한 사람을 뽑았다. 추천은 4가지 기준으로 제한하였다. 첫 번째는 덕행이 높고 품행이 정직한 사람, 두 번째는 학문이 통달하고 경전을 공부한 사람, 세 번째는 법과 제도를 잘 알고 의문을 해결할 수 있는 문중의 관리인, 네 번째는 강인하고 결단력이 있으며 일이 생겨도 흔들리지 않고 명확한 판단력을 가지고 삼보 현령을 임명할 수 있는 사람이다.[39]

각 군과 국에서 효렴을 뽑으라는 명령은 동중서의 제안을 받아들인 후 시행된 정책이었다. 그러므로, 동중서를 다시 찰거할 수는 없었다.

VI. '묘화지옥(廟火之獄)'의 고증

무제의 건원 6년(기원전 135)은 한나라 제국의 다사다난했던 한 해였다.

6년 봄 2월 을미일, 요동의 고조 묘에 재난이 발생했다.

여름 4월 임자일, 고조의 동산 편전에서 화재가 발생했다. 황제는 상복을 입고 5일을 보냈다.

5월 정해일, 태황태후가 세상을 떠났다.

가을 8월, 동방 하늘에서 혜성이 나타났다. 민월의 왕이 남월을 공격했으나, 대행왕 회와 대사농 한안국이 군사를 보내 이를 물리쳤다. 그러나 도

---

39) 『宋書』: 漢武帝納董仲舒之言, 元光元年, 始令郡國擧孝廉, 制郡口二十萬以上, 歲察一人; 四十萬以上, 二人; 六十萬, 三人; 八十萬, 四人; 百萬, 五人; 百二十萬, 六人; 不滿二十萬, 二歲一人; 不滿十萬, 三歲一人. 限以四科, 一曰德行高妙, 志節淸白; 二曰學通行修, 經中博士; 三曰明習法令, 足以決疑, 能案章覆問, 文中禦史; 四曰剛毅多略, 遭事不惑, 明足決斷, 材任三輔縣令.

달하기 전에 월나라 사람들이 왕을 죽이고 항복하자 군사들이 돌아갔다.[40]

당시, '천인감응(天人感應)'에 대한 의식은 이미 한나라 사람들에게 공감대가 형성되어 있었고, 천상의 변화는 사람들을 경계하도록 만들었다. 건원 6년, 혜성이 동방 하늘에 나타나면서 회남왕과 그의 부하들 사이에 불온한 생각이 일어났다.

어떤 사람이 왕에게 말하였다.

"옛날 오나라 군사가 일어났을 때, 혜성이 수 척이나 길게 나타났고, 그 후 피가 천 리나 흐른 일이 있었습니다. 지금 혜성은 하늘 끝까지 길게 나타나고 있습니다. 세상에 큰 전쟁이 일어날 것입니다."

그러자 왕은 마음속으로 위에 태자가 없고, 세상에 변화가 일어나며, 제후들이 싸우게 될 것으로 생각하며, 더욱 전투 준비와 병기 구비에 힘썼고, 금전과 예물을 모아 각 군과 국의 제후들과 문사를 대우했다. 여러 명의 전략가가 허황된 말을 만들어 왕을 아첨하자 왕은 기뻐하였고, 많은 금전을 주며 반란의 기운이 커졌다.[41]

원광 원년 2월 병진일, 일식이 있었다.

7월 계미일, 먼저 한 차례 일식이 있었고, 익(翼) 8도에서 또 일식이 있었다. 유향은 전년 고조의 동산 편전의 재난과 춘추어림의 재난 이후, 일식이 익과 진에서 있었음을 말하였다. 그 점치는 바에 따르면, 내적으로는 여자가 변하고, 외적으로는 제후들이 있다는 것이다. 그 후, 진 황후는 폐위되

---

40) 『漢書』「武帝紀」: 六年春二月乙未, 遼東高廟災. 四月壬子, 高園便殿火. 上素服五日. 五月丁亥, 太皇太後崩. 秋八月, 有星孛於東方, 長竟天. 閩越王郢攻南越. 遣大行王恢將兵出豫章, 大司農韓安國出會稽擊之, 未至, 越人殺郢降, 兵還.

41) 『史記』「淮南衡山列傳」: 或說王曰: "先吳軍起時, 彗星出長數尺, 然尚流血千裏. 今彗星長竟天, 天下兵當大起." 王心以爲上無太子, 天下有變, 諸侯並爭, 愈益治器械攻戰具, 積金錢賂遺郡國諸侯遊士奇材.諸辨士爲方略者, 妄作妖言, 諂諛王, 王喜, 多賜金錢, 而謀反滋甚.

었고, 강도, 회남, 항산의 왕이 반란을 일으켰고, 처형되었다. 중간 중간에 일식이 일어났고, 북동쪽에서 시작하여 절반을 지나고, 저녁때 다시 정상으로 돌아왔다.[42]

이런 정황으로 보아, 당시의 상황은 내우외환이었음을 알 수 있다. 동시에, 도 태후의 죽음은 야심 차게 무엇인가를 이루려고 했던 무제의 한계를 느슨하게 만들었다.

> 그때, 요동 고조 묘에 재앙이 있었고, 주부언은 병을 앓고 있었으며, 그 책을 가져와 천자에게 올렸다. 천자는 여러 학자에게 그 책을 보여주었고, 비판이 있었다. 동중서의 제자 여보서가 스승의 책을 알지 못하고, 이를 어리석다고 여겼다. 그래서 동중서의 하인들이 처형될 위기에 처했으나, 조서로써 용서를 받았다. 그리하여 동중서는 더 이상 재앙에 대해 언급하지 않았다.[43]

『사기』에 의하면, '그때'는 동중서가 '중대부를 내려놓고 집에 있을 때'로, 동중서가 처음으로 강도상(江都相)에 임명된 후, 두 번째 강도상으로 임명되기 전이었다. 또한 요동 고조 묘의 재앙과 고조 동산 편전의 화재, 그리고 혜성 사건 이후 얼마 지나지 않아, 동중서는 「재이 대책」을 쓴 것이다. 이 시기는 건원 6년 하반기였으며, 몇 년 후인 5, 6년 후에 이 문헌이 작성된 것은 아니다. 이후 얼마 지나지 않아 원광 원년에 두 번의 일식이 발생하여 동중서가 당시 상황에 대한 의견

---

42) 『漢書』「五行志下之下」: 元光元年二月丙辰晦, 日有食之.七月癸未, 先晦一日, 日有食之, 在翼八度. 劉向以爲前年高園便殿災, 與春秋禦廩災後日食於翼·軫同. 其占, 内有女變, 外爲諸侯.其後陳皇後廢, 江都·淮南·衡山王謀反, 誅.日中時食從東北, 過半, 晡時復.

43) 『史記』「儒林列傳」: 是時遼東高廟災, 主父偃疾之, 取其書奏之天子.天子召諸生示其書, 有刺譏.董仲舒弟子呂步舒不知其師書, 以爲下愚.於是下董仲舒吏, 當死, 詔赦之.於是董仲舒竟不敢復言災異.

을 더욱 강화했다.

동중서의 고조 묘 사건의 핵심 인물은 '도를 어지럽히는' 주부언이었다. 주부언은 오랜 어려움을 겪은 후, 원광 원년(기원전 134) 갑자기 발탁되었다. 원광 원년에, 주부언은 "서쪽으로 들어가 위장군을 만났다. 위장군은 여러 차례 상에 대해 언급했으나, 상은 이를 알지 못했다. 자금이 부족하여 오래 머물게 되었고, 여러 제후와 손님들이 그를 싫어했다. 그래서 그는 상소를 올렸고, 아침에 올린 상소를 저녁에 불러서 보았다. 그가 언급한 아홉 가지 가운데 여덟 가지는 법령에 관한 것이었다."[44] "그때, 서락과 엄안도 함께 상소하여 세상일을 말하였다. 상소가 제출되자, 상은 세 사람을 불러 보며 말하였다. '공들은 어떻게 지내고 있는가? 왜 이렇게 늦게 만났는가?' 그 후 주부언, 서락, 엄안을 모두 낭중에 임명하였다. 주부언은 여러 차례 상소를 올렸고, 중랑, 중대부 등으로 승진했으며, 그 해에 네 번이나 승진했다."[45] 주부언은 건원 6년(기원전 135) 이후, 원광 원년(기원전 134)에 신임을 받았음을 알 수 있다. 이 시기에 주부언언은 가장 뜨거운 정치 스타였다. 바로 원광 원년, 주부언은 동중서의 장안 집을 방문하여, 동중서의 「재이 대책」 초안을 몰래 빼내 무제에게 보고했고, 결국 동중서는 한 차례의 옥고를 치르게 되었다. 이에 대해 송나라 때의 원설우는 다음과 같이 노래했다.

원로 학자가 점을 친 후, 간사한 자가 처음으로 미워했네.

---

44) 『漢書』「嚴朱吾丘主父徐嚴終王賈傳」: 乃西入關, 見衛將軍.衛將軍數言上, 上不省, 資用乏, 留久, 諸侯賓客多厭之, 乃上書闕下, 朝奏暮召入見, 所言九事, 其八事爲律令

45) 『漢書』「嚴朱吾丘主父徐嚴終王賈傳」: 是時, 徐樂·嚴安亦俱上書言世務.書奏, 上召見三人, 謂曰: "公皆安在?何相見之晩也!"迺拜偃·樂·安皆爲郎.中偃數上疏言事, 遷謁者, 中郎, 中大夫.歲中四遷.

사적 의도를 품고 진짜 계략을 꾸며, 드디어 몰래 글을 훔쳤다네.

지혜로운 사람을 밀어내며, 넘어지지 않으려 했건만,

다시 돌아보니, 이미 자신은 처형당하고 말았다네.[46]

동중서가 강도상(江都相)을 그만둔 후, 장안에 거주하며 중대부로서 의논을 담당하였다. 이 시기에 그는 시국에 대한 논의가 많이 하였다. 「천인삼책」과 「재이 대책」 외에도 「우박 대책」도 이 시기에 작성되었습니다. "원광 원년 7월, 경시에 우박이 내렸다."[47] "원광 원년 7월, 경시에 우박이 내렸다. 보창이 동중서에게 물었다. 우박이란 무엇인가? 어떤 기운에 의해 생긴 것인가?"[48]

아마도 동중서의 이론이 한나라 무제의 치국 이념과 맞아떨어졌기 때문에, 여보수를 비롯한 여러 사람의 구명 덕분에 무제는 재빠르게 동주서를 사면하고, 두 번째로 다시 강도국 상에 임명했을 것이다. 이는 원광 원년 또는 원광 2년 상반기였다. 왜냐하면 원광 2년에 동중서는 강도에서 강우를 멈추게 하는 행동을 했기 때문이다. 동중서가 쓴 「지우」라는 글에는 이렇게 기록되어 있다.

21년 8월 갑신, 삭, 병오, 강도상 중서가 내사 중위에게 말하였다.

"궂은 비가 너무 오래 지속되어 오곡이 상할까 걱정이니, 비를 멈추게 해주십시오."[49]

---

46) 『東塘集』: 老學推占後, 姦人媚嫉初. 懷私眞詭計, 候見竊成書. 猛欲擠賢轍, 寧思戒覆車. 那知一回首, 身已斃誅鉏.

47) 『古文苑』: 元光元年七月, 京師雨雹.

48) 『西京雜記』: 元光元年七月, 京師雨雹. 鮑敞問董仲舒曰: 雹何物也? 何氣而生之?

49) 『春秋繁露』「止雨」: 二十一年八月庚申朔丙午, 江都相仲舒告內史中尉: "陰雨太久, 恐傷五穀, 趣止雨."

이른 바 '21년'은 강도이왕 유비의 21년을 의미한다. "강도이왕 비는 효경 전 2년에 아들을 유남왕으로 임명하였다. 오초 반란 당시, 비는 15세였고, 재능과 힘이 있었으며, 오를 치기 원한다고 왕에게 아뢰었다. 경제는 비에게 장군 인을 내려보내 오를 정벌했다. 오가 이미 패배한 후, 2년이 지나 강도왕으로 전임되어 오의 옛 나라를 다스렸으며, 군사적 공적을 바탕으로 천자에게 깃발을 하사받았다."[50] 이를 통해, 단 3개월간 유지된 오초 7국의 난은 경제 3년(기원전 154)에 발생하였고, 경제 4년(기원전 153) 유비는 강도왕으로 전임되었다. 그러므로 이왕 21년은 한무제 원광 2년(기원전 133)이다. 이 시점에서 동중서는 이미 강도국 상으로 있었다.

VII. '교서위상(膠西爲相)'과 '현거치사(懸車致仕)' 고증

"아! 동중서, 두 번 제후의 재상이 되어 몸을 닦고 나라를 다스렸으며, '현거치사(懸車致仕)'하고 휘장을 내린 채 깊이 사고하여, 도리를 논의하고 저술하며, 바른말을 하여 자문에 응하였으니, 세상은 그를 순수한 유학자라 여겼다.[51]

나이 70세가 되어 '현거치사'하는 것은 신하로서 맡은 일을 위해 종사하는 것이 직분이지만, 70세는 양기의 끝으로 귀와 눈이 어둡고 절름발이가 되므로, 물러나 어진 이를 피해 자리를 양보하는 것이다. 이것이 곧 염치를 기

---

50) 『史記』「五宗世家」: 江都易王非, 以孝景前二年用皇子爲汝南王. 吳楚反時, 非年十五, 有材力, 上書願擊吳. 景帝賜非將軍印, 擊吳. 吳已破, 二歲, 徙爲江都王, 治吳故國, 以軍功賜天子旌旗.
51) 『漢書』「敍傳」: 抑抑仲舒, 再相諸侯, 身脩國治, 致仕縣車, 下帷覃思, 論道屬書, 讜言訪對, 爲世純儒.

르는 방식이다. '현거'란 사용하지 않음을 드러내는 상징이다.[52)]

"내가 은퇴하면서 천자에게 요청하니 …… '현거'의 뜻은 나와 같은 작은 신하에게도 적용된다!"라고 하였고, 안사고는 응소의 말을 인용하여 "옛날에는 70세에 '현거치사'하였다."라고 풀이하였다.[53)] 이로 보아, 중국 고대 사회에서 관원이 70세에 벼슬자리에서 물러나는 '치사'가 관례였음을 알 수 있다.

그렇다면, 동중서가 '치사(致仕)'한 시기는 언제일까? 이는 그가 교서국(膠西國)의 상(相)을 지낸 이후, 장탕(張湯)이 어사대부(禦史大夫)에 임명되기 전의 정위(廷尉) 재직 시기였음이 분명하다. 그 근거는 다음과 같다.

첫째, 동중서가 교서국의 재상으로 임명된 시기 때문이다. 그것은 공손홍이 어사대부로 임명된 이후이다.

> 동중서는 청렴하고 곧은 사람이었다. 당시 천하 사방을 평정하고 오랑캐를 막는 일이 진행 중이었는데, 공손홍은 『춘추』에 관한 학문이 동중서만 못했지만, 세상에 아부하여 권력을 잡고 공경의 지위에까지 올랐다. 동중서는 공손홍을 아첨하는 자로 여겼고, 공손홍은 이를 원망하여 황제에게 말하기를 "동중서만이 교서왕의 재상으로 보낼 수 있습니다!"라고 하였다. 교서왕은 동중서가 덕망 있는 대유학자라는 말을 평소부터 들어 알고 있었기에, 그를 잘 대접하였다. 동중서는 오래 머물면 화를 입을 것을 두려워하여 병을 핑계로 물러나 집에 거처하였으며, 죽는 날까지도 특별히 집안을 관리하지 않

52) 『白虎通』「致仕」: 臣七十懸車致仕者, 臣以執事趨走爲職, 七十陽道極, 耳目不聰明, 跂踦之屬, 是以退去避賢者, 所以長廉恥也.懸車, 示不用也.

53) 『漢書』「韋賢傳」: 我之退征, 請於天子, 天子我恤, 矜我髮齒.赫赫天子, 明悊且仁, 縣車之義, 以泊小臣.應劭曰:"古者七十縣車致仕.泊, 及也.天子以縣車之義及我也."師古曰:"泊⊠冀反."

고 학문을 닦고 저술하는 데 힘썼다.[54]

교서왕은 또한 황제의 형으로서, 특히 방자하고 제멋대로였으며, 자주 2000석의 관리들을 해쳤다. 공손홍은 황제에게 말하였다. "동중서만이 교서왕의 재상이 될 만합니다!" 교서왕은 동중서가 대유학자라는 말을 듣고 그를 잘 대우하였다. 동중서는 오래 머물면 죄를 입을까 두려워, 병을 핑계로 면직을 요청하였다.[55]

공손홍은 원삭 3년(기원전 126)에 어사대부로 임명되었다. "원삭 3년(기원전 126), 장구가 면직되고 공손홍이 어사대부로 임명되었다"[56] "원삭 연간에 공손홍은 설택을 대신하여 승상이 되었다. …… 그러나 그는 겉으로 너그러우나 속은 깊이 의심하는 성격이었다. 평소 공손홍과 틈이 있었던 사람은 가까운 사이든 먼 사이든 겉으로는 잘 지내는 척하더라도 결국에는 그 잘못을 되갚았다. 주부언을 죽이고, 동중서를 교서로 좌천시킨 것도 모두 공손홍의 권모술수에 의한 것이다."[57]

공손홍은 원수 2년(기원전 121) 승상으로 재직하던 도중에 세상을 떠났다. "승상과 어사대부로 재직한 지 6년이 되었고, 80세에 승상의 직위에서 세상을 떠났다."[58] "원수 2년 봄 3월 무인, 승상 공손홍이 죽

---

54) 『史記』「儒林列傳」: 董仲舒爲人廉直. 是時方外攘四夷, 公孫弘治春秋不如董仲舒, 而弘希世用事, 位至公卿. 董仲舒以弘爲從諛. 弘疾之, 乃言上曰: "獨董仲舒可使相膠西王." 膠西王素聞董仲舒有行, 亦善待之. 董仲舒恐久獲罪, 疾免居家. 至卒, 終不治産業, 以脩學著書爲事.

55) 『漢書』「董仲舒傳」: 膠西王亦上兄也, 尤縱恣, 數害吏二千石. 弘乃言於上曰: 獨董仲舒可使相膠西王. 膠西王聞仲舒大儒, 善待之. 仲舒恐久獲辠, 病免.

56) 『史記』「平津侯主父列傳」: 元朔三年, 張歐免, 以弘爲禦史大夫.

57) 『漢書』「公孫弘蔔式兒寬傳」: 元朔中, 代薛澤爲丞相. …… 然其性意忌, 外寬內深. 諸常與弘有隙, 無近遠, 雖陽與善, 後竟報其過. 殺主父偃, 徙董仲舒膠西, 皆弘力也.

58) 『漢書』「公孫弘蔔式兒寬傳」: 凡爲丞相禦史六歲, 年八十, 終丞相位.

었다."[59] 이로 미루어 보면, 공손홍이 어사대부 및 승상으로 재직했던 시기는 원삭 3년(기원전 126)부터 원수 2년(기원전 121) 사이였다.

원삭 5년(기원전 124) "겨울 11월 을축일에 승상 설광(薛光)이 면직되고, 어사대부 공손홍이 승상이 되어 평진후(平津侯)에 봉해졌다."[60] 이를 통해 공손홍은 원삭 3년(기원전 126)부터 원삭 5년(기원전 124)까지 어사대부로 재임했음을 알 수 있다. 어사대부는 삼공(三公)의 하나로서, 공경(公卿)의 반열에 오르며, 황제에게 제후국의 재상을 추천할 수 있는 권한을 가지고 있었다. 다시 말해, 공손홍의 입장에서 유추해 보면, 동중서는 원삭 3년(기원전 126)에서 원삭 5년(기원전 124) 사이에 공손홍의 추천으로 교서국(膠西國)의 재상으로 임명되었음을 알 수 있다.

둘째, "동중서가 집에 있을 때 조정에서 큰 의논이 있을 경우, 사자와 정위(廷尉) 장탕(張湯)을 그의 집으로 보내어 의견을 물었으며, 그 대답은 모두 명확한 법리에 근거하였다."[61]라는 기록이다. 이는 동중서가 관직에서 물러난 후, 장안의 누추한 골목에 거주하였고, 정위 장탕이 여러 차례 무제의 명을 받들어 그 골목으로 가서 책문하였음을 보여준다. 따라서 동중서는 장탕이 정위에 임명되었을 때, 이미 은퇴한 상태였으며, 동중서가 교서상을 지낸 시기는 장탕이 어사대부로 승진하기 이전이어야 한다. "원삭 3년(기원전 126), 중대부 장탕이 정위가 되었고, 원삭 5년(기원전 124)에는 승진하였다."[62] "원수 3년(기원전 120) 3월 임진일, 정위 장탕이 어사대부가 되었고, 원수 6년(기원

---

59) 『漢書』「武帝紀」: 二年…… 春三月戊寅, 丞相弘薨.
60) 『前漢紀』「前漢孝武皇帝紀」: 冬, 十有一月, 乙丑, 丞相薛光免.禦史大夫公孫弘爲丞相, 封平津侯.
61) 『漢書』「董仲舒傳」: 仲舒在家, 朝廷如有大議, 使使者及廷尉張湯就其家而問之, 其對皆有明灋.
62) 『漢書』「百官公卿表」: 元朔三年, 中大夫張湯爲廷尉, 五年遷.

전 117)에 죄를 얻어 자살하였다."[63] 이로써 장탕이 원삭 3년부터 원수 3년 사이에 정위의 직책에 있었음을 알 수 있으며, 이 시기에 동중서는 이미 은퇴하여 재야에 있었던 것이다. 따라서 동중서가 교서상의 직무를 수행한 시점은 이보다 앞선 시기였음을 알 수 있다.

이상의 두 가지 사실을 종합해 볼 때, 동중서가 교서왕 유단(劉端)의 국상(국相)으로 임명된 시기는 원삭 3년(기원전 126)이며, 같은 해에 장안으로 돌아와 은퇴하였다. 그 이전, 원광 원년(기원전 134)부터 원삭 3년(기원전 126)까지, 약 8년 동안, 그는 강도국의 재상직을 수행하였던 것으로 추측된다.

Ⅷ. 동중서 사망 연대 고증

동중서가 집에 있을 때 조정에서 큰 논의가 있으면 사자와 정위 장탕을 보내 그의 집에서 의견을 물었는데, 그의 대답은 모두 명확한 법리를 갖추고 있었다.[64] 노년에 이르러 장수하다가 집에서 세상을 떠났으며, 가족은 모릉으로 이주하였고, 아들과 손자들 또한 학문으로 높은 관직에 올랐다.[65]

이런 기록으로 보아, 은퇴한 동중서는 여전히 조정의 일에 대해 의견을 제시하고 있었음을 알 수 있고, 이러한 논의를 통해 동중서의 사망 시기를 대략적으로 추정할 수 있다.

63) 『漢書』「百官公卿表」: 元狩三年三月壬辰, 廷尉張湯爲禦史大夫, 六年有罪自殺.
64) 『漢書』「董仲舒傳」: 仲舒在家, 朝廷如有大議, 使使者及廷尉張湯就其家而問之, 其對皆有明灋.
65) 『漢書』「董仲舒傳」: 年老, 以壽終於家.家徙茂陵, 子及孫皆以學至大官.

1. 관중 지역에 숙맥(菽麥)의 보급을 건의하다

춘추(春秋) 시기에는 진(晉)·주(周)·노(魯) 등지에서는 이미 이듬해 수확하기 위한 밀을 가을에 파종하여 재배하고 있었다. 그러나 서한(西漢) 전기에는 북방에서 밀 재배가 아직 널리 퍼지지 않았다. 동중서는 『춘추』의 뜻을 인용하여 관중(關中) 지역에 숙맥(菽麥)을 재배할 것을 건의하였다.

> 동중서가 황제에게 아뢰었다. "『춘추』에서는 다른 곡식은 기록하지 않으나, 보리와 벼가 잘 자라지 않으면 반드시 기록합니다. 이는 성인이 오곡 중에서 보리와 벼를 가장 중히 여긴다는 것을 보여줍니다. 지금 관중 지역 사람들은 보리 재배를 좋아하지 않아, 해마다 성인이 중시한 것을 잃게 되고, 백성의 생계 수단에도 해를 끼치고 있습니다. 바라건대 폐하께서 대사농(大司農)에게 명하여 관중의 백성이 숙맥을 더 많이 재배하게 만들고, 파종 시기를 놓치지 않도록 하소서![66]

이에 따라 한무제(漢武帝)는 관중에서 숙맥 재배를 장려하는 조서를 내렸다. "원수 3년(기원전 120), 알자(謁者)를 보내 수재(水災)를 입은 군(郡)에 숙맥 재배를 권장하게 하고, 빈민에게 곡식을 대여해 줄 수 있는 관민(官民)을 천거하여 이름을 알리게 하였다."[67] 이로 보아, 동중서는 원수 3년(기원전 120) 이전까지 생존해 있었음을 알 수 있다.

---

66) 『漢書』「食貨志」: 春秋它穀不書, 至於麥禾不成則書之, 以此見聖人於五穀最重麥與禾也. 今關中俗不好種麥, 是歲失春秋之所重, 而損生民之具也. 願陛下幸詔大司農, 使關中民益種宿麥, 令毋後時.
67) 『漢書』「武帝紀」: 遣謁者勸有水災郡種宿麥. 舉吏民能假貸貧民者以名聞.

2. '제염(製鹽)·제철(製鐵)의 국가 귀속' 문제를 반대하다

한나라 무제 중기에 흉노를 북방에서 정벌하였다. 그리고 일부 흉
노인을 내지로 이주시켜 변경을 지키게 하는 동시에 무제의 능 건설
등 대규모 공사를 시행하면서, 수년간 축적한 국가 재정이 점차 고갈
되기 시작했다. 반면, 부유한 상인과 제후들은 "쇠를 녹이고 소금을 끓
여 이익을 취하면서도, 나라가 위급할 때 돕지 않아 백성은 더욱 고통
을 받게 되었다."[68] 이에 "동곽 함양과 공근을 대농승으로 삼아 염철
업무를 맡기고, 상홍양이 총애를 받게 되었다."[69] 이것이 바로 염철 전
매 제도의 시작이다.

동중서는 백성의 세금 부담을 비롯한 여러 문제에 대해 자신의 의
견을 제안했다. 특히, 소금과 철의 이익을 백성에게 귀속시킬 것을 주
장하고, 염철 전매 정책에 명확히 반대했다. 동중서는 다음과 같이 말
했다.

옛날에는 백성에게 부과한 세금이 1/10을 넘지 않아 감당하기 쉬웠고,

부역 또한 사흘을 넘지 않아 노동력도 충분했다. 백성은 집안에서 노인을 봉

양하고 효를 다할 수 있었으며, 외부로는 나라에 세금을 납부하고, 가정을 이

루어 자식을 키우기에 충분했기 때문에 윗사람의 통치를 기꺼이 따랐다. 그

러나 진나라에 이르러서는 그렇지 않았다. 상앙의 법을 채택해 제왕의 제도

를 바꾸고, 정전제를 폐지해 백성이 토지를 사고팔 수 있게 하자, 부자는 땅

을 잇달아 차지하고 가난한 자는 설 땅조차 없게 되었다. 또 천연자원과 산림

의 이익을 모두 나라에서 독점하며, 사치를 다투고 규범을 넘는 방탕한 생활

이 이어졌으며, 작은 마을에도 군주의 위엄이 있고, 촌락에는 공후의 부를 가

---

68) 『漢書』「食貨志」: 冶鑄鬻鹽, 財或累萬金, 而不佐公家之急, 黎民重困.
69) 『漢書』「食貨志」: 於是以東郭鹹陽·孔僅爲大農丞, 領鹽鐵事, 而桑弘羊貴幸.

진 자들이 있었다. 힘없는 백성이 어찌 고통받지 않겠는가? 더구나 매달 번갈아 부역을 시키고, 매년 번갈아 병역을 지우며, 1년에 둔전과 노역을 시켜 옛날보다 30배나 무거웠다. 전세와 인두세, 염철의 이익은 옛날보다 20배나 높았다. 어떤 사람은 호족의 땅을 경작하며 세금으로 1/15을 바쳤다. 그래서 가난한 백성은 소와 말의 옷을 입고 개와 돼지의 음식을 먹는 처지에 놓이게 되었다. 더욱이 탐욕스럽고 포악한 관리들이 법을 남용하여 형벌을 함부로 가하니, 백성은 괴로움 끝에 도망하여 산림 속으로 숨고 도적이 되며, 죄수복을 입은 자가 길거리에 넘쳐나고, 해마다 억울한 재판이 수만 건에 달하게 되었다. 한나라가 건국한 이후, 이 상황이 지속되었으며, 아직까지도 개혁되지 않았다. 옛날의 정전제는 당장 실행하기는 어렵더라도, 조금씩 옛 제도에 가깝게 나아가야 하며, 백성의 토지를 제한하고 겸병을 막으며, 염철의 이익을 민간에 돌리고, 노비 제도를 철폐하며, 사형권의 남용을 금지해야 한다. 세금을 줄이고 부역을 경감하여 백성의 힘을 아끼게 한 다음에야 좋은 정치를 이룰 수 있다.[70]

이로 보아 원수 3년(기원전 120)에 염철 전매 제도가 시작되었고, 동중서는 이보다 앞서 염철의 민간 환원을 주장하며 조정에 상소를 올린 바 있다. 그러므로 그는 원수 3년 이전까지 생존해 있었음을 알 수 있다.

---

70) 『漢書』「食貨志」: 古者稅民不過什一, 其求易共; 使民不過三日, 其力易足. 民財內足以養老盡孝, 外足以事上共稅, 下足以畜妻子極愛, 故民説從上. 至秦則不然, 用商鞅之法, 改帝王之制, 除井田, 民得賣買, 富者田連仟伯, 貧者亡立錐之地. 又顓川澤之利, 管山林之饒, 荒淫越制, 踰侈以相高; 邑有人君之尊, 裏有公侯之富, 小民安得不困? 又加月爲更卒, 已復爲正, 一歲屯戍, 一歲力役, 三十倍於古; 田租口賦, 鹽鐵之利, 二十倍於古. 或耕豪民之田, 見稅什五. 故貧民常衣牛馬之衣, 而食犬彘之食. 重以貪暴之吏, 刑戮妄加, 民愁亡聊, 亡逃山林, 轉爲盜賊, 赭衣半道, 斷獄歲以千萬數. 漢興, 循而未改. 古井田法雖難卒行, 宜少近古, 限民名田, 以澹不足, 塞並兼之路. 鹽鐵皆歸於民. 去奴婢, 除專殺之威. 薄賦斂, 省繇役, 以寬民力. 然後可善治也.

3. '사후, 인간이 서로를 먹는다'는 문제를 논하다

"동중서가 세상을 떠난 후, 재정 낭비가 더욱 심해지고, 세상이 피폐해졌으며, 사람들은 다시 서로를 잡아먹었다."[71]

고대 사회에서 재해의 정도를 조사할 때, 사람 간에 서로 잡아먹는 것은 최고 수준의 재해로 간주되었다. 일반적으로 사람 간에 서로 잡아먹는 사건은 반드시 역사책에 기록된다. 한나라 무제 초기와 중기에는 사람 간에 서로 잡아먹는 재해가 두 번 기록되어 있다. 첫 번째는 건원 3년(기원전 138)이다. 건원 3년 "봄에 황하가 평원에 넘쳐 대기근이 발생하고, 사람들이 서로 잡아먹었다."[72] 두 번째는 원정 3년(기원전 114)이다. "여름 4월, 비와 우박이 내리고, 관동의 여러 군과 국에서 기근이 발생하여 사람들이 서로 잡아먹었다."[73] "원정 3년(기원전 114) 3월에는 얼음이 얼고, 4월에는 눈이 내려 관동의 10여 개 군에서 사람들이 서로 잡아먹었다. 그 해, 백성이 묶은 실을 점치지 않았으며, 고백한 자에게는 절반을 나누어 주었다."[74] 비록 원정 3년(기원전 114) 관동의 여러 군에서 얼음과 눈의 피해가 달랐지만, 사람 간에 서로 잡아먹은 사실이 분명히 기록되었다. 이는 건원 3년의 첫 번째 사건 이후 다시 한번 사람들이 서로 잡아먹는 상황이 발생했음을 나타낸다. 따라서 동중서는 원정 3년(기원전 114) 이전에 사망했다고 추측할 수 있다.

4. 흉노의 상황을 의론하다

---

71) 『漢書』「食貨志」: 仲舒死後, 功費愈甚, 天下虛耗, 人復相食.

72) 『漢書』「武帝紀」: 三年春, 河水溢於平原, 大飢, 人相食.

73) 『漢書』「武帝紀」: 夏四月, 雨雹, 關東郡國十餘飢, 人相食.

74) 『漢書』「五行志」: 元鼎三年三月水冰, 四月雨雪, 關東十餘郡人相食.是歲, 民不占緡錢有告者, 以半畀之.

동중서는 한나라와 흉노의 관계에 대해 자신의 의견을 제시했다. "동중서는 4대에 이르는 한나라 제왕들의 일을 직접 경험했고, 여전히 옛날의 문화를 지키고자 했으며, 그런 생각을 더욱 확장하였다."75)

그는 '의리가 군자를 움직이고, 이익은 탐욕스러운 사람을 움직인다!'라고 생각했다. 그는 흉노에게 의리를 말하는 것은 불가능하다고 보고, 대신 그들이 약탈을 중지하도록 유도하려면 두텁게 예우해야 한다고 보았다. 그래서 그는 여전히 화친 정책을 지속하되, 동맹을 강화하고, 인질로 왕자들을 보내는 조치를 추가하려고 했다. 즉, "두터운 이익으로 그들의 의도를 잠재우고, 하늘과 맺은 동맹을 굳건히 하며, 그들의 사랑하는 아들을 인질로 보내 마음을 붙잡아야 한다."76)라는 대책이다.

무제는 흉노 기병들이 한나라의 서역 사신들을 자주 습격하는 사건을 계기로, 원정 6년(기원전 111년) 가을에 공손하(公孫賀)와 조파로(趙破奴)를 각각 1만 5천 기병과 1만여 기병을 이끌고 가서, 두 갈래로 흉노를 공격하라고 보냈다. 공손하 부대는 9원(九原)에서 2천여 리를, 조파로 부대는 수천 리를 행진했지만, 흉노와 마주치지 못했다. 동시에, 양신(楊信) 등을 보내 흉노와의 협상을 시도하기도 했다.

"이 시기 한나라의 동쪽은 발해와 예맥과 조선을 군으로 삼았고, 서쪽에는 술천군(酒泉郡)을 두어 흉노와 강(羌)의 통로를 차단했다. 또 서쪽으로는 월지(月氏)와 대하(大夏)와 통하고, 왕자 우손(翁主)을 우손왕에게 시집보내 흉노의 서쪽 지원을 차단하였다. 북쪽에는 광전(廣田)까지 영역을 넓혀 흉노가 더 이상 이를 언급하지 못하게 했다. 이 해, 흉노의 혜후신(翕侯信)이 죽자, 한나라에서는 흉노가 약해졌다

---

75)『漢書』「匈奴傳」: 仲舒親見四世之事, 猶復欲守舊文, 頗增其約.
76)『漢書』「匈奴傳」: 厚利以沒其意, 與盟於天以堅其約, 質其愛子以累其心.

고 보아 협상이 가능하다고 판단했다. 협상을 나간 양신은 성격이 강직하고, 그다지 귀한 신분은 아니었기에, 흉노의 단어(單於)는 그를 직접 대면하지 않았다. 단어는 그를 불러들이려고 했지만, 양신은 예법을 따지며 외부에서 만나자고 했다. 양신이 단어에게 말하였다. '화친을 원한다면, 단어의 태자를 한나라에 인질로 보내는 것이 옳습니다.' 단어는 이에 대해 '과거의 약속을 원한 것이 아니다. 옛날 한나라가 늘 왕자들을 보내 주었고, 곡물과 비단을 공급하며 화친을 유지했으나, 이제 태자를 인질로 보내라 하는 것은 옛 약속을 지키는 것이 아니다'라고 답했다."[77]

서쪽에 주천군을 설치한 것은 원정 6년(기원전 111년)이고, 조선을 군으로 삼은 것은 서한 원봉 2년(기원전 109년)이며, 왕자 우손에게 시집보낸 것은 원봉 3년(기원전 108년), 북쪽에 광전을 확장하여 현뢰까지 방어선으로 삼은 것도 대체로 원봉 3년(기원전 108년)이다. 이를 통해 양신의 흉노 출사는 대체로 원정 6년(기원전 111년)에서 원봉 3년(기원전 108년) 사이에 이루어졌음을 알 수 있다. 양신의 협상 내용 가운데 태자 인질에 대한 부분은 단어의 대답에서 볼 수 있듯, 태자 인질은 이전의 약속이 아니며, 이는 바로 동중서의 흉노에 대한 정책 중 하나였다.

그러나 왕저(王澤, 2019)는 "두터운 이익, 동맹, 인질은 동중서의 외교 정책의 일관된 태도이며, 양신 사건으로부터 시작된 것이 아니다!"라고 평가했다. 따라서 동중서의 의견은 원정 6년(기원전 111년)

---

77) 『漢書』「匈奴傳」: 漢使楊信使於匈奴. 是時漢東拔濊貉·朝鮮以爲郡, 而西置酒泉郡以隔絶胡與羌通之路. 又西通月氏·大夏, 以翁主妻烏孫王, 以分匈奴西方之援國. 又北益廣田至眩雷爲塞, 而匈奴終不敢以爲言. 是歲, 翕侯信死, 漢用事者以匈奴已弱, 可臣從也. 楊信爲人剛直屈強, 素非貴臣也, 單於不親. 欲召入, 不肯去節, 迺坐穹廬外見楊信. 楊信説單於曰: "即欲和親, 以單於太子爲質於漢." 單於曰: "非故約. 故約, 漢常遣翁主, 給繒絮食物有品, 以和親, 而匈奴亦不復擾邊. 今乃欲反古, 令吾太子爲質, 無幾矣."

이전에 이미 존재했음이 확실하다.

종합적으로 볼 때, 동중서의 사망 연도는 원수 3년(기원전 120년) 이후, 원정 3년(기원전 114년) 이전이어야 한다.

IX. 결어

동중서는 한나라가 건국된 직후인 기원전 200년경에 출생한 것으로 보인다. 건원 원년(기원전 140) 10월, 무제가 즉위한 직후 '현량문학'을 천거하도록 조서를 내렸고, 당시 60세가 넘은 동중서는 장안으로 올라가 책문에 응시하였다. 하지만 「천인삼책」은 건원 원년의 현량 책문에 응시한 책문은 아니다. 책문이 끝난 뒤, 동중서는 즉시 강도상(江都相)으로 임명되었으며, 대략 건원 3~4년경에 중대부로 발탁되어 다시 장안으로 복귀하였다. 중대부 재임 기간 중, 대략 건원 6년(기원전 135) 무제와 국정에 대한 대규모 토론을 벌이며 「천인삼책」을 작성하였다.

이 해에는 요동 고조 묘에 재앙이 있었고, 고조의 동산 궁전에서도 화재가 발생하여, 동중서가 이를 매우 중시하게 되었다. 원광 원년(기원전 134), 「재이 대책」으로 인해 동중서는 투옥되었고, 여보서(呂步舒)를 비롯한 여러 사람의 적극적인 구명으로 무제의 사면을 받아 다시 강도상으로 임명되었다. 시기는 원광 원년(기원전 134) 또는 원광 2년(기원전 133) 상반기였다. 이후 원삭 3년(기원전 126), 공손홍의 추천으로 교서상(膠西相)으로 전임되었고, 같은 해에 사직하여 장안의 누추한 골목으로 돌아가 은퇴 생활을 시작하였다.

동중서는 장안에서 약 6년간 은퇴 생활을 보내다가, 원정 3년(기원전 114)경 파란만장한 80여 년의 삶을 마감하였다.

【동중서 연표】

1세[78] 한나라 고조 7년(기원전 200), 이 시기에 광천군에서 태어났다. 가의와 공손홍도 이 해에 태어나 동중서와 나이가 비슷하다.

10세 혜제 4년(기원전 191), 이때부터 경전과 서적을 읽고 공부하기 시작했다. 3월 갑자, 황제가 관을 쓰고 천하에 사면을 내렸다. 책을 가지고 있는 사람은 제외되었다. 공손홍도 10세였다.

15세 두 태후 2년(기원전 186), 이 무렵부터 『춘추』를 연구하기 시작했다.

22세 문제 전원 1년(기원전 179), 이 시기에는 공손계공(공손홍?)과 하무첩(진시황의 의사)과 함께 여행을 떠났다. 문제 즉위 후, 가의를 박사로 초빙했다.

46세 경제 전원 2년(기원전 155), 이 해에 유팽조를 광천왕으로 책봉했다. 동중서는 상박에서 강론하며 『공양』과 『춘추』를 연구하고 광천국 박사로 재직했다.

47세 경제 전원 3년(기원전 154), 이 해에 오초 '7국의 난'이 발생했다.

53세 경제 중원 2년(기원전 148), 하간헌왕이 『효경』을 동중서에게 물었고, 동중서는 '오행의 의'로 답했다. 헌왕은 이를 칭찬했다. 이 사건은 『춘추번로』「오행 대책」에 나와 있다. 헌왕이 효년도를 묻는 정확한 년도는 불확실하지만, 이 해로 추정된다. 이 해에 유월을 광천왕으로 책봉했다.

---

78) 표기한 나이는 활동 연도에 따라 대략적으로 추측한 것이다. 따라서 약 ○세, 또는 ○세 무렵, ○세 전후로 이해하면 된다.

61세 무제 건원 1년(기원전 140), 무제가 즉위한 초기에 인재를 초빙하였고, 동중서는 공손홍, 장조 등 100여 명과 함께 대책을 제출했다. 원고생도 이 대책에 포함되었다. 상상 위완은 법가, 종횡가의 학자들을 제외할 것을 청했다. 대책이 끝난 후, 장조는 중대부, 공손홍은 박사, 동중서는 강도상으로 임명되었다.

62세 무제 건원 2년(기원전 139), 강도상 임기 중이었다. 회남왕 유안이 조정에 들어왔고, 태위 전소는 직접 파상에서 맞이했다. 유안의 집단과 전소의 집단이 결탁했다. 이 해, 도 태후는 황로의 학문을 좋아했고, 조연은 동궁에 보고하지 않도록 청했다. 도 태후는 이를 노여워하며 정변을 일으켰다. 조연과 왕장은 옥에 갇히고 자결했다. 도영과 전소는 면직되었고, 건원 신정은 실패했다.

63세 무제 건원 3년(기원전 138), 강도상에서 면직되고 수도로 전임되어 중대부로 발령되었다. 동중서는 한영에게서 무제 앞에서 논쟁을 벌였고, 양쪽 모두 물러서지 않았다.

65세 무제 건원 5년(기원전 136), 봄에 오경박사를 설치했다.

66세 무제 건원 6년(기원전 135), 조정에서 오구수왕이 중대부 동중서에게 『춘추』를 받도록 했다. 2월, 요동 고묘에서 화재가 발생했다(『한서』「오행지」에는 요동 고묘의 화재가 6월 정유로 기록되어 있다). 4월에는 장릉 고원 별전에서 불이 났고, 5월에는 도 태후가 사망했다. 6월에는 조정에서 다시 전소를 임명하고, 황로학을 폐지하며 유학을 발전시켰다.

67세 무제 원광 1년(기원전 134), 이 해, 동중서의 운명은 크게 변화했다. 5월, 동중서는 「천인삼책」을 제출하여 무제의 칭찬을 받았다. 7월, 수도에서 우박이 내렸다. 보창이 동중서에게 물었다. "우박은 무엇인가? 어떤 기후로 인해 생기는 것인가?" 동중서는 이에 「우박 대책」을 지었다. 지난해의 요동 고묘 화재와 고원 별전 화재에 대해, 동중서는 「재이 대책」을 지어 재해와 이상을 논하며 당시의 정치 상황을 비판하였다. 그는 사건의 초점이 된 전소와 유안을 겨냥했다. 주부언은 원광 1년에 네 차례 승진하며 직업적으로 번창했다. 그는 동중서를 만나지 못하고 「재이 대책」 초안을 보고 그것을 시기하여 몰래 훔쳐 무제에게 보고했다. 무제는 즉시 대신들을 소집하여 논의하게 했고, 대신들은 그것이 비꼬는 내용이라고 생각했다. 동중서의 제자 여보수는 그것이 스승의 글임을 알지 못하고, 이를 하등의 견해라고 여겼다. 결국, 무제는 동중서를 감옥에 가두고 사형을 선고했다. 그러나 이후 조서를 내려 사면하였다. 동중서는 감옥에서 고난을 겪은 후, 더 이상 재해와 이상에 대해 쉽게 언급하지 않았다.

68세 무제 원광 2년(기원전 133), 동중서는 다시 강도에 가서 강도상으로 재임했다.

70세 무제 원광 4년(기원전 131), 강도상으로 재직하였다. 봄 3월, 무안후 전소가 사망하고, 어사대부 한안국이 대신하여 상국의 일을 처리했다.

71세 무제 원광 5년(기원전 130), 강도왕 상으로 임명되었다. 강도왕 유비는 '월유삼인(越有三仁)'에 대해 질문했고, 동중서는 이를 반대하고 "월(越)의 대부는 인을 행할 수 없다!"라며, "정당한 의리를 지키고 이익을 추구하지 않으며, 도리를 밝히고 공을 계산하지 않는다!"라고 하여 유비에게 불필요한 생각을 하지 말도록 충고했다. 강도왕은 이를 듣고 계속해서 "좋다!"라고 말했다.(이 사건은 『춘추번로』「대교서왕월대부는 인을 행할 수 없다」와 다르게 기록되어 있다.)

73세 무제 원삭 1년(기원전 128), 강도국 상으로 재직 중이었다. 강도왕 유비가 사망하고, 그의 아들 유건이 즉위했다. 동중서는 약 7~8년 동안 강도상으로 재임했다. 이 기간 동안 가뭄과 홍수가 발생했는데, 동중서는 오곡에 피해를 입힐까 염려하여 백성을 이끌고 비를 멈추게 하고 비를 구하며, 민생의 고통을 해소하기 위해 「비를 멈추게 하는 대책」과 「비를 구하는 문」을 지었다.

75세 무제 원삭 3년(기원전 126), 공손홍이 어사대부로 승진하고 삼공에까지 올랐다. 공손홍은 동중서를 질투하여 무제에게 동중서를 교서상으로 추천했으며, 교서왕 유단의 손을 빌려 동중서를 제거하려 했다. 이 해, 장탕은 중대부에서 법정대부로 승진하고, 사마천은 20세에 강호를 떠났다.

76세 무제 원삭 4년(기원전 125), 동중서는 박학다식하고 예의가 바르며, 교서왕 유단은 그를 공경하고 잘 대우했다. 동중서는 올바른 길을 지키며 여러 차례 직언으로 상국을 충고했지만, 계속해서 죄를 받을까 두려워하여 스스로 은퇴를 결심했다. 그는 말년에는 장안의 한 골목으로 돌아가 재산을 관리하지 않고 학문을 닦고 책을 집필하는 일에 전념했다.

77세 무제 원삭 5년(기원전 124), 동중서는 『공양춘추』를 전담하여 연구했고, 하구강생은 『곡량춘추』를 연구했다. 두 사람은 논쟁을 벌였고, 동중서는 하구강생을 한 수 위로 이겼다. "공손홍이 등용된 이후, 그가 그 이치를 모아서 결국 동중서를 활용하였다."[79] 동중서는 공식적으로 인정받은 춘추학의 지도자가 되었다. 이 해, 회남왕 사건이 발생했고, 무제는 동중서가 「재이 대책」을 작성한 일을 기억하여, 조정의 법정대부 장탕에게 회남왕 사건에 대해 동중서에게 조언을 구하도록 했다. 동중서는 제자 여보수에게 추천했다. "상은 동중서의 이전 말을 생각하여, 동중서의 제자 여보수가 도끼와 칼을 들고 회남의 죄를 처리하게 하였으며, 『춘추』의 의리를 근거로 외부 문제를 전적으로 해결하였다. 이 과정에서 그 누구의 요청도 없었다. 사건이 끝난 후, 모든 일이 상에게 보고되었고, 상은 이를 전적으로 신뢰하고 인정하였다."[80] 여보수는 무제의 충분한 신뢰와 승인을 받았다. 이 해, 사마천은 장호를 마친 후 장안으로 돌아왔다.

78세 무제 원삭 6년(기원전 123), 사마천은 그의 아버지 사마담과 함께 『태사공서』, 이른 바 『사기』를 편찬하며, 동중서에게 『춘추』를 배우고, 진말 한초의 역사에 대해 공부했다. 동중서는 사마천에게 진시황을 모시고 있던 의사가 본 고구려와 그 관계 및 진나라 멸망에 대한 사실을 제공했다.

79세 무제 원수 원년(기원전 122), 무제는 옹에서 제사를 올리기 전에, 장탕을 보내 동중서에게 제사 의식에 대해 문의했다. 동중서는 장탕이 묻는 문제를 모아 책으로 엮었다. 이를 『춘추결옥』이라 불렀으며, 이는 역사상 첫 번째의 '사례에 대한 사법

---

79) 『史記』「儒林列傳」: 自公孫弘得用, 嘗集比其義, 卒用董仲舒.
80) 『漢書』「五行志」: 上思仲舒前言, 使仲舒弟子呂步舒持斧鉞治淮南獄, 以春秋誼顓斷於外, 不請.既還奏事, 上皆是之.

판결서'였다.

80세 무제 원수 2년(기원전 121), 곽거병(霍去病)은 병사를 이끌고 하서에서 흉노를 막았고, 흉노의 혼야 왕은 한나라에 투항하였다. 그는 대제와 연문에 입성해 수백 명을 살육했다. 동중서는 흉노에 대한 세 가지 원칙을 제시했다. "첫째, 두터운 이익으로 그 의도를 없애고, 둘째, 천명과 맹세를 맺어 그 약속을 굳게 하고, 셋째, 그의 사랑하는 아들을 인질로 삼아 그 마음을 얽어매라!"

81세 무제 원수 3년(기원전 120), 『한민명전서』를 제출하고, 관중 지역에서 밀 재배를 장려할 것을 제안했다. 무제는 유람자를 보내 홍수 피해 지역에서 밀 재배를 권장했다.

82세 무제 원수 4년(기원전 119), 당시 대농상 공정, 동곽감양은 소금과 철 관리의 정책을 제시했다. 동중서는 이에 대해 "소금과 철은 모두 민간으로 돌아가야 한다!"라며 소금과 철 관리의 관영을 반대하는 상소를 올렸다.

84세 무제 원수 6년(기원전 117), 6월, 동중서의 제자 주대는 온 세상를 순회하며 업무를 수행했다.

87세 무제 원정 3년(기원전 114), 장안의 자택에서 여생을 마쳤다.

동중서의 천자(天子) 사상과
황제(皇帝) 제도와의 관계

최쑤어장(崔鎖江)

Ⅰ. 서언

중국 고대의 경전(經傳)을 살펴보면, '천자(天子)'에 대한 언급이 다양하게 표출된다.

『상서(尚書)』의 경우, 앞부분에서는 '제요(帝堯)', '제순(帝舜)'이라 칭하였다가, 「상서(商書)」에 이르러서야 비로소 '천자(天子)'라는 용어가 등장하기 시작하였다. 은(殷)과 주(周) 교체기인 「홍범(洪範)」에서는 "천자는 백성의 부모가 되어 천하의 왕이 된다."[1]라고 하여, '천자'를 '왕(王)'과 동일하게 보았다. 『시경』에는 '천자'라는 표현이 여러 차례 등장하고, 『논어』에도 '천자'라는 말이 두 번 사용되었다. 『춘추공양전(春秋公羊傳)』에는 "위로는 천자가 없고, 아래로는 방백(方伯)이 없으며, 천하 제후들은 서로 멸망시킨다."[2] "참람하게 천자를 칭해

---

1)『尚書』「洪範」: 天子作民父母, 以爲天下王.
2)『春秋公羊傳』: 上無天子, 下無方伯, 天下諸侯有相滅亡者.

서는 안 된다."[3]와 같은 표현이 반복적으로 나타난다.

『예기』「곡례하(曲禮下)」에서는 "천하를 다스리는 군주를 천자라한다."[4]라고 정의하였다. 『맹자(孟子)』에서는 "천자가 어질지 않으면 사해(四海)를 지킬 수 없다.[5]" 천자로부터 서민에 이르기까지 천자는 제일 순위이다, "춘추는 천자의 일이다.[6]" "백성의 지지를 얻어 천자가 된다.[7]" "천자는 인재를 하늘에 천거할 수 있다.[8]" 등, '천자'라는 표현이 반복적으로 사용된다. 『묵자(墨子)』, 『관자(管子)』, 『여씨춘추(呂氏春秋)』 등의 저작에서도 제왕을 '천자'로 지칭하는 경우가 많다.

이처럼 '천자' 중국 고대 학자들이 제왕을 지칭할 때, 가장 편리한 문어적 표현으로 자리 잡았다. 학자들은 일반적으로 '천자' 개념이 서주(西周) 시기에 형성된 것으로 본다. 예를 들어 궁장웨이(宮長爲, 2002)는 '천자'가 '여일인(予一人)'에서 기원하였고, 주(周)나라 성왕(成王) 시기에 '주천자(周天子)'라는 말이 형성되어, '왕(王)'과 병행하여 사용되었다고 보았다. 정후이성(鄭惠生, 1982)은 "상(商) 사람들은 천자라 칭하지 않았다."라고 보았다.

선진 유학에서 형성된 이상적인 '천자' 사상을 바탕으로, 동중서는 보다 명확한 '천자' 사상을 정립하였다. 그리고 천자를 중심으로 한 위계적 질서를 구축하고, "백성을 억누르고 군주를 드러내며, 군주를 억누르고 하늘을 드러낸다!"[9]라는 이론적 논리를 심화시켰다. 그 결과, 천자 사상은 황제 제도와의 융합을 실현하게 되었다.

---

3) 『春秋公羊傳』: 僭天子不可言.
4) 『禮記』「曲禮下」: 君天下, 曰天子.
5) 『孟子』「離婁下」: 天子不仁, 不保四海.
6) 『孟子』「滕文公下」: 春秋, 天子之事也.
7) 『孟子』「盡心下」: 得乎丘民而爲天子.
8) 『孟子』「萬章上」: 天子能薦人於天.
9) 『春秋繁露』「玉杯」: 屈民而伸君, 屈君而伸天.

Ⅱ. '천자' 사상의 구체적 내용

동중서는 '천자(天子)'라는 용어를 '황제(皇帝)'를 지칭하는 말로 사용하였으며, 이는 선진(先秦) 학술 전통을 계승한 것이다. 진시황(秦始皇)은 중국 역사상 처음으로 '황제'라는 명호(名號)와 제도를 창안하였다. 『사기』에 의하면, 진시황은 신하들에게 '제왕의 호칭'을 논의하게 하며, "이제 명호를 바꾸지 않으면, 그 공적을 칭송하거나 후세에 전할 수 없다."[10]라고 하였다. 승상 왕완(王綰), 어사 풍겁(馮劫), 정위 이사(李斯) 등은 건의문에서, '천자'는 스스로 '짐(朕)'이라 칭한다는 표현을 사용하였다. 이는 '천자'라는 용어가 진(秦)나라 사람들에게도 익숙하게 쓰였음을 보여 준다.

레이세오핑(雷曉鵬, 2015)은 진시황이 하늘을 공경하고 제사를 지냈지만, 천명(天命)을 맹신하지는 않았다고 보았다. 나아가 '황제'는 명호인 반면, '천자'는 명호가 아니라고 지적하였다. 그는 진시황이 '천자'라는 칭호를 높이 평가하면서도, '황제'와 '천자'라는 두 신분을 의도적으로 구분하려 했다고 설명한다. 또한 유방(劉邦)이 황제에 즉위한 후 '천자'에 대한 관념을 더욱 강화하였으며, 그의 신하들 가운데 일부는 '한(漢) 왕조의 건국을 패공(沛公)은 거의 하늘로부터 임명을 받은 것으로, 이는 사람의 힘이 아닌, 하늘이 세운 천명(天命)이다'라고 해석하였다.

역대 황제들은 '천자'에 대한 정의를 내리지 못하였고, 이를 공식화하거나 제도화하지도 못하였다. 그러나 이는 유학자들이 '천자'라는 용어를 '황제'를 지칭하는 것으로 사용하는 데는 아무런 장애가 되지

---

10) 『史記』「秦始皇本紀」: 今名號不更, 無以稱成功, 傳後世.

않았다. 동중서는 진시황에 대해 "그러므로 천자로 즉위하여 14년 만에 나라가 멸망하였다."[11]라고 평가하였다.

> 홀몸인 자가 비록 천자나 제후의 자리에 올라 있다고 하더라도 한낱 한 사람에 불과하며, 신민의 역할을 할 수 없다.[12]

동중서는 '천자'와 '독부(獨夫)'라는 명칭을 대조시키는 '정명실(正名實)'의 방법을 통해 천명의 전이(轉移)를 설명하였다. 그러면서 "왕자(王者) 또한 하늘의 아들이다."[13]라는 사상을 제시하였다. 이는 지위가 아닌 덕(德)에 따라 '왕' 또는 '천자'라 칭해야 한다는 의미이다. 이를 통해 동중서는 선진 시기의 사유인 '천자로 제왕을 지칭하는' 문헌적 전통을 계승하였음을 알 수 있다.

동중서의 '천자' 개념은 '황제'라는 단어보다 뚜렷한 도덕적 함의를 내포하고 있다. 그는 '천자'를 핵심 개념으로 하여 차등적 윤리 질서를 구축하였다.

> 전(傳)에 이르기를, 오직 천자만이 하늘로부터 명(命)을 받으며, 천하는 천자로부터 명을 받고, 한나라는 군주로부터 명을 받는다.[14]

동중서는 '천자'의 중심적 지위를 통해, 한 사람이 경사로우면, 모든 백성이 그로 인해 은혜를 입는다는 의미를 설명해 냈다. 그는 또한

---

11) 『漢書』「董仲舒傳」: 故立爲天子十四歲而國破亡矣.
12) 『春秋繁露』「仁義法」: 獨身者, 雖立天子諸侯之位, 一夫之人耳, 無臣民之用矣.
13) 『春秋繁露』「堯舜不擅移湯武不專殺」: 王者亦天之子也.
14) 『春秋繁露』「爲人者天」: 傳曰：惟天子受命於天, 天下受命於天子, 一國則受命於君.

"백성이 편안하지 않으면, 그들의 효제(孝悌)를 강제해야 한다."[15]라고 언급하였는데, 여기에서 '효제'는 "천자라 하더라도 반드시 존경하는 대상이 있고 그것이 효의 교육이다. 반드시 선배가 있고 그것이 제의 교육이다."[16]라는 점을 강조한다. 즉 '천자'는 부모를 공경하고 연장자를 존중하는 법을 익혀야 하며, 그 효제의 도리를 통해 천하 백성에게 모범이 되어야 한다.

> 천자는 하늘로부터 명을 받고, 제후는 천자로부터, 아들은 아버지로부터, 신하는 군주로부터, 아내는 남편으로부터 명을 받는다. 모든 명령의 출처는 하늘이므로, 모두 '하늘로부터 명을 받는다'고 해도 무방하다.[17]

이러한 수명(受命)의 과정은 일종의 권한을 위임하는 절차와 같다. '천자'는 천하를 다스릴 주권을 지니지만, 그 통치권은 모든 관리와 백성에게 분배되어야 한다. 관리와 백성은 '천자'에게 복종함으로써 '하늘의 명을 받는 것'의 정당성과 합법성을 실현하며, 이로써 '천자'를 중심으로 하고 하늘을 정점으로 하는 사회 윤리망이 구축된다. 이 윤리망은 천하의 모든 사람을 '천도(天道)'의 체계 속에 포함시킨다.

> 사람이 하늘과 대중의 지지를 얻는 경우, 하늘로부터 명을 받은 천자만이 그에 가장 부합한다. 공, 후, 백, 자, 남에 이르기까지, 온 나라의 마음은 천자에게 매달려 있다.[18]

---

15) 『春秋繁露』「爲人者天」: 百姓不安, 則力其孝弟.
16) 『春秋繁露』「爲人者天」: 雖天子, 必有尊也, 教以孝也; 必有先也, 教以弟也.
17) 『春秋繁露』「順命」: 天子受命於天, 諸侯受命於天子, 子受命於父, 臣妾受命於君, 妻受命於夫. 諸所受命者, 其尊皆天也, 雖謂受命於天亦可.
18) 『春秋繁露』「奉本」: 人之得天得衆者, 莫如受命之天子. 下至公侯伯·子·男, 海內之心懸於天子.

동중서는 '천(天)-천자(天子)-백관(百官)-만민(萬民)'으로 이어지는 서열 체계를 구축하였다. "하늘 또한 사람의 증조부이다."[19] 이러한 서열 구조에서 백관은 백성의 부모와 같고, 천자는 백성의 조부이며, '하늘'은 백성의 증조부로 간주된다. 이는 세대 간 차이를 통해, '천자'를 중심으로 한 차등적 윤리 질서를 표현하는 방식이다.

동중서는 황제가 마땅히 하늘을 아버지로 삼아야 한다고 요구하였다. "그러므로 '천자(天子)'라는 호칭은 하늘을 아버지로 삼아 효도를 다하며 섬기도록 하기 위한 것이다."[20] 여기서 '하늘을 아버지로 삼는다.'라는 표현은 이미 '하늘을 아버지로 여긴다.'라는 의미에 근접한 것이다. "몸을 기준으로 하늘을 헤아리니, 어찌 그 자식이 자식 된 예의를 갖추길 바라지 않겠는가?"[21] 동중서는 '황제'가 하늘을 아버지처럼 여기고, 자식의 도리로 하늘을 섬길 것을 요구하였다. 그러나 이것은 하늘과 아버지를 동일시하는 것은 아니다.

하(夏)나라 이래로 군주 세습 제도가 시작된 이후, 창업 군주만이 하늘의 명령을 받았고, 오행(五行)의 주기와 운명에 따라 명을 받았다는 방식으로 정통성을 설명할 필요가 있었다. 후대의 제왕들은 모두 자신의 군권(君權)이 부친에게서 혈통으로 계승되었고, 전통적 정통성을 이미 획득하였음을 잘 알고 있었다. 서구의 기독교 문화는 '성부(聖父)-성자(聖子)-성령(聖靈)'의 삼위일체 신학 체계를 형성하였다. 이에 비해 동중서가 제시한 '하늘을 아버지로 삼는다.'라는 개념은 '하늘(天)-자식(子)-도리(道)'의 삼위일체적 함의를 지니고 있다. 하지만 동중서 사상에서 '하늘'은 여전히 신비적 '천의(天意)'로 여겨졌고, 인

---

19) 『春秋繁露』「爲人者天」: 天亦人之曾祖父也.
20) 『春秋繁露』「深察名號」: 故號爲天子者, 宜視天如父, 事天以孝道也.
21) 『春秋繁露』「郊語」: 以身度天, 獨何爲不欲其子之有子禮也.

격화된 구체적 존재는 아니었다.

하늘은 착한 사람에게 상을 주고 악한 자를 벌하며, 재이(災異)를 보내 경고하는 기능을 갖추고 있다. 그러나 그 인격적 형상이 완성되지 못했기에 효도로 하늘을 섬긴다는 윤리는 실제로 구현되기 어려웠다.

천자로 세워진 자는 하늘이 그 가문에 내려준 것이다![22]

동중서는 황제가 하늘에 제사 지내는 일을 강조함으로써 황실과 하늘의 관계를 강화하려고 하였다. 그러나 '천자'와 '하늘' 사이에는 출생의 매개 고리가 부재하여, '하늘을 아버지로 삼는다.'라는 명제는 논리적으로 설득력을 갖기 어렵다. 요컨대, '하늘을 아버지로 삼는다.'라는 개념은 상상과 구성의 산물에 가깝다. 황제는 허구적 윤리와 현실의 윤리 사이에서, 궁극적으로 '현실의 윤리'를 더 선호하게 된다.

'하늘을 아버지로 여긴다.'라는 명제는 필연적으로 황제가 자도(子道)와 효도(孝道)로 하늘을 섬겨야 한다는 결론으로 이끈다. 동중서는 "천자(天子)는 부모로서 하늘을 섬기고, 자손으로서 만민을 기른다."[23] 라고 주장하였다. 이는 황제가 '하늘'을 부모로 여기고 '만민'을 자손으로 간주해야 한다는 것이다. 이러한 '대일통(大一統)'의 차등 윤리 질서를 유지하기 위해, 황제의 가장 중요한 임무는 자도(子道)로써 하늘을 섬기는 것이다. 그는 황제가 하늘에 제사 지내지 않는 일은 부모를 봉양하지 않는 일과 같으며, 이는 사회 전체의 윤리 질서를 붕괴한다고 인식했다. 따라서 황제는 하늘의 도, 즉 천도(天道)를 숭배하

---

22) 『春秋繁露』「郊祀」: 立爲天子者, 天予是家.
23) 『春秋繁露』「郊祭」: 天子父母事天, 而子孫蓄萬民.

기 위해, 자신의 고귀한 신분을 자각하면서도 그것을 낮춰야 한다. 동
중서는 말한다.

> 먼저 귀한 자가 있고, 다음에 천한 자가 있으니, 누가 천자보다 더 귀하겠
> 는가? 천자는 하늘의 아들이라는 호칭이다. 그런데 어찌 천자라는 호칭을 받
> 으면서도 천자에 걸맞은 예의를 행하지 않는가? 천자는 반드시 하늘에 제사
> 를 지내야 한다. 이는 사람이 부모를 봉양하지 않을 수 없는 것과 다름이 없
> 다. 사람이 부모를 섬기지 않으면 천하가 이를 용납하지 않는데, 지금 천자가
> 하늘을 섬기지 않는다면, 그와 무엇이 다른가?[24]

이러한 동중서의 문제의식은, 매우 강한 어조로, 내면 깊숙이, 황제
가 천도(天道)를 배반하여 하늘을 거역하는 '역자(逆子)'가 되었다는
인식을 보여 준다. 부자 관계도 하늘과 황제의 관계에 비유하여 효도
에 확대 적용하였다. 그러나 후대의 황제들은 하늘로부터 명을 받았
다는 개념만 수용하였을 뿐, '하늘을 아버지로 여긴다.'라는 관념을 받
아들이지 못하였고, 하늘을 자도(子道)와 효도(孝道)로 섬기는 일은
더욱 어려웠다.

그리고 동중서는 하늘에 제사 지내는, 천자의 '천제(天祭)' 우선성
을 강조하였다. "지금 천자로 있으면서 천제를 빠뜨린다면, 하늘이 어
찌 반드시 선하게 여길 것인가?"[25] 천자가 천제를 하지 않으면, 그 결
과, 하늘이 제왕을 선하게 대하지 못하고, 나아가 천하에 벌을 내리고
여러 재앙이 생길 수 있다고 보았다. "천하가 아직 평화롭지 못한 것

---

24) 『春秋繁露』「郊祭」: 先貴而後賤, 孰貴於天子? 天子號天之子也. 奈何受爲天子之號, 而無天子
之禮? 天子不可不祭天也, 無異人之不可以不食父. 爲人子而不事父者, 天下莫能以爲可. 今爲
天之子而不事天, 何以異是?
25) 『春秋繁露』「郊語」: 今爲其天子, 而闕然無祭於天, 天何必善之?

은 천자의 교화가 이루어지지 않았기 때문이다."[26] 이처럼 동중서는 하늘을 섬기는 일을 황제의 가장 중요한 책임으로 여겼다.

어느 날 정위(廷尉) 장탕(張湯)이 동중서에게 '교제(郊祭)'에 관해 묻자, 동중서는 '옛날 천자의 예의 가운데 교제보다 중요한 것은 없으며, 천자가 하늘에 제사를 지내고, 주공(周公)은 성인으로서 하늘에 제사를 지냈다.'라고 하였다. 그의 관점에서 볼 때, 교제는 가장 존귀한 예의 제도이다. 황제에게서 부모의 상을 당한 것보다 천제의 중요성이 크다는 점은, '군주를 굽히고 하늘을 펼친다.'라는 사상의 자연스러운 반영이다. 그는 이와 같이 '교제'와 '천제' 사상을 중시하였고, 이는 후대 여러 황제에 의해 인정되고 지속되었다. 그러기에 "하늘은 모든 신의 임금이며, 왕이 가장 존경하는 존재이다!"[27]

Ⅲ. '천자' 사상과 '황제' 제도의 충돌

건원(建元) 6년(기원전 135년), 두 태후(竇太後)가 세상을 떠나고, 무제(武帝)가 실권을 잡았다. 이 해에 '요동고묘(遼東高廟) 재앙'과 '고편전(高편殿) 재앙'이 발생하였다.

동중서가 집에서 자기의 뜻을 간추려 놓고는 그 초고를 올리지 않았다. 주부언(主父偃)이 동중서를 시기하여 몰래 그 글을 훔쳐 상소하였다. …… 이에 동중서는 처형될 뻔했으나 조서가 내려와 사면되었다. 이후, 동중서는 재

---

26) 『春秋繁露』「郊語」: 天下所未和平者, 天子之教化不行也.
27) 『春秋繁露』「郊義」: 天者, 百神之君也, 王者之所最尊也

앙에 대해 다시는 말하지 않았다.[28]

동중서는 외직인 왕상(王相)의 직책을 마치고, 장안(長安)으로 돌아와 중대부(中大夫)에 임명되었다. 그 후, '천인감응(天人感應)' 이론에 근거하여 이 초고를 완성하였다. 이 글은 무제에게 법을 지키지 않는 '근신(近臣)'과 '번왕(藩王)'을 처벌할 것을 건의하려는 목적이 있었다. 특히, 번왕들의 교만하고 사치스러운 생활에 대해 깊이 인식하고, 불만을 품고 있었던 내용이 포함되었다.

그런데 주부언이 이 초고를 몰래 빼내어 무제에게 상소하였다. 무제는 신하들에게 이 대책의 성격이 어떠한지 논의하게 하였다. 동중서의 제자 여보서(呂步舒)는 이것이 자기 스승의 글이라는 것을 알지 못하고, 그 의견을 '하우(下愚)'라 여겼다. 동중서는 결국 무제로부터 사면을 받았으나, 이후로는 다시는 재앙에 대해 말하지 않았고, 군신(君臣)의 의리를 엄격히 지켰다. 이 사건은 유가(儒家)와 황제(皇帝) 사이에 충돌한 전형적 사례이다.

첫째, 이 사건은 무제가 '재이견고(災異譴告)'를 매우 꺼렸음을 반영한다. 황제들은 대체로 상서로운 징조를 좋아하고, 재앙(災殃)이나 재이(災異)에는 관심이 적었고, 이를 받아들일 용기도 부족하였다. 무제는 '천명(天命)'이 부여한 특권만을 즐겼을 뿐, 유가(儒家)가 천명을 해석하여 황권(皇權)에 제약하려는 것을 받아들이려 하지 않았다. 이러한 책임과 의무의 불균형은 황제 제도가 지닌 크나큰 결점이다. 유학자들은 황제 권력과 천도(天道)의 제약 사이에서 균형을 유지하려는 경향이 강했다. 이는 필연적으로 황권과 유가 사이의 충돌을 초래

---

28) 『漢書』「董仲舒傳」: 仲舒居家推說其意, 草稿未上, 主父偃候仲舒, 私見, 嫉之, 竊其書而奏焉. …… 於是下仲舒吏, 當死, 詔赦之. 仲舒遂不敢復言災異.

하였다. 무제는 이미 '거간(拒諫)'의 습관을 갖게 되어, 구체적인 정사에서 독단적 경향을 보였고, 유학자들의 참의(參議)를 좋아하지 않았으며, 유가가 해석하는 천의(天意)에 좌우되는 것을 매우 싫어하였다.

둘째, 무제는 천자(天子)의 신분으로 '천명(天命)을 받들어 행하는' 자각 의식이 부족했고, 황권(皇權)의 무한성에 집착하였다. 동중서는 『춘추공양전』의 정신에 근거하여, 천명과 관련된 사유를 제시하였다. 그러나 불가피하게 '황제' 제도와 '천자' 사상 사이에 격렬한 충돌이 발생하였다. 천의(天意)를 근거로 규칙을 지키지 않는 근신(近臣)과 번왕(藩王)을 처벌하는 것은 법률이 증거를 요구하는 것과 충돌한다. 그뿐만 아니라, 모두가 자신을 경계하는 위기 상황을 초래하기 쉽다. 천의는 종종 여론의 구실이 되기 쉽다. 후대의 참위학(讖緯學)이 바로 이러한 문제에 직면하였다.

셋째, 동중서의 '천자(天子) 사상'은 필연적으로 황제와 하늘 사이의 거리를 좁히는 동시에, 황제와 황족 종실(宗室) 사이를 소원하게 만드는 경향이 있다. 동중서는 하늘을 최고의 주재자로 보았다. 이는 일정 정도 아버지(父), 남편(夫), 군주(君)의 숭고한 지위를 약화시켰다. 그의 정책은 실제로 황권(皇權)과 황족 내부 사무에 간섭하는 듯한 의혹을 내포하고 있다. 이는 황권에 대한 제약과 도전으로 인식될 수 있다. 요약하면, 동중서의 천자(天子) 사상은 이 사건의 잠재적 요인 가운데 하나로 작용했다.

동중서의 천자 사상은 황제 제도와 정치적 권위에 충격을 주었다. 그러나 그가 구상한 '천자 숭천(崇天)'과 '천도(天道)'로 천자를 제약하는 사고방식은 황제에 의해 쉽게 무시되었다. 동중서는 의도적으로 황권을 '천도'라는 윤리 체계에 포함시키려고 했다. 하지만, 황제 제

도는 이러한 주장에 무조건 호응하거나 순종하지 않는다. 황제가 이
러한 '천자 사상'을 따른다면, 이는 중국 고대 사회가 교권(教權)이 황
권(皇權)보다 우위에 있는 정교이원론(政教二元論)으로 나아가는 것
을 의미한다.

그러나 황제 제도는 현실적이고 구체적인 것이며, '천자'는 황권을
미화하는 표현이다. 그것은 이상적인 유교 담론 체계에 불과하다. 동
중서는 유학(儒學)을 바탕으로 자신의 사유를 전개하며 문제를 제기
했고, 그리하여 경학(經學)을 통해 정사를 다스리려는 열정을 가지고
있었다. 이런 태도는 무제의 정치적 권위에 심각하게 도전하는 듯한
모습을 보였다.

무제는 유학을 통해 사람들의 사상을 통일하고자 했다. 그러나 그
목적은 사람들이 한나라 왕실이 '천명(天命)을 받았다.'라는 사실을 받
아들이게 하는 것이었을 뿐, 황권보다 높은 교권을 만들려는 것은 아
니었다. 무제는 '대일통' 정책을 통해 황제 제도의 정치적 권위를 강화
할 뿐 아니라, 자신의 정신적 위상을 높이려고 했다.

한나라 원제(元帝)가 태자일 때, '유인호유(柔仁好儒)'하여, '폐하가
형벌을 너무 엄격히 하니 유생을 써야 한다.'라는 제안을 하였다. 이에
대해 선제(宣帝)는 '한나라 왕실에는 이미 제도가 있는데, 본래 패왕도
(覇王道)가 뒤섞여 있다. 그런데 어떻게 순전히 덕교(德教)만을 쓰고
주(周)나라 정치를 따르겠는가? 또한 속유(俗儒)는 시의(時宜)를 알지
못하고 옛것만 좋아하며 현재의 정치 상황을 비판한다. 그렇기 때문
에 사람의 이름과 실체를 혼란하게 만들어 무엇을 지켜야 할지 몰라
믿을 만하지 않다!'라고 비판하였다. 이는 황제가 현실적인 정치적 고
려에서 유교를 이용해 민심을 수습했을 뿐, 진심으로 유학을 신봉하

지 않았음을 의미한다.

Ⅳ. '천자' 사상과 '황제' 제도의 융합

'하리(下吏)' 사건이 발생한 후, 무제는 동중서를 사면하고 여전히 그를 신뢰하였다. 동중서도 더욱 신중하고 조심스럽게 행동하며, '충군(忠君)'의 자세를 보였다. '유가(儒家)'와 '황제' 사이에 미묘한 균형이 형성되었다. 이런 점에서 동중서의 '천자(天子) 사상'은 완전하게 실행되지는 못했으나 '황제 제도'와 조화 또는 융합을 이루어내었다.

동한(東漢) 시기에 지어진 『백호통의(白虎通義)』를 보면, '천자'에게 '법전'과 같은 성격을 부여하였다. 금문경학(今文經學)의 정신에 따라 저술된 『백호통의』에서는 다음과 같이 언급한다.

> 천자(天子)란 작위(爵位)를 말한다. 작위로 천자라 칭하는 이유는 무엇인가? 왕은 하늘을 아버지로, 땅을 어머니로 삼는 하늘의 아들이다.[29]

동한의 유학자들은 동중서의 '심찰명호(深察名號)' 사상을 계승하여 '천자'를 책머리에 배치하고, '천하를 다스린다.'라는 뜻을 취하였다. 또한 동한의 허신(許慎)은 '성(姓)'자를 해설하면서 "옛날의 신성한 어머니가 하늘에 감응하여 자식을 낳았기에 천자라 칭한다."[30]라고 하여, 천자가 '하늘의 아들'이라는 신성한 의미를 지니고 있다고 하

---

29) 『白虎通義』「爵」: 天子者, 爵稱也. 爵所以稱天子者何? 王者父天母地, 爲天之子也.
30) 『說文解字』「女部」: 古之神聖母, 感天而生子, 故稱天子.

였다. 이는 천자가 신성한 존재임을 인정한 것으로, 비판의 대상이 될 수 없다고 본 것이다. 진정으로 비판받아야 할 것은 '황제 제도'로, 황제가 '천자'라는 칭호를 차지함으로써 신성한 존재가 되려고 했다는 점이다. '성왕(聖王)'과 '속왕(俗王)'의 차이는 바로 '천자'의 이상과 '황제' 제도의 차이이다. 따라서 고문경학(古文經學)과 금문경학(今文經學)은 '천자일작(天子一爵)'의 관점에 대해 논쟁을 벌였고, '천자'와 '제왕(帝王)'의 이중적 역할 충돌에 주목하였다.

'천자(天子)'는 유가(儒家)가 설정한 정치적 이상이다. 반면, '황제 제도(皇帝制度)'는 현실 정치의 실제 산물이다. 후대의 군주들은 사람들이 '황제' 제도와 유가의 '천자' 사상을 엄격히 구분하지 못하는 지점을 이용하여, 군주는 '천도(天道)의 신성한 존재를 넘어, 유가의 성인(聖人)이라는 품격을 지닌 위대한 사람'으로 인식했고, 이는 결국, 유학을 자신의 정당성과 정신적 권위를 강화하는 도구로 삼았다.

동중서의 천자 사상은 본질적으로 진시황(秦始皇)이 창립한 황제 제도를 개선하고 발전시킨 것이다. 그의 '황제 제도'는 '천도(天道)-황제-유학자-민중'이라는 네 주체의 정치적 권위와 정신적 위상에 관한 윤리적 관계를 합리적으로 설정하는 데 공헌하였다. 그러나 주목할 점은, 두 사상이 조화 또는 융합을 이루었는데도 불구하고, 거기에는 깊고 복잡한 조건이 따른다는 것이다.

첫째, '천자(天子)'는 '천도(天道)'가 궁극적 초월성을 가지며, 최고의 정치적 권위이자 정신적 지주라는, 최종 근원과 근거임을 의미한다. 이른바 '독존유술(獨尊儒術)'은 황제가 민중과 함께 유학을 중심으로 천도를 함께 숭배할 것을 요구하는 작업이다. 역대 황제들은 모두 천도의 절대적 권위를 침범해서는 안 된다. 동중서는 '부자(父子) 윤리'를 통해 하늘과 황제의 관계를 이해함으로써 천도의 초월성과 절대적 권위를 확립하였다. 천도의 초월적 권위는 '군부(君父)'의 현실적 권위와 분리될 수 없다! '군을 하늘로 삼는다(以君爲天)!', '부를 하늘로 삼는다(以父爲天)!' 이는 천도의 권위를 현실의 중재자로 만든다는 의미이다. '부(父)-군(君)-부(夫)'는 유가의 현실적 권위를 만들어낸다.

동중서는 천도와 천자의 윤리 규범을 다룰 때, 현실적 권위를 부인하지 않았다. 그러나 천도의 초월적 권위를 더욱 강조하였다. 노자(老子)는 왕이 된 존재가 '땅을 본받고(法地)', '하늘을 본받으며(法天)', '도를 본받고(法道)', '자연을 본받으라(法自然)'고 직접적으로 강조하였다. 동중서의 '봉천(奉天)'은 '법천(法天)'의 의미와 같고, '하늘로 왕을 바로잡는다!'라는 사상을 포함한다. 그는 '오직 하늘만이 크다, 오직 요(堯)임금을 본받는다!'라는 말에서 요임금이 성왕임에도 불구하고, 하늘을 가장 크게 여겨 하늘을 대체하지 않는다는 점을 여러 차례 강조하였다.

초월적 권위의 강조는 원시유가(原始儒家)의 기본 입장이고, 송명리학(宋明理學)이 제기한 '천리(天理)'는 초월적 권위의 재구성일 뿐이다. 후대 황제들은 여전히 '제천(祭天)', '봉천(奉天)' 등의 방식을 통해, 자신의 정당성을 확보했다. 후대 황제들도 결코 '반천(反天)', '난도(亂道)', '패리(悖理)', '역륜(逆倫)'의 주장을 내놓지는 못했다. 동중서의 천자 사상은 천도의 초월적 존재와 절대적 권위를 훌륭하게 해석하였다.

둘째, '천자(天子)'는 '황제(皇帝)'가 현실에서 최고의 정치적 권위만을 가지며, 최고의 정신적 위상을 가지지 않는다는 것을 의미한다. '황제'와 '천자'는 각각 현실 제도와 이상적 인격을 대표한다. '황제'는 정치적 권위를 상징하며, 현실에서 황제 제도는 그 정치적 권위의 매개체이다. 반면, '천자'는 '천도(天道)'가 최고의 정신적 권위임을 상징하며, 황제는 아들처럼 천도에 따라 하늘의 명을 받아야 한다. 이 때문에 후대 군주들은 '천자'와 '황제'라는 이중적 신분을 갖게 된다.

천자는 '성왕(聖王)'에 해당하고, 황제는 '속왕(俗王)'이다. 속왕은 성왕을 본받아야 하며, 황제는 '천자'의 규범에 따라 행동하도록 노력해야 한다. 유가의 '대일통'은 천(天)과 원(元)을 최고의 궁극지점으로 삼는다. 황제는 이 통일체의 중심이자 핵심적 위치에 있지만, 최고의 궁극지점은 아니다. 최고의 궁극지점은 '천명(天命)'일 뿐이다. 션차이빈(沈才彬, 1992)은 '천자 사상'의 흥기에서 공자(孔子), 묵자(墨子), 맹자(孟子), 동중서의 '천자 사상'을 논의하면서, '천자 사상'을 왕조 교체 및 혁명론과 연결하여, 다수 혁명을 겪은 후에도 황제 제도가 여전히 정치적 권위를 유지하는 현상을 설명하였다. 그는 '중국의 황제 제도는 진시황에서 시작되어 한나라에서 비교적 완전한 봉건 체제를 형성하였다. 이 체제는 중국 봉건 사회 전반을 관통한다. 황제 제도의 핵심은 황제가 개인적으로 정치적 권위와 세속 권력을 겸비하여, '짐이 곧 국가'라는 봉건 전제 통치를 시행하는 데 있다'라고 지적하였다. 이런 평가는 매우 타당하다고 판단된다.

일반 민중은 역사 속 황제 제도를 최고의 정치적 권위와 정신적 지주가 결합한 절대적 존재로 여긴다. 황제 자신도 흔히 '성(聖)'이라는 언표로 자처하며, '성지(聖旨)', '성상(聖上)', '신성(神聖)' 등 오로지 자신만을 위한 호칭을 사용한다. 중국의 몇몇 정치학자는 '중국 고대 사회가 정치와 종교가 일치된 국가였다.'라고 보고, 그 종교가 유교라고 주장한다. 하지만, 유교는 황제 제도의 일부에 불과하다. 황제는 유교 내에서 '천자'로 존재하며, 이상적으로 달성해야 할 정신적 권위는 부족하나 실제로는 최고의 정신적 지주 역할을 한다.

셋째, '천자(天子)'는 유가(儒家)가 제왕의 인격을 설정한 것으로, 유가가 황권을 제약하고 교화를 주관하는 정신 권위를 구현한다. 유가의 '대일통' 이론은 정치적 대일통과 문화적 대일통으로 나뉜다. 정치적 대일통은 황제를 중심으로 하는 군현 제도를 주로 유지하며, '삭번(削藩)' 등 구체적이고 현실적인 문제에 집중한다. 반면, 문화적 대일통은 '유가'를 중심으로 통일된다. 유가에서는 '천자'를 '황제'를 지칭하는 말로 사용한다. 하지만, 이는 황제의 정신적 권위의 속성을 박탈하는 것이 아니라, 황제가 반드시 천도(天道)와 천명(天命)의 초월적 존재를 인정하고, 나아가 '천도(天道)-천명(天命)-천의(天意)'를 해석할 때, 정신적 품격의 인정을 요구하는 것이다.

유가는 '천명(天命)'을 받은 정치적 권위를 갖지는 못하였으나, 천명을 해석하는 정신적 권위는 갖고 있다. 공자는 다음과 같이 선언하였다.

> 문왕(文王)은 이미 세상을 떠나고 없지만, 문(文)은 여기에 남아 있지 않은가? 천(天)이 이 문(文)을 잃으려고 할 때, 뒤에 죽은 자는 이 문에 참여할 수 없다. 천이 아직 이 문을 잃지 않았을 때는, 광인(匡人)인 내가 어찌할 수 있겠는가?[31]

여기서 '문(文)'은 천명을 해석하는 정신적 권위를 뜻한다. 『논어』

---

31) 『論語』「子罕」: 文王既沒, 文不在茲乎? 天之將喪斯文也, 後死者不得與於斯文也; 天之未喪斯文也, 匡人其如予何?

에서 "하늘이 공자를 목탁(木鐸)으로 삼으려 한다."[32]라고 말했는데,
이 표현은 유가가 '정신적 권위를 분명히 장악한다!'라는 의미이다.
『춘추』가에서 강조한 '소왕(素王)' 설은 정신적 권위와 정치적 권위
의 이분법을 정확히 드러낸다. 유가는 '하늘로 군주를 바로잡는' 정신
적 권위를 지니며, 하늘의 뜻을 해석하는 권력을 가진다. 이에 근거하
여 경서(經書)를 바탕으로 황제의 행동과 정치적 명령에 지도적 조언
을 하는 것이다.

동중서는 바로 이런 유가의 정신에 기초하여, 정치와 학문을 설계
하며 사상을 전개하였다. 그의 '천자 사상'은 반드시 황제가 '천을 존
중하고 도를 모범으로 삼을 것'을 요구하며, 정신적 권위를 경외할 것
을 전제한다. 황제는 하늘에 제사하며 공경하는 천제(天祭)와 하늘에
대한 효행(孝行), 하늘의 복종을 통해, 유가가 인정하는 천자가 될 수
있다. 따라서 '천자 사상'은 황제가 백성과 제후 번왕에 비해 정신적·
정치적 권위를 높이는 동시에, 유가 경학의 정신적 권위를 동시에 고
양하였다. '군주를 굽히고 하늘을 세운다!'라는 정신적 권위는, 결국
유가의 금문경학(今文經學)과 사도(師道)에 구현된다. 성인(聖人)은
유가의 정신적 권위를 표현하는 실체이다.

공자는 유가에서 유일한 성인으로 간주되며 최고의 정신 권위이다.
맹자는 "백성이 생겨난 이래로 공자보다 뛰어난 사람은 없었다."[33]라
고 강조하였다. 사마천(司馬遷) 또한 "천자(天子)와 제후(王侯) 이래
중국에서 육예(六藝)를 말하는 사람들은 모두 공자에 귀결되었으니,
이를 지성(至聖)이라 할 수 있다."[34]라고 평가하였다. 이런 점으로 볼

---

32) 『論語』「八佾」: 天將以夫子爲木鐸.
33) 『孟子』「公孫丑上」: 自生民以來, 未有盛於孔子也.
34) 『史記』「孔子世家」: 自天子王侯, 中國言六藝者折中於夫子, 可謂至聖矣!

때, 유가 내에서는 '성인이 왕보다 높다!'라는 공감대가 형성되었다고 할 수 있다. 다만, 공양학자(公羊學者)가 말하는 '왕도(王道)'는 '제왕(帝王)의 도'가 아니라 '성왕(聖王)의 도'를 의미한다. 예를 들어, 강희제(康熙帝)가 공자의 성상(聖像)에 '삼궤구고례(三跪九叩禮)'를 행했는데, 이는 이러한 문화적 인식을 표현한 것이다. 그러나 성인은 이미 고인이 되었고, 현세의 유가는 신하의 신분으로 황제 제도에 종속될 수밖에 없다. 따라서 이러한 정신적 권위는 숭배에만 사용될 수 있을 뿐, 현실적 견제 수단으로 발전할 수 없다. 유가는 '충언(忠言)'의 방식으로만 영향을 미칠 수 있고, 실제로 황권(皇權)을 효과적으로 견제하지는 못하는 한계가 존재한다.

넷째, '천자(天子)'는 '백성이 황제의 현실적 권위에 복종해야 한다.'라는 의미로, '백성을 굽히고 군주를 드높이는' 중요한 논리이다. 왕찬(王燦, 2011)은 『상서(尙書)』에서 '천자(天子)'란 '하늘의 맏아들(元子)'을 뜻하며, '하늘의 유일한 자식'이라는 의미는 아니라고 보았다. 그는 또 동중서가 제시한 "하늘이 도와주고 아들로 삼으니 이를 천자라 한다."[35] "천자는 곧 하늘의 아들이다."[36], "천자라는 명칭은 하늘의 아들이라는 뜻이다."[37]라는 몇몇 표현이 '하늘의 맏아들'이라는 의미를 제거하였고, 이는 중국 전제 제도의 점진적 강화 현상을 반영한 것으로 이해했다.

나는 동중서가 '사람은 하늘로부터 명을 받는다!'와 '천자는 하늘로부터 명을 받는다!'라는 두 개념을 함께 제시했다고 판단한다. 일반적 인간 본성의 관점에서 보면, 누구나 요(堯)·순(舜)이 될 수 있으며, 누

---

35) 『春秋繁露』「三代改制質文」: 天佑而子之, 號稱天子.
36) 『春秋繁露』「郊語」: 天子者, 則天之子也.
37) 『春秋繁露』「郊祭」: 天子號天之子也.

구나 하늘의 아들이다. 그러나 후대 황제들이 '천자'라는 칭호를 독점하게 되면서, 일반인이 '하늘의 아들'이 될 수 있다는 '천부(天賦)'의 의미는 배제되었다. 황제가 천명을 갖는다는 것은 '백성을 굽히고 군주를 드높이는 일'의 본질적 표현이다. 그러나 '천자 사상'의 중심이 '백성을 굽히고 군주를 드높이는 일'에 있는 것이 아니라, 오히려 '군주를 굽히고 하늘을 드높이는 일'에 있다고 보아야 한다. 사람들은 '천자'에 대해 '천자란 하늘의 명을 받는 자'라는 첫인상을 가지기 쉽다. 그러나 유가(儒家)에게서 '천자'는 무엇보다 먼저 하늘을 받들고 옛 제도를 본받아야 하며, 그래야만 문화적으로 인정을 받고, 궁극적으로는 최고의 정치적 권위와 일정한 정신적 권위를 형성할 수 있다.

V. 결어

동중서는 '황제가 유학만을 숭상한다!'라는 역사적 전통을 창시하였다. 이를 통해 '유학(儒學)'과 '황권(皇權)'의 조화 또는 융합을 실현하였다. 이러한 조화 또는 융합의 형식을 빌린 두 영역의 결합은 '천자 사상(天子思想)'과 '황제 제도(皇帝制度)'가 서로 충돌하면서도 동시에 융합하는 이중적 관계로 나타난다.

첫째, 유가(儒家)의 관점에서 보면, 황제는 반드시 천명(天命)을 따르고 하늘을 받들며 고례(古禮)를 본받아 유가적 이상에 부합하는 '천자'가 되어야 한다. 유가는 황제를 중심으로 '대일통(大一統)'의 윤리 질서를 구축하고 '충군(忠君)'을 중요한 교화(教化)의 과제로 삼는다.

둘째, 황제(皇帝)의 관점에서 보면, 황제는 유가가 설계한 '천자'의 역할에 따라 순수하게 덕치(德治)만을 행할 수는 없었고, 후대 황제들 또한 황제 제도를 가장 근본적인 정체성으로 인식하였다. '천자'라는 개념은 어디까지나 황제가 자신의 정통성과 권위를 높이는 중요한 수단으로 사용되었을 뿐이다.

셋째, 백성은 흔히 '천자'와 '황제'를 혼동하였고, 후대 학자들 또한 종종 무의식적으로 유학과 황제 제도를 동일시하면서, '천자 사상'과 '황제 제도' 사이의 융합과 대립이라는 이중적 관계를 간과하였다. 이는 결국 5·4신문화운동(五四新文化運動) 시기 사람들이, 이 두 가지를 구분하지 못하고 함께 부정하게 되는 결과를 낳았다. 따라서 동중서의 '천자 사상'에 대한 연구는 '유학'과 '황제 제도' 사이의 관계를 올바르게 이해하는 데, 매우 중요한 고리이자 경로로 작용한다.

『춘추번로』의 왕도(王道) 사상에 담긴 생태적 지혜

웨이옌홍(魏彦紅)

I. 서언

동중서는 중국 고대 사상사에서 거목으로 평가받는 인물이다. 공자를 계승하고 주희에게 영향을 준 유학 사상의 이정표이자 한대(漢代)에서 가장 중요한 사상가 가운데 한 사람이다. 그는 한대 신유학의 창시자이자 기초를 닦은 인물로 '천인철학(天人哲學)'을 바탕으로 방대한 사상 체계를 구축하였으며, 그 영향력은 매우 깊고 넓다.

동중서의 사상은 『춘추번로(春秋繁露)』는 잘 담겨 있고, 이는 그의 철학을 연구하는 데 가장 기본적 자료이다. 여기에서는 『춘추번로』에서 드러나는 '왕도(王道)'라는 정치철학에 주목하여, 그 안에 내포된 생태적 지혜를 탐색함으로써, 오늘날 생태 환경보호에 주는 시사점을 모색해 보려고 한다.

Ⅱ. 왕도(王道)와 그 최고 가치 및 생태적 지혜

1. 왕도와 그 최고 가치

『춘추번로』「왕도통삼(王道通三)」에는 '왕(王)'과 '왕도(王道)'에 대한 상징적 해석을 제시한다.

옛날 문자를 만든 사람은 '왕(王)' 자를 가로로 세 획으로 긋고 세로로 가운데를 연결하고, 이를 '왕'이라 하였다. 이 세 획은 '하늘'과 '땅'과 '사람'을 의미하며, 그 가운데를 잇는 획은 이 셋의 '도(道)'를 관통시키는 것이다. 하늘과 땅, 사람의 중간을 꿰뚫어 서로 소통케 하는 것, 왕이 아니고서야 누가 이를 감당할 수 있겠는가? 그러므로 왕이란 오직 하늘이 베푸는 것을 본받아 그 시기를 따라 이를 이루며, 하늘의 명령을 본보기로 삼아 백성을 인도하고, 하늘의 질서를 따라 일을 시작하며, 하늘의 도리를 다스려 법도를 세우고, 하늘의 뜻을 다스려 마침내 인(仁)으로 돌아가게 하는 사람이다.[1]

여기서 동중서는 '왕(王)' 자의 자형 구조에 대한 분석을 통해, '하늘'과 '땅'과 '사람'을 관통하여 하나로 아우르는 것이 '왕'이며, '천도'를 '자연'과 '인간'에 관철시켜 이들 간의 조화를 이루는 것이 바로 '왕도'라고 본다. 그러기에 왕도는 왕의 본질적이고 타고난 책무이다. 다시 말해, 천도를 자연과 인간 사회의 윤리 법칙에 적용하는 것이 다름 아닌 왕도이다.

동중서는 또한 왕도의 근원이 바로 천도(天道)임을 더욱 분명하게

---

1) 『春秋繁露』「王道通三」: 古之造文者, 三書而連其中, 謂之王. 三書者, 天地與人也, 而連其中者, 通其道也. 取天地與人之中以爲貫而參通之, 非王者孰能當是? 是故王者唯天之施, 施其時而成之, 法其命而循之諸人, 法其烽而以起事, 治其道而以出法, 治其誌而歸之於仁.

밝히고 있다. 그 내용은 다음과 같다.

> 봄은 만물을 싹트게 하고, 여름은 기르게 하며, 가을은 거두게 하고, 겨울
> 은 저장하게 한다. 삶에는 기쁨으로 기르고, 죽음에는 슬픔으로 감싸 저장하
> 는 것, 이는 자식으로서의 도리이다. 그러므로 사시의 운행은 부자(父子)의
> 도리이고, 천지의 뜻은 군신의 의리이며, 음양의 이치는 성인의 법칙이다.[2]

왕은 하늘의 아들로서, 하늘이 부여한 천도에 따라 국가를 다스릴 책임과 의무를 지닌 존재이다. 그러기에 '천(天)-지(地)-인(人)'이 조화롭게 공존할 수 있도록 해야 한다. 왕이 '천-지-인' 사이의 조화를 꿰뚫고 실현할 때, 그가 담당하는 책임과 역할은 선천적이고 필연적이며, 그 누구도 대체할 수 없다. 왕은 하늘의 행동과 명령을 본받아 천시(天時)에 따라 정사를 펼치고, 천명(天命)에 따라 백성을 인도하며, 천도(天道)를 본받아 법규를 시행하고, 천의(天意)를 본받아 인덕(仁德)을 베푼다. 이는 천도가 실현하는 최고의 가치이며, 사회가 천도를 따를 때 마침내 인덕의 아름다움이 구현된다는 말이다. 이런 일련의 과정이, 바로 왕도의 최고 가치이자 생태의 최고 지혜이다.

동중서가 말한 '왕'은, 오늘날의 현실과 결합해 보면, 특정한 개인을 가리키는 것이 아니라, 국가의 의지를 대변하여 관리 행위를 수행하는 인물과 기관을 의미한다고 이해할 수 있다. '왕도'란 국가의 관리 주체들이 자신들의 직책에 따라, 자연의 법칙을 준수하며, 국가를 운영하기 위해 수립한 이론 체계이다.

동중서는 '왕도'가 시행되는 시발점, 그 발단의 중요성을 매우 강조

---

2) 『春秋繁露』「王道通三」: 春主生, 夏主養, 秋主收, 冬主藏. 生溉其樂以養, 死溉其哀以藏, 爲人子者也. 故四時之行, 父子之道也; 天地之志, 君臣之義也; 陰陽之理, 聖人之法也.

하였다. 그는 다음과 같이 언급하였다.

> 『춘추』가 어찌하여 '원(元)'을 귀하게 여기며 말하는가? '원'이란 시작이다. 이는 근본을 바로잡는 것이다. 도는 왕도(王道)이며, 왕은 인간의 시작이다.[3]

여기서 동중서는, '도(道)'의 감화를 받지 않은 자는 진정한 인간이라 할 수 없으며, 인간이 인간답기 위해서는 반드시 사상과 영혼, 즉 왕도의 정신으로 질러져야 한다고 주장한다. 그리고 이 왕도가 바로 인간이 되어가는 출발점이라는 것이다. 그러므로 인간의 자질과 삶의 상태는 근본적으로 '왕도가 정확히 시행되고 있는가?'의 여부에 달려 있다.

『춘추』는 노(魯)나라의 편년체 역사서이며, 공자에 의해 수정되고 정리된 책이다. 이 책에는 공자가 주장한 유가의 역사 발전에 대한 가치관이 담겨 있다. 사회의 이상적 상태는 인도(人道)를 실현하는 일이며, 왕도(王道)는 그 인도의 시작이다. 다시 말하면, 왕도의 실현 없이는 인도의 구현도 있을 수 없다. 왜냐하면 군왕은 정교일치(政敎一致)의 책임을 지며, 정무를 처리하는 것 외에도 백성을 교화하고 천도를 널리 알려야 하는 사명을 지니고 있기 때문이다.

이는 동중서가 「심찰명호(深察名號)」에서 밝힌 "성은 가르침을 통해 선해진다.[4]"라는 관점을 잘 보여준다. 『춘추』는 '원(元)', 즉 '시작'을 중시하는데, 이는 근본적인 것이 바르게 설정되어야 함을 의미한다. 여기서 강조하는 것은 국가의 관리 이념과 정책이 처음 수립될 때

---

3) 『春秋繁露』「王道」: 春秋何貴乎元而言之? 元者, 始也, 言本正也. 道, 王道也. 王者, 人之始也.
4) 『春秋繁露』「深察名號」: 性待敎而爲善.

부터 그 정당성이 보장되어야 하고, 이는 곧 천도를 따르고 자연의 법칙을 따라야 한다는 점이다. 동중서는 『춘추번로』에서 '인간은 하늘에 의해 존재한다.'라는 「위인자천(爲人者天)」, '인간은 천수를 따른다.'라는 「인부천수(人副天數)」, '근본을 받들어야 한다.'라는 「봉천(奉本)」 등 여러 편을 통해, 이 주제를 깊이 있게 설명하였다.

동중서는 『춘추번로』「왕도(王道)」에서 구체적 예시를 통해 왕도를 따르는 것의 중요성을 정(正)과 반(反)의 양면에서 더욱 강조하였다. 그는 왕도가 사회와 자연의 조화와 안정에 직접적으로 영향을 미친다고 보았다. 동중서는 다음과 같이 말했다.

> 왕이 바르면 원기(元氣)가 조화롭고 순조로워 바람과 비가 제때 내리며, 상서로운 별인 경성(景星)이 나타나고, 황룡(黃龍)이 내려온다.[5]

왕도가 제대로 시행되면 사회가 이상적인 상태로 나아가고, 자연계의 음양(陰陽) 기운도 조화롭게 순환하여 풍우(風雨)가 적셔 오고, 풍요롭고 평화로운 상태를 이룬다는 것이다. 그렇다면 왕도가 시행되지 않으면 어떻게 될까?

> 왕이 바르지 않으면 하늘에서 변괴가 일어나고, 해로운 기운이 동시에 나타난다.[6]

왕도가 시행되지 않거나 잘못 시행되면 음양의 기운이 혼란에 빠져, 자연계는 예측 불가능하게 변화하며, 심지어 재앙이 발생할 수 있

---

5) 『春秋繁露』「王道」: 王正則元氣和順·風雨時·景星見·黃龍下.
6) 『春秋繁露』「王道」: 王不正則上變天, 賊氣並見.

다는 것이다. 동중서는 이를 통해 국가 관리자가 올바른 정책을 수립하는 것의 중요성, 즉 왕도 시행의 중요성을 강조하고 있다.

2. 왕도 사상 가운데 생태적 지혜

현대적 차원에서 성찰할 때, 동중서의 '왕도'에 대한 관점은 여러 가지 생태적 지혜와 영감을 던진다. '왕'은 국가의 관리자이자 정책 입안자이다. 따라서 관리자이자 입안자 임무의 하나로서 생태를 보호하는 출발점과 그 귀결은 국민이 순수하고 아름다운 자연환경 속에서 살아가도록 보장하는 일이다. 이는 동중서의 시선으로 보면, 다름 아닌 천도(天道)이며, 자연의 법칙이자 질서이다. 자연의 법칙을 따르게 되면, 자연은 우리에게 조화롭고 풍요로운 삶을 선물해 주지만, 이를 거스르면 자연은 경고와 징벌로 응답한다. 즉 생태계가 균형을 잃으면, 결국 국민의 생활 환경이 악화 되고, 사람들의 건강과 생명까지 위협받게 되는 것이다.

최근 몇 년간 중국은 환경 오염을 강력히 개선하고, 생태계의 균형을 회복하려고 노력하고 있다. 시진핑 주석이 강조한, '푸른 산과 맑은 물이 곧 금산이요 은산이다(綠水青山就是金山銀山)!'라는 이념을 실천하고 있다. 이는 생태 균형이 심각하게 파괴되었고, 환경 오염이 사람들의 건강과 행복을 위협하고 있기 때문에, 사람들이 아름다운 자연환경 속에서 살 수 있도록 최고지도자로서 근원적 문제를 제기한 것이다. 동중서의 시선으로 보면 '천도(天道)'를 성찰하는 행위에 해당한다. 지도자로서 생태 정비에 관심을 갖고, 그것을 바르게 처리하는 작업은 매우 중요하다. 이는 달리 말하면, 인간이 그동안 저지른, '천도'에 반하는 행위를 반성하는 일이며, 자연 질서에 대한 경외심을 회복하고, 천도의 인덕(仁德)과 아름다움으로 되돌아가는 과정이다. 이런 생각은, 동중서의 왕도 사상 가운데 녹아 있는 생태적 지혜를 오늘날 새롭게 발굴하고 실천해 나가는 이론의 제기에 해당한다.

Ⅲ. 왕도의 기본 원칙과 생태 지혜의 구체적 표현

1. 왕도의 기본 원칙

동중서는 "왕은 하늘에 부합하는 존재이며, 이를 도리라 한다."[7]라고 하였다. 따라서 왕으로서의 인간은 '천도에 부합하고 그 천도를 따르는 일'이 왕도를 실행하는 기본 원칙이다. 그러기에 '군주는 생사여탈권(生死與奪權)을 가진 사람으로서, 하늘과 함께 변화의 기운을 다스리는 자리에 있고, 만물은 모두 하늘의 변화를 따라 응답한다.'라고, 동중서는 강조한다. 왕은 인간의 삶과 죽음을 주고 뺏는 권한을 지니는 만큼, 그가 정치를 어떻게 행하고 백성을 어떻게 다스리는가는 곧 '천도'의 흐름에 부합하느냐 아니냐에 따라 결정된다. 이는 백성의 존망(存亡)과 직결된다. 따라서 왕도가 시행되는 근본 원칙은 '천도', 즉 '자연의 법칙'을 따르는 데 있다. 동중서는 이렇게 말한다.

> 군주의 가장 중요한 임무는 신중하게 자신의 마음을 보존하고, 내면을 다스리는 데 있다. 좋아함과 미워함, 기쁨과 분노가 반드시 의리에 맞을 때만 그것을 드러나게 하는 것이다. 이는 따뜻함, 맑음, 추위, 더위가 반드시 그 시기에 맞아야 발생하는 것과 같다. 군주가 이를 한 치의 오차 없이 행한다

---

7)『春秋繁露』「四時之副」: 王者配天, 謂其道.

면, 그의 희로애락이 한 번도 어긋난 적이 없게 되니, 마치 봄, 여름, 가을, 겨울의 순서가 한 번도 벗어난 적이 없는 것과 같아서, 하늘에 참여했다고 말할 수 있다.[8]

나아가 동중서는 '왕도는 천도와 부합해야 한다!'라고 결론을 짓는데, 이는 하늘과 인간이 공통된 것을 가지고 있기 때문이다.

하늘에는 사시(四時: 사계절)가 있고, 왕에게는 사정(四政: 네 가지 정책)이 있다. 네 가지 정책은 사계절과 같다. 이는 서로 통하는 유형이며, 하늘과 인간이 함께 가지는 것이다.[9]

이상은 군주가 왕도를 실시하는 기본 원칙에 대한 요구로, 하늘의 도리에 참여하는 작업을 근본으로 삼는다. 심지어는 왕의 일상적 좋아함과 미워함, 기쁨과 분노도 사계절의 운행, 따뜻함과 맑음, 추위와 더위처럼 중요하며, 이 또한 반드시 사계절의 교체와 따뜻함, 맑음, 추위, 더위가 운행하는 법칙을 따라야 하며, 조금의 잘못도 있어서는 안 된다. 다시 말해, 왕은 이미 하나의 생물적 개체가 아니다. 모든 행동 표현, 즉 좋아함과 미워함, 기쁨과 분노의 감정 표현 및 이로부터 추론된 국가 정무 조치까지도 포함하는, 그 출발점은 하늘이며, 하늘의 기세를 따라 행동하고, 하늘의 뜻에 따라 행하는 것이다.

그렇다면 모든 것의 근원에 있는 하늘은 어떻게 행동할까? 그것은 어떤 의지를 지니고 있을까? 하늘의 뜻에 비추어 볼 때, 왕은 또한 어떻게 하늘의 뜻을 받들어 일을 행해야 하는가?

---

8) 『春秋繁露』「王道通三」: 人主立於生殺之位, 與天共持變化之勢, 物莫不應天化.
9) 『春秋繁露』「四時之副」: 天有四時, 王有四政, 四政若四時, 通類也, 天人所同有也.

하늘은 항상 사랑하고 이롭게 하는 것을 뜻으로 삼고, 양육하고 성장시키는 것을 일로 삼으니, 봄, 여름, 가을, 겨울은 모두 그 쓰임이다. 왕 또한 마찬가지로, 항상 천하를 사랑하고 이롭게 하는 것을 뜻으로 삼고, 세상을 편안하고 즐겁게 하는 것을 일로 삼으니, 좋아함과 미워함, 기쁨과 분노가 모두 갖추어 사용된다. 그러나 군주의 좋아함과 미워함, 기쁨과 분노는 곧 하늘의 봄, 여름, 가을, 겨울이니, 그것들은 모두 따뜻함, 맑음, 추위, 더위를 갖추고 있어 변화를 통해 공로를 이룬다.[10]

하늘은 '천하를 사랑하고 이롭게 하는 것'을 의지로 삼고, '만물을 양육하고 성장시키는 것'을 사업으로 삼는다. 이러한 사업을 완벽하게 완수하기 위해, 1년 사계절인 '봄-여름-가을-겨울'이 각자의 직분을 맡고, 각자의 쓰임을 나타내며, 절대로 질서가 무너지고 혼란스러워져서는 안 된다. 그렇다면, 왕은 반드시 하늘의 뜻을 받들어, 또한 '천하를 사랑하고 이롭게 하는 것'을 사명으로 삼고, 백성을 '편안하고 즐겁게 하는 것'을 자신의 임무로 삼아, '좋아함과 미워함, 기쁨과 분노'도 '봄-여름-가을-겨울'에 대응하여 각자의 능력을 나타내고, 각자의 직분을 맡아야 한다. 왜냐하면 하늘이 이러한 것들을 내놓을 때, 시기에 맞으면 그 해는 풍년이 들고, 시기에 맞지 않으면 흉년이 든다. 군주가 희로애락을 발현할 때, 의에 맞으면 세상이 다스려지고, 의에 맞지 않으면 세상이 혼란해진다.[11] 그러므로 다스려진 세상과 풍년은 같은 수(數)를 가지고, 혼란한 세상과 흉년은 같은 수를 가진다. 이를

---

10) 『春秋繁露』「王道通三」: 天常以愛利爲意, 以養長爲事, 春秋冬夏皆其用也. 王者亦常以愛利天下爲意, 以安樂一世爲事, 好惡喜怒而備用也. 然而主之好惡喜怒, 乃天之春夏秋冬也, 其俱暖淸寒暑而以變化成功也.

11) 『春秋繁露』「王道通三」: 天出此物者, 時則歲美, 不時則歲惡. 人主出此四者, 義則世治, 不義則世亂.

통해 인간의 이치가 천도를 따르는 것임을 볼 수 있다.[12)

이런 논리에 근거하여, 왕은 반드시 하늘의 '사랑하고 이롭게 하는 의지'와 '양육하고 성장시키는 미덕'을 따라야 한다. '천하를 사랑하고 이롭게 하는 일'과 '세상을 편안하고 즐겁게 하는 일', 이를 왕도를 실시하는 가치 추구로 삼아야 한다. 이러한 가치관은 천도의 만물에 대한 인애(仁愛)라는 본원에서 비롯된다. 천하를 인애하는 것은 '천도'의 근본이며, 자연스럽게 '왕도'의 근본과 왕도의 궁극적 가치로 귀속이 된다.

동중서는 '천시(天時)를 따르면 해마다 풍년이 들고, 천시를 위반하면 해마다 흉년이 든다!'라는 점을 매우 구체적으로 강조하였다. 나아가 그는 '다스려진 세상과 풍년은 같은 수를 가지고, 혼란한 세상과 흉년은 같은 수를 가진다!'라고 결론지었다. 잘 다스려진 사회인 '치세(治世)'는 국가와 사회 통치의 목표이자 이상적인 상태이고, 질서가 무너지고 혼란한 사회인 '난세(亂世)'는 '치세'의 반대 상태이다. 이런 인식으로부터, 동중서는 '인간은 천도를 따른다!'라는 이치를 도출해 냈다.

동중서는 '왕도'의 구현 방식을 구체적으로 설명하기 위해, '오제삼왕(五帝三王)'을 예로 들어 설명했다. 그는 "오제삼왕이 천하를 다스릴 때, 감히 백성에게 군림하는 마음을 가지지 않았다!"[13)라고 말했다. 이는 왕도를 실시할 때, 따라야 할 또 하나의 중요한 법칙이다. 동시에 군주가 국가를 다스릴 때 추구해야 할 궁극적 가치이자 목표라고 할 수 있다. 오제삼왕은 천하를 다스릴 때, '항상 백성을 사랑하고 백성에게 봉사한다!'라는 이념을 가지고 있었다. 그리고 자신을 높은

---

12)『春秋繁露』「王道通三」: 是故治世與美歲同數, 亂世與惡歲同數, 以此見人理之副天道也.
13)『春秋繁露』「王道」: 五帝三王之治天下, 不敢有君民之心.

곳에서 아래로 내려다보는 통치 관리자로 삼아 천하에 군림하지 않았다. 이처럼 '오제삼왕'은 후대의 군주들이 본받아야 할 모범이 되었다. 동중서가 제기한 '하늘을 받들고 옛 성왕의 도리를 본받는다!' 즉 '봉천법고(奉天法古)'의 이념은 이런 오제삼왕의 언행을 구체적으로 구현한 것이다.

2. 왕도 생태 지혜의 표현 형식

그렇다면, '왕도'의 최고 생태적 가치는 어떻게 나타나는가? 동중서는 다음과 같이 말했다.

인(仁)의 아름다움은 하늘에 있다. 하늘은 곧 인이다. 하늘은 만물을 덮고 기르며, 이미 화육하여 그것을 생성하고, 양육하여 그것을 성숙하게 하며, 그 사업과 공로가 끝이 없이, 끝나면 다시 시작하여, 모든 것이 사람에게 공헌하도록 돌아간다. 하늘의 뜻을 살펴보면, 무궁무진한 인이 있다. 인간은 하늘로부터 명을 받고, 하늘로부터 인을 취하여 인을 행하는 존재이다.[14]

이처럼 천도의 아름다움은 무한한 사랑과 끝없는 자비에 있다. 하늘의 인애(仁愛)는 자연계의 모든 사물에서 나타나며, 자연은 만물을 화육하여 그것을 성장하고 성숙하게 하며, 순환하고 반복하여, 결국 인간을 위한 봉사로 귀결된다. 이것은 하늘이 인간과 자연에 대해 보이는 무한한 인애의 표현이다.

---

14) 『春秋繁露』「王道通三」: 仁之美者在於天. 天, 仁也. 天覆育萬物, 旣化而生之, 有養而成之, 事功無已, 終而複始, 凡擧歸之以奉人. 察於天之意, 無窮極之仁也. 人之受命於天也, 取仁於天而仁也.

천지의 정기를 받아 생명을 얻는 존재 가운데 사람보다 귀한 존재는 없다. 사람은 하늘로부터 명을 받았으니, 초월적 의지로 의지할 수 있다. 만물 가운데 인의(仁義)를 행할 수 있는 것은 없고, 사람만이 인의를 행할 수 있다. 만물 가운데 천지와 짝할 수 있는 것은 없고, 사람만이 천지와 짝할 수 있다.[15]

이는 사람이 천지로부터 너무 많은 정기를 받았기 때문에 가장 고귀한 동물이 되었고, 따라서 천지와 함께 셋이 되어 '천-지-인' 삼위일체가 된다는 뜻이다. 사람이 이토록 고귀한 것은 천도(天道)가 낳고, 지도(地道)가 화육한 것이므로, 인간의 운명은 천지와 밀접하게 연결되어 있다.

천지의 부호와 음양의 짝지음은 항상 인간의 몸에 나타나니, 사람의 몸은 마치 하늘과 같아서, 그 수(數: 질서)가 하늘과 서로 대응하는데, 인간의 운명 또한 하늘과 연결되어 있다.[16]

인간은 하늘로부터 인애(仁愛)의 유전자를 받아, 사랑이 가득 찬 존재가 되었고, 그것이 다름 아닌 '천도'이다. 인애는 천도에서 나와 천도로 돌아가고, 인간의 활동은 인애에서 비롯되어 인애로 돌아간다. 이것이 인간과 자연의 최종적인 '공동 가치'의 표현이다. 인(仁)은 최고의 '생태 지혜'로서 당연히 그럴 자격이 있으며, 이는 천도, 즉 자연의 본질에 의해 결정된다. 자연의 미덕은 만물이 조화롭게 공존하는 데 있다.

---

15) 『春秋繁露』「人副天數」: 天地之精所以生物者, 莫貴於人. 人受命乎天也, 故超然有以倚. 物疾莫能爲仁義, 唯人獨能爲仁義; 物疾莫能偶天地, 唯人獨能偶天地.

16) 『春秋繁露』「人副天數」: 天地之符, 陰陽之副, 常設於身, 身猶天也, 數與之相參, 故命與之相連也.

동중서에 따르면, 천지인(天地人)은 운명 공동체이며, 그 가운데 어느 한쪽이라도 천도에 따라 '행동'하지 않으면, 이는 '천규(天規)'를 위반하는 것으로, '천', 즉 '자연'의 처벌을 받게 된다. 현대인도 마찬가지이다. 현대인들이 사리사욕을 추구하고, 관리를 부적절하게 하여, 자연 생태 환경이 심각하게 파괴되고, 만물의 생존 및 공존의 조화로운 상태에 영향을 미친다면, 이는 천도를 위반한 것이고, 자연의 인애(仁愛)라는 미덕이 세상 만물에 퍼질 수 없도록 만든다. 생태적 혼란은 자연의 만물이 원래의 조화로운 질서를 잃도록 하여, 결국 인간의 건강한 몸과 아름다운 삶을 빼앗고, 사람들은 그로 인해 막대한 대가를 치르게 된다. 인간이 지금 해야 할 일은 자연의 법칙을 따르고, 천도의 길을 따라, 만물이 조화롭게 공존하는 생태 모델을 재시작하며, 순박하고 자연스러운 아름다움으로 돌아가는 것이다. 이는 자연의 만물 위에 항상 존재하는 최고 법칙이며, 모든 아름다운 사회 발전의 출발점이자 귀결점이다.

Ⅳ. 왕도 실천의 생태적 의미와 현실적 시사점

사회 발전의 이상적인 상태는 '인도(人道)'가 성행하는 것이다. '인도'는 '왕도(王道)'에서 말미암고, '왕도'는 '천도(天道)', 즉 '자연의 법칙'에서 비롯된다. 일정 부분에서 이는 유가(儒家)의 '윤리 도덕적 가치 지향'을 나타낸다. 아름다운 사회 형성과 발전의 근본적 출발점이자 가치 요구이다. '인도'의 아름다움과 '사회'의 아름다움, 그리고 '자연'의 아름다움은 상호 협력하며 일치하고, 서로 의존하며 공존과 공멸의 관계에 있다.

동중서의 사유에 비유하면, 자연계의 아름다움은 '천지의 조화'로, 인간 사회의 아름다움에 대한 근본적 담보를 제공한다. 위에는 하늘이 있고, 아래에는 땅이 있다. '하늘-땅'이라는 건곤(乾坤)은 인간이 생존하는 자연의 부모이다. 동중서에 의하면, '천도(天道)'는 '인도(人道)의 천도화(天道化)' 과정을 미묘하게 결정하고, 이끌어가는 중요한 원리로 작용한다. 이 과정은 하늘의 의지인 '천의(天意)'를 구현하고 인도하는, 중요한 관리자의 역할을 통해 실현된다. 이 관리자는 바로 하늘의 의지를 대변하는 천자(天子), 즉 군왕(君王)이다. 군왕은 하늘의 뜻을 반영하여 사회를 관리하고, 백성에게 도덕적 교육을 시행하는 역할을 맡고 있다. 오직 인간이 하늘의 뜻을 따르고 '천도'에 부합할 때, 비로소 세상은 조화롭고 아름다운 상태로 존재한다. 따라서 '왕도(王道)'는 '천도(天道)'와 '인도(人道)'를 연결하는 중요한 다리이자 고리 역할을 한다. 이를 통해 '천도'는 백성 속에 스며들고, 자연의 조화로운 아름다움과 생태적 균형이 유지된다. 이런 이유로, 사회 집단과 개인은 상호 공존하며, 천상의 큰 사랑이 모든 생명체와 자연의 모든 요소에 고르게 미칠 수 있게 된다.

오늘날 사회는 하나의 지구촌이며, 모든 사람은 운명 공동체의 일원으로서 상호 연결되어 있다. 자연 생태는 지구상의 모든 사람에게 생명과 공기를 공급하는 중요한 원천이다. 그러나 상당수의 지역과 국가에서는 심각한 생태 불균형 현상이 나타나고 있고, 이는 많은 생물들이 멸종 위기에 처하고, 기온 상승, 토지 사막화, 초원 경작화 등의 심각한 생태 문제로 나타나고 있다. 그 가운데 가장 중요한 문제는 환경이 심각하게 오염되고 파괴되어, 인간의 생명과 건강에 위협을 가하고 있으며, 이 때문에 현재보다 훨씬 심각하고 예측할 수 없는 결과가 초래될 수 있다는 점이다.

오늘날 국가의 관리자는 관련 정책을 수립하고, 그 정책을 실행하는 사람들 또한 자연 생태 발전의 최고 지점에서 거시적으로 관리를 해야 한다. 다양한 이해 집단 간의 관계를 종합적으로 조정하고, 자연법칙과 생태 균형을 위반하는 모든 행동을 엄격히 다스려야 한다. 동중서의 '왕도(王道) 사상'에서 제시된 '인(仁)'의 최고 가치를 이끌어내어, '천하를 사랑하고 이롭게 하며, 세상을 평안하고 즐겁게 하다!'라는 '애리천하(愛利天下), 안락일세(安樂一世)'를 추구하며, 인류에게 이익을 가져다주는 방향으로 나아가야 한다. 자연법칙을 철저히 따르고, 천도를 위반하는 일이 발생해서는 안 된다.

생태 균형 문제는 하루 이틀 사이에 발생한 것이 아니다. 실제로 이 문제를 해결하려면 조치와 시간이 필요하다. 길고 어려운 과정이지만, 동중서의 사상 체계에서 환경보호와 생태 관리와 연관된 시사점을 발견할 수 있었다. 그런 만큼, 천인합일(天人合一)의 원칙을 지키고, '천도(天道)'의 길을 따르며, 자연의 순박하고 조화로운 공생 상태로 빨리 돌아갈 수 있도록 노력해야 한다.

길고도 먼 길이여!

인류(人類)는 이 천지(天地) 사이에서 상하(上下)를 구하고,

천지의 도를 이어가며,

국가의 관련 정책 지침과 제약 아래에서,

'그 기세를 강화하고', '그 정책을 견고히 하여,'

하늘의 '도(道)'가 세상 모든 것에 비추어지고,

인간의 '인(仁)'이 모든 생명에게 충만하게 되어,

'천도(天道)-왕도(王道)-인도(人道)'가 삼위일체가 되어,

진정으로 세상을 사랑하고 이롭게 하며,

영원히 세상을 평안하고 즐겁게 하는 것을 실현할 수 있게 하자!

자연 생태 환경이 "하늘이 그를 위해 감로(甘露)를 내리고, 붉은 풀이 자라며, 단 샘물이 솟아나고, 비바람이 때맞춰 오며, 아름다운 곡식이 흥성하는"[17] 아름다운 상태에 안착하기를 소망한다.

---

17) 『春秋繁露』「王道」: 天爲之下甘露, 朱草生, 醴泉出, 風寸時, 嘉禾興.

'귀원중시(貴元重始)' - '천인합일(天人合一)' 사상의 재탐구

바이리창(白立強)

Ⅰ. 서언

『한서(漢書)』「오행지(五行志)」에 보면, "동중서가 『공양춘추(公羊春秋)』를 연구하여 처음으로 음양(陰陽)을 밀고 나아가 유자(儒者)의 으뜸이 되었다.[1]"라고 기록되어 있다. 동중서가 "유자지종(儒者之宗)"이 될 수 있었던 데는 두 가지 이유가 있다(徐復觀, 2014: 268-271). 첫째, 그는 『춘추』에 대한 공양학(公羊學)의 사상을 계승하고 이를 더욱 발전시켰으며, 둘째, 음양(陰陽), 사시(四時), 오행(五行)을 천(天)의 구성 요소로 편입시켜 천의 구체적 내용을 형성하였다.

그는 음양을 통해 천을 해석하였는데, 즉 "천지의 기(氣)는 하나로 합쳐졌다가 음양(陰陽)으로 나뉘고, 다시 사시(四時)로 갈라지며, 오

---

1) 『漢書』「五行志」: 董仲舒治公羊春秋, 始推陰陽, 爲儒者宗.

행(五行)으로 배열된다.[2]"라고 설명하였다. 이를 통해 그는 유학(儒學) 발전의 새로운 단계를 열었다.

한편, 동중서의 천인철학(天人哲學)은 그 복잡성과 현묘함으로 인해 많은 논쟁을 불러일으켰다. 그가 주장한 천인감응설(天人感應說)은 상식을 넘어선다는 이유로 의심받고, 때로는 종교적 신학으로 간주되었으며, 이후 참위학(讖緯學)의 발생과 연결되기도 하였다.

동중서는 유학의 역사에서 쉽게 다루기 어려운 대사상가로 평가되기도 하지만, 그는 '군유지수(群儒之首)'이자 '유자지종(儒者之宗)'으로서 한대(漢代) 유학 사상의 기본 특성을 형성하였다. 이러한 점에서 출발할 때, 비로소 동중서의 사상과 그의 '천인합일(天人合一)' 사상을 올바르게 이해할 수 있다.

Ⅱ. 무형(無形)의 '원(元)'을 내포한 형이상(形而上)의 '천(天)'

동중서의 사상은 '천(天)'을 최고의 본체로 삼는다(餘治平, 2002). 따라서 '천'에 대한 근본적 판단은 동중서 이론 체계의 성격 규정에 직접적 영향을 미친다. 1950년대 이후, 학계에서는 동중서가 말한 '천(天)'을 '신(神)'으로 간주하는 견해가 주류를 이루었다. 일부 학자들이 그런 이론에 대해 반박하며 해명을 시도해 왔으나, 오늘날까지도 그러한 관점은 여전히 존재한다. 다시 말해, 동중서의 사상은 뚜렷한 '천(天)-인(人)'의 사유를 지니고 있고, 정치 질서와 윤리 질서를 천(天)의 본체에 귀속시킴으로써 유학의 의리(義理)에 초월적·존재론

---

2) 『春秋繁露』「五刑相生」: 天地之氣, 合而爲一, 分爲陰陽, 判爲四時, 列爲五行.

적 근거를 부여하였다. 그러나 이러한 관점은 그의 사상에서 인문주의적 성격을 약화시키고, 유학에 '신(神)'적 색채를 부여하였다(張平, 2013).

동중서의 천인(天人) 사상은 실제로 일정한 신비적 색채를 내포하고 있다. 그렇다고 해서 그의 천인 사상을 곧바로 종교적 '천(天)' 개념으로 단정해서는 곤란하다. 동중서의 관점에서 볼 때, '천(天)'과 '인(人)'은 하나의 유형(類型)으로 간주할 수 있다. 본연적 상태에서는 인간과 하늘은 구별되지 않고 하나로 어우러져 있고, 주관과 객관의 구분이 없으며, 사사로운 의도도 생기지 않는다. 다시 말해, 인간의 마음은 곧 천지의 마음이며, 인간은 천지의 마음을 자신의 마음으로 삼는다. 이 때문에 동중서는 '하늘을 말할 때 반드시 인간에까지 미쳐야 하고, 인간을 말할 때 반드시 하늘에 의존해야 한다!'라고 주장하였다. 동중서는 다음과 같이 주장했다.

> 천에는 열 가지 단서가 있으며, 열 단서로 그친다. 천(天)이 하나의 단서이고, 지(地)가 하나의 단서이며, 음(陰)이 하나의 단서이고, 양(陽)이 하나의 단서이며, 화(火)가 하나의 단서이고, 금(金)이 하나의 단서이며, 목(木)이 하나의 단서이고, 수(水)가 하나의 단서이며, 토(土)가 하나의 단서이고, 인(人)이 하나의 단서이니, 모두 열 단서로서 끝난다. 이것이 천의 수(數)이다.[3]

그리고 만물은 모두 '일(一)'로 통일되는 시작이 있고, 반드시 조화를 이룬 '십(十)'으로 끝난다. 하나에서 열로, 끝나고 다시 시작하는, 이것이 도(道)의 전부이다(康有爲, 1990:12). 천의 열 가지 단서는 서

---

3) 『春秋繁露』「官制象天」: 天有十端, 十端而止已. 天爲一端, 地爲一端, 陰爲一端, 陽爲一端, 火爲一端, 金爲一端, 木爲一端, 水爲一端, 土爲一端, 人爲一端, 凡十端而畢, 天之數也.

로 영향을 주고받으며, 광범위하게 반응하고 적절하게 대응하며, 끝나고 다시 시작하는 순환 과정을 이룬다. 이것이 바로 천도(天道)이다.

『춘추번로교석(春秋繁露校釋)』(鍾肇鵬, 2005)에서는 '원(元)'은 천단(天端)이다!'이라고 해석한다. 따라서 '천'의 열 가지 단서로서 '천지인(天地人)'과 '음양(陰陽)', 그리고 '오행(五行)'은 모두 '원(元)'으로 통일된다. 여기에서 '천지인'이 유형적 존재라면, '음양'과 '오행'은 무형의 '원(元)'이라 할 수 있다. 이를 종합적으로 보면, '원(元)'은 형이상(形而上)으로서 천(天)의 핵심이며, 천지와 인간의 운행과 변화는 음양오행(陰陽五行)을 통해 드러난다. '원(元)'은 '천'의 생생지기(生生之機)로서 크고 넓으면서도 지극히 정밀하다. 다시 말하면, 천지 우주가 거대한 '화현(化現)'을 이루어 끊임없이 생성을 반복하고, 미세한 겨자씨조차도 깊고 오묘한 경지 속에서 변화하여 생겨난다. 이러한 점에서 볼 때, '천'의 열 가지 단서는 실질적으로 하나의 '원(元)'이라 할 수 있으며, '원(元)'은 '천지인(天地人)'의 근원에 내재하면서도, '음양'과 '오행'의 성질로 나타나 생생(生生)의 활력을 드러내고, '인(仁)'과 '정(正)'의 뛰어난 품성을 완비하고 있다.

기본적으로 동중서가 말하는 '천(天)'은 깊고 오묘하며, 광대하면서도 정밀한 '생화(生化)'의 의미로 드러난다. 그의 사상에서 '천'의 '최박력(催迫力)'은 '천'의 인애지심(仁愛之心)을 나타내며, '천'의 기본적 의미는 '형벌에 의존하지 않고 덕성에 의존한다!'라는 데 있다. 다시 말해, '덕성이 중심이 되고 형벌은 보조가 된다.'라는 '덕주형보(德主刑輔)'의 원칙은 '천'의 인심(仁心)으로 통합되어 하나가 된 것이다. 동중서가 말하는 '천(天)-인(人)' 관계에서, '천'의 '활력(活力)'과 '최박력(催迫力)'은 단순히 소극적 '재이(災異)'의 징벌이라기보다 적극적인 덕성(德性)의 인도라 할 수 있다. 그러므로 동중서의 '천' 사상은 신비적 요소를 포함하고 있다고 할지라도, 초월적이고 절대적인 신, 즉 '신기(神祇)'로서의 개념은 아니다. 그러므로 그의 천인 사상을 곧 바로 종교적 천(天) 개념으로 단정할 수는 없다.

Ⅲ. '천원지인(天元之仁)'의 '천인합일(天人合一)' 도식(圖式) 구성

『춘추번로』에 다음과 같은 기록이 있다.

> 천(天)은 인(仁)이다. 천은 만물을 덮어 기르며, 이미 변화하여 만물을 낳고, 양육하여 완성하도록 만든다.[4]
> 인간 또한 본래 천(天)에서 비롯되었다.[5]

동중서의 관점에서 인(仁)은 천(天)의 본질로서 우주의 심장이다. 만물을 화육(化育)하고 생생불식(生生不息)하기에, 자연스럽게 본체적 의미를 지닌다. 서양철학의 존재론과 달리, 동중서가 말하는 인(仁)과 만물은 대대로 생성하는 관계가 아니라 '체용(體用)'의 관계에 있다. 인(仁)은 본체로서 설정되었기에, 우주의 첫 번째 추진자가 아니라, 언제 어디에나 존재하며, 변함없이 생생불식하는 우주에 내재하는 근원이다. 그러므로 인(仁)과 우주는 체(體)이자 용(用)이다. 이러한 의미에서 전체 우주와 만물은 선천인 '원(元)'이자 '인(仁)'의 생생

---

4) 『春秋繁露』「王道通三」: 天, 仁也. 天覆育萬物, 既化而生之, 有養而成之.
5) 『春秋繁露』「爲人者天」: 人之人本於天.

지기(生生之機)로 동일한 근원이므로 서로 꿰뚫려 연관되며, 이에 따라 인간과 세계가 통일된 천인합일(天人合一)의 관계를 형성한다(陳來, 2014:10-12).

천심(天心)은 본래 인(仁)이며, 화생(化生)은 무궁무진하다. 만사만물(萬事萬物)은 천(天)의 변화(變化)로 나타나는 동시에 천심(天心)의 인(仁)을 계승하고 이를 나누어 가진다. 그 가운데 천지(天地)의 심장인 인간이 진정으로 마음을 한곳에 모으고 자신이 나아간 바와 마음의 근본을 성찰한다면, 자신의 마음과 천(天)의 인심(仁心)이 다르지 않다는 것을 자연스럽게 알게 된다. 이를 확대하면 타인의 본심(本心) 또한 천지(天地)의 큰 인(仁)임을 알 수 있다. 그러므로 천(天)의 인심(仁心)은 두루두루 만물에 감응하고 적절하게 반응하며, 널리 전파되어 우주와 인간, 사물 사이에 관통하여 흐른다.

특정 개체에서 그 인(仁)은 형태상 특수성을 가지지만, 모두 선천(先天)의 인(仁)에서 기원하기 때문에 반드시 특수한 인(仁)이 보편적 인(仁)으로 향하는 회통성(會通性)을 지닌다. 이러한 의미에서 개체의 인(仁)과 천지(天地)의 인(仁)은 자연스럽게 동일한 방향으로 나아간다. 천인(天仁) 본체는 개체의 인(仁)을 함양(涵養)하고, 개체의 인(仁)은 본체인 천인(天仁)을 반영한다. 인심(仁心)은 천지(天地)를 비추고, 마음의 본체는 건곤(乾坤)을 지닌다. 다시 말하면, 개체에 국한된 인(仁) 또한 본체인 천인(天仁)에 포함되며, 개체들 사이에는 선천(先天)의 인(仁)에 근거한 일체성(一體性)과 상통성(相通性)이 자연스럽게 존재한다. 이로써 알 수 있는 것은 천지만물(天地萬物)이 매우 복잡하고 심오하더라도, 실제로는 사람의 동일한 인심(仁心)과 인성(仁性)이 두루 미치어 보호한다(唐君毅, 2021:316).

천(天)은 인체(仁)의 본체를 가지지만 그 인(仁)을 사사로이 하지 않고, 인의 본체는 생생불식(生生不息)하여 그 작용을 드러낸다. 인의 본체가 펼쳐서 작용하는 곳은 곧 인의 본체가 어떤 존재인지를 드러내며, 이에 따라 땅은 그 변화를 운용하고, 인간은 그 의리를 실천하며, 만물은 스스로 그 성품을 이룬다.

천지만물(天地萬物) 가운데 인간만이 천인(天仁)을 계승하여 존귀함을 얻었다. 이는『춘추번로』「인부천수(人副天數)」에 잘 드러나 있다.

> 천지(天地)의 정(精)이 만물을 낳게 하는 데, 인간보다 귀한 것은 없다. 인간은 천(天)으로부터 명(命)을 받았기에 초연하여 의지할 바가 있다. 만물 가운데 아프고 병든 것은 인의(仁義)를 행하지 못하지만, 인간만이 인의(仁義)를 행할 수 있다.[6]

인간이 이와 같이 될 수 있는 이유는 인간이 '천지(天地)'의 속성을 많이 취하고 때문이다. 그래서 인간은 "여타의 사물과는 관계없이 천지에 참여한다."[7] 인간의 인심(仁心)은 내재적이지만 한 개인의 소유가 아니라 모든 사람이 지니고 있다. 이러한 의미에서 인(仁)은 인간 내에 있으면서도 인간을 초월하며, 인(仁)은 개인의 힘에 의존하여 소유되는 것이 아니라 실질적으로는 천(天)이 부여하고 명(命)이 준 것이다. 따라서 '천인(天仁)', '천심(天心)', '천성(天性)'은 객관적이며 보편적인 절대적 형상실재(形上實在)로서, 절대적인 정신이라 할 수 있다(唐君毅, 2021:317).

---

6)『春秋繁露』「人副天數」: 天地之精所以生物者, 莫貴於人. 人受命乎天也, 故超然有以倚. 物疾莫能爲仁義, 唯人獨能爲仁義.
7)『春秋繁露』「人副天數」: 所取天地多者, 正當之. 此見人之絕於物而參天地.

‘천인(天仁)’은 그 절대성(絕對性)과 선재성(先在性), 그리고 생생지능(生生之能)의 특성을 지니면서, 만물에 생명력을 부여한다. 이런 점에서 ‘인심(人心)’과 ‘인심(仁心)’, 그리고 ‘천심(天心)’은 본질적으로 하나이다. 그러기에 ‘인심(仁心)’은 곧 ‘천심(天心)’이라는 것이다. 인간의 마음인 ‘인심(人心)’은 생생불식(生生不息)하고 외부로 펼쳐 작용하며, ‘대도(大道)’ 나타나고 ‘천리(天理)’가 행해진다. 이는 인간의 마음으로 천심(天心)을 보고, 인간의 도리를 통해 천도(天道)가 드러난다는 의미이다.

천인(天仁)은 본체(本體)의 차원에서 천인(天人)의 일체성(一體性)을 구축할 뿐만 아니라, 작용(作用) 차원에서는 천인 관계의 현실성(現實性)을 더욱 심화시킨다.

> 인(人)이 천(天)으로부터 명(命)을 받을 때, 천(天)으로부터 인(仁)을 취하여 인(仁)이 된다.[8]

인(仁)은 본체이자 그 작용이다. 인(仁)의 뚜렷한 감정은 다음과 같이 표현된다.

> 인자(仁者)는 사람을 사랑하고, 신중하며 다투지 않고, 호오(好惡)를 분명히 하여 도리를 굳게 한다. 해치는 마음이나 숨기는 뜻이 없고, 시기하는 기운이나 괴로워하는 욕망이 없으며, 교활한 일이나 회피하는 행위가 없다. 그러므로 그 마음은 편안하고, 뜻은 평온하며, 기운은 화합하고, 욕구는 절제되며, 일은 쉽고, 행동은 도리에 따르기 때문에 두루 화합하며 다투지 않는다.

---

8)『春秋繁露』「王道通三」: 人之受命於天也, 取仁於天而仁也.

이러한 자를 인(仁)이라 한다.[9]

어진 사람이 '인(仁)'을 행함에 그 핵심은 '호오(好惡)로 도리를 굳게 하며 도(道)를 행함'에 있다. 인자(仁者)는 '인간 사랑'을 의미한다. 인(仁)의 법칙은 사람을 사랑함에 있다. 그러기에 동중서는 "백성 사랑에 진실하여 새·짐승·곤충에까지 사랑하지 않는 것이 없다."[10]라고 하였다. 이는 인자(仁者)의 인심(仁心)이 사람과 사물을 사랑하며, 온 우주가 인자(仁者) 이외의 타자가 아님을 지시한다.

진정한 인자(仁者)는 인의(仁義)의 감정으로 충만하고, 그 마음은 태허(太虛)를 품고, 정의로 포섭되어, 온 세계에 인애(仁愛)의 마음을 열어 놓는다. 다시 말해, 인자(仁者)가 인(仁)의 본체를 바깥으로 펼쳐 작용하는 것은 전체적으로 만물을 바라보는 것으로 나타나고, 세계는 인자(仁者)와 무관한 고립된 개체 존재가 아니라 그와 긴밀히 연결된 하나의 전체이다. 즉 인자(仁者)는 천지만물(天地萬物)을 하나의 몸으로 여기며, 충만하고 충실한 인의(仁義)의 감정을 체험하는 가운데 자기와 타인, 그리고 만물이 한 몸이라는 관계를 체득한다. 그리고 이러한 체험은 어떤 '신비적 체험'이 아니라 우주의 '진실'과 '실재'이다 (陳來, 2014: 34).

천(天), 지(地), 인(人)은 만물의 근본이다. 천은 낳고, 지는 기르며, 인은 완성한다. 천은 효제(孝悌)로 낳고, 지는 의식(衣食)으로 기르며, 인은 예악(禮樂)으로 완성한다. 이 세 가지는 서로 손발과 같아 합하여 한 몸을 이루니, 어

---

9) 『春秋繁露』「必仁且知」: 仁者悁愛人, 謹翕不爭, 好惡敦倫, 無傷惡之心, 無隱忌之志, 無嫉妬之氣, 無感愁之欲, 無險之事, 無鬪違之行. 故其心舒, 其誌平, 其氣和, 其欲節, 其事易, 其行道, 故能平易和理而無爭也. 如此者謂之仁.
10) 『春秋繁露』「仁義法」: 質於愛民, 以下至於鳥獸昆蟲莫不愛.

느 하나도 없어서는 안 된다.[11]

이는 '천(天)-지(地)-인(人)' 3자가 협력하여 한 몸을 이룰 때만이 만물의 근본이 될 수 있음을 의미한다. 천지가 만물을 낳고 기르는 것은 자연적 필연성을 부여하는 것에 불과하다. 그러나 '사람이 완성한다!'라는 인식을 통해, 만물의 자연적 필연성은 인문적 가치성으로 전환된다. 만물이 사람의 영역에 들어와, 자유로운 물건에서 인문적 존재로 변할 때, 진정으로 그 존재의 의미를 실현할 수 있다. 이런 사유는, 만물 가치의 실현으로서, 백성의 삶을 풍요롭게 하는 데 활용되며, 다른 한편으로는 인간이 자기완성의 표현으로서 마음을 닦아 덕성을 바르게 하도록 이끈다. 동중서는 말하였다.

> 천지(天地)는 인(人)과 더불어 셋이 덕을 이룬다. 이로부터 보면, 셋이 하나가 되어 이루어지는 것이 천의 큰 법칙이자 도리이며, 이를 천제(天制)라 한다.[12]

'천(天)'과 '인(人)'은 형상이 비슷하여, 같은 종류일 뿐만 아니라 덕성이 같아 마음 또한 동일하다. 사람은 '천'의 계승자이며 '천'과 같기에, '하늘', 즉 '천'을 보좌한다. 그래서 만물을 성취할 수 있다. 이런 의미에서 사람은 천명(天命)을 따르고 순응하여, 천지의 마음이자 만물의 영장(靈長)이 된다. 영장에서 '영(靈)'은 통함을 의미한다. 마음은 허령(虛靈)하고 밝게 깨달아 통하지 않는 것이 없기에, 감정이 막힘없이 운행하여 자연 만물을 포괄하고 보호하며, 경의(敬意)로 마주한다

---

11) 『春秋繁露』「立元神」: 天地人, 萬物之本也. 天生之, 地養之, 人成之. 天生之以孝悌, 地養之以衣食, 人成之以禮樂, 三者相爲手足, 合以成禮, 不可一無也.
12) 『春秋繁露』「官制象天」: 天地與人, 三而成德. 由此觀之, 三而一成, 天之大經也, 以此爲天制.

(唐君毅, 2021:31).

　　천도는 베풀고, 지도는 변화시키며, 인도는 의(義)를 이룬다.[13]

　동중서는 사람이 천지가 베풀어주는 덕성을 이어받아 의리를 이룬다고 보았다. 그 가운데 "몸은 하늘과 같고 그 질서가 서로 부합하여 명(命)이 서로 연결된다."[14]라고 하였다. 천지 가운데 사람은 귀하며, 사람은 우주를 통찰하고, 천지의 마음을 자신의 마음으로 삼아, 천지를 이어 만물을 완성하는 데에 힘쓴다. 이런 의미에서 '사람이 곧 천이다!' 다시 말해, 하늘은 사람 밖에 존재하는 별개의 자유로운 사물이 아니라 사람 자신이며, 사람이 곧 하늘이므로, 이 둘을 별개로 보고 따로 찾을 필요가 없다.

　'천인(天人)'의 덕성, 그 지극한 성실을 근본으로 삼아, 이로부터 직접 천인일체(天人一體)의 경지로 들어가는 것은 진한(秦漢) 신유가(新儒家)의 천인합덕(天人合德) 사상을 생생히 나타낸 표현이다. 천지의 위대한 조화는 끊임없이 생겨나고 멈추지 않는다. 지극히 성실한, 즉 '지성(至誠)'의 도리는 천지를 두루 아우르고, 사물과 나를 융합한다. 시공을 관통하여 천인(天人)에 깃들어 하나가 되고, 사물과 나를 완성하여 그 조화를 도울 수 있다(錢穆, 2009:31). 그러므로 『중용(中庸)』에서는 다음과 같이 말한다.

　　세상에서 지극히 성실한 사람만이 그 본성을 다할 수 있다. 본성을 다할 수 있으면 사람의 본성을 다할 수 있고, 사람의 본성을 다할 수 있으면 사물

---

13)『春秋繁露』「天道施」: 天道施, 地道化, 人道義.
14)『春秋繁露』「人副天數」: 身猶天也, 數與之相參, 故命與之相連.

의 본성을 다할 수 있으며, 사물의 본성을 다할 수 있으면 천지의 조화를 도
울 수 있다. 천지의 조화를 도울 수 있으면 천지와 함께 참여할 수 있다.[15]

천명(天命)이 부여한 본성은 본래 참되고 거짓됨이 없다. 천명의 지
극한 성실을 계승한 사람은 천성(天性)과 천리(天理)를 성찰할 때 매
우 정밀하고, 천성을 실천할 때 아주 훌륭하다. 세상 사람들은 지혜롭
고 어진 사람, 어리석고 불초한 자의 구별이 있지만, 지극히 성실한 사
람은 자기의 본성을 다함으로써 자신을 다른 이에게 미루어 적용하며,
정치를 세우고 교화를 베풀어 타인을 이끌어감으로써, 모든 사람이 본
래의 성정(性情)으로 되돌아갈 수 있도록 도운다. 세상의 사물들은 나
는 짐승과 잠수하는 물고기, 움직이는 것과 정지한 것 등 여러 차이가
있지만, 지극히 성실한 사람은 자신의 본성을 다함으로써 사물에까지
그것을 미루고, 법도를 닦고 제도를 세워 아끼고 사랑하는 데 이르러,
만물이 저마다의 자연적 본성을 따라 본래의 참됨을 이루게 한다. 하
늘은 덮고 땅은 받들며, 사람은 그 사이에 있어 의리를 행한다. 천지
의 도리를 조정하고, 천지의 합당함을 도우며, 만물의 성정을 다함으
로써, 천지의 화육(化育)을 완성하도록 돕는다. 지극히 성실한, 최고의
정성을 다하는, 지성인(至誠人)은 천지와 함께 참여하고 나란히 하여
하나가 된다. 결국, 천지 만물의 이치는 모두 지극히 성실한 본성 안
에 완비되어 있으며, 조화를 돕는 도리도 또한 최고로 정성스러운 본
성 바깥에 있지 않다(陳生璽, 2013). 이것이 바로 '자신을 기준으로 삼
아 하늘을 측정한다!' "자신을 살핌으로써 하늘을 안다!"[16]라는 의미

---

15) 『中庸』: 唯天下至誠, 爲能盡其性; 能盡其性, 則能盡人之性; 能盡人之性, 則能盡物之性; 能盡
　　物之性, 則可以贊天地之化育; 可以贊天地之化育, 則可以與天地參矣.
16) 『春秋繁露』「郊語」: 察身以知天.

이다. 또한 동중서는 『춘추번로』「음양의」에서 다음과 같이 강조했다.

하늘에도 희노(喜怒)의 기운과 애락(哀樂)의 마음이 있어 사람과 짝을 이룬다. 종류가 같으므로 합쳐지니, 하늘과 사람은 하나이다.[17]

인용문에서 보듯이, 하늘과 사람은 한 마음이라는 '천인동심(天人同心)', 하늘과 사람은 같은 감정이라는 '천인공정(天人共情)'은 동중서가 천인 관계를 설정하는 기본 전제이다. 동중서에게 천인(天人)은 단지 형상이 비슷하여 같은 부류일 뿐만 아니라, 감정을 함께 느끼고 서로 통할 수 있는 존재이다. 이는 유가(儒家)를 중심으로 하는 '감정의 본체'가 지닌 특성을 계승한 것이라 할 수 있다. 인간은 생명의 직접적 감각을 통해 하늘과 인간이 사귀고 모이는 '천인 교회(天人 交會)'의 일체 경지에 들어간다(李澤厚, 2015:4-5). 이는 인간이 진정한 감정을 쏟음으로써 자연스럽게 실제 감각이 발생한다는 뜻이다.

본연적 의미에서 하늘과 사람은 모두 '순순기인(肫肫其仁)'이라는 '성정(性情)'의 진실함을 지니고 있다. 진실로 진실을 열고, 실제로 실제를 연다. 그러므로 유가(儒家)는 성정의 진실함과 생명의 성실함이 천인 관계에서 소통하는 차원을 매우 중시하였다. 『논어』에는 말하는 '제여재(祭如在)'는 제사의 현장감과 성실성을 강조한 것으로, 제사의 대상이 현존하는 듯한 분위기를 조성함으로써, 제사를 지내는 사람이 그 상황에 몰입하여 진심을 표현하게 하고, 현재진행형의 시공간 속에서 제사를 지내는 사람과 제사의 대상 사이에 감정적 접속과 소통을 완성하도록 유도한다. 이에 따라 동중서는 다음과 같이 말하였다.

---

17) 『春秋繁露』「陰陽義」: 天亦有喜怒之氣·哀樂之心, 與人相副. 以類合之, 天人一也.

군자의 제사는 몸소 임하여 중심으로서 성실함을 다한다. 최고로 경건하

게 정결의 도리를 다하여 지극히 존귀한 존재와 접하므로, 귀신이 그것을 음

향(歆饗)한다.[18]

이는 천인 관계에 진입하는 기본적인 방식이다. 군자의 제사에서 핵심은 자기 몸으로 직접 자신의 성실함을 다하는 일이다. 이런 의식을 통해 '천(天)-인(人)' 사이의 접속과 소통에 도달하게 되는 것이다. 그것은 "들을 수 없고 볼 수 없는 존재에 미치고, 보이지 않는 것을 보는 것이 되며, 천명과 귀신을 아는 일에 이른다."[19]

천(天)에 대한 제사는 천(天)의 '신(神)'적 의지를 배제하지 않지만, 동시에 천(天)을 곧 신(神)으로 삼는 것도 아니다. 그렇다면 동중서 사상 속에서 천(天)의 '신(神)'은 어떻게 이해할 수 있을까? 동중서의 사상을 전체적으로 볼 때, 그의 '천신(天神)'에 대한 관점은 뚜렷하게 '자연-인문'적 방향성을 지닌다.

'자연'의 방향성에서는 두 가지 차원으로 볼 수 있다(錢穆, 2009:18).

첫째, 천(天)의 생생불식(生生不息)의 도리는 천신(天神) 관념이 형성되는 현실적 기반이다. 이는 『역전(易傳)』이 천(天)의 생화(生化)를 중시하는 것과 상통한다.

둘째, 고대 사회의 우주론은 천제(天帝)와 백신(百神)을 중심으로 하는 것이 기본 음조(音調)였다. 동중서의 천신(天神) 사상은 분명히 이러한 고대 소박한 우주론의 영향을 받았다.

'인문'의 방향성에서는 다음과 같은 세 가지 차원에서 이해할 수 있

---

18) 『春秋繁露』「祭義」: 君子之祭也, 躬親之, 致其中心之誠, 盡敬潔之道, 以接至尊, 故鬼享之.
19) 『春秋繁露』「祭義」: 祭然後能見不見. 見不見之見者, 然後知天命鬼神.

다(錢穆, 2009:25-31; 唐君毅, 2021:21-47).

첫째, 주공(周公)은 고대 선민의 소박한 천제(天帝) 중심의 세계관을 버리고, '인문 중심의 역사관'을 창출하였고, 이는 중국 전통문화의 기본 구조를 정초하였다. 동중서의 시선도 이와 상통한다.

둘째, 진한(秦漢) 시기 유가(儒家)가 말한 귀신(鬼神)은 인격적 존재가 아니라 도덕적 성격을 띤 존재였다. 따라서 동중서의 천신론(天神論)은 '덕성의 우주론'이다. 나아가 그의 천인감응(天人感應), 천인합일(天人合一) 사상은 어느 정도 신비롭고 현묘한 색채를 띠고 있지만, 그 깊은 의도는 지극한 성실함의 덕성으로 천인합덕(天人合德)의 경지에 도달하려는 뜻을 지니고 있다.

셋째, 천신(天神)을 긍정하는 것은 인간의 주체적 정신을 외재화 하고 객관화하는 작업이다. 이런 점에서 천신(天神)은 인간이 자신과 천지(天地)자연을 초월하여 형성한 일종의 대상화된 정신적 응결체라고 할 수 있다. 그것은 신적 의미를 가지지만 형상이 없으며, 인간의 도덕성을 갖춘 것이다. 다시 말해, 천신(天神)은 지고의 존재일지라도 인간은 결코 미약하거나 비천하지 않으며, 심지어 천(天)의 신의(神意)조차 인간에 의해 영향을 받을 수 있다.

이런 의미에서 '천신(天神)'은 고대 중국인의 '실제 삶 속에서 비롯된 친화적이고 인자한 정서'에서 발생한 것이다. 인간에서 시작되어 인간을 향하며, 중국의 사회·정치·윤리·문화 생활의 '근본'으로 자리매김한 것이라고 볼 수 있다. 요컨대, 동중서의 사상은 신화적 기층 속에 공자의 전면적 인문 정신을 계승하였으며, '진정한 문화적 내용을 담은' 철학이다.

IV. '원생 경역(元生 境域)'에서 '천인합일'의 인문적 함의

동중서의 천신관(天神觀)은 자연적 차원을 기초로 인문적 차원으로 귀결된다. 자연적 차원의 기초는 다음과 같은 사유에서 잘 드러난다.

첫째, 인간과 만물은 모두 천(天)에서 유래한다. 하늘은 인간이 인간일 수 있게 하고, 또한 인간이 생존하고 발전할 수 있는 선재적 조건이므로, 하늘의 선재성은 곧 그 지존성(至尊性)을 규정하게 된다.

둘째, 천(天)은 끊임없이 생명을 생성하는 화생(化生)의 영역이다. 그 자체로 자연스럽고 끊임없이 유동하는 모습이며, 때에 맞게 작용하고 절도와 규율을 지닌다. 모든 생명의 생성 과정은 시기와 상황에 따라 적절하게 이루어진다. 국지적 시공간의 관점에서는 하늘의 생명 생성의 과정이 간혹 중정(中正)을 잃어버릴 경우도 있다. 그러나 전체적이고 거시적 시공간의 관점에서 볼 때, 이 과정의 다양성은 오히려 중화(中和)를 향한 길이며, 큰 아름다움을 성취하는 필연적 경로이다. 그러므로 자율적으로 조직된 시스템으로서의 천지(天地)는, 그 내재된 법칙과 방식에 따라 운행되지만, 외형적으로는 항상 일정한 균형 상태를 지향하며 유지한다. 이 완전함을 향한 모습은 인간의 인식 수준을 넘어서는 것이며, 천(天)의 '신령(神靈)'함은 이로부터 비롯된다. 천(天)의 생명 생성의 과정이 미시적 차원에서 성찰될 때는 더욱 불가사의하고 놀라움을 자아내기도 한다.

요컨대, 거시적이든 미시적이든 하늘의 생성 작용은, 그 도리와 진화의 신비를 이해하지 못하는 사람들에게 '신령'함으로 느끼게 만든다. 하지만, 그 내적 생명 생성의 진실함과 변화의 정묘함을 꿰뚫어 보게 되면, 자연스럽게 경이로움을 느끼게 되고, 천(天)의 자연적 조화에 감탄하여 "천(天)보다 더 신묘한 것은 없다!"[20]라고 여기게 된다. 천(天)이 자연적으로 생성하는 신비성은 인간에 대한 선재적 위치를 점한다. 이로 인해 발생하는 인간의 감정적 반응은 천(天)을 신비한 존재에서 신성한 존재로 전환하게 만든다. 거기에서 신(神)의 인격적 지위가 형성되고 드러나게 되는 것이다.

이 천(天)의 '신(神)'은 세 가지 측면에서 그 위상을 드러낸다. 기능적 차원에서는, '원(元)'의 깊이로 인해 천의 화육(化育) 작용이 신묘하게 드러난다. 인식론적 차원에서는, 천의 화육이 은유(隱幽)하고, 현미(玄微)하며, 정묘(精妙)하기 때문에, 천도(天道)는 신비로운 것으로 받아들여진다. 그리고 천의 신묘성과 신비성, 그것이 인간에 앞선 선재적(先在的) 지위를 갖는 점, 특히, 천(天)이 인간과 만물의 조상이라는 객관적 사실로 인해, '천은 신성(神聖)하다!'라는 관점을 갖게 만든다. '원(元)'의 생생함이 지닌 신묘함이든, 천의 운화(運化) 이치가 가진 신비함이든, 또는 천의 선재적 위상이 지닌 신성함이든 관계없이, 이 모든 것은 인간의 힘으로는 도달할 수 없는 영역이다.

인간이 후천적 삶의 양태에 갇힌 채, 선천적 본연 상태로부터 점점 멀어지게 될 때, 외부 세계의 '화려함'은 보편적 인식이 된다. 집단 무의식적 사고의 지배 속에서 점점 그 흐름에 휘말려 '내가 어디에 있는지도 모르게' 될 경우, '나는 누구인가?', '나는 어디서 왔는가?', '나는 어디로 가는가?'라는 질문은, 인류가 끊임없이 사유해 온 영원한 주제가 된다. 이럴 때, '너 자신을 알라'는 경구(警句)는 시대를 초월한 경고(警告)로 작용한다. 이 지점에서, 천(天)의 본연은 인간의 방황이 되

---

20) 『春秋繁露』「人副天數」: 莫精於氣, 莫富於地, 莫神於天.

며, 이에 따라 인간은 천에 의해 지배되고 휘둘리게 된다.

초심을 잃지 않아야 온전하게 끝을 맺을 수 있다! 인간의 생명이 존속하고 발전할 수 있는 것은 "인간은 천(天)을 근본으로 한다."[21]라는 사실에서 비롯된다. '근원을 귀하게 여기고 시작을 중시한다.'라는 '귀원중시(貴元重始)'의 사유는 천지(天地)의 기본적 내재 법칙이다. 생물계를 예로 들면, 식물의 생장 양태를 기준으로 볼 때, 지상에서 드러나는 줄기와 잎 같은 명시적 구조에는 반드시 그에 상응하는 규모의 지하에 감춰진 구조, 즉 뿌리 체계가 존재한다. 식물의 성장 상태는 지하의 뿌리 상태와 밀접하게 연결되어 있으며, 지상의 부위가 무성하게 자랄수록 뿌리 또한 동시에 강화된다. 이에 따라 식물은 근원을 기르고, 본질을 강화하며, 기초를 단단히 다져나가는 과정에서 지속적으로 성장하고 번성하게 된다. 다시 말해, 식물의 성장은 지상에서 드러나는 부분과 지하에 숨겨진 부분의 이중 구조로 이루어지며, 끊임없는 '배원(培元)'과 '고본(固本)'의 노력을 통해서만이 가지가 무성하고 잎이 풍성하게 자랄 수 있다.

'천(天)'과 '인(人)'은 실제로 한 번도 분리된 적이 없다. 생명 개체로서의 인간은 일생을 통해 천지(天地) 우주의 연화(演化) 과정을 축약하여 보여주는 존재이다. 10개월간의 태아 발달이 단세포 생물에서 고등 포유류에 이르기까지, 지구 생물 시스템의 진화·변천 과정을 시연한 것이라면, 인간이 태어난 후 기어다니다가 두 발로 서고, 신체 언어에서 구어 표현으로 발전하며, 선천적 본능 행동에서 후천적 학습 행동으로 나아가는 일련의 과정은, 인류의 발생에서 문명의 정형화에 이르는 역사 발전 단계를 반영한다고 할 수 있다. 요컨대, '인간

---

21) 『春秋繁露』「爲人者天」: 人之人本於天.

의 생명 성장사(成長史)'는 '천지 우주의 연변사(演變史)'를 드러내는 것이며, 이는 곧 '천인합일(天人合一)'이라 할 수 있다. 동중서는 다음과 같이 말하였다.

> 부(父)는 자식에게 천(天)이며, 천(天)은 아버지에게 천(天)이다. 천(天) 없이 태어나는 일은 일찍이 없었다.[22]

나무가 수십 미터 높이로 자라더라도 뿌리가 있기 마련이고, 사람이 세상을 떠돌더라도 근본을 잊어서는 안 된다. 인간의 근본은 두 가지 차원에서 드러난다. 하나는 '혈연적 친속(親屬)'이며, 다른 하나는 '천본(天本)'의 영역이다. 이 둘을 비교해 보면, '혈연적 친속'은 '천본'의 영역에 귀속된다. 생전에는 예의로 모시고, 사후에는 예의로 장사 지내며, 제사 또한 예의로 행한다는 것은, 효도를 통해 '혈연적 친속'에 대한 공경과 추억을 드러내는 일이다(李澤厚, 2015:27). 이에 비해 '천본'의 영역에 대한 관심은 전통적 제사 양식인 '교제(郊祭)'의 핵심 주제를 이룬다. '교제'에서는 천(天)이 신성의 색채를 띠고 있지만, '천륜(天倫)'이 '인륜(人倫)'을 포함하고, '인륜'이 '천륜'으로 확장됨에 따라 '천륜'과 '인륜'은 서로 융합된다. 그리하여 천인합일(天人合一)의 경지에서는, 형식상의 신성한 '천(天)'이 가치를 지니고 의미가 부여된, '덕성(德性)으로서의 천', '정신적 천', '감정적 천'으로 전환되고, 하늘과 인간 사이에는 어떠한 장벽이나 경계도 존재하지 않게 된다. 다시 말해, 하늘은 인간의 정(情)을 지니고, 인간은 하늘의 성(性)을 갖춘다. 하늘은 인간 세계에 스며들고, 하늘과 인간은 서로 어우러져 하

---

22) 『春秋繁露』「順命」: 父者, 子之天也; 天者, 父之天也. 無天而生, 未之有也.

나가 되며, 하늘은 인간화된 하늘이 되고, 하늘의 세계는 곧 인간의 세계가 된다. 그 '자연성'과 '신성'은 점차 감춰지고, '인문성'이 더욱 뚜렷하게 드러나는 것이다.

'교제(郊祭)'에서는 다음과 같은 사항을 강조한다. '천자(天子)가 반드시 천(天)에 제사를 지내야 하는 이유는, 자식이 아버지를 섬기지 않을 수 없는 것과 같다. 해가 바뀌는 새해 첫날이 되면, 천자는 반드시 교제를 지내며 하늘에 제사를 올려야 하는데, 이는 자식의 예의를 행하고, 자식의 도리를 실천하는 것일 뿐이다!' 그러므로 천(天)을 아버지처럼 섬기는 것은 인간의 내면 깊은 곳에서 흔들릴 수 없는 논리로 자리 잡게 되었다. 천(天)이 사시(四時: 사계절)를 내려줄 때마다 군자는 반드시 몸소 제사를 올려 그 은혜에 보답하고, 지극한 성의와 극진한 공경으로 천(天)의 은총을 기려야 했다. 군자가 천(天)을 마주할 때, 지녀야 할 기본 태도와 지침은 다음과 같다.

> 두려워하여 감히 속이지 않으며, 믿되 독단적으로 의지하지 않고, 섬기되 전적으로 의존하지 않는다.[23]

첫째로 군자는 천(天)을 경외하며 감히 속이지 않는 가운데 스스로 속이지 않으며, 자신의 진실한 감정과 본성을 드러낸다. 둘째로 천(天)을 믿지만 천(天)의 뜻만을 무조건 따르지 않고 자기 주체성을 고수한다. 셋째로 천(天)을 섬기되 그것에만 전적으로 의존하지 않으며 자신에게 부여된 천명(天命)을 바탕으로 한 덕성의 자긍심을 드러낸다. 이런 점에서 볼 때, 동중서의 천신관(天神觀)은 궁극적으로 '인문(人文)'

---

23) 『春秋繁露』「祭義」: 聖人於鬼神也, 畏之而不敢欺也, 信之而不獨任, 事之而不專恃.

의 영역을 지향하고 있으며, 이는 바로 유가(儒家)의 전통이기도 하다.

유가의 관점에서 '인간(人間)'과 '천도(天道)'는 다음과 같이 정돈된다(唐君毅, 2021: 308-309).

첫째, '인간'은 굳이 천신(天神)의 도움에 의존할 필요가 없다! 자신의 지혜와 덕성에 힘입어 인문적 교화(敎化)를 추구하고, 이를 내면의 자득(自得)으로 전환하여 궁극적으로 자신의 정신을 안정시킬 수 있다!

둘째, '천도'는 결코 인간의 외부에 존재하는 것이 아니다! 인간이 자신의 성실함을 다하고, 사람의 도리를 실천하며, 사람이 마땅히 해야 할 바를 수행할 경우, 자연스럽게 나 이외의 타인과 만물과의 감정이 소통되고, 나아가 자신으로부터 천(天)의 경지에 이르게 된다.

이런 차원에서, 인간의 '인심인성(仁心仁性)'은 곧 '천심천성(天心天性)'의 직접적 발현이며, 천도(天道)는 인도(人道) 안에서 실현되는 것이다(唐君毅, 2021: 313). 이는 『역전(易傳)』「계사하(繫辭下)」에서 "신명(神明)의 덕(德)과 소통하고, 만물(萬物)의 정(情)을 유형화한다."[24]라고 한 언표와 상통한다.

V. 결어

  "천지(天地)는 만물의 근본이다!"[25]

이 짧고 의미심장한 표현은 '천지가 만물보다 먼저 존재함'을 의

---

24) 『易傳』「繫辭下」: 以通神明之德, 以類萬物之情.
25) 『春秋繁露』「觀德」: 天地者, 萬物之本.

미한다.

<blockquote>천(天), 지(地), 인(人)은 만물의 근본이다![26]</blockquote>

다시, 또 다른 표현을 통해 알 수 있는 것은, 천지와 더불어하는 '인간'의 지위이다. 인간은 본래 천성(天性)을 지니고 있어, 후천(後天)의 정(情)으로부터 선천(先天)의 성(性)으로 돌아갈 수 있다. 이런 의미에서 공자는 '인(仁)'을 가르치며, 사람에게 천(天)의 사자(使者)로서 사시(四時: 사계절)를 행하고 모든 사물을 생육(生育)하는 덕성을 직접 모범으로 실천하려고 했다(唐君毅, 2021: 36). 그렇게 해야 인간은 굳건히 설 수 있다. 이것이 다름 아닌 '천인일(天人一)'이다. 오직 '천인합일(天人一)'의 경지에서, 비로소 인간은 만물의 근본으로 천지(天地)와 더불어 존재하며, 서로 참여하는 지위를 갖게 된다.

천지(天地)의 성(性) 가운데 인(人)이 가장 귀중하다! 한편으로, 인간은 천성(天性)을 이어받아 태어났기에 형태가 천(天)과 유사할 뿐만 아니라 정서와 뜻이 천(天)과 통하여 내재적 '천(天)'을 갖추었다. 이것이 바로 "신(身)은 마치 천(天)과 같다."[27]라는 말이다. 다른 한편으로, 인간은 천심(天心)을 이어받아 인(仁)으로서 만물을 도우며 본성을 이룸으로써 초월적인 '천(天)'도 겸비하였다. 이것이 바로 "천도는 베풀고, 지도는 변화시키며, 인도는 의리를 이룬다."[28]라는 말이다. 그러므로 다음과 같은 인문의 경지를 창출한다. "인간은 내재적 천(天)과 초월적 천(天)의 통일체이다. 인간은 내재적 천(天)을 지니므로 인

---

26) 『春秋繁露』「立元神」: 天地人, 萬物之本也.
27) 『春秋繁露』「深察名號」: 身猶天也.
28) 『春秋繁露』「天道施」: 天道施, 地道化, 人道義.

의(仁義)를 지키고 예절을 중히 여긴다. 안으로는 부자(父子), 형제(兄弟)의 친함이 있고, 밖으로는 군신(君臣), 상하(上下)의 의리가 있으며, 모이고 만남에는 어른과 아이의 베풂이 있고, 찬란하게 문명으로 서로 이어지며, 즐겁게 은혜를 베풀며 서로 사랑한다. 그리고 또한 곡식을 재배하여 먹고, 뽕나무와 삼베로 옷을 만들어 입으며, 가축을 기르고, 소를 몰고 말을 타며, 표범을 우리에 가두고 호랑이를 쇠사슬에 묶는다."[29] 인간은 초월적 천(天)을 지니므로 만물을 하나로 귀속시키고 나아가 '원(元)'에 귀속시킬 수 있다.

중국 문화에서 '천학(天學)' 사상은 신비화된 면모를 지니면서도 동시에 인간에 내재적이다. 공자는 천인합일(天人合一) 사상을 전개하여 '천학' 사상의 이러한 특징을 더욱 강화하였다. 인간 사회를 살아가는 사람들에게 더 이상 외부에서 하늘의 힘에만 의지하지 않게 가르쳤다(唐君毅, 2021: 42). 동중서는 '천원(天元)'의 의식을 인간의 내면으로 연결하여 '천인공원(天人共元)'이라는 도식에서 인간의 지상성(至上性)과 초월성(超越性)을 드러냈다. 이러한 의미에서 인간은 반드시 자신의 지위를 가지지 않을 수는 있지만, 반드시 그의 덕성을 가진다. 이는 "대인(大人)은 천지와 덕성을 합하고, 일월과 밝음을 합하며, 사시(四時)와 순서를 합하고, 귀신과 길흉을 합한다."[30]라고 한 것과 같다. 인간이 인간인 까닭은 천지의 덕을 합할 수 있기 때문이다. 다시 말해, 인간은 하늘의 화신(化身)이다. 인간은 하늘에서 태어나 자연스럽게 하늘의 속성을 내재한다. "인간 또한 하늘이다!"[31] 형식적으로는

---

29) 『漢書』「董仲舒傳」: 人受命於天, 固超然異於群生, 入有父子兄弟之親, 出有君臣上下之誼, 會聚相遇, 則有耆老長幼之施; 粲然有文以相接, 驩然有恩以相愛, 此人之所以貴也. 生五穀以食之, 桑麻以衣之, 六畜以養之, 服牛乘馬, 圈豹檻虎, 是其得天之靈, 貴於物也.

30) 『易傳』「文言」: 夫大人者·與天地合其德, 與日月合其明, 與四時合其序, 與鬼神合其吉凶.

31) 『春秋繁露』「如天之爲」: 在人者亦天也.

'천(天)-인(人)'을 구분하여 설명할 수 있겠지만, 실제로는 하늘이 인간에게 내재한 '천인합일'이라는 의미를 내포하고 있다.

"천지는 인간과 더불어 덕을 이루므로, 이로부터 보면 셋이 하나로 이루어짐이 천(天)의 큰 도리이다. 이를 천제(天制)라 한다."[32] 천지가 화육(化育)하는 일은 자연스럽게 발생하고, 그 덕성은 잠재된 상태에 있다. 하지만, 인간은 만물을 성취하는 동시에 천지의 덕성을 드러내며, 이에 상응한다. 인간은 유형의 몸으로 하늘의 어떤 초월을 반영하기에, "인도의 극치에 이를 수 있다!"[33]

---

32) 『春秋繁露』「官制象天」: 天地與人, 三而成德. 由此觀之, 三而一成, 天之大經也, 以此爲天制.
33) 『春秋繁露』「玉杯」: 遂人道之極.

'삼재(三才)'에서 '삼강(三綱)'으로
- 왕도관(王道觀)의 쇄신

바이리창(白立強)

Ⅰ. 서언

동중서의 학문, 즉 '동학(董學)'은 곧 '왕도학(王道學)'이다(謝遐齡, 2019). 동중서의 왕도관(王道觀)은 두 가지 차원을 포함하고 있다.

첫째, 공자의 '삼재(三才)' 양태를 계승하였다.

둘째, 군신(君臣)·부자(父子)·부부(夫婦)의 '삼강(三綱)' 모형을 강조하였다.

이 둘은 '하늘[天]'로 포괄되는 가운데 통일된다. '삼재(三才)'로서의 '천(天)'에 비해, '삼강(三綱)'은 하늘에 관한 심화 탐구를 통해, 하늘의 '원(元)'이라는 기제가 드러나게 한다. 이런 인식은 동중서의 '왕도(王道)'에 대한 관점이 '삼재'에서 '삼강'으로의 전환했음을 의미한다.

'삼재(三才)'가 '천인합일(天人合一)'의 종적(縱的) 차원을 드러낸다면, '삼강(三綱)'은 '천하일통(天下一統)'의 횡적(橫的) 차원을 드러낸다. 그 핵심은 동중서의 왕도관이 '원(元)'의 기제 속에서, '천인합일(天人合一)'과 '천하일통(天下一統)'의 완전한 통합을 실현했다는 데 있다.

II. '삼재(三才)의 작동 방식'에 내포된 왕도(王道)의 함의

동중서의 정치철학은 근본적으로 군주인 왕자(王者)가 주도하는 '천하일통(天下一統)'의 구도를 지향한다. 이는 '왕도관(王道觀)'을 핵심으로 하는 '치도사상체계(治道思想體系)'라 할 수 있다. 이 왕도관은 전통적인 '삼재(三才)의 작동 방식' 이론 구조에서 비롯된 것이다 (韓星, 2014).

'삼재(三才)'라는 용어는 『역전(易傳)』「계사하(繫辭下)」에 가장 먼저 등장한다.

> 『역(易)』이라는 책은 크고 넓으며 빠짐이 없으니, 천도(天道)가 있고, 인도(人道)가 있고, 지도(地道)가 있다.[1]

여기에서 '천도·지도·인도'가 곧 '삼재지도(三才之道)'이다. 기본적 범주로 볼 때, 『역(易)』은 '천(天)-지(地)-인(人)'과 그 존속과 변화에 대한 내재적이고 본연적 이치를 포괄한다. 『역전』「설괘(說卦)」에는

---

1) 『易傳』「繫辭下」: 易之爲書也, 廣大悉備, 有天道焉, 有人道焉, 有地道焉.

이런 이치를 조금 더 자세하게 설명한다.

옛날 성인(聖人)이 『역(易)』을 지은 것은 성명(性命)의 이치를 따르기 위함이었다. 이로써 하늘의 도리를 정하여 말하되 '음(陰)과 양(陽)'이라 하고, 땅의 도리를 정하여 말하되 '유(柔)와 강(剛)'이라 하며, 사람의 도리를 정하여 말하되 '인(仁)과 의(義)'라 하였다. 세 가지(三才)를 아울러 둘씩 짝지었기 때문에 『역(易)』은 여섯 획으로 괘(卦)를 이룬다.[2]

성인은 '천(天), 지(地), 인(人)'의 본성을 따라 각각의 도리 나타냈다. 동시에 '하늘, 땅, 사람'의 '삼재'를 둘씩 짝지어 여섯 효(爻)로 이루어진 괘를 만들었다. "효(爻)란, 세상의 움직임을 본받은 것이다."[3] 그러므로 『역(易)』에서 '효(爻)' 여섯 자리(六位)는 음양(陰陽)과 유강(柔剛)이 우주 조화의 힘으로서 천지 만물과 인간을 끊임없이 창조해내며, 하늘·땅·사람에게 성명(性命)의 이치를 부여함을 뜻한다. 그 가운데 인간이 선천적으로 갖춘 '인의(仁義)의 도리'는 성명지리(性命之理)의 최고 표현이다(王新春·丁巧玲, 2021).

'삼재지도(三才之道)'의 궁극적 근원은 바로 '태극(太極)'이다. 『역전』에서는 다음과 같이 언급한다.

역(易)에는 태극이 있으니, 태극은 양의(兩儀)를 낳고, 양의는 사상(四象)을 낳으며, 사상은 팔괘(八卦)를 낳고, 팔괘는 길흉(吉凶)을 정하며, 길흉은

---

2) 『易傳』「說卦」: 昔者聖人之作易也, 將以順性命之理, 是以立天之道曰陰與陽, 立地之道曰柔與剛, 立人之道曰仁與義. 兼三才而兩之, 故易六畫而成卦.
3) 『易傳』「繫辭下」: 爻也者, 效天下之動者也.

대업(大業)을 낳는다.[4]

여기에서 태극은 우주의 생성과 변화의 근본이다. '낳는다'라는 의미의 '생(生)'은 태극의 본체(體)가 필연적으로 작용을 드러낸다는 뜻으로, 천지(天地) 사이에 잠재한 본체적 동력을 반영한다. 그 구체적인 표현은 다음과 같다.

천지의 변화를 포괄하되 지나치지 않고, 만물을 갖추어 이루지만 빠뜨림이 없으며, 주야의 도리를 꿰뚫어 앎에 이른다. 그러므로 신(神)은 일정한 방위가 없고, 역(易)은 일정한 형체가 없다.[5]

여기에서 '역은 일정한 형체가 없다.'라는 말은 우주의 운행과 생성의 궁극적 근원이 무형(無形)의 방식으로 존재하고 있음을 의미한다. 따라서 그 운행과 생성의 오묘하고 깊은 이치는 '신은 일정한 방위가 없다.'라는 방식으로 나타난다. 이처럼 '역은 형체가 없다.'라는 것은 형상이 없지만, 그 작용은 광범위하며, 그 작용의 정도는 '지나침이 없다!'라는 데 있다. 이는 다름 아닌 중정(中正)의 이치에 해당한다. 이런 이치야말로 신묘(神妙)하다고 하지 않을 수 없다. 그러니 어찌 '신(神)'이라 부르지 않겠는가?

동중서에게 '삼재(三才)의 작동 방식'에 따른 '왕도관'은 위에서 서술한 사유를 기반으로 한다.

옛날 글자를 만든 성인은 세 획을 그리고 가운데를 이었는데, 이를 왕(王)

---

4) 『易傳』「繫辭上」: 易有太極, 是生兩儀, 兩儀生四象, 四象生八卦, 八卦定吉凶, 吉凶生大業.
5) 『易傳』「繫辭上」: 圍天地之化而不過, 曲成萬物而不遺, 通乎晝夜之道而知, 故神無方而易無體.

이라 하였다. 세 획이란 천지와 사람을 뜻하며, 가운데를 이었다는 것은 그 도리를 통하게 한 것이다. 천지와 사람의 중(中)을 취하여 일관되게 참여하고 소통하게 했으니, 왕이 아니고서야 누가 이를 감당할 수 있겠는가?[6]

이에 대해, 캉유웨이(康有爲, 1990)는 공자가 왕(王)을 중시하였기에, 세 획이 가운데를 잇고 천지인을 통하게 한 것도 공자의 창안으로 보았다. 이런 논리에 의하면, 동중서의 '삼재' 사상은 마땅히 공자에게서 계승된 것이라 하겠다. 동중서의 '왕도'에서 '삼재'가 작동하는 방식의 요점은 다음과 같다.

첫째, 천지의 본성 가운데 인간을 가장 귀하게 여기므로, 사람[왕]은 천지와 병립하는 존재로 자리한다.

둘째, 사람[왕]은 천지의 도리를 관통하는 방식으로 천지와 서로 참여한다. 즉 하늘의 도리로부터 사람의 도리에 이르고, 사람의 도리로 다시 하늘의 도리에 도달하여, 끊임없는 교류와 상호작용 속에서 '천(天)-인(人)'이 직접 합일하는 경지에 이른다. 그리하여 사람[왕]의 도리인 '인도(人道)'는 곧 '천도(天道)'이자 '중도(中道)'이며, 또한 '정도(正道)'이다. 이때 '중(中)'은 단순히 공간적 의미의 중심이 아니라, 시간과 공간의 적절함 속에 자리하는 것으로, 곧 '중정지도(中正之道)'를 뜻한다. 이런 점에서 사람은 천지를 위해 마음을 세우는 존재이므로, '사람은 천지의 마음이다!'라고 할 수 있다.

셋째, '천(天)-지(地)-인(人)'은 제각기 분별 되지만, 이 셋이 병립한다는 사실 자체가 그들 사이에 내재적으로 상응하고, 소통되며, 심지어 서로 같은 측면이 있음을 포함한다. 그럴 가능성이 없다면, '천인합

---

6) 『春秋繁露』「王道通三」: 古之造文者, 三畫而連其中, 謂之王. 三畫者, 天地與人也, 而連其中者, 通其道也. 取天地與人之中以爲貫而參通之, 非王者孰能當是?

일(天人合一)'은 애초에 성립할 수 없을 것이다. '천-지-인' 사이의 '상응·소통·동질성이 가능하다!'라는 근거에 대해서는, 아직도 '삼재의 작동 방식'이 근본적 차원으로까지 나아가지는 못하였다.

'삼재의 작동 방식'이라는 테두리 내에서, 왕도(王道)는 천지(天地)와 감응(感應)하고 상통(相通)하는 덕성과 품격을 스스로 갖춘다. 이는 정도의 차이는 있으나 뚜렷한 당위성으로 드러난다. 왜냐하면 인류 진화사의 맥락에서 볼 때, '왕(王)' 또는 '왕도(王道)'는 자연성(自然性)에서 사회성(社會性)으로, 생물성(生物性)에서 인문성(人文性)으로의 전환을 거쳐왔기 때문이다. 이러한 점은 '왕(王)'이라는 글자의 본래 의미를 통해서도 단적으로 확인할 수 있다.

'왕(王)'의 본래 의미는 바로 '도끼(斧)'이다. '도끼'는 무기로서, 그것은 천하를 정복하는 데 사용되었다. 이로부터 확장되어, 천하를 정복한 자를 모두 '왕(王)'이라 불렀다. 도끼의 형상은 곧 '왕(王)'자와 같다(何金松, 2004). 이런 의미에서 '왕'은 무력(武力)의 대명사이다. 이를 인류 초기의 상황과 연결해 보면, 당시에는 여전히 인간과 천지 자연이 혼연일체를 이루는 혼돈 상태에 놓여 있었고, 그 속에서 따를 수 있는 것은 강자가 지배하는 약육강식의 정글 법칙뿐이었다. 복희씨(伏羲氏)가 팔괘(八卦)를 그린 사건은 이와 같은 역사적 사실을 방증한다.

옛날 포희씨(包犧氏, 복희씨)가 천하를 다스릴 때, 위로는 하늘의 상(象)을 관찰하고, 아래로는 땅의 법칙을 살폈으며, 새와 짐승의 무늬와 땅의 형세에 따른 적합함을 보았고, 가까이는 자기 몸에서, 멀리는 사물에서 본받아, 이에 비로소 팔괘(八卦)를 만들었다, 신명(神明)의 덕을 통하고, 만물의 정

(情)을 분류하였다.[7]

또 『역경(易)』에 "역(易)이란 상(象)이다. 상이란 형상(像)이다."[8] 라고 하였다. 여섯 효(爻) 사이에는 긴밀한 상호 관계가 존재하여 하나의 통합체를 이룬다. 이는 천지(天地)와 인간이 서로 통하되 아직 분리되지 않은, 큰 순수함이 조작되지 않은, 생명의 공동체 상태를 반영한다. 이러한 장(場)에서, 왕(王)이라는 존재와 그 역할은 전혀 이상할 사항이 없다.

고대 초기의 '왕자(王者)'가 '씨족 연맹(氏族聯盟)'의 핵심으로서 뚜렷한 자연적 품격을 드러냈다면, 주(周)나라 이래로 '왕자'라는 명호(名號)에는 도덕적 의미가 담기기 시작하였다. 이로써 왕자는 덕성(德性)과 긴밀히 연관되었다. 주(周) 왕조에서는 '덕(德)'과 '효(孝)'가 함께 중시되었으며, 덕은 하늘에 응답하는 것이고, 효는 조상에 응답하는 것이다(侯外盧·趙紀斌·杜國庠, 1957:63-93).

주나라 사람들의 사유에 따르면, 하늘은 여전히 최고의 '인격신'이라는 색채를 띠고 있었다. 그러나 천명(天命)은 더 이상 하늘 자체에 귀속되지 않고, 덕을 갖춘 사람에게로 이전되었다. 그것은 주나라 사람들이 왕자의 덕성(德性)에 대한 관점의 구현이며, 은연중에 하늘이 도덕적 성향을 지닌 존재임을 표현한 것이다.

춘추 시대에 들어서서 공자에 이르면, 그의 관심은 인간 세상에 집중된다. 공자 또한 '하늘(天)'을 언급하지만, 그의 사상은 우주론적 천도(天道) 개념을 본격적으로 다루고 있지 않다. 나아가 공자 사상의

---

7) 『易傳』「繫辭下」: 古者包犧氏之王天下也, 仰則觀象於天, 俯則觀法於地, 觀鳥獸之文, 與地之宜, 近取諸身, 遠取諸物, 於是始作八卦, 以通神明之德, 以類萬物之情.
8) 『易傳』「繫辭下」: 易者, 象也, 象也者像也.

핵심인 '인(仁)'은 더 이상 귀족 군자만의 전유물이 아니라, 어느 정도 보편적 도덕률로 일반 백성의 심리 속에 내면화 되었다(侯外盧·趙紀斌·杜國庠, 1957:156-161). 다만 '하늘[天]'과 명확하게 연관되지는 않았다. 공자의 '천덕(天德)'에 대한 관점과 연관해 볼 때, 『역전』이 실제로 공자의 저작이라면, 공자의 사유는 자연히 '천지 또한 덕을 지니고 있으며, 하늘과 사람이 덕으로 합일할 수 있다!'라는 사상을 포함하고 있다.

동중서의 왕도관(王道觀)은 천인합덕(天人合德) 사상을 계승하여, 천지인(天地人)을 하나의 통합된 장으로 포섭하였다. 하늘과 땅과 사람은 만물의 근본이다. 하늘은 생명을 낳고, 땅은 그것을 기르며, 사람은 예악으로 완성한다. 하늘은 효제(孝悌)로 낳고, 땅은 의식(衣食)으로 기르고, 사람은 예악(禮樂)으로 이룬다. 이 셋은 서로 손발이 되어 하나의 몸을 이루므로, 어느 하나라도 없어서는 안 된다. 이러한 구조 속에서 '인간', 즉 '왕자(王者)'는 천지와 감정을 서로 소통하며 상호 보완적 관계를 형성한다. 이런 경지에서는 '천지(天地)'가 단순한 자연의 의미가 아니라, 어떤 감정적이며 초월적인 품격을 갖춘 존재로 이해된다. 또한 인간은 천지와 분리된 독립적 존재가 아니라, 천지와 밀접하게 연결된, 통일적인 전체의 부분이다. "덕은 하늘과 땅에 있고, 신명(神明)은 그 가운데 모인다."[9]라는 동중서의 언표는, '왕자의 덕이 천지와 상응하며, 결국, 가장 완전한 하나의 상태를 형성한다.'라는 점을 정확하게 표현한다.

동중서는 하늘의 덕, 즉 '천덕(天德)'이 '인(仁)'임을 명확히 하였다. "인의 아름다움은 하늘에 있다. 하늘, 그것이 인이다."[10] 하늘은 인간

---

9) 『春秋繁露』「正貫」: 德在天地, 神明休集.
10) 『春秋繁露』「王道通三」: 仁之美者在於天. 天, 仁也.

을 낳고 기르며 봉양하는 공덕을 통해 무궁무진한 인의(仁義)의 품격을 드러낸다. 그리고 '왕자(王者)'는 하늘로부터 명을 받아, 하늘로부터 인을 취하여 인을 실현하는 존재이다. '왕'은 하늘에 기원을 두며 이를 본성으로 삼고, 그 인(仁)은 선천적으로 완성된 것이다. 그러므로 '왕도정치(王道政治)'의 핵심은 '인의(仁義)'이며, 그 주체적 표현은 '예의(禮義)'이다(韓星, 2020). '왕(王)'의 인의는 왕의 명호(名號)에 내포되어 있다.

왕호의 대의를 깊이 살펴보면, 그 안에 다섯 가지 강령이 있다. 곧 황과(皇科), 방과(方科), 광과(匡科), 황과(黃科), 왕과(往科)이다. 이 다섯 과(科)를 합쳐 한마디로 말하면 '왕(王)'이라 한다. 왕자는 곧 황(皇)이며, 왕자는 방(方)이며, 왕자는 광(匡)이며, 왕자는 황(黃)이며, 왕자는 왕(往)이다.[11]

.

수여(蘇輿)는 『백호통(白虎通)』「호편(號篇)」을 인용하여 이를 해석한다. 황(皇)이란 무엇인가? 또한 하나의 칭호이다. 황이란 군(君)이요, 아름다움이며, 크고 위대한 것이며, 하늘과 인간을 아우르는 총체로서, 아름답고 위대한 것을 일컫는 말이다. 이런 해석은 곧 왕자의 인(仁)이 지닌 위대한 근원을 비추며, 이로써 왕도(王道)의 바르고 곧은 도리, 하늘에 응하고 땅을 교화하며, 지극한 덕으로 순수하고 아름다움을 성취하고, 사방을 감화시켜 귀의하게 만든다. 왕은 그 인(仁)으로 말미암아 보편적으로 위대해지고, 정직하며 곧아지고, 더욱이 그 덕의 기운이 사방에 퍼지고, 사방의 백성이 돌아와 왕도를 이룬다.

11) 『春秋繁露』「深察名號」: 深察王號之大意, 其中有五科: 皇科·方科·匡科·黃科·往科. 合此五科, 以一言謂之王. 王者皇也, 王者方也, 王者匡也, 王者黃也, 王者往也.

하늘은 덮되 그 바깥이 없고, 땅은 싣되 사랑을 아우르며, 바람은 명령을
시행하여 위엄을 통일시키고, 비는 베풀어 그 덕을 고르게 한다. 이것을 왕
의 정치술이라 한다.[12]

공자의 '삼재(三才) 자동 방식'과 비교할 때, 동중서는 하늘(天)의
덕성(德性)을 명확히 했을 뿐만 아니라, 이를 '인(仁)'에 귀속시켰다.
이로써 '왕도(王道)'의 인은 '천도(天道)'에 근거를 가지게 되었고, 이
에 따라 '천인합일(天人合一)'의 위상을 확립하였다.

Ⅲ. '왕도삼강(王道三綱)'의 기본 함의

왕도(王道)는 국가 통치의 '최고 목표'이다. 동중서는 '왕도'를 밝히
고, 이를 추진하는 일을 역사적 사명으로 삼았다(季桂起, 2023). 공자
와 맹자가 '마음(心)'과 '덕(德)'을 전제로 제시한 '왕도(王道)'의 정치
윤리와 달리, 동중서의 왕도관(王道觀)은 '왕도삼강(王道三綱)'이라는
뚜렷한 특징을 지닌다(周迪, 2019). 따라서 동중서의 왕도관은 심성
과 내면 수양의 중요성을 계승함과 동시에, 군왕을 중심으로 하는 '삼
강' 체계를 구성함으로써, 새로운 '제도적 규범(度制)'을 형성하였다.
그리고 이를 바탕으로 왕도의 실현을 담보하며, 한나라 정치 질서의
건전한 운영을 가능하게 하였다.

동중서는 왕도를 구현하기 위해 한편으로는 "정(政)이란 바르게 하
는 것이다. 군자가 먼저 바르게 하면, 누가 감히 바르지 않겠는가!"[13]

---

12) 『春秋繁露』「深察名號」: 天覆無外, 地載兼愛, 風行令而一其威, 雨布施而均其德. 王術之謂也.
13) 『論語』「顏淵」: 政者, 正也. 子帥以正, 孰敢不正?

라는 왕도정치 이념을 고수하였다. 그는 다음과 같이 말했다.

> 임금이 된 자는 마음을 바르게 하여 조정을 바르게 하고, 조정을 바르게
> 하여 백관을 바르게 하며, 백관을 바르게 하여 만민을 바르게 하고, 만민을 바
> 르게 하여 사방을 바르게 한다. 사방이 바르면, 먼 곳과 가까운 곳 모두가 바
> 름에 일치하여, 그 틈에 사악한 기운이나 간사한 자가 끼어들 수 없다. 이로
> 써 음양이 조화를 이루고 바람과 비가 때를 맞추며, 모든 생명이 화합하고 백
> 성이 번성하며, 오곡이 무르익고 초목이 무성하며, 천지 사이가 윤택하게 되
> 어 크게 풍성해진다. 온 세상이 왕의 성덕을 듣고 모두 복종하니, 여러 복된
> 사물과 길한 징조가 빠짐없이 나타나며, 이로써 왕도가 완성되는 것이다.[14]

이런 사유는 사회 질서 구성에서 군왕이 주체적으로 모범이 되기를 중시하는 주장이다.

다른 한편으로, '제도'와 '예의'를 확립함으로써 건강한 사회 질서 회복을 강조하였다. 동중서는 진(秦)나라 말기에 "예의와 정의를 버리고 들으려 하지 않으며, 그 마음은 성인의 도리를 완전히 없애버리려 하였다."[15]라는 현실을 깊이 인식하고 있었다. 그 심각한 결과는 한나라 시기에도 여전히 존재했고, 사회 전체가 규범을 상실하는 상황에 이르렀다고 보았다. 이에 따라 동중서는 천하를 다스리는 방책에 대해 진지하게 제기하였다.

---

14) 『漢書』「董仲舒傳」: 故爲人君者, 正心以正朝廷, 正朝廷以正百官, 正百官以正萬民, 正萬民以
正四方. 四方正, 遠近莫敢不壹於正, 而亡有邪氣奸其間者. 是以陰陽調而風雨時, 群生和而萬
民殖, 五穀孰而草木茂, 天地之間被潤澤而大豐美, 四海之內聞盛德而皆徠臣, 諸福之物, 可致
之祥, 莫不畢至, 而王道終矣.
15) 『漢書』「董仲舒傳」: 棄捐禮誼而惡聞之, 其心欲盡滅先王之道.

교화를 가장 중요한 일로 삼지 않는 경우는 없다. 국가에는 태학(太學)을 세워 교육하고, 고을에는 향서(癢序)를 설치하여 백성을 교화하며, 백성에게 인(仁)으로 점차 스며들고, 정의로 다듬으며, 예의로 절제한다. 이 때문에 형벌은 매우 가볍지만 법을 범하는 일이 없고, 교화가 시행되어 풍속이 아름답게 되는 것이다.[16]

『예기』에서 "나라를 세우고 백성을 다스릴 때, 교육이 먼저이다."[17]라는 말이 바로 이런 뜻이다. 그리고 이때는 '정치와 교육이 하나이고, 스승과 군주가 동일체'인 시대였다. 교화의 제 1책임자는 왕자(王者) 외에 다른 사람이 될 수 없었다. 그래서 동중서는 다음과 같이 밝혔다.

인(仁), 의(義), 예(禮), 지(智), 신(信)의 오상지도(五常之道)는 왕자(王者)가 반드시 닦아야 할 것이다. 이 다섯 가지를 닦고 단속하면 하늘로부터 도움을 받고, 귀신의 신령한 힘을 누리며, 덕이 사방에 퍼져 생명들에게까지 미친다.[18]

이처럼 동중서의 '왕도관'은 왕의 직접 실천과 앞장서 모범을 보이는 교화의 효과를 매우 중시하였다. '인(仁)으로 백성을 점차 스며 들게 만들고, 의(義)로 백성을 다듬는', 점진적 영향력을 통해, 마침내 '예(禮)로 백성을 절제하는', 제도적 규범을 형성하였다. 이때 기본이 되는 '제도'와 '예절'이 바로 '왕도삼강(王道三綱)'이다. '삼강(三綱)'은

---

16) 『漢書』「董仲舒傳」: 莫不以教化爲大務. 立大學以教於國, 設庠序以化於邑, 漸民以仁, 摩民以誼, 節民以禮, 故其刑罰甚輕而禁不犯者, 教化行而習俗美也.

17) 『禮記』「學記」: 建國君民, 教學爲先.

18) 『漢書』「董仲舒傳」: 夫仁誼禮知信五常之道, 王者所當脩飭也; 五者脩飭, 故受天之祐, 而享鬼神之靈, 德施於方外, 延及群生也.

『춘추번로』「심찰명호(深察名號)」에 나타난다.

> 삼강오기(三綱五紀)를 따르고, 팔단지리(八端之理)를 통하며, 충신(忠信)하고 박애(博愛)하며, 돈후(敦厚)하고 호례(好禮)하니, 이를 선(善)이라 할 수 있다. 이것이 성인(聖人)의 선이다.[19]

여기에서 '왕도'와 '삼강'을 직접 연결하지는 않았으나, 동중서 사상에서 '성인'과 '왕'은 그 내용상 서로 통하는 바가 있다. 따라서 성인을 통해 왕도를 인식하면, 자연스럽게 '왕도삼강(王道三綱)'의 기본 사상을 엿볼 수 있다. '삼강'이란 '군신(君臣), 부자(父子), 부부(夫婦)'를 뜻한다. '강(綱)'이란 펼침이고, '기(紀)'란 이치이다. 그러므로 삼강은 위-아래의 이치를 펼쳐 인간의 질서를 정연하게 한다는 의미이고, '삼강오기를 따르는 일'은 왕도를 성취하는 중요한 조건이다.

'왕도삼강(王道三綱)'의 내재적 함의는 『춘추번로』「기의(基義)」에서 보다 명확히 제시되고 있다.

> 천(天)은 친양(陽)하고 소음(疏陰)하며, 덕(德)을 맡고 형벌(刑)을 맡지 아니한다. 그러므로 인의제도(仁義制度)의 수(數)는 모두 천에서 취한다. 천은 군(君)이 되어 그것을 덮고 드러내며, 지(地)는 신(臣)이 되어 그것을 받들고 지탱한다. 양(陽)은 부(夫)가 되어 그것을 낳고, 음(陰)은 부(婦)가 되어 그것을 돕는다. 춘(春)은 부(父)가 되어 그것을 낳고, 하(夏)는 자(子)가 되어 그것을 기르며, 추(秋)는 죽음이 되어 관(棺)이 되고, 동(冬)은 슬픔이 되어 상(喪)

---

19) 『春秋繁露』「深察名號」: 循三綱五紀, 通八端之理, 忠信而博愛, 敦厚而好禮, 乃可謂善. 此聖人之善也.

이 된다. 왕도(王道)의 삼강(三綱)은 천에게 구할 수 있다.[20]

여기에는 서로 두 개씩 대칭을 이루는 세 가지 범주가 포함된다. '천지-군신', '음양-부부', 그리고 '사시-부자'가 그것이다. 명칭은 각기 다르지만, 모두 '음-양'의 관계로 정돈된다. '음-양'은 천의 통섭 아래 서로 다른 양상을 드러내는데, '친양'하고 '소음'함으로써 '왕도삼강' 가운데 '군(君), 부(父), 부(夫)'의 선천적이고 필수적인 위상이 '신(臣), 자(子), 부(婦)'에 대대(待對)적으로 정해짐을 의미한다.

그러나 이는 음(陰)의 속성인 '신(臣), 자(子), 부(婦)'가 지위상 미천하고 하위에 있으며, 존재가 없어도 되는, 기능상 주도적이지 않고 무시해도 되는 존재라는 뜻은 아니다. 심지어 '삼강(三綱)'을 '신, 자, 부'에게 강제로 부과된 절대적 족쇄로 이해하여 후대에 비난받기도 한다. 사실 음양의 상호 관계에서, 천(天)의 영역은 음양이 본래 서로 다른 두 사물이 아니라 동일한 사물의 두 면, 즉 서로 분리할 수 없는 두 측면이므로 둘이 곧 하나이다. 그렇지 않다면, "음양은 따로 행동하지 않으며, 그 시작에는 독자적으로 일어나지 않고, 그 끝에는 공로를 나누지 않으며, 서로를 포함한다."[21]라는 의미를 어떻게 이해할 수 있겠는가? 그리고 "양은 음을 겸하고, 음은 양을 겸한다."[22]라는 말은 음과 양 사이에, 음 가운데 양이 있고, 양 가운데 음이 있으며, 음 없이는 양이 성립하지 않고 양 없이는 음이 성립하지 않는 내재적 진리를 명확히 밝힌 것이다. 이 때문에 음과 양 사이의 상대성은 직접적으로 규제

---

20) 『春秋繁露』「基義」: 天之親陽而疏陰, 任德而不任刑也. 是故仁義制度之數, 盡取之天. 天爲君而覆露之, 地爲臣而持載之; 陽爲夫而生之, 陰爲婦而助之; 春爲父而生之, 夏爲子而養之; 秋爲死而棺之, 冬爲痛而喪之. 王道之三綱, 可求於天.

21) 『春秋繁露』「基義」: 陰道無所獨行. 其始也不得專起, 其終也不得分功, 有所兼之義.

22) 『春秋繁露』「基義」: 陽兼於陰, 陰兼於陽.

된다. 즉 특정 영역에서는 음이 곧 양이며, 양이 곧 음이다. 따라서 '신(臣), 자(子), 부(婦)'가 '군(君), 부(父), 부(夫)'에 비해 지위에 존비(尊卑)가 있고 역할에 주종(主從)이 있다. 그러나 양자가 함께 일을 완성하는데 필수 불가결한 존재로서 음과 양은 대등하며, 한쪽 존재는 다른 쪽 존재의 조건이 된다.

이러한 의미에서, 모든 사물은 반드시 '합(合)'이 있다. 이는 보편적 관점에서 '합'을 논한 것이며, 구체적으로 말하면 "음(陰)은 양(陽)의 합(合)이고, 아내는 남편의 합이며, 자식은 아버지의 합이며, 신하는 임금의 합이다. 사물 가운데 합이 없는 것은 없으며, 합마다 각각 음양이 있다."23) '합(合)'은 곧 융합(融合)을 의미한다.

> 양은 음을 아우르고, 음은 양을 아우른다. 남편은 아내를 아우르고, 아내는 남편을 아우른다. 아버지는 자식을 아우르고, 자식은 아버지를 아우른다. 임금은 신하를 아우르고, 신하는 임금을 아우른다. 군신(君臣), 부자(父子), 부부(夫婦)의 도리는 모두 음양의 도리에서 취한 것이다.24)

여기서 보면, 보편적 법칙 차원에서 '군신, 부자, 부부' 사이에 직분상 분립은 있다. 그러나 일의 실천 과정과 마치는 공로에서는 하나임을 명확히 한다. '군신, 부자, 부부'는 한 음과 한 양의 도리이며, 양이 음을 얻어 이뤄지고, 음이 양을 얻어 서열이 정해진다. '왕도삼강'은 '군신, 부자, 부부'라는 제각기 다른 범주의 두 요소가 내재적으로 상호적이며 일체임을 강조한다. 즉 '군신, 부자, 부부' 모두가 강(綱)이다.

---

23) 『春秋繁露』「基義」: 陰者陽之合, 妻者夫之合, 子者父之合, 臣者君之合. 物莫無合, 而合各有陰陽.
24) 『春秋繁露』「基義」: 陽兼於陰, 陰兼於陽, 夫兼於妻, 妻兼於夫, 父兼於子, 子兼於父, 君兼於臣, 臣兼於君. 君臣·父子·夫婦之義, 皆取諸陰陽之道.

부부는 사회의 강이며, 부자는 가정의 강이며, 군신은 국가의 강이다.

'왕도삼강'의 의미는 '군신(君臣), 부자(父子), 부부(夫婦)'의 위계에 따른 덕성으로서 바로잡고, 가치의 방향을 제시하여, 전체 사회를 규율함으로써 건전한 사회 질서를 구축하는 데 있다. 방법론적으로 보면, 이것은 가장 간결한 방식으로 비교적 직접적 모델을 통해 사회 질서를 조정하는 것이다. 간결하고 직접적이라 한 이유는 '군신, 부자, 부부'가 세 측면으로서 형식적으로는 가정 관계 내에 통일되어 있기 때문이다.『역전(易傳)』에서 "가인(家人)에게는 엄한 군주가 있으니, 이는 부모를 이르는 말이다. 아버지는 아버지답게, 아들은 아들답게, 형은 형답게, 아우는 아우답게, 남편은 남편답게, 아내는 아내답게 하여, 가정의 도리가 바르게 되고, 가정이 바로잡히면 세상이 안정된다!"라고 하여 '부부'와 '부자'를 명시적으로 표현하면서, '군신'도 암묵적으로 포함하고 있다(丁四新, 2021). 형식적으로는 '삼강'이 각각 분리되어 있지만, 실상은 가장 미세한 사회 단위인 가정 안에서 통일되어 있다. 그리고 '가정이 바로잡히면 세상이 안정된다!'라는 것은 덕을 닦은 군주가 가정을 다스리고, 나아가 나라를 다스려 천하를 평정하는 대세, 즉 '천하일통(天下一統)'을 가리킨다.

'삼강(三綱)'은 '군신(君臣), 부자(父子), 부부(夫婦)'간에 서로 분리된 상태에서 각자의 위계가 명확함을 규정하였다. 이는 각자 본분을 다하고 책임을 지는 것을 의미한다. 동시에 양측의 일체성 또한 강조하였다. 수여(蘇輿)는 '삼강의 설은 오래되었으나 그 이치는『역(易)』에 이미 갖추어져 있다!'라고 했다. 따라서 삼강의 각 위계에 대한 확정성과 협력성은 인류 사회가 입증한 기본 공리라고 할 수 있다.

『중용』에서 강조한 "군자는 본분에 충실하여 행한다!"[25]라는 구절이 바로 이러한 천도(天道) 논리에 근거한 것이다. '왕도삼강'의 출처인 『춘추번로』「기의」도 그 편명에서 알 수 있듯이, 이러한 공리를 뒷받침한다.

'왕도삼강(王道三綱)'은 동중서 왕도관의 주요 측면 중 하나를 구성한다. 그 이유는 다음과 같다.

첫째, 동중서는 항상 왕도의 핵심이자 요체인 '인(仁)'을 견지하였는데, 이것이 왕도 이념의 내재적 유전자이기 때문이다.

둘째, 동중서는 현실 정치 생태와 완전한 의미의 왕도 사이에 상당한 거리가 있음을 깊이 인식하여 예제(禮制)의 중요성을 거듭 강조하였으며, '왕도삼강'이 바로 이를 구현한 것이기 때문이다. 그 기본적 의도는 '군신(君臣), 부자(父子), 부부(夫婦)'가 생명을 올바르게 실천함으로써, 조화롭고 질서 정연하며 통일된 건전한 질서를 유도하는 데 있다.

군주란 나라의 근본이며, 말과 행동이 만물의 핵심 기제이다.[26]

'왕도삼강'의 핵심은 군주에게 있다! 군주의 수양이 가정을 화목하게 만들고, 나라를 다스리며, 나아가 천하를 평정하는 결정적 기제가 된다. 군주가 어떻게 그 몸과 성품으로 '삼강'을 통솔하여 나라를 다스리고 천하를 평정하는가? 이런 물음에 대한 대답은, "일원이라고 하니, 그 시작함을 강조한 것이다."[27]라는 말의 뜻으로 갈음할 수 있다.

25) 『中庸』: 君子素其位而行.
26) 『春秋繁露』「立元神」: 君人者, 國之元, 發言動作, 萬物之樞機.
27) 『春秋繁露』「玉英」: 謂一元者, 大始也.

Ⅳ. '왕천하(王天下)'에 대한 공식

「기의」에서 본 것처럼, 왕도(王道)의 삼강(三綱)은 하늘에서 구할 수 있다. 하늘은 양(陽)의 따뜻함과 음(陰)의 청정함으로 이루어져 있는데, 그 비율은 양이 백(百), 음이 일(一)이다.

> 덕과 교화와 형벌도 이와 같다. 성인은 사랑을 많게 하고 엄함을 적게 하며, 덕성을 두터이 하고 형벌을 간단히 하여, 이로써 하늘에 부합한다. 하늘의 큰 수(數)는 모두 열 가지이다. 십간은 하늘과 땅의 수이며, 열이 되어 모두 완성하고, 십간은 생장(生長)의 공이며, 열이 되어 모두 이루어진다.[28]

여기에는 다음과 같은 의미가 포함되어 있다. 첫째, '왕도삼강'의 핵심과 발현은 하늘의 통섭 아래에서만 설명되고 확증될 수 있다. 둘째, 하늘의 도리는 양을 두텁게 하고 음을 얇게 하므로, 이에 따라 덕이 중심이 되고 형벌은 보조가 된다. 셋째, 하늘의 대도(大道)는 열 가지 측면을 포함하며, 이 열 가지 측면의 조화로운 발현이 천지의 생성과 변화, 함양과 성장의 동력과 위대한 공적을 이룬다. 따라서 '왕도삼강'은 '열로 완성되는' 하늘에서 구할 수 있으며, 이에 상응하여 오직 '열로 완성되는' 하늘의 통섭 아래에서 '왕도삼강'이 증명될 수 있다.

> 천(天), 지(地), 음(陰), 양(陽), 목(木), 화(火), 토(土), 금(金), 수(水)의 아홉에 인(人)을 더한 열이 하늘의 수(數)가 모두 완성된 것이다.[29]"

---

28) 『春秋繁露』「基義」: 德教之與刑罰猶此也. 故聖人多其愛而少其嚴, 厚其德而簡其刑, 以此配天. 天之大數必有十旬. 旬, 天地之數, 十而畢擧, 旬, 生長之功, 十而畢成.

29) 『春秋繁露』「天地陰陽」: 天·地·陰·陽·木·火·土·金·水, 九, 與人而十者, 天之數畢也.

‘열로 완성되는’ 하늘이란 곧 ‘천지(天地), 음양(陰陽), 오행(五行) 그리고 사람’을 의미한다. 더 나아가 ‘음양, 오행, 사람’과 함께 나열된 ‘천(天)’은 전체 ‘하늘의 수’의 한 측면으로서, ‘삼재(三才)’인 ‘천지인(天地人)’의 하늘과 같은 범주에 속한다. 전체적 의미에서 ‘천지수(天之數)’의 ‘천(天)’이란 무엇이며, 그 지향점은 어떤 것인가?

『춘추번로』「중정(重政)」에서는 “원(元)은 만물의 근본이다.”[30]라고 하였고, 「순명(順命)」에서도 “천(天)은 만물의 조상이니 만물은 천이 아니면 생겨나지 않는다.”[31]라고 하였다. 이에 따르면, 천(天)과 원(元)은 서로 통하는 범주임을 알 수 있다. 그렇다면 ‘원(元)’이란 무엇인가? “원(元)은 원(原)과 같다.”[32] 즉 천지 만물이 생생(生生)하는 근원이자 천지의 생성·변화·생장의 동력 메커니즘을 의미한다(愛新覺羅·毓鋆, 2019:167). 그리고 이 메커니즘의 작용은 반드시 구조 안에 존재한다. ‘천, 지, 음, 양, 목, 화, 토, 금, 수’의 아홉에 인을 더한 열 가지라는 ‘천수(天數)’의 ‘천’은 원(元)의 동력 생성이 가장 완비된 구조를 가진 존재라고 할 수 있다. 따라서 ‘천수’의 ‘천’과 ‘원’은 동일체의 양면으로서, 구조적 의미의 ‘천’은 기능적 의미의 ‘원’인 것이다. 인간과 천이 모두 ‘원’에서 비롯되었으므로 ‘삼재(三才)의 작동 방식’ 아래 ‘천인합일(天人合一)’의 관계가 확증된다.

천(天)의 생생(生生)하는 능력에 관하여, ‘삼재(三才)의 작동 방식’ 또한 분명하게 드러나 있다. ‘삼재(三才)’의 ‘재(才)’는 곧 ‘생기(生機)’를 의미한다. 초목(草木)의 처음은 ‘丨’에서 시작되어, 위로 뻗어 가지와 잎을 이룬다 ‘一’은 땅(地)을 뜻한다(朱駿聲, 1983). 여기에서 ‘재

---

30) 『春秋繁露』「重政」: 元者爲萬物之本.
31) 『春秋繁露』「順命」: 天者萬物之祖, 萬物非天不生.
32) 『春秋繁露』「重政」: 元猶原也.

(才)’는 ‘본질적, 또는 근원적 시작’이라는 ‘본시(本始)’의 의미로 확장된다. 『설문해자주(說文解字注)』에는 초목이 처음에 가지와 잎을 모두 품고 있듯이, 사람이 처음 태어날 때 온갖 선(善)을 모두 갖추었으므로, 사람이 가진 능력을 ‘재(才)’라 한다. 이는 사람이 ‘품고 있는 바’를 말한다. 초목은 가지와 잎이 아직 형성되지 않았으나 ‘생기’ 덕분에 가지와 잎이 형성될 뜻을 이미 갖추고 있다. 이와 마찬가지로, 사람 또한 어리고 미성숙하지만, 선천적 본성으로 인해 온갖 선(善)을 모두 갖추었다. 이로써 사람이 천지와 더불어 ‘삼재(三才)’에 포함될 수 있는 것이다.

『역전(易傳)』에서도 언급했다. “천지(天地)의 큰 덕을 생(生)이라 한다.”[33] “둔(屯)은 만물이 처음 생겨나는 것이다.”[34] 이는 모두 건곤(乾坤)의 마당에서 만물이 점차 천지를 가득 채우며 생명이 시작됨을 뜻한다(鄒學熹·佘賢武, 2008:109). 천(天)의 변화 생성은 은밀하게 무형(無形)의 방식으로 드러난다.

‘원(元)’의 기제와 ‘역학(易學)’에서 말하는 생생(生生)의 숨은 의미는 매우 유사하다. 그러나 ‘왕도삼강(王道三綱)’의 틀 안에서 ‘원’의 의미는 단지 천(天)의 생명력을 드러낼 뿐만 아니라, 그 기초 위에서 확장되고 발전된 것이다.

첫째, 천원(天元) 생명의 ‘본래 바른’ 품격, 즉 ‘본정(本正)’을 드러내어, 근본적 의미에서 왕도(王道)의 올바른 선천적 양식을 밝혔다.

둘째, 근원적으로 펼쳐진 생명이 천지인(天地人)과 만물을 하나로 통섭함으로써, 형상적 차원에서 ‘천인합일(天人合一)’과 ‘천하일통(天下一統)’의 본연적 근거를 명확히 제시하고, 궁극적으로 ‘천인합일’과

---

33) 『易傳』: 天地之大德曰生.
34) 『易傳』: 屯者, 物之始生也.

'천하일통'의 통일을 확증하였다. 요컨대, 동중서는 '원'에 대한 심층적 해석을 통해 '천인합일'과 '천하일통'의 근본 근거를 확고히 하였고, 이로써 '천(天)-인(人)' 관계를 새로운 높은 차원으로 끌어올렸다.

『춘추번로』「왕도(王道)」에서 "『춘추』가 무엇 때문에 '원(元)'을 중히 여겨 말하는가? '원'이란 시작을 뜻하며, 본정(本正)을 말한다."[35]라고 하였다. 이에 대해 수여(蘇興)는 『진서(晉書)』「곽복전(郭璞傳)」을 인용하여, 『춘추』의 의리는 '원'을 귀중히 여기고 시작을 중시한다고 하였다. '원'은 『춘추』와 동중서의 사상에서 '본(本)'의 위치에 있다. 그러므로 동중서는 '원'을 중시하여 시작을 세운다. '원'의 품격은 바로 '정(正)'이다. 이는 천지 만물의 자연과 진화 상태, 즉 '원'의 올바른 펼침과 그 작용이 가장 직관적으로 형상화된 표현이다. 이런 차원에서 '원(元)'은 천(天)의 본정(本正)이자 국가 다스림의 궁극적 근거로 명확하게 자리잡는다.

> 『춘추』의 도리는 원의 깊은 정(正)으로 천의 단(端)을 삼고, 천의 단으로 왕의 정치를 바로잡으며, 왕의 정치로 제후의 즉위를 바로잡고, 제후의 즉위로 정치를 바로잡으니, 이 다섯 가지가 모두 바르게 되어 큰 화(化)를 이룬다.[36]

> 개정(改正)의 뜻은 원을 받들어 시작한다.[37]

심층적 '원(元)'으로서 그 바른 품성은 변화와 생성 속에서 자연스럽게 '천지인' 등 만물의 상호 관계에 부여되며, 왕의 어질고 바른 '인정(仁正)'의 선천적 본질은 여기서 근본적으로 담보된다.

---

35) 『春秋繁露』「王道」: 春秋何貴乎元而言之? 元者, 始也, 言本正也.
36) 『春秋繁露』「二端」: 春秋之道, 以元之深正天之端, 以天之端正王之政, 以王之政正諸侯之即位, 以諸侯之即位正竟內之治, 五者俱正而化大行.
37) 『春秋繁露』「三代改制質文」: 改正之義, 奉元而起.

‘원(元)’의 기제는 광대한 동시에 매우 세밀하다, 만사만물 생성의 근원이면서 동시에 천지 만물에 내재한다. 작게는 내면이 없고 크게는 외면이 없다. 그 기능의 발현은 정미(精微)하고 오묘하여 생성·발전하는 효과가 온 천지를 두루 흐른다. 그 발휘는 시기에 따라 적절하고 전력을 다하고, 무형(無形)으로 유형(有形)을 이루기 때문에, ‘신(神)’이라 할 수 있다.

‘원(元)’의 기제에서 ‘신(神)’은 천지인(天地人)을 함양하고 변화하여 음양(陰陽), 사시(四時), 오행(五行)을 통섭(統攝)하고, 만물에 두루 흐르게 하여, ‘십단지천(十端之天)’을 아우르며, 일체로 만든다. ‘원’의 기제는, 천덕(天德)에는 시혜(施惠)를, 지덕(地德)에는 화육(化育)을, 인덕(人德)에는 의리(義理)를 부여하여, 천지와 인이 합일(合一)하는 양식을 형성한다. 천인(天人)은 ‘원’의 생생(生生) 기제 영역에서 ‘인천공원(人天共元)’하며, 천은 곧 인이고 인은 곧 천이며, 인과 천은 하나가 된다. 이에 “천(天), 지(地), 인(人)은 만물의 근본이다. 천이 낳고, 지가 기르며, 인이 완성한다.”[38]라고 하였고, “이 세 가지는 서로 손발과 같아 합하여 한 몸을 이루기 때문에 하나라도 없어서는 안 된다.”[39]라고 하였다. ‘천지인’은 본래 합일하여 ‘원’의 체(體)를 이룬다. 이러한 의미에서 ‘인도(人道)’, 즉 ‘왕도(王道)’는 곧 ‘천도(天道)’이다. 따라서 동중서의 왕도정치는 군주가 ‘원’의 기제와 합일하여 자신을 바로잡고, 이어 현명한 인물을 등용하여 원의 뜻, 즉 천도(天道)과 합하여 천하일통(天下一統)의 국면에 이르는 것이다. 이는 다름 아닌 ‘왕자무외(王者無外)’이다(鄒學熹·佘賢武, 2008:24).

‘원(元)’은 ‘천(天)’과 ‘본(本)’의 단서 가운데 핵심으로 ‘천인합일

---

38) 『春秋繁露』「立元神」: 天生之, 地養之, 人成之.
39) 『春秋繁露』「立元神」: 三者相爲手足, 合以成禮, 不可一無也.

(天人合一)'과 '천하일통(天下一統)'의 내재적 작용의 방식 구성한다. 동중서의 사상에는 도가(道家) 사상의 흔적이 있지만, 도가에서 유래하였으면서도 도가를 뛰어넘는 것은 바로 '천인합일(天人合一)', 즉 '천인공원(天人共元)'의 사유 때문이다. '왕자(王者: 王)'에게 이것은 단지 형식적·외재적 방식으로 작용하는 방식이 아니라, 인(人)이 천원(天元)과 통하며, 원기(元機)와 체득함으로써, 내재적으로 왕도(王道)에 이르고, 천에 응하며 화하여 왕이 말하지 않아도 통하고, 무위(無爲)로 이루어지는 사회 통치 모델을 구축하는 것이다. '천하일통(天下一統)'의 왕도정치는 왕이 세상만사와 '원'의 바름을 공감하는 데서 시작한다. 왕이 '원'의 바름을 발휘하면, 세상이 모두 이에 응하여 선천(先天)의 '초심(初心)'을 깨워 천지의 정도(正道)로 회귀하게 만든다. 그리하여 "천하를 한 집으로 여기고, 중국을 한 사람으로 삼는다."[40]라는 국면을 형성한다.

V. 결어

　동중서는 '원(元)'에 대한 개시를 통해, '천지인'과 만사만물을 하나로 아우르며, 하늘의 통섭 속에서 상당한 포용성을 지닌 이론 체계를 형성하였다. 이로써 선진(先秦) 유학은 더욱 발전하며 새롭게 개창되었다. 그 핵심은 '원(元)'을 통해 천(天)을 논의함으로써, 왕도(王道), 대일통(大一統) 등의 사유를 확립한 데 있다.

　동중서가 여러 이론 체계를 통해 구축한 '천(天) 철학'의 큰 특징은,

---

40) 『禮記』「禮運」: 以天下爲一家, 以中國爲一人.

'음양오행을 바탕으로 세워진 체계적 우주론'이라는 점이다. 동중서는 도(道)와 법(法), 특히 음양가의 이론을 인용하여, 천지, 기후, 조수, 초목, 형태, 정신, 인사, 제도 및 규범 등 여러 영역의 주요 사안을, 전체적 의미와 맥락에서 인식하고 배치하며 체계화하였다. 이 때문에 유학은 '새로운 단계'로 들어서게 되었다(李澤厚, 1999).

동중서 유학의 '새로움'은 주로 세 가지 측면에서 나타난다.

첫째, '원(元)'을 기본 범주로 한 이론적 통합성이다. 이런 그의 사상 체계를 '원철학(元哲學)'이라 부를 수 있다.

둘째, 하늘의 신비성을 해소하고 하늘에 대한 지성적 인식을 전제로 하여, 그 신성성을 재구성하였다.

셋째, '원'의 발현 기제 속에 있는 하늘의 인(仁)·정(正) 품성을 명확히 제시하고, 이론적으로 천도 아래 인간 세상을 관통하는 내재적 메커니즘을 해명하였다. 이는 '천인합일(天人合一)'과 '천하일통(天下一統)'의 왕도정치를 전개하도록 만들었다.

'오행(五行)' 관계론의 다중적 유형과 '상생상극(相生相剋)'의 재해석

최쑤어장(崔鎖江)

다이춘민(代春敏)

Ⅰ. 서언

학계에서는 대체로 상생상극(相生相剋)을 '오행(五行) 관계론'의 규범으로 받아들이고 있다. 특히 전통 의학자들은 '생극(生剋)'을 이론적 기초로 삼아, "<오행생극제화율(五行生剋制化律)>을 생명 전체의 안정성과 질서를 유지하는 유일하고 독특한 방식이다."라는 견해를 제시하였다(俞天印·李國春, 2015). 그러나 일부 학자는 "오행설(五行說)이 제시하는 상승(相勝)과 상생(相生)의 사물 운행 유형은 그 자체로 극복할 수 없는 한계를 지니고 있다."라고 주장하기도 했다(趙潤琪, 1998). 또 어떤 학자는 "상생을 촉진하고 상극을 줄여야 인간 사회가 조화롭고 질서 있는 발전을 실현할 수 있다."라고도 했다. (王錕, 2017) 이와 달리 동중서학[董學] 연구자들은 동중서가 오행 관계론에서 다중적(多重的) 유형을 창안했다는 점에 주목해 왔다. 저우구이뎬(周桂鈿, 1989:61; 2015:51)은 동중서의 오행 관계론에 대해 '상승상생(相勝相生)의 순환 체계'를 정리하였고, 『서경』「홍범(洪範)」에서는 오행만 언급되고 그들 사이의 관계는 언급되지 않는다고 보았다. 그는 동중서의 오행론을 네 가지 요점으로 정리하였다. 첫째, 오행을 상생의 순서에 따라 배열하였다. 둘째, 오행 가운데 토(土)를 귀중히 여겼다. 셋째, 오행의 상승 관계를 이용해 봉건 정부 내의 권력에 대해 상호 견제하는 관계를 설명하였다. 넷째, 오행의 상극 관계를 통해 천인감응(天人感應)의 내용을 풍부하게 만들었다. 오행의 운행 과정에서 '오행순역(五行順逆)'의 상황이 발생할 수 있다. 이런 상황에서 군주는 자신의 도덕을 수양함으로써 '변구(變救)'를 실행하여 '천(天)-인(人)' 사이의 감응과 상호작용을 실현해야 한다.

위즈핑(餘治平, 2009)은 현존하는 문헌 가운데 『춘추번로』에서 처음으로 '목(木), 화(火), 토(土), 금(金), 수(水)'의 오행에 대한 자리와 차례, 상호 관계 및 그 연역의 논리와 과정을 상세히 설명하였다고 주장하였다. 그는 전통적 상승상생을 긍정하는 한편, 오행이 일정한 순서를 따라 운행하지 않으면 '역(逆)', '난(亂)', 또는 '간(幹)'의 현상이 발생한다고 보았다. 이를 동중서의 '오행유변(五行有變)' 사상이라 명명하였고, 이에 따라 군주는 정사(政事)의 조정과 도덕 수양을 통해 적절한 '구조(救助)'를 행해야 한다.

여기에서는 이러한 기존의 논의를 바탕으로 동중서의 오행 관계론에 나타난 다중적 유형을 심화하여 탐구하고, 그 가운데 '상화(相和)'와 '상조(相助)'의 현실적 가치를 탐색해 보려고 한다.

Ⅱ. 오행(五行) 관계 유형의 지속적 심화와 발전 과정

『상서(尚書)』「홍범(洪範)」에서는 다음과 같이 제시하고 있다.

오행(五行): 첫째는 수(水), 둘째는 화(火), 셋째는 목(木), 넷째는 금(金), 다섯째는 토(土)이다. 수는 아래로 적셔 흐르고, 화는 위로 타오르며, 목은 굽고 곧으며, 금은 변화에 따르고, 토는 곡식을 심고 수확하게 한다. 수는 짠맛을 내고, 화는 쓴맛을 내며, 목은 신맛을, 금은 매운맛을, 토는 단맛을 낸다.[1]

이 구절에서는 다섯 가지 요소와 그 각각의 속성을 나열하고 있을 뿐, 오행 간의 관계에 대해서는 구체적으로 논의되지 않았다. '오행 관계론'이 최초로 등장한 것은 서주(西周) 말기의 '오행상화(五行相和)' 개념이다. 『국어(國語)』「정어(鄭語)」에 보면, '화실생물(和實生物)'이나 '동즉불계(同則不繼)'와 같은 언표가 등장하는데, 그것은 다음과 같이 해석할 수 있다.

다른 것으로 다른 것을 평형하게 만드는 일을 화(和)라 한다. 그러므로 풍성하게 자라고 만물이 귀의하게 된다. 같은 것으로 같은 것을 도우면 마침내 버림받게 된다. 그러므로 이전의 제왕들은 토(土)를 금(金), 목(木), 수(水), 화(火)와 섞어 온갖 사물을 이루었으며, 오미(五味)를 화합시켜 입맛을 조절하고, 사지(四肢)의 강함으로 몸을 지키며, 육률(六律)을 화합시켜 귀를 총명하게 하고, 칠체(七體)를 바로 하여 마음을 쓰게 하며, 팔색(八索)을 평형하게 하여 사람을 완성시키고, 구기(九紀)를 세워 순덕(純德)을 확립하며, 십수(十

---

1) 『尚書』「洪範」: 五行：一曰水, 二曰火, 三曰木, 四曰金, 五曰土. 水曰潤下, 火曰炎上, 木曰曲直, 金曰從革, 土爰稼穡. 潤下作鹹, 炎上作苦, 曲直作酸, 從革作辛, 稼穡作甘.

數)를 아우르며 백체(百體)를 가르쳤다.[2]

이 대목에서 사백(史伯)의 논점은 오행 사상 자체가 아니라 '화실생물(和實生物)'이라는 사유에 있다. 토(土)를 중심으로 나머지 네 요소와 혼합한다는 언급은 단지 예시로 제시된 것이다.

'오행상승(五行相勝)'의 관념은 춘추 전국 시대에 널리 퍼지기 시작하였다. 그것은 '오행이 교체되는 이면의 원동력'이라 할 수 있다.『좌전(左傳)』에서는 '화승금(火勝金)', '수승화(水勝火)'라는 표현이 등장한다.『관자(管子)』「사시(四時)」와 『예기(禮記)』「월령(月令)」에서는 오행이 사시(四時)의 교체에 따라 '주운(主運)'함을 더욱 강조한다. 추연(鄒衍)은 '오덕종시(五德終始)'의 개념을 제시하였다.『여씨춘추(呂氏春秋)』에서는 '토기승(土氣勝)', '목기승(木氣勝)', '금기승(金氣勝)', '화기승(火氣勝)', '수기승(水氣勝)'이라는 표현이 차례대로 등장한다. 이러한 순서는 '오행상승'의 사유를 암암리에 반영하고 있으며, '오행관계론' 형성으로 나아가는 경향과 추이를 보여준다.

동중서는 "오행(五行)은 오관(五官)이며, 서로 생(生)하면서 그 사이에 상승(勝)이 있다."[3]라고 하였다. 그의 「오행상생(五行相生)」과 「오행상승(五行相勝)」은 '상생'과 '상승'을 중심 문제로 삼았으며, '오행상승'은 '오행상극(五行相剋)'으로 발전하였다.

자식을 낳고 기르는 것은, 화(火)가 목(木)을 좋아하는 것과 같고, 아버지를 잃는 것은 수(水)가 금(金)을 이기는 것과 같으며, 임금을 섬기는 것은

---

2) 『國語』「鄭語」: 以他平他謂之和, 故能豐長而物歸之; 若以同裨同, 盡乃棄矣. 故先王以土與金木水火雜, 以成百物, 是以和五味以調口, 剛四支以衛體, 和六律以聰耳, 正七體以役心, 平八索以成人, 建九紀以立純德, 合十數以訓百體.
3) 『春秋繁露』「五行相生」: 五行者, 五官也, 比相生而間相勝也.

토(土)가 하늘을 공경하는 것과 같다. 이는 '행인(行人)'이라 이를 수 있다.[4]

동중서의 '오행상생'과 '오행상극'은 결합되어 결국 '상생상극(相生相剋)'의 모델이 되었고, '오행 관계론' 가운데 장기간에 걸쳐 주류로 자리매김 되었다. 그러나 동중서의 '오행 관계론'은 '상생상극'에만 국한되지 않고, 다중적 유형을 만들어 냈다.

동중서로부터 시작된, 이러한 '오행론(五行論)'은 정치, 군사, 명리, 풍수, 의학, 건축, 양생(養生) 등 다양한 분야에 널리 응용되었으며, '오행 관계론' 또한 더욱 풍부해졌다. 고대의 의학자들은 '오행 관계'의 복잡성을 지속적으로 탐구하면서, '상승(相乘)'과 '상모(相侮)' 등 일련의 새로운 유형을 제시하였다. '오행상승(五行相乘)'은 오행 사이에 과도하게 오르며 팽창하는 상황을 의미하며, '오행상모(五行相侮)'는 상승과 반대 방향으로 나아가는 오행 사이에 과도하게 내려가며 수축하는 상황을 뜻한다. 이는 '오행상극(五行相剋)'에 대한 인식이 지속적으로 심화를 거친 결과이다.

수(隋)나라 때 소길(蕭吉)이 저술한 『오행대의(五行大義)』는 오행을 천간(天幹) 지지(幹支)에 배속한 것을 기초로 오행 사이의 복잡한 관계를 탐구하였다. 이 책에는 「상생론(相生論)」, 「지간배속론(配支幹論)」, 「오행상잡론(五行相雜論)」, 「덕론(德論)」, 「합론(合論)」, 「부억론(扶抑論)」, 「상극론(相剋論)」, 「형론(刑論)」, 「해론(害論)」, 「충파론(衝破論)」 등이 포함되어 있다(劉國忠, 1999). 이 가운데 「상극론」, 「형론」, 「해론」, 「충파론」은 모두 '상승(相勝)'에 해당하며, 「상잡론」, 「덕론」, 「합론」은 '오행상화(五行相和)'의 사상을 담고 있다. 「부억론」은

---

4) 『春秋繁露』「五行之義」: 以子而迎成養, 如火之樂木也. 喪父, 如水之克金也. 事君, 若土之敬天也. 可謂有行人矣.

서로 도와주고 영향을 주는 관계, 즉 '상조상간(相助相幹)'에 해당한다. 이는 '오행 관계론'이 다중적 유형으로 복잡성을 지니고 있음을 잘 보여준다. 동중서의 '오행 관계론'의 '다중 유형'을 논의하는 것은 '오행론'이라는 고대 사상의 현대화를 촉진하는 데 도움이 되며, 전통적 '상생상극(相生相剋)' 모델에 대한 집착과 구속을 극복하는 데 기여할 수 있기 때문이다.

Ⅲ. 오행(五行) 관계의 다중(多重) 유형 창안

『춘추번로』에는 오행(五行)을 주제로 한 9편의 글이 있다. 그 안에는 동중서의 '오행론'에 대한 기본 맥락이 숨겨져 있다. 그 가운데 「오행대(五行對)」, 「오행지의(五行之義)」, 「오행상생(五行相生)」은 '오행상생'을 해설하고 있으며, 또한 '오행수수(五行授受)', '오행이 사계절의 기운을 주재함' 등의 사상도 포함되어 있다. 「오행상승(五行相勝)」은 전국 시대 이후의 '오덕종시설(五德終始說)'을 계승한 것으로, 동시에 '오행상극(五行相剋)'에 대한 일반적 설명이다.

학자들 사이에서는 '오행상생'과 '오행상극' 가운데 어느 것이 먼저 등장했는지에 대한 논쟁이 지속되고 있다. 저우구이뎬(周桂鈿, 2015:35)은 오행 '상생'과 '상극'을 결합하여 하나의 완전한 체계로 구성한 것이, 바로 동중서가 오행학설에서 이룩한 혁신 가운데 하나라고 보았다.

이어지는 「오행순역(五行順逆)」에서는 '오행 관계의 혼란 현상'을 묘사하고 있으며, 그 내적 근거는 「치수오행(治水五行)」에서 제시한 오행이 사시(四時)를 기준으로 각각 작용한다는 사상에 있다. '오행 관계의 혼란'은 '오행상간(五行相幹)'을 야기한다. 「치란오행(治亂五行)」에서는 오행 사이의 상호 간섭 현상을 분석하였다. 이는 인간의 '구조(救助)'와 개입이 필요함을 뜻한다. 「오행변구(五行變救)」는 정치적 사무의 측면에서 구조(救助)를 논하고, 「오행오사(五行五事)」는 수양(修養)의 측면에서 구조를 해명한다.

이를 통해 볼 때, 동중서의 오행론은 세계관과 방법론을 모두 포함한 완전한 사상 체계라 할 수 있다. 동중서는 오행 현상을 분석하고 오행의 변화에 구조를 가하는 과정에서 이미 오행 관계론의 '다중 유형'과 복잡성에 깊이 접근하였다. 이런 기조에 따라 여기서는 '오행상승(五行相勝)', '오행상생(五行相生)', '오행상간(五行相幹)', '오행상화(五行相和)', '오행상조(五行相助)' 등의 측면에 대해 논의한다.

1. 오행상승(五行相勝)

동중서는 「오행상승(五行相勝)」에서 『관자』나 『예기』가 자연의 변화 원리로 인사(人事)의 순서를 설명한 방식과는 달리, 사회 역사적 사례를 직접적으로 활용하여 자연의 이치를 해석하였다. 그는 '사농(司農), 사도(司徒), 사구(司寇), 사마(司馬), 사영(司營)' 등 다섯 가지 사회 직능을 각각 '목(木), 금(金), 수(水), 화(火), 토(土)'에 비유하였다.

이어 그는 사농을 목(木), 사도를 금(金)으로 설정하고, '사도가 사농을 죽인다.'라는 예를 들어 '금이 목을 이긴다!' 즉 '금승목(金勝木)!'이라는 논리를 설명해 냈다. 사마는 화(火), 사구는 수(水)로 설정하고, '사구가 사마를 죽인다.'라는 예를 들어 '수가 화를 이긴다!' 즉 '수승화(水勝火)!'라는 논리를 설명하였다. 또 군주를 토(土), 백성을 목(木)

으로 보아, '백성이 군주에게 반기를 들어 군주가 궁지에 몰린다!'라는 사실로 '목이 토를 이긴다!', 즉 '목승토(木勝土)!'라고 해석하였다. 사도를 금(金)으로 보아, 사도가 교만함으로 결국 군사(사마)에게 죽임을 당한다는 설정을 통해, '화가 금을 이긴다!' 즉 '화승금(火勝金)!'를 보여주었다. 사구를 수(水)로 본 후, '사구가 혼란을 일으켜, 겉으로는 공손하고 내심은 교활하며, 아첨과 매수로 개인적 인맥을 쌓고 무고한 자를 처벌한다.'[5]라는 서술을 통해, 이때 군주 역할을 하는 사영이 나서서 사구를 처벌하는 구조를 설명하며, '토가 수를 이긴다!', 즉 '토승수(土勝水)'로 귀결시켰다.

이러한 설명은 『상서』「홍범」의 형상적 사고와는 전혀 다른 방식이다. 사농·사도·사구·사마·사영 다섯 관직 간의 상호 살해 관계는 매우 강한 '오행상극(五行相剋)'의 의미를 띠고 있다. 이러한 '상살(相殺)', '상해(相害)', '상극(相剋)' 관계는 심지어 실제 정치 투쟁의 장면으로 표출되기도 한다. 따라서 '오행상승(五行相勝)'에는 그 자체로 '악(惡)'의 측면이 존재함을 알 수 있다.

2. 오행상생(五行相生)

동중서는 「오행상생(五行相生)」에서 동서남북과 중앙의 다섯 방위, 사농(司農), 사마(司馬), 사도(司徒), 사구(司寇), 사영(司營)의 다섯 관직, 인(仁), 의(義), 예(禮), 지(智), 신(信) 다섯 덕목을 오행과 배합하였다. 그리고 동·남·중·서·북의 순서에 따라, 목(木), 화(火), 토(土), 금(金), 수(水)의 상생(相生) 차례를 서술하였다. 그는 '소공(召公)이 남묘(南畝)로 들어간다.'라는 예를 들어 '목이 화를 낳는다!' 즉

---

5) 『春秋繁露』「五行相勝」: 司寇爲亂, 足恭不謹, 巧言令色, 阿黨不平, 慢令爭誅, 誅殺無罪, 則司營誅之, 營蕩是也.

'목생화(木生火)'를 설명하고, '주공(周公)이 성왕(成王)을 보좌한다.'라는 예로 '화가 토를 낳는다!' 즉 '화생토(火生土)'를, '태공(太公)의 위무(威武)와 강어(強禦)'로 '토가 금을 낳는다!' 즉 '토생금(土生金)'를, '자서(子胥)가 권력을 잡고 공격한다.'라는 예로 '금이 수를 낳는다!' 즉 '금생수(金生水)'를, '공자(孔子)가 중규(中矩)를 접고 돌리며 아첨하지 않는다.'라는 예로 '수가 목을 낳는다!' 즉 '수생목(水生木)'를 설명하였다.

「오행지의(五行之義)」에서도 마찬가지로 '오행상생' 사상을 표현하였다. '화는 목을 받고, 토는 화를 받고, 금은 토를 받고, 수는 금을 받는다.'라는 것을 '자(子)가 부(父)를 계승한다.'라는 차별적 질서로 인식했다. 그는 '주는 자는 모두 그 아버지이며, 받는 자는 모두 그 아들이다!'라고 하여, '오행상생'의 관계가 부자(父子) 사이의 전승처럼, 차별과 불평등의 측면이 있음을 의미한다고 하였다. 반면, 오행의 평등성 윤리를 논의하려면, '오행상화(五行相和)', '오행상조(五行相助)', '오행상간(五行相幹)' 사상이 필요하다. 「오행상생」에는 "본조(本朝)는 화(火)이므로 목이 화를 낳는다. 남방이 화이다."[6]라고 하였다. 동중서는 한나라가 남방 한수(漢水)에서 시작되었기에 '한(漢)나라는 화덕(火德)이다.'라고 보았다. 이를 통해 '오행상생'은 '중심이 되는 덕(德)'을 탐구하는 중요한 방법이 되었음을 알 수 있다.

3. 오행상간(五行相幹)

동중서는 창의적으로 '오행상간(五行相幹)' 사상을 제기하여 오행 관계가 '복잡성'으로 진화하는 데 기본적인 근거를 제공하였다.

---

6) 『春秋繁露』「五行相生」: 本朝者火也, 故曰木生火. 南方者火也.

화가 목을 간(幹)하면, 겨울잠 벌레가 일어나고, 전갈과 천둥이 먼저 움직인다. 토가 목을 간하면 태아가 유산되고 알이 썩으며 새와 벌레가 많이 해를 입는다. 금이 목을 간하면 군사가 일어난다. 수가 목을 간하면 봄에 서리가 내린다. 토가 화를 간하면 천둥이 많이 친다. 금이 화를 간하면 초목이 시든다. 수가 화를 간하면 여름 우박이 내린다. 목이 화를 간하면 땅이 흔들린다. 금이 토를 간하면 오곡에 해가 있다. 수가 토를 간하면 여름에 한랭과 서리가 내린다. 목이 토를 간하면 벌레가 활동하지 않는다. 수가 토를 간하면 큰 가뭄이 든다. 수가 금을 간하면 물고기가 없어진다. 목이 금을 간하면 초목이 다시 생긴다. 화가 금을 간하면 초목이 가을에 번성한다. 토가 금을 간하면 오곡이 결실하지 않는다. 목이 수를 간하면 겨울에 겨울잠 벌레가 숨지 않는다. 토가 수를 간하면 겨울잠 벌레가 겨울에 나온다. 화가 수를 간하면 별이 떨어진다. 금이 수를 간하면 겨울에 매우 춥다.[7]

동중서는 '오행상간'이 초래하는 혼란을 인식하고, 이를 구제(救濟)하기 위해 자신의 개입 방안을 제시하였다. 이러한 '구제'는 '오행상조(五行相助)' 사상을 포함한다. 그는 '오행 사이의 상호 간섭'이 절대적이고 충분하다고 보았다.

오행 사이에는 총 20종의 '상간(相幹)' 관계가 있다. 그것은 '화간목(火幹木)', '토간목(土幹木)', '금간목(金幹木)', '수간목(水幹木)'; '토간화(土幹火)', '금간화(金幹火)', '목간화(木幹火)', '수간화(水幹火)'; '금간토(金幹土)', '수간토(水幹土)', '목간토(木幹土)', '화간토(火幹土)'; '수간금(水幹金)', '목간금(木幹金)', '화간금(火幹金)', '토간금(土

---

7) 『春秋繁露』「治亂五行」: 火幹木, 蟄蟲蚤出, 雷蚤行. 土幹木, 胎夭卵鳥蟲多傷. 金幹木, 有兵. 水幹木, 春下霜. 土幹火, 則多雷. 金幹火, 草木夷. 木幹火, 則地動. 金幹土, 則五穀傷, 有殃. 水幹土, 夏寒雨霜. 木幹土, 蟲不爲. 水幹金, 則魚不爲. 木幹金, 則草木再生. 火幹金, 則草木秋榮. 土幹金, 五穀不成. 木幹水, 則星墜. 金幹水, 則冬大寒.

幹金)’; ‘목간수(木幹水)’, ‘토간수(土幹水)’, ‘화간수(火幹水)’, ‘금간수
(金幹水)’이다.

‘오행상간’은 ‘상생(相生)’과도 다르고, ‘상승(相勝)’과도 다르며, ‘복잡성’과 ‘불확실성’을 가진다. 가운데 가장 극단적인 것은 ‘저해’와 ‘촉진’의 두 가지 작용이다. ‘저해’는 ‘상승’과 ‘상극’에 해당하고, ‘촉진’은 ‘상생’과 ‘상조’에 해당한다. ‘오행 사이의 상호 간섭’은 ‘오행 관계의 복잡화’를 의미하며, 단순한 ‘상생상극’의 유형을 벗어나 다중 유형을 필연적으로 만든다.

4. 오행상화(五行相和)

동중서는 「오행지의(五行之義)」에서 다음과 같이 말하였다.

> 토(土)는 겸함이다. 금(金), 목(木), 수(水), 화(火)는 각각의 직능이 있으나 토를 따르지 않으면 그 자리를 잡지 못한다. 시다(酸), 짜다(鹹), 맵다(辛), 쓰다(苦)가 감비(甘肥)를 따르지 않으면 맛을 이루지 못하는 것과 같다.[8]

‘오행’ 가운데 ‘금·목·수·화’는 고립된 존재가 아니라 ‘토’를 기초로 한다. 현실 생활에서 ‘금·목·수·화’는 모두 대지(大地)를 바탕으로 하며, 대지의 구성 요소이다. 이로써 ‘토’의 중요성과 존귀함을 알 수 있다.

동중서는 ‘토’를 귀하게 여기며, 「오행지의」의 마지막에서 “그러므로 성인의 행위 가운데 충(忠)보다 귀한 것은 없으니, 이를 ‘토덕(土

---

8) 『春秋繁露』「五行之義」: 土兼之也. 金木水火雖各職, 不因土, 方不立, 若酸鹹辛苦之不因甘肥不
能成味也.

德)’이라 부른다.”[9]라고 하였다. 이는 동중서가 이미 『국어』에서 사백(史伯)이 “토를 금·목·수·화와 섞어 만물을 이루게 한다.”라는 사상을 계승했음을 보여 준다. 그의 ‘오행의 화합’은 ‘중토(中土)’에 합하는 것으로, 토는 ‘오행의 화합’을 대표하며, 오행은 중앙의 ‘토’의 위치에서 융합을 실현한다.

동중서가 ‘토’로 ‘금·목·수·화’를 겸하는 것과 사백이 ‘토’로 ‘금·목·수·화’를 섞는 것에는 모두 ‘오행상화(五行相和)’ 사상이 포함되어 있다. 어떠한 두 가지 ‘행(行)’도 서로 화합할 수 있고, 이로써 ‘토가 사행을 겸하는’ ‘토겸사행(土兼四行)’을 확대하여, ‘오행의 화합’을 이끌어 간다.

5. 오행상조(五行相助)

동중서는 ‘왕도(王道)’의 ‘삼강(三綱)’은 천(天)에서 구할 수 있다고 논의하면서, ‘천지, 음양, 춘하추동의 사계절’을 비유로 사용하여, ‘군신(君臣), 부부(夫婦), 부자(父子)’의 관계를 설명하였다. 이 가운데 “양은 남편으로서 낳고, 음은 아내로서 돕는다.”[10]라는 내용이 포함되어 있다. ‘오행상조(五行相助)’는 이와 유사한 음양의 상호 도움이기도 하다.

「천변재인(天辨在人)」에서는 다음과 같이 말하였다.

금목수화(金木水火)가 각기 그 주관을 받들어 음양을 따라 함께 힘을 모아 공을 이룬다. 사실 이는 단지 음양만이 아니나 음양이 이에 따라 일어나 그 주관을 돕는다. 그러므로 소양(少陽)은 목(木)을 따라 일어나 봄의 생장을

---

9) 『春秋繁露』「五行之義」: 是故聖人之行, 莫貴於忠, 土德之謂也.
10) 『春秋繁露』「基義」: 陽爲夫而生之, 陰爲婦而助之.

돕고, 태양(太陽)은 화(火)를 따라 일어나 여름의 양육을 돕고, 소음(少陰)은 금(金)을 따라 일어나 가을의 성숙을 돕고, 태음(太陰)은 수(水)를 따라 일어나 겨울의 저장을 돕는다.[11]

여기서 동중서는 음양(陰陽)이 사시(四時)를 돕는다는 사상을 제기하였다. 사시, 즉 사계절의 변화는 오행 이론의 기초이다. 실제로 음양의 변화가 오행을 돕고 밀어주는 뜻이 존재한다. 이것은 아직 오행 사이의 상호 촉진 관계는 아니다. 하지만, '오행상조(五行相助)'는 '오행상생(五行相生)', '오행상화(五行相和)', 그리고 '음양이 오행을 돕는 이치'가 융합된 의미를 보여준다.

동중서의 '오행수수(五行授受)' 사상은 '오행상조'의 한 측면으로 이해할 수 있다. 동중서는 말하였다.

목(木)이 화(火)를 낳고, 화가 토(土)를 낳으며, 토가 금(金)을 낳고, 금이 수(水)를 낳으며, 수가 목을 낳으니, 이것이 바로 부자(父子)의 관계이다. 목은 왼쪽에 있고, 금은 오른쪽에 있으며, 화는 앞에 있고, 수는 뒤에 있으며, 토는 중앙에 있다. 이것이 부자의 순서이며, 서로 주고받으며 펼쳐진다. 그러므로 목은 수를 받아 화에게 주고, 화는 목을 받아 토에게 주며, 토는 화를 받아 금에게 주고, 금은 토를 받아 수에게 주고, 수는 금을 받는다. 이 주는 자는 모두 그 아버지이고, 받는 자는 모두 그 아들이다. 항상 아버지를 따라 아들을 쓰게 하는 것이 하늘의 도리이다.[12]

---

11) 『春秋繁露』「天辨在人」: 如金木水火, 各奉其所主以從陰陽, 相與一力而並功. 其實非獨陰陽也, 然而陰陽因之以起, 助其所主. 故少陽因木而起, 助春之生也; 太陽因火而起, 助夏之養也; 少陰因金而起, 助秋之成也; 太陽因水而起, 助冬之藏也.

12) 『春秋繁露』「五行之義」: 木生火, 火生土, 土生金, 金生水, 水生木, 此其父子也. 木居左, 金居右, 火居前, 水居後, 土居中央, 此其父子之序, 相受而布. 是故木受水而火受木, 土受火, 金受土, 水受金也. 諸授之者, 皆其父也; 受之者, 皆其子也. 常因其父以使其子, 天之道也.

여기서 '수(授: 주다)'와 '수(受: 받다)'는 각각 '상생' 관계에서 '생(生)'과 '피생(被生)'을 의미한다. '오행수수'는 '오행상생'으로 볼 수도 있으며, 동시에 '오행상조'를 의미한다. 이 점에서 '상생'은 바로 '상조'이다. 다만 '상생'은 차이가 있는 관계에 더 가깝고, '상조'는 평등 관계에 더 가깝다. 그러므로 '오행상조'는 '오행상생'에서 추론된 하나의 유형이다.

IV. 오행 관계 다중 유형의 다차원적 비교

동중서의 '상생(相生)·상승(相勝)'에서 발전한 '상생(相生)·상극(相剋)'은 가장 보편적인 관계 유형이 되었으며, 이를 '통속적 유형', 또는 '일반적 모델'이라고 부를 수 있다. 이 유형은 큰 장점을 지니고 있음에도 불구하고, 자체의 한계를 가지고 있다. '상화(相和)'와 '상조(相助)'는 동중서의 '오행 관계론'에서 부차적인 위치에 있지만, 현대 시민사회에서 볼 때, 더욱 부합하는 측면이 있다. 여기에서는 다중적 차원에서 이 두 가지 유형을 비교 분석해 본다.

1. 선악(善惡)의 시각

윤리학(倫理學)의 관점에서 볼 때, 두 주체(主體) 사이의 관계에는 나름대로 어떤 가치(價値)의 속성이 존재한다. 그것에는 '긍정적 가치', '부정적 가치', 그리고 '가치 중립'이라는 세 가지 경우가 포함된다. '가치 중립'은 오랜 시간 동안 유지되기 어려우며, 때로는 '긍정적 가치'인 '상화(相和)'와 '상조(相助)'로, 때로는 '부정적 가치'인 '상극

‘相剋)’과 ‘상간(相幹)’으로 기울어질 수 있다.

‘상간(相幹)’은 표면적으로는 ‘선악(善惡) 모두 가능하다.’라는 다중 유형의 근원이다. 하지만, 본질적으로는 ‘간섭(幹涉)’, ‘간범(幹犯)’, ‘상해(相害)’와 같은 부정적 가치의 속성이 더 많다. 따라서 선악(善惡)의 시각에서 분석하면, ‘상생(相生)’, ‘상조(相助)’, ‘상화(相和)’는 선(善)의 상태에 속하고, ‘상극(相剋)’, ‘상해(相害)’, ‘상간(相幹)’은 악(惡)의 상태에 속한다.

변증법(辯證法)의 관점에서 보면, 오행(五行) 관계의 선악(善惡) 속성은 일정한 조건에서 전환될 수 있다.

우선, ‘상극(相剋)’, ‘상해(相害)’, ‘상간(相幹)’, ‘상승(相勝)’은 절대적 악(惡)이 아니다. 윤리학(倫理學)에서 논의되는 ‘필요악(必要惡)’이 일정 부분 ‘수단악(手段惡), 결과선(結果善)’이라는 복잡한 양상을 형성하는 것과 같다. 중의학(中醫學)에서는 ‘상극(相剋)·상승(相勝)’을 인체의 균형 조절에 적용한다. ‘상극’은 비록 ‘모순(矛盾)’과 ‘투쟁성(鬪爭性)’을 나타내지만, ‘상해(相害)’와 같은 투쟁의 절대성으로 나아가지는 않는다. ‘상극’은 오히려 유효하고 필수적인 견제를 의미하기도 한다. 이때의 ‘상극’은 선(善)의 도구로서 ‘상조(相助)’에 가까워진다.

다음으로, ‘상생(相生)’은 절대적 선이 아니다. ‘상생’은 ‘자기에게 전혀 이롭지 않고 오로지 타인에게 이로운’ 또는 ‘자기희생을 치르며 타인의 행복을 이루는’ ‘지선(至善)’에 해당한다. 그러나 이러한 ‘지선’은 일반 대중이 널리 실천할 수 없다. ‘상생’은 ‘오행 사이의 복종(服從), 의존(依存), 권위(權威)의 관계’를 초래하며, 이는 반드시 심각한 결과를 낳는다. 따라서 ‘상화(相和)’와 ‘상조(相助)’가 제한된 범위 내의 '중등선(中等善)'으로서, 더 광범위하게 적용할 가치가 있다.

2. 차이성(差異性)과 평등성(平等性)

사람들은 일반적으로 오행(五行)의 관계를 '생(生)'과 '극(剋)'으로만 이해하며, 항상 비교하고 힘을 따지는 태도를 지닌다. 동중서는 '부자(父子)'의 관계로 '오행상생(五行相生)'을 비유하였으며, '오행상생'을 통해 효도(孝道)의 형이상학적 근거를 설명하였다. 이는 종종 권위주의를 의미하기 했다.

'오행상승(五行相勝)'은 권력의 견제 형태를 띤 차등적 질서를 낳았으며, 그 가운데 사영(司營)인 토(土)가 군(君)의 지위를 차지하여 사구(司寇)를 제재하고, 백성(民)을 상징하는 목(木)만이 군권(君權)을 제어할 수 있다. 목의 제어는 혁명과 저항으로 나타나며, 군권이 신민(臣民)을 견제하는 것은 역사적 상례였다.

전반적으로 볼 때, 동중서의 윤리 사상은 그의 '대일통(大一統)' 사상과 부합하며, 차등적 질서를 중시하는 특징을 드러낸다. 그는 또한 '천(天)-천자(天子)-백관(百官)-만민(萬民)'의 윤리 질서를 설계하였다. 동중서의 음양론(陰陽論) 사상 또한 양을 귀하게 여기고 음을 천하게 여기는 경향이 있으며, 이는 오행 사상 속에서 '토'를 귀하게 여기고 오행 사이에 차등을 설정하는 사상으로 반영된다.

위와 달리, 오행 사이의 '쌍방적 상화(相和)와 상조(相助)'는 '보편성'과 '평등성'을 지닌다. 오행의 '상화'와 '상조'는 '부자상생(父子相生)'과 같은 권위와 복종의 관계가 아닌, 조금 더 온화한 '동반자' 관계로 느껴진다. 이 때문에 순수한 선(善)에 더 가깝고, '상극(相剋)'에서 나타나는 투쟁성이나 '상해(相害)'의 가능성이 존재하지 않는다. 오행의 '상화'와 '상조'는 동중서 사상 체계에서는 오행 '상생'이나 '상승'과 대등하게 논의되지 않았지만, 평등을 중시하는 현대적 가치관에 더욱 부합된다.

3. 단(單) 방향성과 쌍(雙) 방향성

'상생상극(相生相剋)'의 '통속적 유형', 즉 일반적 모델은 강력한 '단 방향성'의 특징을 지닌다. 일방향이라는 말이다. '상생'은 선행 원소가 소멸하여 다음 원소로 전환되는 결과를 초래하기 쉬운데, '상생'은 곧 '소멸'을 의미하기도 한다. 목(木)이 화(火)를 낳으면, 목(木)은 재로 변하고 사라진다. 화(火)가 토(土)를 낳으면, 화(火) 또한 사라진다. 토(土)가 금(金)을 낳으면, 토(土)는 존재 가치를 상실하게 된다. 금(金)이 수(水)를 낳으면, 금(金)도 더 이상 존재하지 않게 되고, 수(水)가 목(木)을 낳으면, 수(水)는 목(木)에 흡수되어 자신의 특성을 잃게 된다. 이와 마찬가지로, 목(木)이 토(土)를 이기고, 토(土)가 수(水)를 이기며, 수(水)가 화(火)를 이기고, 화(火)가 금(金)을 이기며, 금(金)이 목(木)을 이기는 것 모두가 '상해(相害)'를 지향하는 '단 방향성'을 띤다.

이와 달리, '상화(相和)', '상조(相助)', '상간(相幹)'은 모두 쌍쌍이 서로 조화를 이루고, 서로 돕고, 서로 간섭하는 '쌍방향' 관계의 유형이다. '상화(相和)', '상조(相助)', '상간(相幹)'은 쌍방향 관계이기 때문에, 오행(五行) 사이의 관계 쌍이 50개의 그룹이나 된다. 특히 '상간(相幹)'이라는 특수한 경우를 제외하면, '상화'와 '상조'의 '쌍방향성'은, 오행으로 이루어진 구조를 더욱 균형 있게 만들고 안정성을 높여준다.

4. 생화성(生化性)과 안정성(安定性)

'상생상극(相生相剋)'의 '통속적 유형' 일반 모델은 '생화성(生化性)'을 강조하여, 새로운 사물의 탄생과 기존 사물의 소멸에 더 큰 관심을 둔다. 이 때문에 '안정성'과 '독립성'을 유지하기 어렵다. 이에 반해, 오행의 '상화(相和)'와 '상조(相助)'는 '투쟁성'을 강조하지 않고, 사물의 '독립성(獨立性)·안정성(安定性)·자족성(自足性)'을 더욱 중시한다. 이는 '상생상극'의 일반 모델에 비해 현대의 조화로운 공생(共生)의 이념에 훨씬 부합한다.

'화실생물(和實生物)'의 관점에 따르면, 오행이 서로 섞이면 만물이 생겨나고, 오행이 조화를 이루면 생명이 끊임없이 이어지며, 오행이 서로 돕는 일 또한 그 생명력의 지속을 돕는 것이다. 오행의 '상화'와 '상조'는 생화성(生化性)을 약화시킨 것일 뿐, 그것을 상실한 것은 아니다. 그러므로 사물의 생멸(生滅) 연쇄에서만 빠지지 않게 해준다. 반면, '상생상극'은 사물 간의 균형 있는 상호작용에 대한 충분한 설명이 부족하다. 이와 같은 비교를 통해, '안정성'은 오행의 '상화' 및 '상조'가 가진 중요한 장점임을 알 수 있다.

5. 동일성(同一性)과 투쟁성(鬪爭性)

모순의 투쟁성(鬪爭性)은 절대적이며, 모순의 동일성(同一性)은 상대적이다. '상극(相剋)'은 투쟁성의 중요한 표현이다. '상생(相生)'은 동일성을 설명할 수 있지만, 앞서 분석한 바와 같이, '상생'은 생화성(生化性)을 내포하고 있어, 두 사물이 조화롭게 공존한다는 점에서는 '상화(相和)'와 '상조(相助)'에 크게 미치지 못한다. 사회관계를 처리할 때도, 인간과 인간의 관계는 '상생'이라기보다 '상화'·'상조'의 관계라고 해야 한다.

중국 철학에서 '중화(中和)'는 '사물 사이에 최상의 관계 상태'를 설명하기 위해 고안된 개념이다. 오행(五行) 가운데 '상화'는 '상생'·'상조'·'상구(相救)' 등 모든 '선(善)'과 '동일성'에 관한 내용을 대표하며, '상생'보다 포용력이 훨씬 크다. '상생'은 매우 밀접한 생성 관계일 뿐, 동시에 존재하며 조화를 이루는 관계는 아니다. '상화'의 생화성은 '상생'보다 훨씬 적다. 그러므로 '상화'는 '상생'보다 모순의 동일성 측면을 보다 잘 대표한다고 할 수 있다. '상화'는 사물이 조화롭게 공존하는 것이며, '상조'는 그 조화의 기반 위에서 서로 협력하는 것을 뜻한다. '상조'는 '상화'보다 현실적 가치 부여가 강하게 나타난다. 반면, '상화'는 관계상의 암묵적 합의로 현실적 이익을 뛰어넘는 의미를 지닌다. 인간은 사회적 관계를 맺을 때, '적을 이기고 승리하는 것'보다 '조화'를 중시한다. 오행의 '상화'는 평화주의적 시대사조와도 부합한다.

결론적으로, '상화'·'상조'는 '상생'·'상극'보다 현대 사회의 윤리 질서와 가치 요구에 더욱 적합하다.

6. 자유성(自由性)과 제약성(制約性)

'상화(相和)'와 '상조(相助)'의 관계 유형은 인간의 자유를 위한 공간과 가능성을 제공한다. 반면, '상생(相生)'은 독립적 개체의 입장에서 볼 때, 자유롭지 않다. '상생'은 강한 의존 심리와 권위 심리를 초래하게 된다. 만물은 모두 신진대사의 과정에 놓여 있으며, '상생'은 하나의 종적(縱的)이고 역사적인, 보편적 형태이다.

이에 비해 '상화'와 '상조'는 횡적(橫的)이고 동시적 고찰의 결과이다. ‘상화’와 ‘상조’는 자유로운 상태를 보다 잘 드러낸다.『사기』「관안 열전(管晏列傳)」에 “나를 낳은 이는 부모이고, 나를 알아준 이는 포숙 (鮑叔)이다.”[13]라는 말이 있다. 현실 생활 속에서 지우(知友; 智愚)의 은혜와 양육(養育)의 은혜는 사람의 의존 심리를 유발하기 쉽다. 이러 한 인생의 의존성은 사적 관계 속에서 어리석은 충성심을 의미하는 경우가 많다.

한편, ‘상극(相剋)’은 종종 권력 투쟁으로 발전하며, 사람과 사람 사 이의 관계를 절대적 투쟁 관계로 간주하고, 그 투쟁성을 무한히 확대 하여 보편적 혼란과 불안을 초래하게 만든다. ‘상생’의 권위성과 의존 성이든, ‘상극’의 투쟁성이든, 모두 자유로운 삶의 정도를 피폐하게 만 들고, 삶의 제약 요소를 증대시키며, 인간의 자유와 전면적 발달의 실 현에 장애를 가져온다. 따라서 현대 사회에서는 오행(五行)의 ‘상화’· ‘상조’ 관계의 유형을 더욱 장려할 필요가 있다.

V. 상화(相和)·상조(相助) 유형의 현대적 가치

‘상화(相和)’·‘상조(相助)’의 현대적 유형은 ‘상생상극(相生相剋)’ 의 통속적 유형을 뒤집고 초월하여, 변증법적으로 부정하는 것이다. ‘오행 관계론’의 현대적 전환을 실현하려는 하나의 상식이다. ‘상화· 상조’ 유형의 장점은 다음과 같다.

1. 상화(相和)·상조(相助)는 유가(儒家)의 인애(仁愛) 정신에 더

---

13)『史記』「管晏列傳」: 生我者父母, 知我者鮑叔也.

욱 부합한다.

'상생(相生)'은 고대 사회의 사유인 『역』의 '대덕왈생(大德曰生)' 사상에 부합한다. 하지만, 그것은 지속적인 '상화(相和)'와 '상조(相助)'가 아니라 '일시적인 생(生)'에 불과하다. 어떤 사물이건, 양자가 모두 존재하면, 서로의 이해관계가 더욱 현실화 되고 경쟁적 '상극(相剋)' 관계가 두드러지게 된다. '상생상극(相生相剋)'은 '투쟁성'에 편중함으로써 결국 '인애(仁愛)'의 대립면을 형성한다. '인애'는 이미 현대 시민사회에서 유가(儒家)의 핵심 가치로 받아들여지고 있고, 이는 오행(五行)의 '상화상조'에 충분히 반영되어 있다. '상화상조'를 장려하는 현대적 오행의 유형은 유가의 인애 정신을 더욱 잘 구현하는 데 유리하다. 따라서 '상화상조'의 현대적 오행 유형은 상생상극의 진리성과 합리성을 부정하지 않는 전제하에 더욱 존중받을 만하다.

2. 상화상조(相和相助)는 마르크스주의에서 말하는 인류 해방에 관한 학설과 더 잘 부합한다.

'상생상극(相生相剋)'은 주로 자연철학 분야에 적용된다. 동중서의 「오행상승(五行相勝)」과 「오행상생(五行相生)」은 자연철학에 근거하고 있지만, 그 지향점은 사회 역사 영역과 역사철학에 있다. 그 기원으로 보면, 『서경』「홍범」과 사백(史伯)의 '화실생물(和實生物)'은 주로 자연철학의 영역에 머물러 있었다. 그러나 『좌전』 이후부터 『여씨춘추(呂氏春秋)』, 『관자(管子)』, 『예기(禮記)』, '오덕종시(五德終始)' 이론 등은 모두 '오행 관계론'으로 왕조 교체의 정당성을 증명하였다.

'오행상극'과 '오행상생'은 차례로 가장 주류를 이루는 두 가지 해석의 모델이 되었다. 마르크스주의 원리에 따르면, 인류 사회는 궁극적으로 공산주의와 인류 해방으로 나아가야 한다. 이때 전쟁과 계급으로 인한 차별이 사라지고, 국가가 소멸하기 시작한다. 마르크스와 엥겔스는 다음과 같이 탁월하게 서술하였다(馬克思·恩格斯, 2012:671).

인간 자신의 사회적 결합은, 자연계와 역사가 그들에게 강요하여 그들과 대립되던 것이, 이제는 그들의 자유로운 행위가 되었다. 지금까지 역사를 지배해 온 객관적이고 이질적인 힘은, 이제 인간 자신의 통제하에 놓이게 되었다. 이것이 바로 인간이 필연의 왕국에서 자유의 왕국으로 도약하는 것이다.

이런 견해에 비추어 보면, 오행의 '상생상극'이라는 유형은 계급투쟁이라는 역사의 종말을 초래한다. 각 개인의 자유롭고 전면적 발전이, 모든 인간의 자유롭고 전면적 발전의 전제가 된다. 이 점에서 '상화상조(相和相助)'는 인류의 주류적 가치가 될 것이고, '상화상조'의 무계급 사회는 '상생상극'의 계급 사회를 반드시 대체할 것이다.

3. 상화상조(相和相助)는 사회주의의 조화로운 사회 건설에 더 부합한다.

마르크스·엥겔스(馬克思·恩格斯, 2012:3)는 『정치경제학 비판』「서문」에서 다음과 같이 제시하였다.

어떠한 사회형태일지라도 그 사회가 수용할 수 있는 모든 생산력이 충분히 발휘되기 전까지는, 결코 소멸되지 않는다. 그리고 새로운, 더 높은 생산관계는 그것의 물질적 존재 조건이 구사회라는 태내(胎內)에서 성숙하기 전까지는, 결코 나타나지 않는다.

마르크스·엥겔스(馬克思·恩格斯, 2012:413)는 '구사회 형태'를 '신사회 형태'의 태내에 비유하였다. 이는 엄격히 말하면 '오행상생(五行相生)'의 사상을 내포하고 있다. 각 사회형태 내부의 주요 모순과 계급 모순, 그리고 인류 역사상의 전쟁과 계급투쟁 상태는 모두 '오행상극(五行相剋)'으로 비유할 수 있다.

마르크스주의자들은 '자본가계급의 멸망과 무산계급의 승리는 똑같이 불가피하다!'라고 보고, 이를 '두 가지의 필연'이라는 사상으로 귀결하였다. 사회주의가 반드시 자본주의를 최종적으로 이길 것이라는 믿음은, 마르크스주의의 확고한 신념이자 이상이다. 인류 사회가 '저급 사회형태'에서 '고급 사회형태'로 발전하는 진화 과정 또한 '오행상승(五行相勝)'으로 비유할 수 있다. 따라서 '오행상승'은 중국의 소박한 유물론이 사회 역사 영역에서 이룬 대담한 추측이다.

이러한 합리성에도 불구하고, '상생상극(相生相剋)'의 일반적 유형은 다원적이고 포용적인 현대 윤리적 사고를 형성하기에는 단점이 많다. 사람들에게 선악 이분법, 흑백논리, 단순하고 과격한 분류에 빠지게 만들고, 심각한 제로섬 게임을 초래하며, 융통성이 결여될 수 있다. 또한 '상생상극' 유형은 변증법적 대립통일의 적용이 어렵고, 현대 사회의 복잡성과 장기성을 무시하기 쉬워, 교조주의와 형식주의로 흐르는 문제를 야기할 수 있다.

반면, '상화상조(相和相助)'는 사회주의 건설 과정에서 독특한 역할을 수행한다. '오행상화(五行相和)'는 사회 조화의 사상적 근원으로 볼 수 있고, 통일전선 사상은 '오행상조(五行相助)'로 해석될 수 있다.

'오행상조'는 사회 내 여러 계급과 다양한 사회 기능들이 상호 협력하여 전체 이익을 함께 수호하는 상태를 의미한다. 각각의 사회 존재는 자기 본연의 역할을 다하고, 자본·노동·권력·문화·폭력 등이 상호 촉진하여 서로의 발전을 도우며, 사회의 번영을 증진한다. 이러한 토대에서 한 사회는 깊이 있는 조화를 실현하고, 조화로운 발전이라는 아름다운 국면을 맞이한다.

4. 상화상조(相和相助)는 인류 운명 공동체 건설에 더욱 부합한다.

'오행상극(五行相剋)'은 '사물 간의 투쟁성'을 상징한다. '오행상간(五行相幹)'은 '사물들이 서로 간섭하는 것'을 의미한다. 이러한 간섭은 '상극(相剋)', '상승(相勝)', '상해(相害)' 단계에는 미치지 못하지만, 오행 각자의 '독립성'과 '안전성'에 영향을 미친다.

'상호 간섭'은 국제 정치에 매우 해롭다. 인류 근현대사에서 제국주의 열강은 대체로 아시아, 아프리카, 라틴아메리카 지역의 사회 진화 과정을 중단시키고, 타국의 내정에 강제로 개입했다. 심지어는 전쟁을 일으켜 다른 문명의 형태를 파괴하고, 식민지의 각종 자원을 약탈하여 자기의 이익으로 삼았다. 제국주의의 이러한 태도는 후발 국가들의 현대화 과정을 저해하는 '오행상간'의 전형적 사례이다.

이에 반해, '상화상조(相和相助)'는 중국인이 주창하는 '평화공존의 다섯 가지 원칙'과 더 잘 부합하며, 중국 인민의 평화 외교 목적과 강한 일치성을 가진다. 중국은 정치, 경제, 문화 교류를 통해 각국 국민의 복리를 도모하고, 협력과 상생의 방식으로 인류 운명 공동체와 일대일로(一帶一路) 건설을 추진하고 있다. 인류 운명 공동체와 제국주의의 침탈에 대비해 볼 때, '상화상조'라는 오행의 현대적 유형은 '상간상극'의 투쟁 모델보다 도덕적으로 훨씬 부합하며, 중국 인민과 세계 인민이 세계화 과정에서 평화와 발전의 공동 복지를 실현하는 데 보다 유리하다.

5. 상화상조(相和相助)는 다원적이고 복잡한 관계를 처리하는 중국의 지혜이다.

'상화상조(相和相助)'라는 오행의 현대적 유형을 제창하는 것은, 단순히 '상생상극(相生相剋)'의 통속적 유형을 부정하는 것이 아니다. '상생상극'이라는 일반 모델이 합리성을 갖고 있음을 인정하고, 그것을 바탕으로 '오행 관계론'을 진정으로 발전시키려는 작업이다. 즉 중국의 소박한 유물론을 창조적 전환과 혁신적 발전을 통해 새로운 생명을 얻도록 하려는 것이다. '오행상화상조'의 제창은 사람들이 문화적 자긍심을 강화하는 데 유리하고, 국제 전략, 사회 존재와 같은 다원적이고 복잡한 관계를 다룰 때, 중국의 우수한 전통문화에서 지혜를 얻어, 양자택일(兩者擇一)의 투쟁과 혼란에 빠지는 것을 막는 데 도움을 줄 수 있다.

정명(正名) 사상을 통해 본 인의관(仁義觀)

다이춘민(代春民)

왕원수(王文書)

Ⅰ. 서언

중국 양한(兩漢) 시대의 '정명(正名)' 사상은 선진(先秦) 시기의 '명실(名實)' 이론을 기반으로 하여, 전통을 계승하면서도 새롭게 발전해 나갔다. 서한(西漢) 시기의 가장 중요한 정치철학자였던 동중서는 『춘추번로』에서 '명(名)'과 '실(實)'의 관계를 심도 있게 고찰하고 분석하였으며, '정명(正名)'의 관점에서 자신의 '인의(仁義)'을 체계적으로 설명하였다. 이는 한대(漢代)의 사회 정치 제도를 구축하고, 사회 질서를 유지하고 보완하는 데, 중요한 이론적 기반이자 핵심 구성 요소가 되었다.

일부 학자들은 동중서의 정명 사상이 '정명(正名)을 통해 올바른 정치를 이룬다!'라는 정치 윤리적 목적을 달성하려는데 중점을 두고 있다고 보며, 이는 그의 정치 철학적 성격과 부합한다고 평가한다(李牪

瓊, 2010). 다른 한편으로는, 보다 구체적으로 동중서의 '삼강오상(三綱五常)'에 대한 명분(名分) 사상을 심층적으로 탐구하며, '정명'이란 개념이 도덕 질서와 정치 질서의 결합을 도모하기 위한 것이라고 해석하기도 한다.

여기에서는 동중서의 '정명' 사상을 출발점으로 하여, 그의 '인의관(仁義觀)'을 분석하고 논의하여, 윤리 도덕의 이론적 구성 방식과 의미, 그리고 실제 적용 가능성을 탐색해 본다.

Ⅱ. 선진(先秦) 시기의 '정명(正名)' 사상

허신(許慎)은 『설문해자』에서 '명(名)' 자를 다음과 같이 해석하였다.

> 스스로 이름을 짓는 것이다. 입을 나타내는 구(口)와 저녁을 나타내는 석(夕)으로 구성되어 있다. '저녁'은 어두운 것이다. 어두우면 서로를 볼 수 없기에, 입으로 자신의 이름을 말한다.[1]

여기서 '명(名)'은 '이름을 짓는다.'라는 뜻이고, '자명(自名)'은 '스스로 자신의 이름을 부른다.'라는 의미이다. '석(夕)'은 밤을 뜻하며, "밤에 다닐 때는 등불을 들고, 불이 없으면 가지 않는다."[2] 이런 기록들은 밤에는 어둠 속에서 움직이는 것이 금지되어 있었음을 보여준다.

고대 사회에서는 서로를 볼 수 없는 상황에서 자신의 이름을 말함

---

1) 『說文解字』: 自名也. 從口, 從夕. 夕者冥也. 冥不相見, 故以口自名.
2) 『禮記』「內則」: 夜行以燭, 無燭則止.

으로써 신분을 밝히고 상대를 구분했다. "만물은 본래 형상이 있고, 형상에는 반드시 이름이 있다!"[3] 이런 점으로 미루어 볼 때, '이름'은 단지 부호나 상징이 아니다. 처음부터 실질적으로 일정한 의미를 부여받았으며, 사회적 관계 속에서 사람과 사물 등을 지칭하고 구별하여, 소통을 가능하게 하는 가장 본질적 기능을 했던 것이다.

'명(名)'이 사람이나 사물을 지칭하는 것이라면, 자연스럽게 '명'과 '실(實)' 사이의 관계가 성립하게 된다. 중국 고대 사회에서 '명'은 매우 중요한 지위와 역할을 지니고 있었다.

> 오직 기(器)와 명(名)은 타인에게 맡겨서는 안 된다. 이는 군주의 소관이다. 명은 신뢰를 세우기 위한 것이고, 신뢰는 기물을 지키는 바탕이며, 기물은 예를 담고, 예는 의를 실천하게 하며, 의는 이익을 낳고, 이익은 백성을 안정시키니, 이것이 바로 정치의 대강령이다. 이것을 남에게 맡기면 정치를 남에게 넘기는 것이고, 정치가 무너지면 국가도 함께 무너지니, 그 흐름을 막을 수 없다.[4]

이 구절은 국가를 세우는 근본과 군주의 책무가 '명-기-예-의'라는 일련의 질서와 제도에 의해 유지된다는 점을 보여준다. 여기서 '명'은 단순한 명칭이나 호칭을 넘어, 국가 권력과 정치 질서의 핵심이다. 군주는 '명'의 신뢰를 지키고, '기'의 예절을 따르며, '예'의 도리를 행하고, '의'로써 백성을 이롭게 해야 한다. 이를 지키지 못하면 '명'과 '기'를 잃게 되고, 이는 곧 정권을 상실하는 것이며, 결국에는 나라를 멸망

---

3) 『管子』「心術上」: 物固有形, 形固有名.
4) 『左傳』: 唯器與名, 不可以假人, 君之所司也. 名以出信, 信以守器, 器以藏禮, 禮以行義, 義以生利, 利以平民, 政之大節也. 若以假人, 與人政也. 政亡, 則國家從之, 弗可止也已.

으로 빠드릴 수도 있다. 따라서 '명'은 단순한 언어적 기호를 넘어, 국가와 개인의 존망과 직결되는 중대한 의미를 지닌다.

공자는 '예의가 무너지고 음악이 허물어진' 춘추 시대에 살았다. 이 시기는 주나라 이래로 확립되어 온 종법(宗法) 질서와 정치적 윤리 체계가 심각하게 무너지고, 사회는 혼란에 빠졌으며, 왕실은 쇠퇴하고 제후들이 실권을 장악한 시기였다. 여기서 말하는 '예의가 무너지고 음악이 허물어진' 사회 상황은, 단순하게 '예악(禮樂)의 소멸'을 뜻하는 것이 아니다. 겉으로는 오히려 예악이 더욱 화려하고 성대한 모습으로 드러났다. 이점이 핵심이다.

예컨대, 『논어』에 나오는 '팔일무를 뜰에서 추다(八佾舞於庭)', '삼가가 제례를 올리다(三家者以雍徹)', '계씨가 태산에 제사하다(季氏旅於泰山)' 등의 사례는 제후나 경대부가 천자의 예를 넘보는 행위이다. 이는 '이름[名]'과 '실제[實]'가 일치하지 않는, 즉 명분 없는 행동이 일반화되었음을 보여준다.

이러한 '명-실 불일치'의 혼란 속에서 공자는 '정명(正名)' 사상을 제기하였다. 그는 각자의 역할과 지위에 걸맞은 '이름'을 바로잡고, 그에 상응하는 행위가 따를 때 사회 질서가 회복될 수 있다고 보았다. 따라서 공자의 '정명' 사상은 당시 무너진 질서를 재건하고 정치적·윤리적 규범을 회복하려는 철학적 시도로, 선진(先秦) 시대에 매우 중요한 의미를 지닌다.

공자의 '정명(正名)' 사상은 일반적인 '명변(名辯)'의 의미에서 말하는 '정명'과는 다르다. 그것은 예(禮)가 무너지고 악(樂)이 허물어진 당시의 시대 배경 속에서 제시된 정치 철학적 사유이다. 그 목적은 안정되고 조화로운 사회 질서를 회복하고 재건하는 데 있었다(苟

東鋒, 2015). 나아가 공자는 명(名)과 실(實), 예(禮)와 의(義)에 내포
된 핵심을 밝혔는데, 그것이 바로 '인(仁)'이었다. 공자는 다음과 같이
말하였다.

> 사람이 인하지 않으면 예가 무슨 소용인가? 사람이 인하지 않으면 악이
> 무슨 소용인가?[5]
> 예라 하고 예라 하니, 그것이 옥과 비단 따위에 불과하겠는가? 악이라 하
> 고 악이라 하니, 그것이 종과 북의 소리에 불과하겠는가?[6]

옥과 비단, 그리고 종과 북은 예악과 더불어 명실(名實)이 하나로
통합된 것으로, 인간의 내면에서 우러나오는 인심(仁心)과 인덕(仁德)
이 없다면, 예악은 본질적인 의미를 상실하게 된다.

공자 이후, '명(名)과 실(實)의 관계'에 대한 논의는 선진(先秦)부터
한대(漢代)까지 제자백가의 중요한 사상적 쟁점으로 떠올랐다. 특히,
공자의 '정명(正名)' 사상은 춘추 전국 시대 중후기에 이르러 중요한
철학적 주제로 자리 잡았고, 나아가 '명실(名實) 관계'를 전문적으로
탐구하는 한 학파인 '명가(名家)'를 형성하게 된다.

명가의 사상적 특징은 '명'과 '실' 사이의 관계에 대한 치밀한 분석
과 논쟁에 있다. 그들은 이런 사유를 '가혹하고 얽혀 있다!'라거나 '오
직 명에 따라 판단한다!'라고 불렀다. 명가 사상은 사물의 명칭에 근
거해 그 실제를 따지고 책임을 묻는, '순명책실(循名責實)'의 태도를
지녔다. 때로는 '명칭학' 또는 '논리학'적 방법을 통해 사물을 분석하
고 처리하려고 했다. 그러나 이러한 경향은 점차 정치 현실과 유리되

---

5) 『論語』「八佾」: 人而不仁, 如禮何? 人而不仁, 如樂何?
6) 『論語』「陽貨」: 禮云禮云, 玉帛云乎哉? 樂云樂云, 鐘鼓云乎哉?

어 갔다. 예컨대, 공손룡(公孫龍)이 주장한 '백마는 말이 아니다(白馬非馬)!', '단단함과 흰 것은 나누어진다(堅白離)!', '합침은 같음의 다름이다(合異同)!' 등과 같은 명제는 언어와 논리적 추론에만 몰두하며, '명실' 관계를 추상적이고 형이상학적 사유로 전락시키는 경향을 보였다. 결과적으로 명가의 논의는 현실 문제 해결보다는 순수한 철학적 변증에 치우치고 말았다.

주목할 점은 전국 시대 후기에 순자(荀子)가 제시한 '정명(正名)' 사상이다. 그의 사상은 내용이 매우 복잡하고 종합적인 특징을 지니고 있다. 인식론적 차원의 사유뿐만 아니라 정치 윤리적 차원의 사유도 상당히 많다. 순자는 '공명(共名)'과 '별명(別名)'의 개념을 제시하고, 이 '공명'과 '별명' 사이의 종속(種屬) 관계를 설명하였다. 아울러 일련의 '정명(正名)'을 위한 원칙과 방법들을 제안하였다. 이러한 사상은 후대의 '정명' 사상, 특히 동중서의 '정명' 사상에 중대한 영향을 미쳤다.

Ⅲ. 동중서 정명(正名) 사상의 특징

동중서는 공자(孔子)와 선진(先秦)의 정명(正名) 사상을 계승하고 발전시켰으며, 『춘추번로』「심찰명호(深察名號)」에서 이를 중요한 방식으로 설명하였다. 동중서의 '정명' 사상에는 다음과 같은 몇 가지 특징이 있다.

1. 명호(名號)는 치국(治國)의 최우선 과제이다.

『춘추』의 의미를 바탕으로 동중서는 '명호(名號)'에 대해 심도 있게 고찰하였다. 그는 선진(先秦) 시대에 강조된, '명기(名器)는 국정(國政)의 큰 절목이다!'라는 사상을 계승하여, 사물의 '명호'를 고찰함으로써 그것이 담고 있는 의미를 탐구하였다. 그리하여 '명호'의 중요성을 국가 통치의 핵심 위치로 격상시켰다.

> 『춘추』는 말을 삼가고, 명륜(名倫) 등의 사물에 신중하다.[7]

'명호(名號)'는 실제 사물을 구별할 때 사용된다.

> 명(名)이란, 사물을 구별하는 것이다. 친밀한 것은 중하게 여기고, 먼 것은 가볍게 여기며, 존귀한 것은 문(文)으로 나타내고, 천박한 것은 질(質)로 나타내며, 가까운 것은 자세히 기록하고, 먼 것은 간략하게 기록한다. 문사(文辭)는 감정을 드러내지 않고, 감정을 명확히 하면서도 문장을 빠뜨리지 않으며, 사람의 마음이 이를 따르고 거역하지 않는다. 이것이 명(名)의 의미이다.[8]

『춘추』는 기물, 지명, 정벌, 사람, 화이(華夷), 제사 등 다양한 명칭을 사용할 때, 제각기 매우 신중하게 선택하였다.

> 춘추는 대원(大元)이므로 정명(正名)에 신중하다.[9]
> 뜻에 순응하여 문구를 통일하고, 의의를 분명히 하여 그 아름다움을 칭

---

7) 『春秋繁露』「精華」: 春秋慎辭, 謹於名倫等物者也.
8) 『春秋繁露』「天地陰陽」: 名者, 所以別物也, 親者重, 疏者輕, 尊者文, 卑者質, 近者詳, 遠者略, 文辭不隱情, 明情不遺文, 人心從之而不逆, 古今通貫而不亂, 名之義也.
9) 『春秋繁露』「深察名號」: 春秋大元, 故謹於正名.

송한다.[10]

여기에서 『춘추』의 말과 이름을 통해, '춘추대의(春秋大義)'라고 불리며 칭송하거나 비판하는 내용을 살필 수 있다.

동중서는 '명호(名號)'를 고찰하는 일이 국정(國政) 운영과 밀접하게 연관되어 있으며, '명호'를 '천하를 다스리는 근본'으로 매우 중요한 위치에 두었다.

천하를 다스리는 근본은 크게 분별하는 데 있으며, 크게 분별하는 근본은 명호를 깊이 살피는 데 있다.[11]

여기서 '변(辨)'은 구별하고 분별하는 뜻이고, '대(大)'는 큰 줄기, 즉 '요강(要綱)'을 의미한다. '변대(辨大)'란 천하 만물의 차이와 공통점을 분별하고 고찰하는 요강을 뜻한다. 동중서는 천하를 다스리는 데 가장 중요한 것이 '명호를 고찰하는 일'이라 여기며, 그 중요성을 '수장(首章)'으로 표현하였다. 이는 '목차'를 통해 책 전체의 내용을 엿보는 것과 같으며, '명호'가 국가를 다스리는 첫 번째 단계임을 뜻한다.

『춘추』의 도리는 근본을 깊이 하고, 하늘의 근본을 바로잡으며, 하늘의 근본으로 왕의 정치를 바로잡고, 왕의 정치로 제후의 즉위를 바로잡으며, 결국 내부의 다스림을 바로잡는다. 이 다섯 가지가 모두 바로잡히면 교화가 크게 행해진다.[12]

---

10) 『春秋繁露』「玉英」: 順其志而一其辭, 章其義而衰其美.
11) 『春秋繁露』「深察名號」: 治天下之端, 在審辨大; 辨大之端, 在深察名號.
12) 『春秋繁露』「二端」: 春秋之道, 以元之深, 正天之端, 以天之端, 正王之政, 以王之政, 正諸侯之位. 五者俱正, 而化大行.

이 구절은 동중서가 '원(元), 춘(春), 왕(王), 정월(正月), 공즉위(公即位)' 등 다섯 가지를 중시했다는 근거이다. 하휴(何休)는 '이 다섯 가지가 같은 날에 함께 나타나 서로 의지하여 예를 이룬다. 이는 천인(天人)의 근본이자 만물의 근원이므로 반드시 살펴야 한다.'라고 주석하였다. 동중서는 중요한 다섯 가지를 '나라를 다스리는 단서가 정명에 있다.' 즉 '치국지단재정명(治國之端在正名)'으로 연결하였다. 다시 말하면, '정명'이 치국의 근본이며, 그것은 결국 '다섯 가지가 바로 잡히면 교화가 크게 행해진다.' 동중서의 '심찰명호(深察名號)'는 왕도(王道) 교화(敎化)를 실현하기 위한 궁극적 정치 목적임을 명확히 했다. 이에 '천자(天子), 제후(諸侯), 대부(大夫), 사(士), 민(民)' 이 다섯 가지 칭호가 지닌 의미를 고찰하고, 인간 본성의 '명실' 문제를 깊이 탐구하였다. 그것은 궁극적으로 교육과 교화를 중시하여 성왕의 대도가 천하에 통할 수 있도록 하는 정치사상으로 귀결되었다.

동중서는 치국의 근본인 명호(名號)는 반드시 진실에서 나와야 하며, 진실하지 않으면 '정명'에 적용할 수 없다고 보았다. 명과 실이 서로 부합해야 한다는 의미이다.

이름은 진실에서 생겨나며, 진실하지 않으면 이름으로 삼을 수 없다.[13]

'명(名)'은 '진실'을 기반으로 하므로 옳고 그름을 판단하는 준거가 될 수 있고, 시비(是非)와 역순(逆順)을 구별하는 핵심이 된다.

굽고 곧음을 가리고자 한다면 먹줄을 끌어당겨야 하고, 시비를 판단하려

---

13) 『春秋繁露』「深察名號」: 名生於眞, 非其眞, 弗以爲名.

고 한다면 이름을 기준 삼아야 한다.[14]

이는 목수가 먹줄을 사용하여 직선을 그리듯이, 사물의 시비곡직(是非曲直)을 분별하려면 명(名)을 판단 기준으로 삼아야 한다는 뜻이다.

2. 명호(名號)의 음(音)·의(義)·형(形)은 본원(本源)이 동일하다.

동중서는 '명호(名號)'의 '음(音), 형(形), 의(義)'를 통해 그 속에 담겨 있는 의미를 탐구할 수 있다고 보았다. 명호를 구성하는 음·의·형은 본질적으로 동일하고 일치한다. 이는 동중서 정명(正名) 사상의 한 가지 특징이다.

옛 성인들은 소리를 내어 하늘과 땅을 본받았는데, 이를 '호(號)'라 하였고, 소리 내어 명령을 내리는 것을 '명(名)'이라 하였다. '명'이라는 말은 '울다(鳴)'와 '명령하다(命)'의 뜻을 지니고 있으며, '호'는 '소리치다(譹)'와 '본받다(效)'의 의미를 포함한다. 즉, 소리 내어 천지를 본받는 것이 '호'이고, 소리 내어 명을 내리는 것이 '명'이다.[15]

동중서는 '효(譹)·효(效)·호(號)'와 '명(鳴)·명(命)·명(名)'이라는 두 문자의 묶음을 통해 '명호(名號)'의 본질을 설명한다. 이 글자들은 운율 상으로도 조화를 이루고 있어, 시문처럼 울림이 있으며, 의미상

---

14) 『春秋繁露』「深察名號」: 欲審曲直, 莫如引繩; 欲審是非, 莫如引名.

15) 『春秋繁露』「深察名號」: 古之聖人, 譹而效天地, 謂之號; 鳴而命施, 謂之名. 名之爲言, 鳴與命也; 號之爲言, 譹而效也. 譹而效天地者爲號, 鳴而命者爲名.

으로는 모두 천지를 본받는 데 그 바탕이 있다.

> '명'과 '호'는 비록 소리는 다르지만 그 근본은 같다. 모두 울부짖고 외침
> 을 통해 하늘의 뜻을 전하는 것이다.[16]

하늘은 스스로 소리를 내지 않지만, 인간을 통해 목소리를 내고 문자의 형상을 창조함으로써 그 의지를 드러낸다. 따라서 '명호'의 '소리, 의미, 형상'은 모두 천지의 근본에서 유래한 것이며, 인간 언어를 매개로 하여 우주 질서를 구현하는 수단이 된다.

나아가 동중서는 '천자(天子)', '제후(諸侯)', '대부(大夫)', '사(士)', '민(民)'이라는 명칭들을 음(音)·의(義)·형(形)의 차원에서 분석하였다. 그는 '천자란 하늘의 아들이며, 하늘을 섬김에 효도로써 해야 한다.'라고 하였고, '제후란 천자를 받들어 봉사하는 자'이며, '대부란 충신과 예의에서 일반 사람보다 뛰어난 자'이고, '사(士)란 일하는 사람(事)을 뜻'하며, '민(民)은 눈을 감음(瞑)'이라는 뜻에서 나왔기에 '어두움 속에서 인도받는 존재'라고 보았다. 이로써 그는 이 다섯 가지 '명호'가 각각의 천직과 본분을 나타낸다고 설명하였다.

> 다섯 명호는 스스로 인도되어 각각의 직분이 있으며, 그 직분 안에서 얽
> 히고 나뉘어져 각각의 이름이 있다.[17]

이 다섯 '명호'는 각기 다른 직책과 사명을 바탕으로 이름 지어진 것으로, 하늘의 도리와 인륜에 합치된다. 또한 동중서는 '황(皇)', '방

---

16) 『春秋繁露』「深察名號」: 名號異聲而同本, 皆鳴號而達天意者也.
17) 『春秋繁露』「深察名號」: 五號自贊, 各有分, 分中委曲, 曲有名.

‘(方)’, ‘광(匡)’, ‘황(黃)’, ‘왕(往)’이라는 다섯 범주로 ‘왕(王)’이라는 ‘명호’의 큰 뜻을 설명하고, ‘원(元)’, ‘원(原)’, ‘권(權)’, ‘온(溫)’, ‘군(群)’이라는 다섯 범주로 ‘군(君)’의 의미를 해석하였다. 이러한 운이 같거나 유사한 글자들은 소리를 통해 내포된 의미를 전달할 뿐만 아니라, 유사한 자의(字義)를 통해 명호의 뜻을 표현함으로써 천지의 큰 절목과 대의(大義)를 드러낸다.

동중서는 또한 자형(字形)을 통해 의미를 해석하는 데 능통하였다. 예를 들어, 그는 다음과 같이 설명하였다.

> 마음이 하나에 머무는 것을 ‘충(忠)’이라 하고, 둘 사이에 머무는 것을 ‘환(患)’이라 한다. ‘환’은 사람의 마음이 하나로 일치되지 않음을 뜻한다.[18]

‘충(忠)’과 ‘환(患)’의 자형 구조를 비교하면, 두 글자가 서로 다른 뜻을 가지고 있음을 분명히 이해할 수 있다. 또한 동중서는 ‘왕(王)’이라는 글자에 대해서도 독특한 자형 해석을 제시하였다. 그는 ‘왕’ 자의 세 가로획은 ‘천(天), 지(地), 인(人)’을 상징하며, 가운데 하나의 세로획은 천지인 삼재를 관통하는 도(道)를 나타낸다고 보았다. 이는 곧 하늘과 인간의 관계를 명확히 하는 것이다. 아울러 동중서는 ‘인(仁)은 사람(人)을 뜻하고, 의(義)는 나(我)를 뜻하며, 성(性)은 삶(生)을 의미한다.’라고 해석하였다. 이 모든 해석은 ‘명호’의 ‘소리, 자형, 자의’가 하나의 근본에서 비롯됨을 전제로 하여 ‘명호’에 내포된 뜻을 밝히는 방식이다.

3. 散名(산명)과 凡號(범호)의 차이는 무엇인가

---

18) 『春秋繁露』「天道無二」: 心止於一中者, 謂之忠; 持二中者, 謂之患. 患, 人之中不一者也.

‘명호(名號)’는 모두 ‘사람, 사물, 사건’을 지칭하는 것이지만, ‘명(名)’과 ‘호(號)’에는 차이가 있다. 동중서는 ‘범호(凡號)’와 ‘산명(散名)’을 자세히 구분하였는데, “물건마다 범호가 있고, 호마다 산명이 있다.[19]”라고 하였다. 이것이 바로 동중서의 ‘정명(正名)’ 사상의 또 다른 특징이다.

> 명(名)은 호(號)보다 많고, 호는 그 큰 범주를 가리킨다.[20]

‘호’는 사물의 큰 종류를 지칭하며, 적고 대략적이다. ‘명’은 호보다 많고 상세하다.

> 명이란 그것의 구별되고 분산된 것을 명명하는 것이다. 호는 범위가 넓고 대략적이며, 명은 상세하고 뚜렷하다.[21]

‘범호(凡號)’는 그 개요를 드러내고, ‘명’은 만물 만사를 상세히 열거하고 분별하기 위함이다. 동중서는 ‘산명(散名)’과 ‘범호’의 차이를 신중히 구분하여, 모든 사물은 각기 ‘범호’를 가지고 있고, ‘호’ 아래에도 ‘산명’이 있다고 보았다. 예를 들어, ‘호’가 ‘제(祭)’라면, 이는 ‘제사의 일반적인 뜻’이며, 1년 사계절 각기 다른 시기의 제사는 서로 다른 ‘산명’을 가진다. “봄에는 사(祠), 여름에는 약(礿), 가을에는 상(嘗), 겨울에는 증(蒸)이다.”[22] ‘호’가 ‘전(田)’이라면, 이는 ‘사냥’을 총칭하며,

---

19) 『春秋繁露』「深察名號」: 物莫不有凡號, 號莫不有散名.
20) 『春秋繁露』「深察名號」: 名衆於號, 號其大全.
21) 『春秋繁露』「深察名號」: 名也者, 名其別離分散也. 號凡而略, 名詳而目.
22) 『春秋繁露』「四祭」: 春曰祠, 夏曰礿, 秋曰嘗, 冬曰蒸.

각 계절의 사냥은 각기 다른 '산명'을 가진다. "봄에는 묘(苗), 가을에는 수(蒐), 겨울에는 수(狩), 여름에는 선(獮)이다."[23]

이들 '호'와 '명'은 모두 '천(天)'의 뜻에서 비롯되어, 천의 뜻과 통하며, 인간의 생산과 생활에 부합한다. 동중서는 '명호(名號)'의 의미와 본원을 '천(天)'에 귀속시켜, '명호'에 신성성을 부여하였다. 그는 성인은 '범호'의 틀을 세워 '천'의 뜻과 천시(天時)에 따라 이름을 정하고, 이름을 따라 실체를 구하며, 천의 뜻을 통달하고, 인간의 정서에 순응하며, 천도의 순리에 따른다고 보았다.

> 이는 오래된 일로 각기 이름에 순응하고, 이름은 모두 크게 천에 순응한다.[24]

'명호'는 인간의 생활에 근거하여 제정되며, '명호'를 제정할 때 천도를 따르지 않으면 합리적이지 않다. 예를 들어, 봄철 사냥 명칭인 '춘묘(春苗)'는 봄에 동식물이 갓 싹트고 움트며 아직 어리다는 뜻이다. 가을 제사의 명칭인 '상(嘗)'에 대해서는 『상서대전』에 "선(鮮)이란 무엇인가? 가을에 상을 취함이다."[25]라고 기록되어 있다. '선(鮮)'과 '선(獮)'은 통하며, 가을에 갓 수확한 '신선한 곡식을 맛본다.'라는 뜻이어서, 가을 사냥 명칭을 '선(獮)'이라 부른다.

4. 천의(天意)에 곧바로 닿아 사물을 분별하고 이치를 밝힌다

동중서는 사물의 '명호(名號)'를 '천(天)'과 연결하여, '명호'가 '천

---

23) 『春秋繁露』「深察名號」: 春苗, 秋蒐, 冬狩, 夏獮.
24) 『春秋繁露』「深察名號」: 事各順於名, 名各順於天.
25) 『尚書大傳』「略說」: 鮮者何也? 秋取嘗也.

의(天意)'를 표현한 것으로 보았다. 성인은 천지의 뜻을 본받아 '명호'를 정한다고 하였으며, 이것이 그의 '정명(正名)' 사상의 중요한 특징 중 하나이다.

동중서의 사상은 '천(天)의 철학'이라 할 수 있으며, 그의 정명(正名) 사상 또한 '천'의 이론으로 통합되어 있다. '명호'가 시비곡직(是非曲直)을 분별할 수 있는 이유는 "그 기가 천지에 통하기 때문"[26]이며, 명호는 그대의 천의(天意)를 취한 것이다.

> 명호의 바름은 천지에서 취하는 것이며, 천지가 명호의 대의(大義)이다.[27]

『석명(釋名)』에서는 천지(天地)를 다음과 같이 설명한다.

> 천은 매달린 것이며, 위에 높고 밝은 것이다. 지는 바닥이며, 그 몸체는 아래에 있어 만물을 싣는다.[28]

'명호'의 음성이나 의미는 모두 천지의 큰 절목과 대의(大義)를 취한 것이다. 이러한 토대 위에 동중서는 명호(名號)의 진실성이 천(天)에서 비롯되었으므로, '천'이야말로 명호의 시비(是非)와 역순(逆順)을 가리는 기준이며, '천(天)-인(人)' 사이를 이어주는 매개라고 보았다. '천의'에 부합하는 '명호'는 올바름과 그릇됨을 분별할 수 있다.

동중서는 '명호'를 고찰한 것을 근거로 "하늘과 사람 사이는 합하여

---

26) 『春秋繁露』「深察名號」: 其幾通於天地.
27) 『春秋繁露』「深察名號」: 名號之正, 取之天地. 天地爲名號之大義也.
28) 『釋名』「釋天」: 天, 顯也, 在上高顯也.;「釋地」: 地者, 底也, 其體底下, 載萬物也.

일체가 된다."[29]라고 하여, 천인(天人) 사이의 최고 경지인 '천인합일(天人合一)'을 설명하였다. 사물의 명호를 깊이 탐구하고 그 이치를 분별하며, 명호가 드러내는 천의(天意)를 따라 행하는 것은 이치 상 하늘과 합하여 통하는 것이며, 사물의 진실에서 벗어나지 않는다. 오직 사물의 진리를 파악하고 천인 사이의 경계를 연결할 수 있을 때, 행위 속에서 서로 보완하고 순응할 수 있으며, 천도와 자연 및 사회 윤리 질서가 명(名)과 실(實)의 통일 속에서 일치하게 되어, '천인합일'에 도달할 수 있다.

동중서는 '명호(名號)'를 통해 천도(天道)와 인도(人道)를 연결하였다. 명호는 사물을 구별하고 분별할 뿐만 아니라, 인간이 인륜 관계와 윤리 도덕 질서를 올바르게 분별하는 데도 도움을 준다.

> 명이란 사물을 구별하는 일이니, 친한 것은 무겁게 여기고, 먼 것은 가볍게 여기며, 존귀한 것은 화려하게 표현하고, 천박한 것은 소박하게 하며, 가까운 것은 상세히 하고, 먼 것은 개략적으로 하며, 문사(文辭)는 감정을 숨기지 않고, 감정은 문사를 남기지 않으며, 사람의 마음은 이에 따르되 거스르지 않고, 고금이 통하고 혼란하지 않으니, 이것이 명의 의미이다. 남녀도 또한 도와 같다. 인간은 예의와 의리를 말로 구별하는데, 명호는 인간 사회에서 비롯되었으나 천도를 따르지 않으면 의(義)가 아니며, 천인(天人)의 구분을 살피고 도(道)와 명(命)의 차이를 관찰하면 예의 뜻을 알 수 있다.[30]

'명호'는 인간 사회에서 비롯되었다. 하지만, 반드시 천도를 따르

---

29) 『春秋繁露』「深察名號」: 天人之際, 合而爲一

30) 『春秋繁露』「天道施」: 名者, 所以別物也. 親者重, 疏者輕, 尊者文, 卑者質, 近者詳, 遠者略, 文辭不隱情, 明情不遺文, 人心從之而不逆, 古今通貫而不亂, 名之義也. 男女猶道也. 人生別言禮義, 名號之由人事起也. 不順天道, 謂之不義, 察天人之分, 觀道命之異, 可以知禮之說矣.

지 않으면 안 된다. 그렇지 않을 경우, 부당하다. '명호'를 제정함으로써 천인(天人)의 구분을 살필 수 있고, 천도와 성명(性命)의 차이를 알수 있는데, 이것이 곧 예의를 제정하는 의미이다. 그러므로 '정명(正名)'은 사람들이 '천도'의 규칙을 따르고 '천의'를 거스르지 않으며 예에 따라 행하도록 하여 사회의 정치와 윤리 도덕이 정상적이고 질서 있게 운행되도록 하는 것, 이것이 바로 '명호'의 본질적 의미이다(安文強, 2014).

동중서의 '정명(正名)' 사상의 특징에서 알 수 있듯이, 동중서는 천인(天人) 관계의 관점에서 선진(先秦) 제자백가가 순수하게 '명실(名實)' 관계와 그 치국(治國)의 기능을 탐구한 '명호' 이론을 확장하였다. 그는 '명호'가 곧 '천의(天意)'에 직접 통한다고 보았으며, 사물의 '명호'를 이해하고 분석함으로써 그 속에 담긴 깊은 의미를 탐구할 수 있다고 지적하였다. 동중서의 '정명' 사상은 윤리 도덕 차원에서 명분과 지위를 명확히 하고, '명(名)'에 근거하여 '인(仁)'과 '의(義)'의 사상과 법칙을 확립하였다. 그리하여 윤리 도덕 규범을 명확히 하고, '인의관(仁義觀)'을 제시하여, 사람들이 인의(仁義)를 더욱 잘 실천하도록 지도하였다.

Ⅳ. 정명(正名) 관점에서 본 인(仁)과 의(義)

동중서는 『춘추번로』「인의법」에서 그의 '인의관(仁義觀)'을 체계적으로 설명하였다.

　　『춘추』가 다스리는 것은 사람과 나이다. 그러므로 사람과 나를 다스리는
것은 인과 의이다.[31]

　　동중서는 『춘추』가 연구하는 것은 다름 아닌 타인과 자기 자신과
의 관계이며, 타인과 자기 관계의 범주는 인(仁)과 의(義)라고 보았다.
동중서는 '정명(正名)'의 관점에서 '인'이 무엇이며 '의'가 무엇인지를
다음과 같이 해석하였다.

　　인으로 사람을 편안케 하고, 의로 나를 바로잡는다. 그러므로 인은 사람에
관한 것이고, 의는 나에 관한 것이다. 명칭으로 구별한다.[32]

　　'명칭으로 구별한다'는 것은 이름을 말함으로써 이미 사물의 실상
을 구별함을 뜻한다. '인(仁)'은 타인을 어떻게 대할 것인지를 나타내
며, '의(義)'는 자신을 어떻게 대할 것인지를 나타낸다. 동중서는 '인'
과 '의'의 '명칭'을 통해 '인'과 '의'의 기본 내용과 범주를 제시하였다.
동중서의 「인의법」에 대해 쉬푸관(徐複觀)은 '지금에 이르러서도 매
우 큰 계발을 주면서 선진(先秦) 유가(儒家)의 본의를 결코 어기지 않
았다!'라고 평가하였다. 실제로 그러하다. 동중서는 '정명'의 관점에서
'인의관'을 설명하여, 전통 유가의 '인의(仁義)' 사상과 맥락을 같이 하
면서도, 그 내용을 풍부하게 발전시켰다.

1. 인(仁)

글자의 소리인 자음(字音)의 측면에서 보면, "인(仁)은 친애함이다.

---

31) 『春秋繁露』「仁義法」: 春秋之所治, 人與我也. 所以治人與我者, 仁與義也.
32) 『春秋繁露』「仁義法」: 以仁安人, 以義正我, 故仁之爲言人也, 義之爲言我也, 言名以別矣.

사람 '인(人)'자가 두 개 들어간다."[33] 인이란 친함(親)이라는 뜻이다. "인이란 바로 사람이다."[34] '인(仁)'이라는 말을 꺼내는 순간, 그것은 '사람(人)', '사람을 사랑하는 마음(親愛人)', '사람의 무리(人群)'라는 말과 분리될 수 없다.

'인(仁)', '인(人)', '친(親)', '군(群)'은 음훈(音訓)의 측면에서 보면, 운각(韻脚)이 서로 압운되고 있다. "사람을 세우는 도리는 '인'과 '의'라 한다."[35] '인'과 '의'는 사람이 사람으로 존재하기 위한 가장 근본적인 규범이다. 하늘의 음양(陰陽), 땅의 유강(柔剛), 사람의 인의(仁義)를 아울러 '삼재(三才)'라 하여 도리의 근본으로 삼는다.

동중서가 말한 것처럼, "인은 사람을 뜻하고, 의는 나를 뜻하니, 이름으로써 구별된다."[36] 이 말은 명실(名實)의 관계로 보아도 매우 분명하다. '이름(名)'으로서 '인(仁)'이라는 글자를 말하는 순간, 그것은 '사람(人)'을 의미하며 '나(我)'를 뜻하는 것이 아니다.

둘째, 글자의 모양인 자형(字形)으로 보면, '인(仁)'자는 사람 '인(人)'과 둘 '이(二)'로 구성되어 있다. 이는 곧 '두 사람'을 뜻하는데, 단옥재(段玉裁)는 이렇게 주석하였다.

서로 짝을 이루는 것은 공경의 표현이다 …… 짝이란 '너와 내가 친밀하다.'라는 말이며, 혼자일 경우에는 짝이 없고, 짝이 있을 때 서로 친하다. 그러므로 그 글자는 인(人)과 이(二)을 따른다.[37]

---

33) 『說文解字』: 仁, 親也, 從人二.
34) 『孟子』「盡心下」: 仁也者, 人也.
35) 『周易』「說卦」: 立人之道, 曰仁與義.
36) 『春秋繁露』「仁義法」: 仁之爲言人也, 義之爲言我也, 言名以別矣.
37) 『說文解字注』: 以相人耦爲敬也. …… 耦猶言爾我親密之詞, 獨則無耦, 耦則相親. 故其字從人二.

이 말은 한 사람만으로는 '인(仁)'을 드러낼 수 없으며, '인'은 '사람과 사람 사이의 관계'에서 비로소 드러난다는 뜻이다. '인'은 반드시 사람들 사이의 교류 속에서 구현된다. 첸무(錢穆, 2011)은 "인은 바로 인간 사회에서 서로 더불어 살아가는 도리이다."라고 하였다. 사람이 하늘과 땅 사이에 존재하면서 '사람'이라 불리는 까닭은, '부자(父子), 형제(兄弟), 군신(君臣), 장유(長幼)' 등의 윤리 질서가 있기 때문이다. 즉 '사람'은 살아 있는 동안 '인륜' 속에 존재하고, 죽은 후에도 '신종추원(愼終追遠)'을 통해 '인륜' 속에 머무른다. 반드시 윤리적 관계 속에 존재해야 사람이 되는 것이다.

동중서는 타인을 마주할 때 평안을 주고, 다른 사람을 사랑하는 일을 '인(仁)'으로 보았다. '인'은 자기 자신을 사랑하는 것이 아니라 타인을 사랑하는 일이다. 그러므로 사람은 천지와 함께 만물의 근본이 되며, 짐승과 같을 수 없고, 일정한 도덕적 자각을 가져야 한다. 예악(禮樂)을 통한 교화를 통해, 인륜 관계 안에서 사람다운 도리를 배우고, 인의(仁義)의 덕을 닦아야 한다.

셋째, 글자의 뜻인 자의(字義)에서 보면, '인(仁)'은 '친애(親愛), 남을 사랑함'이라는 의미를 지닌다.

> 인은 타인을 사랑하는 명칭이다.[38]

동중서가 말한 사랑의 대상과 범위는, 선진 유학에서 종법제(宗法制)에 기반한 '혈연 친애'에 한정했던 것을 넘어서 있다. 최소한 이런 사유를 약화시키거나 '나(我)' 밖의 모든 '타인(他人)'까지 확장한 그

---

38) 『春秋繁露』「仁義法」: 仁者, 愛人之名也.

런 개념이다. 동중서는 말했다.

> 사람이 남을 사랑하지 않고, 아무리 자신을 극진히 사랑하더라도, 나는 그
> 를 인(仁)이라 부르지 않겠다.[39]

다시 말해, 사람이 자기 자신만을 사랑하고 타인을 사랑하지 않는
다면, 이는 결코 '인'이라 할 수 없다는 것이다. 동중서는 '인'에서 그
사랑하는 대상은 '인류 전체'라고 하였다. 그가 말하는 '인'이라는 사
랑은 군생 만물에 두루 미치며, 심지어 "조수 곤충 가운데서도 사랑하
지 않을 것이 없다. 사랑하지 않는다면, 어찌 인이라 부를 수 있겠는
가?"[40]라고 하였다.

동중서는 또 인자(仁者)는 '슬퍼하고 근심하며, 사람을 사랑하는'
도덕적 수양과 생명적 기상을 갖추어야 한다고 설명하였다. 그가 말
하는 진정한 '인애'란 자기 자신에 대한 사랑도, 맹목적이거나 지나친
애착도 아니며, 인(仁)과 지(智)를 함께 갖추고, 깊이 있는 사려를 바탕
으로 한 두터운 사랑, 넓은 사랑이다. 참된 인자(仁者)는 깊은 근심과
염려의식을 지니고, 사태를 미연에 방지할 줄 알며, 나라와 백성을 위
해 깊이 도모하는 사람이다. 그 사랑은 가장 깊고 넓으며, 사방에 두루
미치고, 은혜는 천하에 드리운다.

또한 '인(仁)'은 '과일 씨앗의 가장 안쪽 부분' 또는 '딱딱한 껍질 속
의 먹을 수 있는 부분'을 의미하기도 한다. 여기에는 생생불식(生生不
息)하는 '삶'의 의미가 담겨 있다.

---

39) 『春秋繁露』「仁義法」: 人不被其愛, 雖厚自愛, 不予爲仁.
40) 『春秋繁露』「仁義法」: 鳥獸昆蟲莫不愛, 不愛奚足謂仁?

사람은 인이다. 인은 만물을 낳는다.[41]

'인'은 본래 만물을 자라게 하고 기르는 덕성을 지닌 '생명의 힘'을 가지고 있다.

'인'이란 무엇인가? 살아 있는 것을 인이라 하고, 죽은 것을 불인이라 한다. 지금 사람의 몸이 마비되어 고통이나 가려움을 느끼지 못하면, 이를 불인이라 한다. 복숭아와 살구의 씨앗 가운데 심을 수 있어 싹이 나고 자라는 것은 도인(桃仁)과 행인(杏仁)이라 하는데, 이는 생명의 의미가 담겨 있기 때문이다. 이로써 인이 무엇인지 유추할 수 있다.[42]

동중서는 이러한 '인'의 생명적 의미에서 출발하여 다음과 같이 말한다.

인의 아름다움은 하늘에 있다. 하늘은 곧 인이다. 하늘은 만물을 덮어 기르고, 변화시켜 생겨나게 할 뿐 아니라, 또 양육하여 완성시킨다 …… 하늘의 뜻을 살펴보면, 끝이 없는 인이 존재한다.[43]

그는 하늘을 곧 '인(仁)'이라 해석하며, '인도(仁道)'와 '천도(天道)'가 서로 통한다고 본다. 인간의 본질은 하늘에 있으므로, 하늘의 인을 인간의 인으로 전환한다. 그러기에 '인'은 하늘과 인간이 공유하

---

41) 『釋名』「釋形體」: 人, 仁也. 仁生物也.
42) 『上蔡語錄』: 仁者何也? 活者爲仁, 死者爲不仁. 今人身體麻痺, 不知痛癢, 謂之不仁. 桃杏之核可種而生者, 謂之桃仁·杏仁, 言有生之意. 推此, 仁可見矣.
43) 『春秋繁露』「王道通三」: 仁之美者在於天. 天, 仁也. 天覆育萬物, 既化而生之, 有又養而成之 …… 察於天之意, 無窮極之仁也.

는 본질이며, '천인(天人)'은 서로 감응하고 서로 완성해 간다(餘志平, 2012). 이처럼 '인이 곧 하늘의 마음'이므로, 인간은 하늘의 도리를 본받아 덕성을 수양하고 인정을 베풀어야 한다. 그렇게 인륜의 대도(大道)를 실현하는 것이 인간 최고의 목표이자 궁극적 귀결이다. 이러한 방식으로 동중서는 '천인' 관계의 관점에서 '인'의 이름을 바로잡고, '인'이라는 개념에 더욱 풍부한 의미를 부여하였다.

2. 의(義)

글자의 형상으로 볼 때, 갑골문에서 '의(義)'는 회의자(會意字)로, '양(羊)'과 '아(我)'에서 유래한다. 여기서 '아(我)'는 칼과 톱을 나타내는 것으로, 이는 소나 양을 도살하여 제사를 지내는 것을 의미한다. 희생을 도살하여 제사를 올리는 일은 고대에서 매우 중요하고 폐기할 수 없는 큰일이었으며, 후에는 이것이 '정당함, 공정함, 도리에 맞는 행위나 행동, 윤리 도덕의 원칙에 부합함'을 뜻하는 말로 의미가 확장되었다.

동중서는 '의(義)'가 '양(羊)'과 '아(我)'에서 유래한다는 글자의 모양에서 '의(義)'라는 명칭을 말하면, 그것은 '나(我)'를 말하는 것이지 타인을 말하는 것이 아니라고 분석한다.

> 어떤 행위를 통해 의를 얻으면 '자득(自得)'이라 하고, 어떤 행위를 통해 의를 잃으면 '자실(自失)'이라 한다. 사람이 의를 좋아하면 '자호(自好)'라 하고, 의를 좋아하지 않으면 '부자호(不自好)'라 한다. 이로써 판단해 보면, 의는 나(我)를 뜻하는 것임이 분명하다.[44]

44) 『春秋繁露』「仁義法」: 有爲而得義者, 謂之自得; 有爲而失義者, 謂之自失; 人好義者, 謂之自好; 人不好義者, 謂之不自好. 以此參之, 義, 我也, 明矣.

사람의 모든 행위는 그것이 '의'에 합당하든 부합하지 않든, 모두 자신의 얻음과 잃음에 해당한다. 때문에, 동중서는 '의'란 곧 '자기 자신'을 드러내는 것이라고 본 것이다.

둘째, 음운 분석 측면에서 보면, "의(義)란 마땅함(宜)이다."[45] 주희는 이 구절의 주석에서 "마땅함이란, 사물의 이치를 분별하여 각자 마땅한 바가 있다는 것이다."[46]라고 해석하였다. 여기서 '의(宜)'는 '적합하다, 마땅하다, 그래야 한다.'라는 의미를 지닌다. 『설문해자고림(說文解字詁林)』에서는 "의(義)는 자기의 위의(威儀)이며, '아(我)'와 '양(羊)'으로 이루어졌다."라고 풀이한다. 이는 자신의 외형이나 행동을 나타낸다는 뜻이다.

'의(宜)'는 '의(儀)'나 '의(誼)'와 통한다. 『한서』「동중서전」에서는 '의(義)'자 대신 '의(誼)'자를 자주 사용하였고, 『춘추번로』에서는 전반적으로 '의(義)'자만을 사용하였다. '의(義), 의(宜), 의(儀), 의(誼)'는 모두 음운이 유사하며, '의'의 뜻은 나를 바르게 하는 것이지 남을 바르게 하는 것이 아니다. 이는 모두 자신이 합당하고, 마땅하며, 예의에 맞는 행동이나 태도를 지시한다.

셋째, 자의(字義)의 측면에서 보면, '의(義)'는 '정당함, 적절함, 공정함'의 의미를 지닌다. "군자는 천하를 마주함에 고정된 치우침이 없고, 오직 의로써 그것을 판단한다."[47] "대인은 말이 반드시 믿음직하지 않을 수도 있고, 행동이 반드시 결과를 맺지 않을 수도 있지만, 의가 있는 곳을 따를 뿐이다."[48] 『논어』나 『맹자』의 언급처럼, '의(義)'

---

45) 『中庸』: 義者, 宜也
46) 『四書章句集注』: 宜者, 分別事理, 各有所宜也.
47) 『論語』「裏仁」: 君子之於天下也, 無適也, 無莫也, 義之與比.
48) 『孟子』「離婁下」: 大人者, 言不必信, 行不必果, 惟義所在.

는 유가 사상의 핵심 개념 가운데 하나로, 모든 가치와 덕성을 조절하고 안정시키는 안전밸브와도 같다(劉强, 2016). 공자의 '살신성인(殺身成仁)', 맹자의 '사생취의(捨生取義)'는 모두 유가가 추구하는 최고 도덕 기준인 '인의(仁義)' 사상을 잘 보여준다. '인(仁)'이 유가의 크고 자비로운 사랑이라면, '의(義)'는 유가의 큰 지혜와 용기를 상징한다고 볼 수 있다.

동중서는 '의는 나를 바르게 하는 데 있다.'라고 강조하였는데, 이는 정당하고 합리적인 도덕적 기준으로 자신을 바로잡는 것이며, 타인을 교정하는 것이 아님을 뜻한다. '의'는 '나(我)'와 밀접히 연결되어 있으며, "내게 마땅한 것이어야 비로소 의라 할 수 있다."[49]라고 하였다. 즉 '의'는 나를 중심으로 한 도리이며, 우선 자신의 행위가 마땅하고 적절해야 하고, 그 후에야 비로소 '의'라고 부를 수 있다.

어떤 사람의 도덕적 행위가 '의'의 기준에 부합하는지를 판단할 때, 그것이 타인에게 적절한가를 보기보다는 자신의 언행이 올바르고 '의'의 법칙에 부합하는지를 먼저 살펴야 한다. 자신의 마음이 바르면 행동도 자연히 바르게 된다. "그러므로 '의'는 '나'와 '마땅함'을 하나로 묶은 말이라 할 수 있다."[50] 이는 '의'와 '나'를 하나로 연결하여, 이 둘 사이에 내재적이고 밀접한 관계가 있음을 동서가 강조한 것이다.

3. '인(仁)'과 '의(義)'의 명호(名號)

동중서는 '산명(散名)'과 '범호(凡號)'의 의미에서 출발하여, '인(仁)'과 '의(義)'의 원칙과 본질을 명확히 구분하였다. '산명'과 '범호'의 관점에서 볼 때, '인'과 '의'는 서로 다른 '산명'으로, 타인과 자신을

---

49)『春秋繁露』「仁義法」: 宜在我者, 而後可以稱義.
50)『春秋繁露』「仁義法」: 故言義者, 合我與宜以爲一言

마주할 때 사용하는 명칭이 각각 다르다.

> 인의 법은 타인을 사랑하는 데 있고, 자신을 사랑하는 데 있지 않다. 정의
> 법은 나 자신을 바로잡는 데 있고, 타인을 바로잡는 데 있지 않다.[51]

더욱이 동중서는 '천인(天人)' 관계라는 이론을 통해, 하늘로써 '인(仁)'을 해석하며, '인'이 '범호'로서 지니는 의미를 확장하였고, '인(仁)'이 '인의(仁義)'와 함께 언급될 때의 의미 차이를 명확히 지적하였다.

1) 인(仁)·의(義)의 산명(散名)

'산명(散名)'으로서 '인(仁)'과 '의(義)'는 명확한 구별이 존재하는데, 이는 사람과 나, 내면과 외면, 멀고 가까움, 가고 옴의 차이를 의미한다.

> 의(義)와 인(仁)은 다르다: 인은 가는 것이고, 의는 오는 것이다. 인은 크
> 고 멀며, 의는 크고 가깝다. 사랑은 타인에게 있어 이를 인이라 하고, 의는 나
> 에게 있어 의라 한다. 인은 타인을 주체로 하며, 의는 나를 주체로 한다. 그러
> 므로 인자는 사람이고, 의자는 나이다. 이것이 바로 뜻이다. 군자는 인과 의
> 의 구별을 구하여 사람과 나 사이를 규율하고, 그리하여 내외의 구분을 분명
> 히 하며, 순역(順逆)의 자리에서 드러나게 한다. 그러므로 내면을 다스려 본
> 질을 바르게 하고, 예를 근거로 복을 권장하며, 외면을 다스려 은혜를 베풀어
> 넓게 행하며, 관용을 베풀어 많은 사람을 포용한다.[52]

---

51) 『春秋繁露』「仁義法」: 仁之法在愛人, 不在愛我. 義之法在正我, 不在正人.

52) 『春秋繁露』「仁義法」: 是義與仁殊. 仁謂往, 義謂來. 仁大遠, 義大近. 愛在人謂之仁, 義在我謂

동중서는 '인'과 '의'가 '주체, 대상, 범주, 역할, 효과' 등 여러 측면에서 완전히 다르며, 서로 대응한다고 지적하였다(楊濟襄, 2018). '인'의 '사람', '가는 것', '멀고', '외'는 '의'의 '나', '오는 것', '가깝고', '내'에 각각 대응한다. 인(仁)의 사랑은 주체와 대상이 타인이며, 그 범주는 외부로 향하고 멀리 있으며, 더 넓은 타인에게로 확장된다. 반면, 의(義)의 주체와 대상은 자신이며, 도덕적 준칙과 사회적 규범에 따라 자신을 바르게 하는 것으로, 자기 내부를 향한 반성이고 성찰이다. '인'과 '의'의 내외 구분을 명확히 하는 이유는, 외부로 널리 인애를 베풀고 관용으로 다수를 수용하며, 내부로 엄격히 자신을 다스려 규범과 절제를 유지하기 위해서이다.

유가(儒家)는 일관되게 내면에서 '구저기(求諸己)', 즉 '자신으로부터 구하는 태도'를 견지하며, 자신의 행위와 덕성의 바름, 그리고 타인에 대한 인애를 강조하였다. 공자는 염유(冉有)에게 '백성을 다스리려면 먼저 백성을 부유하게 한 다음에 교육을 시행해야 한다.'라고 하였고, 번지(樊遲)에게 '자신을 바르게 하려면 먼저 일하고 나서 밥을 먹어야 한다.'라고 하였다. 저 군자는 결코 공복(空腹)으로 먹지 않는다. [53]

이는 인(仁)과 의(義)가 다르게 취급됨을 보여준다.

동중서는 『춘추』의 기록 방식 또한 이와 같아서, 상위자의 과실에 대해서는 가차 없이 지적하고, 하층민의 고통에는 여러 가지로 연민을 보였다. 노(魯)나라 이외 다른 나라의 경우, 작은 잘못은 무시하거나 기록하지 않았다. 하지만, 노나라 자국 내의 작은 과실은 기록하

之義. 仁主人, 義主我也. 故曰仁者人也, 義者我也, 此之謂也. 君子求仁義之別, 以紀人我之間, 然後辨乎內外之分, 而著於順逆之處也. 是故內治反理以正身, 據禮以勸福. 外治推恩以廣施, 寬制以容衆.

53) 『詩經』: 彼君子兮, 不素餐兮

여 비판했다. 이 모든 것은 '자기 자신을 두텁게 하되 남을 얇게 책망하라!'는 진리를 나타낸다. '산명(散名)'으로서의 '인(仁)'은 타인에게 복을 베푸는 것이고, '의(義)'는 자기를 성취하는 것이다. 아울러 상위에 있는 군주는 백성을 다스리는 기준과 자기를 다스리는 기준을 명확히 인식하여, 정치를 시행할 때, 타인에게는 관대하고 두터운 사랑을 베풀고, 자신에게는 엄격하고 바르게 해야만 민중의 지지와 존경을 받을 수 있다.

2) '천인(天仁)'의 '범호(凡號)'

천(天)은 동중서의 관점에서 신성하고 절대적이며 권위적 의지를 지닌 초월 불가능한 존재이다. 동중서는 인(仁)의 근본을 천도(天道)의 존재와 운행에 포함시켜, '인을 통해 천을 해석하고, 천을 인으로 삼는다.'라고 하였다. 이는 '천인(天人)의 경계가 합일됨'을 가장 잘 설명한 것이다. '정명(正名)'의 관점에서 보면, '인'은 이 때문에 더욱 높고 넓으며 깊은 '범호(凡號)'의 의미를 갖게 된다.

먼저, 동중서는 천(天)이 '인(仁)'의 덕을 갖고 있음을 긍정하였다.

> 생명을 주되 사람이 되게 하지 못하며, 사람 되게 하는 이는 천이다. 사람
> 이 사람이 되는 근본은 천에 있다.[54]

동중서는 사람이 사람을 낳을 수 있지만, 사람이 '사람'인 이유는 천성(天性)과 천명(天命)을 받들었기 때문이며, 사람을 만들어내는 것은 천이라고 보았다. 『주역』에서도 "천지의 큰 덕을 생이라 한다."[55]라

54) 『春秋繁露』「爲人者天」: 爲生不能爲人, 爲人者天也. 人之人本於天.
55) 『周易』「繫辭下」: 天地之大德曰生.

고 했다. 여기서 '생(生)'은 만물을 생성함을 의미한다. 천지의 광대한 덕택은 만물을 끊임없이 생성하여 서로 침해하지 않게 하는 데 있다.

둘째, 인간은 천지(天地) 사이에 존재한다. 인간이 귀중한 것은 천도(天道)를 본받고 그에 따라 인도를 행하며, 천지를 모방하여 인덕(仁德)에 귀속되기 때문이다.

> 천의 뜻을 살피면 무궁무진한 인(仁)이 있다. 사람이 천으로부터 명을 받아 인을 취함으로써 인(仁)이 된다.[56]
> 사람의 혈기(血氣)는 천지의 뜻으로 화하여 인(仁)이 되고, 사람의 덕행(德行)은 이치(理)에 화하여 의(義)가 된다.[57]

훌륭한 인덕은 천(天)에 있으며, 천은 인애(仁愛)의 존재이다. 사람이 천으로부터 인도를 받아 인덕을 닦아야 비로소 천지와 함께 행하고 천지의 화육에 참여할 수 있다.

'인(仁)'은 끊임없이 생명과 정신이 성장하는 힘을 내포하고 있다. 인(仁)한 마음과 덕이 없다면 살아 있다고 할 수 없는데, 이것이 유가(儒家)의 생사관과 가치관이다. "하늘의 운동은 힘차니, 군자는 스스로 끊임없이 힘써야 한다."[58]라는 말은 사람이 정신과 생명이 충만해야 하며, 끊임없이 위로 향하는 성장하는 힘을 길러야 한다는 뜻이다. 그리고 "인을 실천하는 것은 오직 자신에게 달려 있으며, 어찌 남에게 달렸겠는가?"[59]라는 말처럼, 이런 성장의 힘은 자신에게서 나오며, 항

---

56) 『春秋繁露』「王道通三」: 察於天之意, 無窮極之仁也. 人之受命於天也, 取仁於天而仁也.
57) 『春秋繁露』「爲人者天」: 人之血氣, 化天志而仁; 人之德行, 化天理而義.
58) 『周易』「乾」: 天行健, 君子以自強不息.
59) 『論語』「顏淵」: 爲仁由己, 而由人乎哉?

상 자기 생명과 덕성의 성장과 완성에 있다. 오직 이렇게 할 때, 비로소 '인'의 경지에 도달할 수 있다.

이러한 의미에서, 동중서는 여기저기 흩어져있는 개별 개념으로서 '인(仁)'과 '의(義)'가 사람과 사람 사이의 관계와 그 원칙을 나타내는 것에 머무르지 않고, 보다 높은 천인(天人) 관계의 관점에서 '인을 하늘로 해석하였다. 이를 통해 '인'에 보다 광범위하고 깊은 '범호(凡號)'의 내포와 의미를 부여하였다.

V. 결어

동중서는 『춘추』의 대의를 해석함으로써, '정명(正名)'의 관점에서 자신의 '인의관(仁義觀)'을 밝히고 있다.

첫째, 동중서가 명실(名實)의 관계를 통해 '인의(仁義)' 사상을 논한 것을 보면, '명실' 관계는 동중서가 '인'의 사상을 논증하는 방법론일 뿐만 아니라, '인' 사상의 내면을 심층적으로 분석하는 이론적 기초이기도 하다.

둘째, '인의(仁義)'의 이론적 구성과 내면적 의미에 대해 동중서는 '천인(天人)' 관계의 차원에서 '인(仁)'과 '의(義)'를 '정명(正名)'하였다. 그는 '인(仁)'이 '인의(仁義)'를 통괄하며, '인'은 하늘과 인간이 서로 통하는 근본적 특질로서, 천(天)과 인(人)을 연결하는 핵심 가치라고 보았다. 이러한 의미에서 '인'은 '범호(凡號)'이다. 한편, 인간과 인간, 인간과 만물의 관계 차원에서 자아와 타자, 사물들을 어떻게 대해야 하는가에 따라 '인의(仁義)'는 다시 각기 다른 '산명(散名)'으로 나타난다.

‘인(仁)’이 ‘범호’로서 의미하는 바는, 인간이 천도(天道)를 따라야 하며, 하늘의 자애(慈愛) 정신을 배우고 본받아야 한다는 것이다. 반면, ‘인의(仁義)’가 ‘산명’으로서 쓰일 때는 양자 간에는 다음과 같은 차이가 있다. ‘인’이라는 이름은 넓고, 멀고, 두텁고, 크고, 깊다. ‘인’은 타인을 어떻게 대하는가에 중점을 두며, 외치(外治), 즉 ‘은혜를 널리 펴는 것’을 강조한다. 반면, ‘의(義)’라는 이름은 내치(內治), 즉 ‘자기를 다스리는데’ 중점을 두며, 자신을 어떻게 규범화하는가에 주안점을 둔다. 그러므로 사람 사이의 관계에서, 자신을 대할 때는 ‘의(義)’로써 자신을 바르게 하고, ‘도(道)’로 몸을 바르게 하며, ‘예(禮)’에 따라 행동해야 한다. 오직 먼저 자신을 바르게 한 뒤에야, 비로소 타인에 대한 ‘인(仁)’이 드러나고, 사랑을 널리 펼칠 수 있다.

셋째, 인의(仁義)의 도덕적 실천적 의미에 대해서이다. ‘인의’가 ‘산명(散名)’으로 병기될 때, 그 차이가 존재하지만, ‘인’과 ‘의’는 결코 완전히 분리된 것이 아니다. 동중서는 도덕적 실천을 중시하며 ‘인의지처(仁義之處)’를 분석하면서, ‘인’과 ‘의’는 생명의 징후와 도덕 실천 속에서 하나로 합쳐진다고 보았다. 그러므로 내치(內治)는 도(理)에 따라 자신을 바르게 하고, 예(禮)를 근거로 복을 권장한다. 외치(外治)는 은혜를 베풀어 널리 시행하고, 관대하게 인도하여 대중을 포용하는 일이다. 즉 나 자신 안에서는 ‘의(義)’이고, 외부에 드러날 때, 타인과의 관계에서는 ‘인(仁)’이 되며, 이는 곧 ‘인의일체(仁義一體)’의 사유로 정착된다. 타인의 허물을 비난하지 않는 것, 이것이 인(仁)의 너그러움이 아니겠는가? 자신의 허물을 고치는 일, 이것이 의(義)의 완전함이 아니겠는가? 인이 타인을 성취하게 하고, 의가 나 자신을 완성하게 하니, 둘 사이에 무슨 차이가 있겠는가? 이는 인애(仁愛)로 타인을 완성시키고, 정의로 자신을 수양하는 일이다. 다시 말하면, '인의의 너그러움'과 '의의 완전함'은 본질적으로 다르지 않다. 따라서 도덕 실천의 과정에서는 언제나 '의(義)'로써 자신을 바로잡고, 스스로를 단정히 하여야 한다. 오직 '몸소 자신을 두텁게 함'으로써 참된 '인의(仁義)'로 나아갈 수 있으며, 그렇지 않다면 이는 곧 '불인불의(不仁不義)'일 뿐이다.

동중서가 '정명(正名)'의 관점에서 '인(仁)'과 '인의(仁義)'를 분석하고 해석한 것은 매우 중요한 현실적 의의를 지닌다. 인의(仁義)라는 명칭을 면밀히 고찰하는 것을 중시한다. 그런 만큼, "인은 타인에게, 의는 나 자신에게 작용하니, 이를 살피지 않을 수 없다."[60] 이는 사람들이 눈으로 보고, 마음으로 생각하며, 반복해서 곱씹고 깊이 체득함으로써, '인의'의 구분과 '인(人)'과 '아(我)'의 차이를 명확히 인식하게 하려는 데 목적이 있다. 아울러 오직 하늘의 마음인 '인의(仁義)'를 바로 보고, '인'과 '의'의 차이를 체득하며, 그 구분의 본질을 철저히 분별할 수 있을 때, 순경(順境)과 역경(逆境) 속에서 자신과 외부 세계, 자신과 타인·다른 사물 사이의 관계를 올바르게 처리할 수 있다. 바른 진퇴 선택의 태도를 드러낼 수 있고, 성인의 가장 뛰어난 도리를 진정으로 이해할 수 있는 것이다.

---

60) 『春秋繁露』「仁義法」: 仁之於人, 義之於我者, 不可不察也.

'관덕(官德)' 사상과 그 현대적 가치

차오잉춘(曹迎春)

Ⅰ. 서언

　오늘날 중국에서 '관덕(官德)'의 문제는 사회 안정과 직결되는 중대한 사안으로 제기되고 있다. '관덕'은 '공직자가 갖추어야 할 덕목'으로, 공직자의 근본적 가치와 사회적 책임이 무엇인지, 그 본질을 보여주는 개념이다. 중국 정부는 줄곧 '관덕'을 세우는데 깊은 관심을 가져왔으며, 2013년부터 시작된 '사풍(四風)' 정비나 시진핑 총서기가 주창한 '삼엄삼실(三嚴三實)'과 '양학일주(兩學一做)' 등은 모두 당원 간부들의 근무 방식이나 성향을 겨냥한 것으로, 새로운 시대의 '관덕'을 수립하는 중요한 조치라 할 수 있다.

　현대적 의미의 관덕(官德)을 수립하려고 할 때, 전통적인 '관덕' 사상의 계승과 발전은 필수적이다. 중국의 전통문화는 무엇보다도 '덕치(德治)'를 숭상하며, '관덕'을 세우는 작업을 중시해 왔다.

　유학(儒學) 발전사에서 이정표적인 인물인 동중서의 사상 체계에는 풍부한 관덕 사상이 내포되어 있다. 최근 학계에서는 관련 연구 성과가 점점 풍부해지고 있으며, 그 내용은 주로 '청렴(淸廉)'에 집중되어 있다. 물론, 동중서의 관덕 사상은 관리의 도덕적 수양에 대한 직접적 서술에만 그치지 않고, 보다 깊은 차원의 '위관지도(爲官之道)'에 대한 형이상학적 탐구와 관료 통치 제도에 대한 정밀한 구상까지 포함된, 정치적 지혜로 가득 차 있다.

여기에서는 동중서의 '위관지도(爲官之道)', '위관지덕(爲官之德)', '치관지법(治官之法)' 등의 사상을 중심으로 검토한다. 그리고 그 현대적 가치를 효과적으로 발굴, 유익한 요소를 받아들여 오늘날 공직자의 자세를 가다듬는 이론적 근거를 제시하려고 한다.

Ⅱ. 위관지도(爲官之道)

이른바 '형이상자(形而上者)를 도(道)라고 한다!'라는 말처럼, 동중서의 '위관지도(爲官之道)'는 '관덕(官德)'에 대한 형이상학적 탐구라 할 수 있다. '관덕'이란, 정치적 도덕으로, 국가 권력을 관리하고 집행하는 관리가 국가 권력과 사회 및 개인과의 관계를 처리하는 과정에서 준수해야 할 규범 체계와 그에 내재한 도덕적 수양을 의미한다.

그러나 이러한 규범 체계와 도덕적 수양은 모두 형이하(形而下)의 범주에 속한다. 우리가 제창하는 도덕규범이 이러한 형이하(形而下)의 구체적 내용에만 머물고, 형이상(形而上)의 가치 기반이 결여되어 있다면, 그 도덕규범은 외적 구속일 뿐이며, 사람들의 내면에 뿌리 내리기 어렵고 지속되기 힘들다. 동중서의 관덕 사상에서 가장 큰 특징 가운데 하나는 바로 이러한 형이상의 '위관지도(爲官之道)'를 자세히 설명하고 있다는 점이다. '사람됨' 또는 '사람다움'에 도리가 있듯이, '관리됨' 또는 '관리다움'에도 도리가 있다. 바른 사람이 먼저 자신을 바로잡아야 한다. 그런 의미에서 '사람됨'과 '관리됨', '사람다움'과 '관리다움'은 본래 하나다.

첫째, 동중서는 '천(天)'을 우주 만물의 근원적 본체이자 세상 윤리 원칙과 규범의 근원으로 인식하고, '천인합일(天人合一)'의 이론을 통해 그의 도덕 형이상학을 체계화하였다.

> 천(天)은 만물의 조상으로서, 만물은 천이 아니면 존재하지 않는다.[1]
>
> 생명을 부여하되 인간으로서 존재하게 하는 것은 천(天)이다. 인간이 인간 됨은 본질적으로 천에 근거하며, 천은 또한 인간의 증조부에 해당한다.[2]
>
> 천(天)은 모든 신(神)들의 군주이며, 군왕이 가장 존중하는 존재이다.[3]

위에서 인용한 동중서의 언급은 인간 존재와 천(天)의 근원적 연관성을 강조한 것이다.. 또한, 사물과 인간을 포함한 모든 존재가 천(天)에 의해 창조되었음을 천명하고, 하늘이 모든 생명의 궁극적 근원이며 신성성을 지닌 존재임을 자리매김하였다. 다시 말하면, 동중서의 사상은 천(天)을 형이상학적 근원으로 설정함으로써, 도덕과 정치적 윤리 체계를 우주론적 차원에서 정초하는 체계적 사유이다.

동중서는 '천(天)'을 중심으로 상호 긴밀히 연관된 우주 체계를 구축하였다.

---

1) 『春秋繁露』「順命」: 天者萬物之祖, 萬物非天不生.
2) 『春秋繁露』「爲人者天」: 爲生不能爲人, 爲人者天也. 人之人本於天, 天亦人之曾祖父也.
3) 『春秋繁露』「郊義」: 天者, 百神之君也, 王者之所最尊也.

천(天)에는 열 개의 단(端)이 있는데, 열 개의 단(端)으로 지속된다. 천(天)이 하나의 단이며, 지(地)가 하나의 단이고, 음(陰)이 하나의 단이며, 양(陽)이 하나의 단이고, 화(火)가 하나의 단이며, 금(金)이 하나의 단이고, 목(木)이 하나의 단이며, 수(水)가 하나의 단이고, 토(土)가 하나의 단이며, 인(人)이 하나의 단이다. 모두 열 개의 단(端)으로 완성되니 이것이 천의 수(數)이다.[4]

천지의 기운은 합하여 하나가 되고, 음양으로 나뉘며, 사시(四時)로 구분되고, 오행(五行)으로 배열된다.[5]

이러한 동중서의 우주 모형은 천(天)을 주체로 삼고, 지(地)와 인(人), 그리고 음양오행(陰陽五行)을 구성 요소로 삼아 우주라는 거대한 구조를 세운 것이다(周桂鈿, 2008: 48).

둘째, 동중서는 천(天)을 유가(儒家)의 도덕과 연관시켜, 그것에 신성(神性)과 영속성(永續性)을 부여함으로써 사람들의 마음속에 '경(敬)'의 씨앗을 심었다.

동중서는 천(天)에 지고(至高)한 신성(神性)을 부여하고, 인간의 외형뿐만 아니라 내면의 도덕적 특성 또한 천에 의해 결정된다고 보았다. 다시 말하면, '천'이 최고의 선이며 도덕의 화신으로서 인애(仁愛)로 세상을 품고 만물을 은혜롭게 한다고 주장하였다.

인의 아름다움은 천에 있다. 천이 곧 인이다. 천은 만물을 덮어 기르며, 변화시켜 낳고, 양육하여 완성한다. …… 천의 뜻을 살피면 무궁무진한 인애가 있다. 인간이 천명(天命)을 받는 것은 천으로부터 인을 취하여 인이 되

---

4) 『春秋繁露』「官制象天」: 天有十端, 十端而止已. 天爲一端, 地爲一端, 陰爲一端, 陽爲一端, 火爲一端, 金爲一端, 木爲一端, 水爲一端, 土爲一端, 人爲一端, 凡十端而畢, 天之數也.
5) 『春秋繁露』「五行相生」: 天地之氣, 合而爲一, 分爲陰陽, 判爲四時, 列爲五行.

는 것이다.[6]

'천(天)'의 모든 행위는 무한한 '인애(仁愛)'를 포함하며, 인간에게 본보기와 준칙을 제공한다. 사람의 도덕적 특성뿐만 아니라 도덕적 판단 능력 또한 천(天)이 부여하였다.

> 오늘날 선함과 악함을 구별하고, 영예를 좋아하며 치욕을 미워하는 것
> 은 사람이 스스로 만들어낸 것이 아니니, 이는 천이 사람에게 내린 것이다.[7]

선을 칭찬하고 악을 미워하며, 영예를 좋아하고 치욕을 싫어하는 감정들은 인간이 자발적으로 생성한 것이 아니다. 하늘이 사람에게 부여한 것이다. 이와 같이 동중서는 하늘을 유가(儒家) 도덕과 연결하여 도덕에 하늘의 신성성과 영속성을 부여하였고, 사람들이 '천'을 경외함과 동시에 도덕규범을 존중하게 하여 마음속에 '경(敬)'의 씨앗을 심었다.

셋째, 동중서는 재앙과 이상 징후에 대한 경고를 강조하며, 천(天)의 권위성을 중시함으로써 사람들의 마음속에 '외(畏)'의 씨앗을 심었다.

동중서는 도덕적 의미의 천(天)뿐만 아니라 인격신(人格神)으로서의 천에 대해서도 언급하였다. 『춘추번로』에는 천제(天祭)에 관한 일련의 글들인 「교어(郊語)」「교의(郊義)」「교제(郊祭)」「사제(四祭)」「교사(郊祀)」가 수록되어 있는데, 여기에 '인격신'으로서 '하늘'의 의미가

---

6) 『春秋繁露』「王道通三」: 仁之美者在於天. 天, 仁也. 天覆育萬物, 旣化而生之, 有養而成之, 事功無已, 終而複始, 凡擧歸之以奉人. 察於天之意, 無窮極之仁也. 人之受命於天也, 取仁於天而仁也.

7) 『春秋繁露』「竹林」: 今善善惡惡, 好榮憎辱, 非人能自生, 此天施之在人者也.

분명하게 드러난다. 인격신으로서의 하늘에 대해서는 경(敬)하고 두려워하며 제사를 지내야 한다. 「교어」에서 동중서는 몇 가지 이상한 자연 현상을 열거한 뒤, 공자의 '삼외(三畏)' 사상을 인용하여, '하늘'은 두려워하고 공경하지 않을 수 없다고 설명하였다.

천을 두려워하고 공경하지 않으면 재앙이 어둠 속에서 조용히 닥친다.[8]

동중서는 진시황이 망한 이유에 대해, 하늘을 공경하지 않고 제사를 지내지 않았기 때문이라고 지적하며 다음과 같이 경고한다.

이전의 왕들은 모두 엄중히 하늘을 따르고 곡식을 정성껏 바치며 천(天)을 섬겼다. 그러나 진나라에 이르러 홀로 천을 폐기하고 버렸으니, 이 어찌 옛 규례를 따르지 않는 큰 폐단이 아니겠는가![9]

동중서는 인격신으로서의 천(天)이 최고의 권위와 신비로운 방식으로 인간의 행위를 감찰한다고 보았다. 인간의 행위가 하늘의 뜻에 어긋나면, 천은 재앙과 이상(異象)을 통해 이를 징계한다.

천지 만물에는 불변하는 것이 없으며, 이를 '이(異)'라 하고, 작은 것은 '재(災)'라 한다. 재앙이 먼저 닥치고 이상이 뒤따른다. 재앙은 천의 징계이며, 이상은 천의 위엄이다. 징계를 받았으나 깨닫지 못하면, 위엄으로 두려워하게 된다. …… 모든 재앙과 이상은 국가의 잘못에서 비롯된다. 국가에 잘

---

8) 『春秋繁露』「郊語」: 不畏敬天, 其殃來至暗.
9) 『春秋繁露』「郊語」: 前世王莫不從重, 栗精奉之, 以事上天. 至於秦而獨闕然廢之, 一何不率由舊章之大甚也!

못이 생기면, 천은 재난을 보내어 이를 경고한다. 경고를 받고도 변하지 않으면, 이상 현상을 통해 놀라게 하며, 놀라고도 두려워하지 않으면 재앙과 화가 이르게 된다.[10]

이와 관련하여 리쫑구이(李宗桂, 1991)는 "천인감응(天人感應)의 기본 원리를 수용하고, 자연 질서 속에 도덕규범을 포함시켜, 그 권위와 수용성을 강화하며, 더욱 자각적으로 현실 정치에 봉사하게 만들었다. 이것이 동중서 사상의 특징이자 공헌이다."라고 평가하였다.

동중서는 '위관지도(爲官之道)'에 대한 분석을 통해. 유가(儒家)의 도덕규범이 천(天)을 통해 신성(神性)을 획득하고, 사람들에게 '경(敬)'하게 하였으며, 천을 통해 권위성을 가지게 하여 사람들에게 '외(畏)'하게 만들었다. '경'은 능동적이고, '외'는 수동적이며, 전자는 양(陽), 후자는 음(陰)에 해당한다. 이 둘은 함께 '초월적'이고 '형이상학적'인 '천'을 현실적이고 강력한 '도덕적 원동력'으로 전환한다.

동중서의 '위관지도(爲官之道)'에 대한 형이상학적 논증은 오늘날 관덕(官德) 건설에 중요한 시사점을 제공한다. 현대적 도덕을 수립할 때, 흔히 '공리(功利)'적 결과를 강조하고, '형이상학적 가치'를 경시하는 경향이 있다. 이는 도덕에서 신앙적 토대를 상실하여 여러 문제를 야기할 수 있다. 우리가 주장하는 도덕이 형이상학적 가치 기반을 결여하고 있기 때문에, 도덕규범은 여전히 사람들의 정신세계에 뿌리내리기 어렵다. '형이상학적·정신적 지지' 없이 존재하는 도덕규범은, 단지 외적인 제약에 불과하다. 외부의 강제력이 부족하고 이익만을 일

---

10) 『春秋繁露』「必仁且知」: 天地之物有不常之變者, 謂之異, 小者謂之災. 災常先至而異乃隨之. 災者, 天之譴也; 異者, 天之威也. 譴之而不知, 乃畏之以威. …… 凡災異之本, 盡生於國家之失. 國家之失乃始萌芽, 而天出災害以譴告之; 譴告之而不知變, 乃見怪異以驚駭之, 驚駭之尚不知畏恐, 其殃咎乃至.

삼는 유혹이 커지는 상황에서, 이러한 도덕규범이 사람들에게 이해되고 수용되기 어렵다. 따라서 그것은 사람들의 사회생활에 안정적이고 지속적으로 작용하지 못한다(王爲全, 2004).

Ⅲ. 위관지덕(爲官之德)

동중서의 '관덕(官德)'은 그 내용이 풍부하여 정치의 여러 측면을 포괄하고 있고, 그 핵심은 '수신애민(修身愛民)'이다. 자신을 수양하고 백성을 사랑하는 일이다. 동중서의 '수신애민' 사상은 '음양' 이론을 적용하고 '인의(仁義)'를 기초로 세워졌다. 그는 선진(先秦) 유가의 '인의' 사상을 계승하고 발전시켜 독특한 '인의관(仁義觀)'을 제시하였다.

춘추가 다스리는 것은 다른 사람과 나 자신이다. 인(仁)과 의(義)로써 남과 나를 다스린다. 인으로써 사람을 편안케 하고, 의로써 나를 바르게 세운다.[11]

정치는 '자치(自治)'와 '치인(治人)'을 뜻한다. 그렇다면, 무엇으로 '자치'와 '치인'을 하는가? '인(仁)'과 '의(義)'이다. '인'은 '나를 사랑함'이 아니라 '남을 사랑함'에 있다. 다시 말하면, 백성을 사랑하고, 의를 바로 세우고, 도를 밝히며, 물질적 이익을 추구하지 않고 개인의 득실을 따지지 말아야 한다. '의'는 '나를 바로 세운다.' 그러기에 자신을

---

11) 『春秋繁露』「仁義法」: 春秋之所治, 人與我也. 所以治人與我者, 仁與義也. 以仁安人, 以義正我,

수양하고 덕을 나타내어 백성에게 본보기가 되어야 한다. 동중서의 '인'의 원칙에 따르면, 통치자는 백성에게 인정을 베풀고 자신에게는 엄격해야 한다. 그의 '수신애민'의 '관덕'은 오늘날 지도자의 '청렴'에 중요한 교육적 가치를 지닌다.

동중서의 '애민(愛民)' 사상은 '인(仁)'을 근본으로 하며, '원(遠)'과 '지(智)'를 매우 강조한다. 『춘추번로』「인의법(仁義法)」에서는 '인대원(仁大遠)'이라 하였다. 이는 인(仁)을 멀리까지 퍼트리는 일을 크게 여긴다는 의미이다. 널리 덕망을 베풀어 온 천하 백성에게 미쳐야 한다. 동중서는 '인애'의 대상이 많고 넓고 멀수록 좋다고 보았다.

> 왕자(王者)는 사이(四夷)까지 사랑하고, 패자(霸者)는 제후까지 사랑하며, 안자(安子)는 봉내(封內)까지 사랑하고, 위자(危子)는 곁 측까지 사랑하며, 망자(亡者)는 홀로 자기 몸까지 사랑한다.[12]

동중서는 인애(仁愛)와 지혜(智慧)가 반드시 통일되어야 한다고 강조하며, '필인차지(必仁且智)'의 사유를 제시하였다.

> 인이 있으나 지혜가 없으면 사랑하되 구별하지 못하고, 지혜가 있으나 인애가 없으면 선한 일을 알면서도 행하지 않는다. 그러므로 인애는 사람을 사랑하는 일이고, 지혜는 그 해를 제거하는 일이다.[13]

인애가 있으나 지혜가 없으면 차별 없이 사랑하게 되고, 지혜가 있

---

12) 『春秋繁露』「仁義法」: 王者愛及四夷, 霸者愛及諸侯, 安者愛及封內, 危者愛及旁側, 亡者愛及獨身.

13) 『春秋繁露』「必仁且知」: 仁而不智, 則愛而不別也; 智而不仁, 則知而不爲也. 故仁者所以愛人類也, 智者所以除其害也.

으나 인애가 없으면 선을 알면서도 실천하지 않는다. 인애는 인류를 사랑하기 위한 것이고, 지혜는 인류의 해악을 제거하기 위한 것이다. 동중서는 관리의 지혜가 백성을 위해 깊이 사려하고, 미리 재앙을 방지할 수 있는 능력이라고 보았다. 그는 다음과 같이 말하였다.

> 사물의 움직임을 관찰하고, 그 싹이 트기 전에 미리 알아차려, 난리가 일어나고 해악이 드러나기도 전에 이를 끊어버리는 것이 『춘추』의 뜻이며, 이는 지극한 밝음이다. …… 그러므로 해악을 막는데 미리 아는 것이야말로 명철함이다.[14]

사물의 움직임을 관찰하여 조짐을 미리 발견하고, 재앙이 형태를 갖추기 전에 제거하는 것이야말로 예지(叡智)이다.

> 모든 혼란의 근원은 의심스럽고 미세한 일에서 비롯되어 점차 커지고, 결국에는 중대한 일로 발전한다. 따라서 성인은 의심스러운 것을 밝히고, 미세한 것을 구별하며, 아주 작은 것도 끊어내어 의혹조차 생기지 않도록 하여 조기에 예방한다.[15]

동중서는 관직에 있는 자가 이러한 '미세한 것으로부터 커다란 징후를 알아채고, 재앙을 미연에 방지하는 지혜'를 갖추는 것이 백성에 대한 최고의 인덕이라 생각했다. 그것은 "다른 사람을 사랑하는 최선의 표현은 그들의 재앙을 염려하고 미리 예방하는 것보다 더 나은 것

---

14)『春秋繁露』「仁義法」: 觀物之動, 而先覺其萌, 絕亂塞害於將然而未形之時, 春秋之志也, 非堯舜之智, 知禮之本, 孰能當此? 故救害而先知之, 明也.

15)『春秋繁露』「度制」: 凡百亂之源, 皆出嫌疑纖微, 以漸寖稍長至於大. 聖人章其疑者, 別其微者, 絕其纖者, 不得嫌以蚤防之.

이 없다."[16]라는 언표에서 확인된다.

동중서의 '수신(修身)' 사상은 '의(義)'를 근본으로 삼아 '자신을 바르게 하는 일', 즉 '정아(正我)'를 강조한다. 그는 먼저 다음과 같이 지적한다.

> '의'의 법은 나를 바르게 하는 데 있고, 남을 바르게 하는 데 있지 않다. 내가 스스로 바르지 못하다면, 남을 바르게 할 수 있더라도 그것은 '의'라 할 수 없다.[17]

동중서는 '의(義)'의 원칙이 '자기 자신을 바로잡는 데 있다.'라고 보고, '타인을 바로잡는 데 있지 않다.'라고 강조한다. 자신이 바르지 못하다면, 아무리 타인을 바르게 할 수 있어도 그것은 의롭다고 할 수 없다. 이어서 그는 초나라 영왕, 제나라 환공, 오나라 합려의 예를 들며, 업적으로만 본다면, 그들은 타인을 '바르게 한' 것이지만, 『춘추』는 그들을 칭찬하지 않는다. 왜냐하면 그들은 도덕적으로 자신을 '바르게 하지' 못했기 때문이다.

동중서는 주로 통치자를 대상으로 '나를 바르게 하는 일'에 대해 논하였다. '정아(正我)'는 '관덕(官德)'의 기본 요건이다.

> 임금이 되는 자는 마땅히 자신의 덕을 굳게 지켜 백성을 따르게 하고, 자신의 권한을 굳게 붙들어 신하를 바르게 해야 한다.[18]

---

16) 『春秋繁露』「兪序」: 愛人之大者, 莫大於思患而豫防之.
17) 『春秋繁露』「仁義法」: 義之法在正我, 不在正人. 我不自正, 雖能正人, 弗予爲義.
18) 『春秋繁露』「保位權」: 爲人君者, 固守其德, 以附其民; 固執其權, 以正其臣.

동중서는 군주가 덕을 굳건히 지키면 백성이 이에 귀의하고, 권한을 확고히 행사하면 신하를 바로잡을 수 있다고 보았다. 그리고 신하 또한 군주의 은택을 이어받아 교화(敎化)를 펼쳐야 한다. 이는 동중서가 책문에서 말한 바와 같다.

오늘날의 군수와 현령은 백성의 스승이자 우두머리로서, 윗사람의 뜻을 이어받아 교화를 널리 펴야 하는 자들이다. 그러므로 스승이자 우두머리가 어질지 못하면, 군주의 덕이 드러나지 못하고, 은택이 널리 퍼지지 못한다.[19]

이로써 알 수 있듯이, 동중서 사상에서 '의(義)'의 핵심은 나를 바르게 만드는 '정아(正我)'에 있다. '정아(正我)'는 사람들을 바르게 만드는 '정인(正人)'의 전제이자 기초이고, '정인(正人)'은 '정아(正我)'의 외화이자 확장인 것이다. 그렇다면 어떻게 '나를 바르게 할 것인가?' 동중서는 그 핵심이 '마음을 바르게 하는' '정심(正心)'에 있다고 보았다.

임금이 되는 자는 마음을 바르게 하여 조정을 바르게 하고, 조정을 바르게 하여 모든 관리를 바르게 하며, 모든 관리를 바르게 하여 모든 백성을 바르게 하고, 모든 백성을 바르게 하여 세상을 바르게 한다. 세상이 바르게 되면, 멀고 가까움 없이 모두 바른길을 따르게 되고, 그 사이에 사악한 기운이나 간악함이 끼어들지 못한다.[20]

---

19) 『漢書』「董仲舒傳」: 今之郡守·縣令, 民之師帥, 所使承流而宣化也; 故師帥不賢, 則主德不宣, 恩澤不流.
20) 『漢書』「董仲舒傳」: 故爲人君者, 正心以正朝廷, 正朝廷以正百官, 正百官以正萬民, 正萬民以正四方.四方正, 遠近莫敢不壹於正, 而亡有邪氣奸其間者.

여기서 말하는 '정심'이란, 군주가 '인(仁)·의(義)·예(禮)·지(智)·신(信)'의 도덕적 요구를 온몸으로 받아들여, 자기의식의 유기적 구성 요소로 삼는 것을 의미한다.

IV. 치관지법(治官之法)

동중서가 제시한 '관리(官吏) 운영 방법'은 주로 현명한 신하의 등용과 근무 실적에 따른 상벌을 포함한다. 한편으로는 관원의 자질을 근원에서 통제하고, 다른 한편으로는 과정에서의 평가와 감독을 강화하는 것이다. 동중서의 '치관지법'은 2천여 년 전의 사상이지만, 오늘날에도 여전히 깊은 의미를 지니며, 현대적 '관덕(官德)'을 수립하는 데 충분히 참고할 만하다.

첫째, 동중서는 현명한 신하를 등용해야 한다고 강조하였다. 세상을 다스리려면 반드시 현명한 인재, 즉 '현재(賢才)'가 협조해야 한다. 이는 유가(儒家)의 일관된 주장이다. 동중서는 이러한 유가의 사상을 계승하여 "현자가 고굉(股肱)을 갖추면, 군주는 존엄해지고 나라가 안정된다."[21]라고 하였다. 동중서는 「천인삼책(天人三策)」에서 역사적 사실을 들어, 현자를 등용하지 않았을 때와 등용했을 때 나타난 결과를 비교하여 다음과 같이 말했다.

은주(殷紂)는 하늘을 거스르고 만물을 포악하게 다루었으며, 현자와 지혜로운 자를 죽이고 백성을 잔혹하게 괴롭혔다. 백이(伯夷)와 태공(太公)은 모

---

21)『春秋繁露』「立元神」: 賢者備股肱則君尊嚴而國安.

두 당시의 현자였으나 숨어 살며 신하가 되지 않았다. 관직을 맡은 자들은 모두 도망하여 하해(河海)로 숨었다. 천하가 어지럽고 온 백성이 불안하였으므로, 천하가 은나라를 버리고 주나라를 따랐다. 문왕은 하늘의 이치에 따르고 만물을 이롭게 하며, 현명한 성인을 스승으로 삼았으므로, 굉요(閎夭), 대전(大顚), 산의생(散宜生) 등이 모두 조정에 모였다. 그는 백성들을 사랑하고 은혜를 베풀었기에 천하가 그에게 귀의하였다.[22]

그렇다면, 동중서는 어떤 기준으로 현명한 신하를 판단했을까?

신하된 자는 대지(大地)를 본받아야 하며, 자신의 성정(性情)을 군주에게 모두 드러내야 한다.[23]

신하는 대지처럼 성실하고 신뢰할 수 있어야 하며, 자신의 감정과 뜻을 군주에게 숨김없이 보여야 한다.

몸을 맡기고 목숨을 바쳐 사사로이 결정하지 않는 것이 충(忠)의 실천이며, 어리석은 정성이라도 모두 쏟고 감정을 숨기지 않으며 잘못을 꾸미지 않는 것이 신(信)의 실천이다.[24]

이로 보아, 동중서는 현명한 신하가 갖추어야 할 가장 중요한 두 가지 덕목으로 '충(忠)'과 '신(信)'을 들었다.

---

22) 『漢書』「董仲舒傳」: 至於殷紂, 逆天暴物, 殺戮賢知, 殘賊百姓. 伯夷·太公皆當世賢者, 隱處而不爲臣. 守職之人皆奔走逃亡, 入於河海. 天下秏亂, 萬民不安, 故天下去殷而從周. 文王順天理物, 師用賢聖, 是以閎夭·大顚·散宜生等亦聚於朝廷.
23) 『春秋繁露』「離合根」: 爲人臣者比地貴信而悉見其情於主.
24) 『春秋繁露』「天地之行」: 委身致命, 事無專制, 所以爲忠也; 竭愚寫情, 不飾春過, 所以爲信也.

둘째, 동중서는 관리의 공과(功過)를 평가하여 상벌을 주는 제도를 강조하였다.

이익이 되는 자를 공(公)이라 하고, 이익이 되지 않는 자를 번(煩)이라 한다. 이름을 뽑아 실상을 따지되, 허위의 말을 해서는 안 된다. 공이 있는 자는 상을 주고, 죄가 있는 자는 벌을 준다. 공이 많으면 상을 더욱 크게 하고, 죄가 크면 벌을 무겁게 한다. 공을 이루지 못하면 현명한 이름이 있어도 상을 주지 않으며, 관직을 폐하지 않으면 어리석은 이름이 있어도 벌하지 않는다. 상벌은 이름에 의하지 않고 실질에 따르며, 현명함과 어리석음은 겉모습에 있지 않고 본질에 있다. 그러므로 옳고 그름을 혼동하지 않고, 기쁨과 노여움을 치우치게 하지 않으며, 간사한 꾀로 속이지 못하게 한다. 모든 것은 각기 그 본분을 다하여, 모든 관리가 직무를 힘써 수행하고 공을 다투게 한다.[25]

동중서는 엄격하였다. 공과를 평가하여 공직자인 관리의 승진 또는 강등을 결정하고, 정치에서 사무의 좋고 나쁨을 심사하여 관원의 임명 또는 해임을 결정하며, 평가 기준은 '명성'이 아니라 반드시 '실질'이어야 한다고 강조했다. 또한 그는 덕을 관찰하는 방법도 제시하였다.

많은 사람들의 의견을 구하여 그 마음을 얻고 그 정황을 두루 살피며, 그 좋아하고 싫어하는 바를 관찰하여 충신인지 간신인지 판단한다.[26]

이는 대중의 의견을 청취하여 그들의 마음을 파악하고 감정을 헤

---

25) 『春秋繁露』「考功名」: 考績黜陟, 計事除廢, 有益者謂之公, 名責實, 不得虛言, 有功者賞, 有罪者罰, 功盛者賞顯, 罪多者罰重. 不能致功, 雖有賢名不予之賞; 官職不廢, 雖有愚名, 不加之罰. 賞罰用於實, 不用於名, 賢愚在於質, 不在於文. 故是非不能混, 喜怒不能傾, 奸軌不能弄, 萬物各得其冥, 則百官勸職, 爭進其功.

26) 『春秋繁露』「立元神」: 考求衆人, 得其心遍見其情, 察其好惡, 以參忠佞.

아리며, 호불호(好不好)를 살펴 충성스러운 신하인지 간사한 신하인지를 분별하는 작업이다.

종합해 보면, 동중서는 '도(道) - 덕(德) - 법(法)'이라는 공직자의 자세와 태도, 즉 '관덕(官德)'의 유기적 체계를 구축하였다. 그 기초는 형이상학적 '위관지도(爲官之道)'이며, 주체는 '수신애민(修身愛民)'의 '위관지덕(爲官之德)'이다. 그것은 '임현고적(任賢考績)'의 '치관지법(治官之法)'에 의해 보장된다. 이는 현재 국가를 위해 복무하고 있는 공직자들의 바람직한 모습을 수립하는 데 귀중한 자료로서의 가치를 지닌다.

'교화(敎化)' 사상 연구와 현대적 의의

웨이옌홍(魏彦紅)

Ⅰ. 서언

중국 고대 사회의 서한(西漢)은 당시 세계에서 가장 발전된 사회 제도를 갖추고 있었다. 동중서의 철학 사상은 서한 사상의 정수로서 이러한 제도를 뒷받침한 선진 문화의 대표로 평가받는다. 동중서의 이론은 현실 사회의 요구를 출발점이자 귀결점으로 삼았으며, 유물론적 정신을 반영하고, 선(善)을 추구하는 정치철학이다. 그는 유교를 국가이념으로 삼은 '유학독존(獨尊儒術)'을 주장함으로써 이전의 사상을 계승하고 후세의 사상에 기틀을 다졌으며, 중화 민족 정신의 기반을 마련하였다. 학자들은 동중서를 '유교의 우두머리'이자 '유학자들의 중심', 즉 '군유지수(群儒之首)' 또는 '유자지종(儒者之宗)'으로 부르며, 그가 한·당 시대 유학의 최고 수준을 대표한다고 본다.

동중서가 제기한, 태평성대를 향한 사회 문제는 오늘날에도 특별히 참고할 가치가 있다. 저우구이뎬(周桂鈿)에 의하면, 동중서는 유가의 대성인(大聖人)이다. 서한은 오랫동안 황로(黃老) 사상의 영향을 받아왔다. 그런 상황에서 동중서는 시대적 병폐를 극복하기 위해 '현량대책(賢良對策)'을 통해 여러 학파를 배척하고 유학을 국가이념으로 제안하였고, 이는 무제(武帝)에 의해 채택되어 공식적인 지도 지침이 되었다. 이후 2천여 년간 유교는 중국 사상의 핵심 정신으로 자리 잡았다.

동중서의 사상은 매우 방대하고 심오하여, 철학·역사·문학·교육 등 여러 분야에 걸쳐 중국 사회에 지대한 영향을 미쳤다. 특히, 그의 '교화(敎化)' 사상은 그가 제기한 철학 사상에서 비롯되었으며, 중국 교육사 발전에서 독자적 위치를 차지하고 있다. 이는 한대 이후 2천 년에 걸친 중국 교육사상 발전의 중요한 전환점이 되었고, 이전의 사상을 계승하고 후대를 여는 역할을 하여, 중국 교육사상의 완성과 발전을 촉진했다.

여기에서는 동중서의 '교화' 사상에 대한 연구 현황을 정리하고, 기존 연구의 흐름을 요약하는 한편, 그 한계를 분석하고 향후 연구 방향에 대해 제언하려고 한다.

II. 교화 사상 연구의 주요 분야

최근의 연구 성과에 의하면, 동중서의 '교화' 사상에 관한 연구는 주로 다음과 같은 몇 가지 측면에서 이루어지고 있다.

1. 교화 사상의 사회적 배경

어떤 사상이든 그 발생은 반드시 사회 환경의 영향과 제약을 받게 마련이다. 따라서 사회적 배경에 관한 연구는 중요한 연구 분야의 하나가 된다.

류자오웨이(劉兆偉)는 그의 논문 「동중서의 교화로 나라를 다스리는 전략에 대한 논의」에서, 먼저 가의(賈誼)의 『과진론(過秦論)』 가운데 언급한 "인의(仁義)가 시행되지 않으면, 공격과 방어의 형세는 달라진다."[1]라는 교훈을 인용하여 진나라가 멸망한 원인을 설명한다.

한나라 고조(高祖) 유방(劉邦)은 처음에는 유가 사상을 업신여겼으며, 유학을 좋아하지 않았다. 그러나 신하들이 연회를 벌이다 술에 취해 서로 공을 다투고, 때로는 함부로 외치며 칼을 뽑아 기둥을 치는 일이 발생하자, 이는 고조에게 위협이 되었고, 이때 숙손통(叔孫通)이 예의(禮儀) 제도를 통해 신하들을 규율할 필요성을 강조했다. 이에 고조가 "나는 오늘에서야 황제가 된 것이 얼마나 귀한 일인지 알겠다."[2]라고 감탄하면서, 예제(禮制)의 시행을 결심하게 되었고, 이는 유학을 중시하는 계기가 되었다. 하지만 진나라의 법은 여전히 포기하지 않았다. 이후, 문제(文帝)가 육형(肉刑)을 폐지하면서 범죄의 원인을 '교화' 부족으로 보았고, 범죄를 막기 위해서는 교화를 강화해야 한다고 강조하였다. 이것이 바로 한나라가 '교화'를 중시하게 된 시초이다.

경제(景帝) 시기에는 두태후(竇太後)가 황로지술(黃老之術)을 숭상하여, 한때 사상적 방향을 장악하였다. 이는 유가 사상의 발전을 억제하였다. 류자오웨이는 무제(武帝) 시대에 접어들어 경제 발전과 두태후의 사망, 그리고 '7국의 난'으로 인한 통치술에 대한 반성이 이루어지면서, 유가 사상이 크게 융성하게 되었다고 본다. 국가 통치자가 백성의 사상을 관리하기 위해서는 유학이야말로 가장 적합한 사상이었

---

1) 『過秦論』: 仁義不施, 攻守之勢異也.
2) 『史記』 「劉敬叔孫通列傳」: 吾乃今日知爲皇帝之貴也.

기에, 이러한 시대적 요구에 부응하여, '교화로 나라를 다스린다!'라는 동중서의 이론이 탄생하게 되었다.

이 연구는 『한서』 「무제본기(武帝本紀)」에 나오는 다음 구절을 인용하여, 이를 뒷받침한다.

> 한(漢)은 여러 왕(王)의 폐단을 계승하였고, 고조는 난세를 바로잡았으며, 문제와 경제는 백성을 기르는 데 힘썼으나, 고례(古禮)와 문헌 정비에는 여전히 부족한 점이 많았다. 효무제가 즉위하여 곧바로 제자백가를 배척하고 육경으로 표준으로 삼았다. 이에 천하에 공표하여 현명한 인재를 천거하게 하고, 그들과 함께 공을 세우며, 태학(太學)을 세웠다.[3].

인용문은 동중서 교화 사상이 시행된 사회적 배경을 잘 요약한 표현이라 할 수 있다.

텐하이젠(田海艦)은 그의 논문 「동중서 교화 사상 탐구」에서 '동중서 교화 사상의 이론적 기초와 현실적 근거'를 분석하였다. 그는 현실적 근거에 대한 분석에서, 동중서의 긍정적·부정적 양면 논증을 인용하여, 역사적 관점에서 교화를 시행하는 중요성과 필요성을 설명하였다. 동중서는 말하였다.

> 성왕이 난세를 계승할 때는, 그 자취를 쓸어 없애고 모두 제거한 다음, 다시 교화를 수립하고 이를 높이 일으킨다. 교화가 이미 밝혀지고, 풍속이 이미 이루어지면, 자손들이 이를 따르게 되어 오백 년, 육백 년 동안에도 무너

---

3) 『漢書』 「武帝本紀」: 漢承百王之弊, 高祖撥亂反正, 文景務在養民, 至於稽古禮文之事, 猶多闕焉. 孝武初立, 卓然罷黜百家, 表章六經. 遂疇咨海內, 擧其俊茂, 與之立功. 興太學.

지지 않는다.[4]

이는 교화를 시행하여 풍속을 길들이면, 국운이 번창하고 세상이 오래도록 안정된다는 뜻이다. 또한 동중서는 반대 측면에서도 논증하였다.

진나라가 주나라를 계승하였으나 구제도를 개혁하지 못했을 뿐 아니라, 오히려 심화시켰으며, 전국적으로 학문을 엄금하고 책을 소지하지 못하게 하며, 예의와 정의를 버리고 도덕을 듣기 싫어하였다. 그 마음은 선왕들의 도를 완전히 없애고 오직 제멋대로 허술한 통치 방식을 실행하였다. 신불해(申不害)와 상앙(商鞅)의 법가 사상을 본받고 한비자(韓非子)의 이론을 실천하였기에, 진나라는 천자의 지위를 차지한 지 14년 만에 멸망하였다.[5]

이 연구에서 저자는 동중서가 당시의 사회 현실에서 출발하여, 자신의 교화 사상에 필요한 현실적 근거를 찾았다고 보았다. 즉 한나라 초기에는 진나라 제도를 이어받아 그 해독이 지금까지도 남아 있다고 하였다.

법이 시행되면 간악함이 생기고, 명령이 내려지면 속임수가 일어난다. 이와 같은 것은 끓는 물을 멈추기 위해 뜨거운 물로 잠재우거나, 불을 끄려고 장작을 더하는 것과 같아, 문제를 오히려 더 심해질 뿐 아무런 이로움이 없다.[6]

---

4) 『漢書』「董仲舒傳」: 聖王之繼亂世也, 埽除其跡而悉去之, 復修教化而崇起之. 教化已明, 習俗已成, 子孫循之, 行五六百歲尚未敗也.

5) 『漢書』「董仲舒傳」: 秦繼其後, 獨不能改, 又益甚之, 重禁文學, 不得挾書, 棄捐禮誼而惡聞之, 其心欲盡滅先王之道, 而顯爲自恣苟簡之治, 故立爲天子十四歲而國破亡矣.

6) 『漢書』「董仲舒傳」: 法出而姦生, 令下而詐起, 如以湯止沸, 抱薪救火, 愈甚亡益也.

그렇다면 왜 이러한 상황이 발생했는가? 그것은 한나라가 천하를 얻은 이래 개혁하지 않았기 때문이다.

한나라가 천하를 얻은 이래로 항상 잘 다스리기를 원했지만, 지금까지도 이루지 못한 이유는, 마땅히 개혁해야 할 시점에 개혁하지 않았기 때문이다.[7]

개혁을 하면 잘 다스려지고, 잘 다스려지면 재해는 날로 사라지고 복록은 날로 찾아온다.[8]

동중서는 무제에게 백성이 바르지 못한 것은 '교화(敎化)'가 제대로 되지 않았기 때문이라고 명확히 제안한다. 그러면서, 덕을 통한 교화를 폐지하고 형벌에 맡기는 것을 덕에 의한 교화를 중시하고 형벌에 의존하지 않는 것으로 바꿔야 한다고 주장하였다.

가오췬쥐(高春菊)은 「오직 한여름과 추위만으로는 세월을 이룰 수 없고, 오직 위세만으로는 정치를 이룰 수 없다-동중서 사회 교화 사상 연구」에서 동중서가 현실적 관점에서 출발하여 다음과 같이 지적하였다고 본다. 법 집행을 담당하는 관료만을 임명하고 덕과 교육을 담당하는 관원을 폐지하는 것은 하늘의 뜻에 어긋나는 일이다. 이는 교화를 폐기하고 교화가 없는 상태를 보여주는 것이다. 법치만을 중시하는 정치는 곧 '학정(虐政)'이며, 이것은 국가가 제대로 다스려지기 어려운 원인 하나이다. 사회의 안정을 유지하기 위해서는 반드시 제도를 새롭게 개선해야 한다. 그것은 형벌 중심의 정치에서 덕치를 중시하는 방향으로 전환하는 일이다.

---

7) 『漢書』「董仲舒傳」: 故漢得天下以來, 常欲善治而至今不可善治者, 失之於當更化而不更化也.
8) 『漢書』「董仲舒傳」: 更化則可善治, 善治則災害日去, 福祿日來.

탕궈쥔(唐國軍)은 「동중서와 유가사상 정치교육 이론의 실천화」에서 사회 발전에 영향을 미치는 사상 의식의 관점에서 분석하였다. 그는 한나라 초기 70여 년 동안은 황로 철학이 유행하면서 사회 안정을 실현하였고, 경제 회복과 발전을 어느 정도 촉진하는 데 기여했다. 하지만, 동시에 여러 부정적인 영향을 초래하였다고 본다. 예를 들어 호족 세력의 토지 겸병, 군국 병행 체제, 왕권의 권위 실추, 학술 사상의 분열 등이다.

이러한 상황이 초래된 근본 원인은 사회에 '대일통(大一統)'의 정치적·종교적 신앙이 형성되지 않았기 때문이라고 지적한다. 이에 따라 동중서는 춘추공양학(春秋公羊學)에서 제시된 '대일통' 이론을 적극적으로 활용하고, 천명관(天命觀)과 음양관(陰陽觀)을 도입하여 '천인감응(天人感應)'과 '천인합일(天人合一)' 이론을 창립하였으며, 사상 및 정치의 통일과 윤리 도덕의 일치를 주장하였다. '독존유술(獨尊儒術)' 사상은 바로 당시 사회 상황의 요구를 반영한 것이었으며, 이로써 유가 사상은 2천여 년간 중국 봉건 사회의 정통 사상이 되었고, 유가사상 정치교육 실천의 출발점이 되었다.

2. 인성론: 교화 사상의 이론적 기반

교육의 목적은 '인간 본성을 올바르게 이끄는데' 있다. 맹자의 성선설, 순자의 성악설, 공자와 유자(有子) 등의 성무선무악설(性無善無惡說)에 기반하든, 어느 경우든, 인간 본성에 대한 이해는 교육 행위를 실행하는 출발점이자 귀결점이 된다.

동중서의 인성론은 이전 사상가들과 차이를 보이지만, 그의 교육사상을 구성하는 근간이 되었다. 학자들이 동중서의 교육사상을 연구할 때 가장 먼저 살펴보는 것이 바로 그의 '성삼품설(性三品說)'이다. 이는 그의 '교화' 사상에서 철학적 기초를 마련해 준다.

동중서 '교화' 사상에 대해 비교적 이른 시기에 연구한 학자로는 랴오치파(廖其發)가 있다. 그는 「동중서의 인성론과 교육사상 연구」에서 동중서가 말한 인간 본성의 본의(本義)를 해석하였다. 그는 동중서가 말하는 인간 본성이란, 인간이 태어날 때부터 지닌 자질 또는 기질이라고 보았다.

동중서의 인성론은 먼저 인간의 선천적 자질이 어떤 내용과 특성인지 탐구하고, 그 직접적 목적은 선천적 자질과 후천적 환경, 그리고 교육이 인간 발달에 어떤 영향을 주는지를 논의하는 데 있었다. 그것은 인간 본성에 기초하여 바람직한 발전 방향을 제시하려는 작업이었다. 그는 동중서의 인성론을 인간이 선천적으로 윤리적·도덕적 관념을 지니고 있다는 주장으로만 이해하는 것은 정확하지 않으며, 이는 전체를 부분으로 오해하는 논리적 오류라고 보았다. 동중서의 인성론은 단순한 '철학사상'의 문제가 아니라, '교육철학'의 문제라는 점을 강조하였다.

다음으로, 그는 동중서의 '성삼품설(性三品說)'에 대한 몇 가지 비판적 견해에 대해 반박하였다. 그는 동중서의 '성삼품설'은 주로 인간의 선천적 자질과 후천적 행위를 근거로 삼고 있으며, 그 판단 기준은 봉건 인륜의 도리에 있다고 보았다. 인간 본성의 관점에서 보면, '성인지성(聖人之性)-두소지성(鬥筲之性)-중민지성(中民之性)'은 서로 다르다. 이 가운데 인간 본성의 일반적 특성은 '중민의 본성'에 해당한다. 중민의 본성은 '탐욕'과 '인애'가 공존하고, 착한 자질이 있으나 아직 실현하지 못했으며, 성은 가르침을 통해 착해진다는 특징을 가진다. 따라서 후천적 교육이 없으면 선의 경지에 도달할 수 없으며, 선에 이를 수 있는지 없는지는 전적으로 교육에 달려 있다.

성인의 특성은 '과선(過善)'으로, 이는 최고의 선인 '지선(至善)'에 도달한 상태를 의미한다. 이러한 '과선'의 경지는 후천적 성취이면서 동시에 선천적 특성이기도 하다. 성인은 태어날 때부터 악한 자질이 전혀 없고, 교육을 받을 필요 없이, 초인적 면모를 지니고 있다. 순수한 선의 품성, 초월적 능력, 그리고 일반인과는 다른 특별한 점이 있다는 것이다. 반면, '두소지성'은 태어날 때부터 선한 자질이 없으며, 교육이 아무런 효과를 주지 못하고, 후천적 표현 또한 오직 악일 수밖에 없다고 하였다.

그는 나아가, 동중서가 모든 제왕을 성인으로 보지는 않았으며, 중인(中人)이나 두소(鬥筲)와 같은 인물들도 존재한다고 지적하였다. 동중서가 말하는 성인은 단순히 제왕만을 지칭하는 것이 아니라, 지배 계층인 제왕, 관료, 사상가 중에서 소수의 현명한 인물을 의미한다. 중민(中民)은 지배 계층과 피지배 계층 사이에 있는 일반 구성원과 자유민을 포괄한다. 두소지인(鬥筲之人)의 주요 특징은 '악이 깊다'는 점인데, 지배 계층 중에서도 하나라 걸왕(桀王), 상나라 주왕(紂王)과 같은 폭군, 인륜을 심각하게 위배한 관리 및 기타 인물들이 이에 포함된다. 따라서 동중서가 말한 두소지인은 단지 사회적 지위가 낮은 사람만을 지칭하는 것이 아니다.

랴오치파(廖其發)은 이러한 동중서 인성론에 대한 깊이 있는 분석을 통해, 동중서가 인간 본성과 교육문화와의 관계를 논하는 데 필요한 이론적 기반을 마련해 주었다.

톈하이젠(田海艦)은 그의 논문 「동중서 교화 사상 탐구」에서 먼저 동중서 교화 사상의 이론적 기반을 탐구하였다. 그는 동중서가 '공자-맹자-순자'의 인성론을 비판적으로 융합하여, 독특한 교육을 통해 선에 이른다는 인성론을 제시하였다. 그리고 이를 통해 교화관(敎化觀)의 형이상학적 근거이자 이론적 토대를 마련했다고 보았다. 그는 동중서의 인성론이 '외부로부터의 교화' 가능성과 필요성을 충분히 설명해 준다고 평가하였다.

> 성(性)이란, 하늘이 부여한 순수한 자질이다.[9]
>
> 사람은 하늘로부터 명을 받을 때, 선을 좋아하고 악을 미워하는 본성을 부여 받는다.[10]

본성은 선도 아니고 악도 아니며, 선과 악 두 가지 자질을 모두 가지고 있다. 성을 선하다고 하는 것은 그 '양(陽)'을 본 것이며, 성을 악하다고 하는 것은 그 '음(陰)'을 본 것이다.

> 쌀이 벼에서 나오지만, 벼를 쌀이라 부를 수 없고, 옥이 옥돌에서 나오지만, 옥돌을 옥이라 부를 수 없다. 선은 본성 안에 있으나, 본성 자체를 곧 선이라 부를 수 없다. 알은 본성상 병아리가 될 수 있으나 아직 병아리가 아니고, 누에고치는 본성상 고치실을 만들 수 있으나 아직 고치실이 아니다. 삼도 실이 될 수 있으나 아직 실이 아니고, 벼도 쌀이 될 수 있으나 아직 쌀이 아니다.[11]

---

9) 『春秋繁露』「實性」: 性者, 天質之樸也.

10) 『春秋繁露』「玉杯」: 人受命於天, 有善善惡惡之性.

11) 『春秋繁露』「實性」: 米出於粟, 而粟不可謂米; 玉出於璞, 而璞不可謂玉; 善出於性, 而性不可謂善. 其比多在物者爲然, 在性者以爲不然, 何不通於類也? 卵之性未能作雛也, 繭之性未能作絲也, 麻之性未能爲縷也, 粟之性未能爲米也.

그는 동중서가 말한 하늘로부터 부여받은 성질은 오직 선의 자질에 그치며, 반드시 교육을 거쳐야만 진정한 선이 될 수 있다고 보았다. 또한 동중서의 인성론이 '교화의 대상 설정'에 이론적 근거를 제공하였음을 지적하면서, 그 핵심 대상은 '중민(中民)'임을 밝히고 있다. 이어서 그는 동중서가 어떻게 '천도(天道)'를 활용하여 교화의 신성성과 필요성을 논증했는지도 함께 설명하였다.

두웨이(杜巍)는 「동중서 천인관에서의 교육사상 탐구」에서 독특한 연구 영역을 제시하였다. 바로 '명호(名號)' 사상 또한 동중서 '교화' 사상의 중요한 근거로 작용한다는 것이다. 동중서는 공자의 '정명(正名)' 사상을 발전시켜 "천하를 다스리는 근원은 큰 문제(大義)를 세밀하게 분별하는 데 있고, 큰 문제를 분별하는 근원은 '명호'를 깊이 살피는 데 있다."[12]라고 주장하였다. 그는 사람들에게 자신이 '하늘로부터 명을 받아 부여된 명호'를 무조건적으로 수용할 것을 요구하였으며, 이 '명호' 사상은 그의 인성론을 기반으로 전개된 것이라고 할 수 있다. 이 논문에서는 한대 유학자들이 '명호' 사상을 체계적으로 정리하고 설명하여, 일종의 연상식(聯想式) 통합 체계를 형성하였으며, 이를 통해 각기 다른 사회 계층의 사람들에게 상징적 의미를 부여하고, 자연스럽게 백성은 물론 군신(君臣)까지도 교화하고 지도하는 효과를 거두게 되었다고 분석하였다. 결과적으로 '명호' 사상은 대일통(大一統)을 위한 교화의 중요한 수단으로 되었다.

황자오(黃釗)의 「동중서의 '유학 독존'을 특징으로 한 도덕 교화 사상 탐구」에서는 동중서의 '질박지성(質樸之性)'이라는 인성론을 주제로 이를 해석하였다. 그는 동중서의 '질박지성'의 정의에 관한 부분에

---

12) 『春秋繁露』「深察名號」: 治天下之端, 在審辨大. 辨大之端, 在深察名號.

서, 이 개념이 고자(告子)의 사상과 일치한다고 보았다. 그리고 "'성인지성(聖人之性)'은 성이라 할 수 없고, '두소지성(斗筲之性)' 역시 성이라 할 수 없으며"[13] 성이라 부를 수 있는 것은 바로 중민지성(中民之性)이다는 것을 해석하면서 독특한 관점을 제시하였다. 그는 일반적으로 알려진 동중서의 '성삼품설(性三品說)'을 그대로 수용하지 않고, 동중서의 인성론은 오히려 '성이품설(性二品說)'로 보아야 한다고 주장하였다. 더 나아가 설명하기를, '성인지성'과 '두소지성'은 후천적으로 변화시킬 수 없으므로 '성'이라 부를 수 없고, 동중서가 말한 성은 오직 '질박지성', 곧 중민지성을 의미한다고 이해하였다. '중민지성'은 후천적 교육을 통해 변화 가능하기 때문에, 참된 의미에서 말할 수 있는 '성'은 '중민지성' 하나뿐이다. 따라서 동중서의 인성론은 '성삼품'이 아니라 '성일품(性一品)'이라는 것이다.

궈빙제(郭炳潔)는 「동중서의 인학 사상과 도덕 교육 사상」에서 '중민지성(中民之性)'에 대한 분석과 더불어, 동중서 사상 속의 '순명책실(循名責實)'의 방법론에 주목하였다. 그는 동중서가 '명호(名號)'의 기원을 신비로운 '천(天)'에 두었다고 보았으며, 나아가 하늘에는 '음양(陰陽)'이 있고, 인간에게는 '성정(性情)'이 있어, 서로 분리할 수 없다고 분석하였다. 또한 '중민지성'의 '선질(善質)'과 '선(善)'의 관계는 '가능성'과 '현실성', '근거'와 '결과'의 관계라고 보았다.

차오잉(曹影)의 「'성삼품': 동중서 사회 교화의 이론적 근거」에서는 인성 문제를 전문적으로 탐구하였다. 이 논문에서는, 동중서의 '성삼품' 이론 제기는 인간을 인식하고 평가하며 교육하기 위한 요구이자, 국가를 통치하기 위한 필요에서 비롯된 것으로, 교화를 실현하기 위

---

13) 『春秋繁露』「實性」: 聖人之性不可以名性, 斗筲之性又不可以名性.

해 인간성을 논한 것이라고 보았다. 그는 인간성이 교화를 필요로 하며, 민중 또한 교화를 수용할 수 있다고 보았다. 올바른 정치 또한 교화를 필요로 하며, 국정 운영에는 형벌(刑罰)뿐만 아니라 덕치(德治)가 함께 요청된다고 보았다.

동중서의 '성삼품' 이론은 인간 본성에 대한 논의를 통해 사회 교화의 이론적 근거를 제공하였고, 왕의 가르침을 받은 후에야 선해질 수 있다는 주장은 교화를 실행하는 주체와 방법을 제시하여 교화 실행자들에게 이론적 토대를 제공하였다. 또한 '성삼품' 이론에서 교화의 대상은 '중민지성(中民之性)'으로, 사회 교화 대상의 설정에 이론적 기반을 마련해 주었다. '성삼품' 이론은 동중서가 선진(先秦) 및 진한(秦漢) 시기의 인성론, 인간성 현실, 나아가 국가 통치 실천에 대해 종합하고 정리한 결과라고 평가한다.

장원잉(張文英)은 「동중서의 '성삼품설'과 군주의 교화 책임」에서 다음과 같이 주장하였다. 동중서는 맹자와 순자의 인성론을 계승하는 동시에, 음양 사상을 융합하여 인간의 정성과 본성을 천인철학 체계 속에 포함시켰다. 그리하여 '성선정악(性善情惡)'이라는 명제를 제시하고, 초기 형태의 '성삼품설'을 구상하였다. '성선정악'과 '중민지성(中民之性)'은 동중서의 인성론이 선진 유가의 인성론과 뚜렷이 구별되게 했을 뿐만 아니라, 맹자와 순자가 남긴 인성론의 문제점을 일정 부분 해결하였다. 나아가 그의 인성론이 궁극적으로 귀속되는 정치 방향인 '왕도교화(王道教化)'에 이론적 근거를 제공하였다.

추우린(邱琳)의 「동중서 교화 사상의 인성론적 기초」 또한 동중서의 인성론이 그의 '교화' 이론의 근거가 되는 과정을 주제로 탐구한 것이다. 그는 동중서의 인성론이 '천인합일(天人合一)'이라는 전통사상을 차용하여, 음양(陰陽)으로 성정(性情)을 해석함으로써 성정의 본체적 지위를 확립하였고, 선악을 통해 인성을 논함으로써 인성과 선악 사이의 변증법적 관계를 명확히 하였으며, '중민지성(中民之性)'을 이론의 출발점으로 삼아 '왕도교화'의 필요성과 가능성을 논증하였다고 본다. 동중서는 유가의 교화 사상을 이론에서 실천으로 이끌었으며, 이는 유학 발전사와 전통 봉건 교육사에 깊은 영향을 끼쳤다.

웨이챠오위안(韋喬元)은 「동중서 교화 사상이 현대 정치교육에 주는 시사점」에서 동중서의 '성무선악론(性無善惡論)' 및 '성인지교(聖人之教)' 사상을 간략히 분석하고, 그 현대적 시사점을 논하였다. 쑨여우(孫友)는 「동중서 교화 사상 탐구」에서 '천인감응(天人感應)' 이론이 동중서 교화 사상의 이론적 기반이며, '성삼품(性三品)' 이론이 현실적 근거라고 보았다.

저우춘란(周春蘭)의 「성미선(性未善): 동중서 교화 사상의 논리적 기점」에서는, 인성은 아직 선하지 않으며, 가르침을 통해 선해질 수 있다는 것이 동중서가 교화가 가능한지를 사고하는 논리적 출발점이라고 본다. 동중서에 따르면, '아직 선하지 않은' 인성은 일종의 '질박한 것'이며, 이는 잠재적으로 '선한 성질'과 '악한 성질'을 모두 내포하고 있다. 교화는 이 잠재적으로 선악 성질이 현실적 선악으로 전환하는 과정에서 중요한 역할을 하며, 한편으로는 잠재적 선한 성질을 현실적인 선으로 전환시키고, 다른 한편으로는 잠재적으로 악한 성질이 현실적인 악으로 변하는 것을 억제한다. 이러한 '미선(未善)'의 인성은 광범위한 '중민지성(中民之性)'에 해당하며, 이 계층에 대한 교화는 '대일통' 왕조의 장기적 안정과 평화에 중대한 의미를 가진다고 보았다.

저우츠청(周熾成)은 「성박론과 유가 교화 정치: 순자와 동중서를 사례로」에서 원시유가가 주장하는 교화에는 깊은 정치적 의미가 담겨 있다고 보았다. '교화' 활동은 '교육 활동'이라기보다 '정치 활동'에 가깝다. 교화자와 교화 대상의 이분법은 일반적인 통치자와 피통치자의 이분법과는 다르다. 교화 정치는 '몸소 실천함으로써 다스리는 정치'이다. 순자와 동중서 모두 성박론(性樸論)을 주장하였으며, 성박론은 교화의 필요성과 교화를 통해 선에 도달할 수 있는 가능성을 잘 설명해 준다. 질박지성(質樸之性)은 선(善)의 잠재력을 내포하고 있지만, 이미 완성된 선을 갖고 있는 것은 아니다. 교화를 통해서만 그 선함이 완성될 수 있다. 이것이 바로 군주의 책임이다.

둥진위(董金裕)의 「동중서의 '숭유중교(崇儒重教)' 및 그 현대적 의의」에서는 '동중서의 교육 중시' 부분에서 먼저 교화를 중시한 원인을 분석하였다. 그는 동중서의 인성론은 여러 학설을 융합하고 자신의 견해를 더해 새롭게 제시한 것으로, 성(性)을 '심(心), 기(氣), 정욕(情欲)'과 결합하여, 익숙한 '음양' 논리를 통해 오직 '교화'에 의존해야 '정욕의 방종'을 억제할 수 있다고 보았다.

동중서는 성과 '심, 기, 정욕' 사이의 관계에도 주목하였다. 천도(天道)의 '양(陽)을 돕고 음(陰)을 억제한다.'라는 관점에서 이를 논증하였다. 그의 주장은 꽤 복잡하고 때로는 얽히기도 하여 충분히 설명하기 어려운 면이 있다. 그러나 우리가 주목해야 할 가장 새롭고, 그의 '교육 중시' 주장에서 가장 잘 드러나는 부분은 바로 그의 '성삼품설(性三品說)'이다.

성은 가르침을 받아야 선해질 수 있다. 성은 점차 교육을 받아야 선을 이

룰 수 있으며, 선함은 교육의 결과이다.[14]

이런 주장은 동중서 인성론의 핵심이며, 그가 교화를 중시한 근본적인 이유이기도 하다.

저우구이뎬(周桂鈿)은 「동중서의 유학 교화관」에서 '인성은 교화의 근거이다.'라는 내용을 논문의 한 구성 요소로서 설명하였다. 그는 동중서의 '성삼품설(性三品說)'의 의미를 설명하고, 그것을 기초로, 다시 '만민지성(萬民之性)'과 선한 본질이 있으나 아직 선하지 않다는 의미를 분석하였다. 다시 말하면, 모든 백성은 선해질 수도 있고 악해질 수도 있는 가능성을 지니고 있으며, 그 선한 본질을 실제의 선으로 이끌어내기 위해서는 반드시 군주의 교화를 거쳐야 한다는 것이다. 군주가 교화를 중시하지 않는다면, 이는 중대한 책무를 저버리고 하늘의 명을 거스르는 일이다. 이 때문에 동중서는 맹자의 성선설을 세속의 어른들이 잘못 이끌어 낸 이론이라 비판하였다. 이는 맹자의 성선설이 교육의 근거를 상실하게 만들었고, 반면, 순자의 성악설은 교육의 필요성을 긍정하기 때문이다. 동중서는 성악설에 비교적 많은 합리성이 있다고 보았기 때문에 책을 지어 순자를 찬미하였다고 하였다. 그는 또한 순자의 '의리관'을 발전시켜, 의(義)와 이(利)는 모두 인간 삶에 필요한 것이며, "이익은 몸을 기르고, 의리는 마음을 기른다."[15]라고 주장하였다. 그러나 '의리'는 '이익'보다 중요하므로, 사람들은 종종 의리를 잊고 이익을 좇다가 가정이 무너지고 인생이 망가지는 결과를 맞게 된다고 하였다. 이에 대해 동중서는 자주 '예'와 '의'로써 이를 바로잡으려 했다.

14)『春秋繁露』「實性」: 性待漸於教訓而後能爲善. 善, 教訓之所然也.
15)『春秋繁露』「身之養重於義」: 利以養其體, 義以養其心.

어진 사람은 그 길을 바로잡되 이익을 꾀하지 않고, 도리를 닦되 공로를 서두르지 않으며, 무위(無爲)의 경지에 이르러 풍속을 크게 변화시킬 수 있다. 이는 인성(仁聖)이라 할 수 있다.[16]

교육의 역사 및 철학사상을 다룬 '교육사'나 '교육철학' 저술에서도 동중서의 인성론에 대한 해설은 결코 회피할 수 없는 중요한 구성 요소이다. 마오리루이(毛禮銳)가 편찬한 『중국교육사간편』에서는 한 절을 할애하여 동중서와 그의 교육사상을 설명하고 있다. 그 가운데 「'성삼품설'과 교육의 역할」이라는 항목에서 다음 네 가지 측면에서 해당 주제를 논하였다.

첫째, 인간의 본성은 하늘로부터 부여받은 것이다.

둘째, 본성은 타고나는 것이고, 선함은 후천적인 것이다.

셋째, 인간은 태어날 때부터 성(性)과 정(情)이라는 두 측면을 함께 지닌다.

넷째, 동중서는 교육을 악한 본성을 방지하는 수단으로 간주하였다.

또한 마오리루이(毛禮銳)·선관췬(沈灌群)이 공동 편찬한 『중국교육통사』 제2권에서도 상당한 분량에 걸쳐 「동중서의 교육사상」을 서술하고 있다. 그 가운데 '인간 본성 이론과 교육 효과론'이라는 항목이 포함되어 있다. 편찬자들은 동중서가 선진 시대의 성선설과 성악설을 종합하여 '인성 유선유악론(有善有惡論)'을 제시하였다고 보았다. 본성을 성(性)과 정(情)으로 구분한 것은 동중서의 독창적 기여이며, 하늘에 음과 양이 있듯이 인간은 하늘의 사본이기 때문에, 인간 본

---

16) 『春秋繁露』「對膠西王越大夫不得爲仁」: 仁人者正其道不謀其利, 修其理不急其功, 致無爲而習俗大化, 可謂仁聖矣.

성 또한 음과 양이라는 두 측면을 포함한다고 설명하였다. 이러한 이유로 인간에게는 선한 자질과 선한 단서가 존재하며, 교화를 통해 선함을 실현해 가는 과정은 인간 본성의 연속이자 발전이다. 이는 순자가 말한 '악에서 선으로의 역전'과는 다른 관점이다. 편찬자들은 동중서가 교화를 인간 발전의 수단으로 본 점을 현대 교육 이론과 상당히 가까운 견해로 평가하며, 인간의 자기 인식을 한층 더 심화시킨 사상으로 보았다.

동중서는 인간의 이성적 인식 능력, 특히 도덕적 인식 능력을 강조하였고, 이를 교육 가능성의 근거로 삼았다. 이러한 입장은 교육 발달사에서도 매우 가치 있는 견해로 간주된다. 또한 편찬자들은 동중서의 인성론에 대해 매우 긍정적인 평가를 내리며, 그가 제시한 '본성에는 선도 악도 있다!'라는 이론이 중국 고대 인성론 발전 과정에서 중요한 하나의 고리였다고 본다. 이후의 사상가와 교육자들도 종종 성(性)과 정(情), 음과 양의 대립 개념을 계승하였으며, 동중서는 '성삼품설'의 선구자로 평가받는다. 그의 본성론은 교육과 인간 발달의 관계에 대한 이론을 더욱 풍부하게 심화시켰으며, 교육사에서 일정한 의의와 가치를 지니므로, 앞으로도 심도 있는 연구가 필요하다.

3. 교화관(敎化觀)

'교화관'은 '교화' 사상을 연구하는데 필요한 기본 시각이다. 교화관은 여러 측면을 포함하고 있으며, 주로 그 의미와 내용, 분류, 원칙, 경로, 태도, 방법 등이 있다.

류자오웨이(劉兆偉)는 「동중서의 교화를 통한 치국 방략에 대한 논고」에서 동중서가 교화를 통한 치국 방략을 제시한 것은 '복고'가 아니라 '개혁'이라고 보았다. 동중서는 유도(儒道)가 나라를 다스리는 길이며, 인의예악(仁義禮樂)이 나라를 다스리는 도구라고 여겼다. 그는 세 가지 측면에서 동중서의 교화를 통한 치국 방략을 정리하였다. 태학을 설립하고, 선발 제도를 중시하며, 유학을 유일한 사상으로 삼는 것이다.

동중서는 유가의 교화 사상을 통해 나라를 다스리기 위해 세 가지 핵심 과제를 제기하였다.

첫째, 유도(儒道)를 전파하고 실천할 수 있는 인재를 양성해야 한다.

둘째, 덕성을 갖춘 인재를 선발하고 임용해야 한다.

셋째, 유가 사상으로 사상 통일을 꾀해야 한다.

특히, '태학(太學)'의 설립은 관학(官學)의 시작으로서, 국가 주도의 고등교육제도의 출발점이 되었다.

그렇다면 교화를 통한 치국 방략을 성공적으로 시행하기 위해서는 어떻게 해야 하는가? 저자는 이러한 방략이 성공적으로 시행되기 위한 보장은 동중서가 제안한 상층에서 하층으로의 모범적 실천이라고 보았다.

군주는 마음을 바르게 하여 조정을 바르게 하고, 조정을 바르게 하여 모든 관리가 바르게 되며, 모든 관리가 바르면 백성이 바르고, 백성이 바르면 천하가 바르게 된다.[17]

이를 위해 군주는 백성의 모범이 되어야 하고, 관리들은 백성과 이

---

17) 『漢書』「董仲舒傳」: 爲人君者, 正心以正朝廷, 正朝廷以正百官, 正百官以正萬民, 正萬民以正四方.

익을 다투어서는 안 되며, 군수나 현령은 백성의 스승이자 지도자가
되어야 한다고 강조하였다.

랴오치파(廖其發)는 「동중서의 인성론과 교육사상 연구」에서 '동
중서의 인성론과 교육의 관계'를 설명하면서, 동중서가 「천인삼책(天
人三策)」에서 교화를 중시하고, 유학을 존중하며, 어진 인재를 등용하
고, 학교를 진흥시키는 등의 여러 교육정책을 주장했다고 보았다. 동
중서는 백성을 교화하기 위해 유가의 예의지도(禮義之道)와 예악문화
(禮樂文化)를 활용해야 하며, 현명한 인재를 통해 교화를 시행해야 한
다고 주장했다. 또한 중앙의 태학, 그리고 지방의 학교인 상서(庠序)를
설치하여, 세상의 어진 선비를 양성할 것을 제안하였다.

텐하이젠(田海艦)은 「동중서 교화 사상 탐구」에서 동중서 교화 사
상의 기본 내용을 중심으로 논의를 전개하였다. 그는 동중서가 '독존
유술(獨尊儒術)'를 제안하여, 교화 사상의 지도 이념으로 삼았다고 보
았다.

> 육예(六藝)와 공자의 학문에 속하지 않는 것은 모두 그 길을 끊고 함께 나
> 아가게 해서는 안 된다.[18]

교사는 경학박사들이 담당하였으며, 박사들은 시(詩), 서(書), 예
(禮), 악(樂), 역(易), 춘추(春秋), 논어(論語), 효경(孝經) 등 유가 경전
을 가르쳤다. 유가의 경서와 고전은 교과서가 되고, 교사도 유학자들
이 맡게 되면서, 다른 학파를 따르는 스승은 배제되고, 유학만을 가르
치는 분위기가 조성되었다. 그리하여 유가 경전을 최고의 기준으로 삼

---

18) 『漢書』「董仲舒傳」: 諸不在六藝之科孔子之術者, 皆絶其道, 勿使並進.

는 교육 환경이 형성되었다.

그는 나아가 교화의 구체적인 내용을 '국민교육'과 '학교교육'으로 나누어 심층 분석하였다. '국민교육' 측면에서 동중서는 '교화를 한다!'는 원칙을 견지하였으며, 인의예지신(仁義禮智信)이라는 오상지도(五常之道)를 정비하여 국민을 교화하려고 하였다. '학교교육' 측면에서는 '태학'을 설립하고, 명망 있는 스승을 임명하며, 선비를 양성하고 현자를 구하는 것을 강조하였다.

그는 또 교화의 실행 방법과 경로에 대해서도 논의하였다. 교화를 시행하는 자, 즉 성인이자 군주에 대해 동중서는 어진 자는 어짊에 편안하고, 의로써 나를 바로잡고, '내면을 성찰하고 밖의 소리에 귀 기울인다.' '도를 힘써 실천한다.' 등 일련의 수양 방법과 원칙을 제시하였다. 또한 '중민(中民)'을 교화하는 데, 동중서는 '몸소 모범을 보이는 교화', '음악을 통한 교화', '개개인의 자질에 따른 맞춤형 교육' 등의 방법을 강조하였다.

리슈정(李淑貞)은 「동중서의 '명도정의(明道正誼)' 교화 사상과 그 후세에 미친 영향」에서, 동중서의 '왕도를 밝히고' '군주를 안정시킨다'는 정군론(正君論)과 '예의를 바로잡아' 백성을 다스려 국가의 안정을 도모한 교화 사상을 분석하면서, 그가 제시한 '여러 학파를 배척하고 유학만을 숭상한다!'라는 주창과 "그 의리를 바로잡고 이익을 꾀하지 않으며, 그 도리를 밝히고 공로를 따지지 않는다[19]"는 대응 전략이 유생들이 정치에 참여하고, 의견을 제시할 수 있는 이론적 기반을 마련해 주었음을 밝혔다.

그는 유가의 교화 이상과 왕권 정치를 결합시켜 '도통(道統)'의 이

---

19) 『春秋繁露』「對膠西王越大夫不得爲仁」: 正其道不謀其利, 修其理不急其功.

상과 '정통(政統)'의 결정을 결합시켰다. 이는 한나라 제국의 패업에 기여했을 뿐만 아니라, 이후 2,000여 년에 걸친 봉건 사회에서 유학이 정통으로 자리잡는 단초를 열었다. 논문에서는 교화의 세 가지 핵심 정책을 구체적으로 분석하였다. 첫째, 태학을 세우고 훌륭한 스승을 두는 것, 둘째, 선발 제도를 중시하고 인재를 폭넓게 등용하는 것, 셋째, 온갖 학파를 배척하고 유학만을 숭상하는 것이다.

또한 동중서의 백성 교화 원칙과 방법을 두 가지로 보았다. 첫째는 '인으로 사람을 안정시키고, 의로써 나를 바르게 한다'는 것으로, 이는 개인과 집단, 나와 타인의 관계를 조화롭게 처리하는 방식이다. 그는 인(仁)을 좋은 집으로, 의(義)를 바른길로 삼아, 좋은 집에 거하고 바른길을 걷게 함으로써 사람들 사이의 관계를 화목하게 만들 수 있다고 보았다. 교화의 핵심은 인간관계의 갈등을 올바르게 해결하는 것이다. 둘째는 '이익보다 의리를 중시하고, 이익과 공로를 따지지 않는다.'라는 태도이다. 이것이 바로 동중서가 추구한 유가의 가치 지향이라고 보았다.

황자오(黃釗)는 「동중서의 '독존유술(獨尊儒術)'을 특징으로 한 도덕 교화 사상」에서 먼저 동중서의 '교화제방(教化堤防)' 사상을 논의하였다. 그는 '교화제방' 사상을 수립할 필요성을 분석한 후, '왕(王)'이 '교화 사상의 제방'을 수립하는 데 능동적으로 역할을 해야 하며, 이를 위해 반드시 보조 제도를 마련해야 한다고 주장하였다.

다음으로, 그는 '삼강오상(三綱五常)'이라는 제목으로 동중서 교화 사상의 기본 내용을 연구하였다. 동중서는 '삼강'의 근거는 하늘에서 구할 수 있다고 주장하였고, '오상'의 도리는 왕이 마땅히 닦아야 할 것이라고 강조하였다. 또한 '의리[義]와 이익[利]의 구분'이라는 관점에서 유가의 의리를 중시하고 이익을 가볍게 여기는 사상을 심화시켰다. 그리고 '예(禮)'가 사회 질서를 유지하고 심화하는 데 매우 중요하다고 주장하였다. 아울러 '인(仁)'과 '지(智)'의 중요성에 대해서도 논의하였다.

마지막으로, 그는 동중서의 덕교(德教) 방법에 대해서도 이론적 고찰을 진행하였다. 동중서는 덕을 드러내어 백성에게 본보기를 보인다는 방법을 제시하였으며, '천성의 이치를 밝히는 것'을 통해 가치를 고취시키는 방식을 활용하였다.

주런치우(朱人求)는 그의 논문 「동중서 교화 철학 연구」에서 교화 철학은 동중서 사상 체계에서 매우 중요한 구성 요소라고 보았다. 그는 『중용』의 '천명지위성(天命之謂性), 솔성지위도(率性之謂道), 수도지위교(修道之謂教)'라는 사상적 경로를 계승하여, 동중서의 교화 이론은 '천도' 교화, '인성' 교화, '왕도' 교화라는 세 가지 차원으로 나누었다. '하늘(天)'은 동중서 사상의 가장 높은 범주로서 우주의 지배자이자 최고의 권위이며, 사회도덕 교화와 정치 교화의 궁극적 근원이다. 인성 교화 측면에서 동중서는 주로 '교화는 성론을 통해 이루어진다.'라는 관점을 제기하였고, 이에 따라 도덕 교화와 정치 교화의 가능성과 필요성을 충분히 논증하였다. 왕도 교화는 동중서 교화 사상의 현실적 귀결로, 그의 시대적 관심이 집중적으로 반영된 부분이다.

가오춘쥐(高春菊)은 「오직 한여름과 추위만으로는 세월을 이룰 수 없고, 오직 위세만으로는 정치를 이룰 수 없다-동중서 사회 교화 사상 연구」에서 동중서가 제시한 사회 교화의 내용과 방법에 대해 간략히 개괄하였다. 교화의 내용은 '오상(五常)'이며, 교화의 주요 방법은 다음과 같다. 첫째, 학교를 널리 세워 사회 풍속을 선하게 바꾸고, 민중의 범죄를 예방한다. 둘째, 군주와 관리들이 솔선수범하여 모범을 보인다. 셋째, 현인을 양성하고 등용하여 명망 있는 교사를 배치한다. 넷째, 백성들이 먼저 부유해지게 한 뒤 교화를 시행함으로써 도덕 교육이 백성의 안락한 삶과 긴밀히 연결되게 한다.

장톈루(張天儒)는 「동중서 교화 사상의 실천 경로에 대한 탐구」라는 논문에서 다음 네 가지 방면에서 실천 경로를 정리하였다. 첫째, 덕을 드러내어 백성에게 보이고, 백성을 교화하여 풍속을 이루게 한다. 둘째, 국가에서는 태학을 세워 가르치고, 지방에서는 상서(庠序)를 세워 교화한다. 셋째, 예의로로써 백성을 절제하고, 음악으로 덕을 완성하게 한다. 넷째, 인의로 백성을 편안하게 하고, 의리로 자신을 바르게 한다.

궈빙제(郭炳潔)는 「동중서의 인간학 사상과 도덕 교육 사상에 대한 분석」에서 '도덕 교육-인간 본질 실현의 다리'라는 제목 아래, 동중서의 도덕 교육 이론과 원칙을 논의하였다. 그는 '삼강오상(三綱五常)'을 주요 내용으로 하는 윤리·도덕 교육은 군주의 지도 아래에서 전개되어야 하며, 이는 이상적 인격을 성취하는 데 필수 조건이라고 보았다. 최고 통치자가 백성에게 유가 윤리·도덕을 내용으로 하는 도덕 교육을 실시하는 것이 이상적 인격을 이루는 유일한 길이라는 것이다. 동중서는 또한 도덕 주체인 군주의 도덕 실천과 인간의 자기 초월성을 강조하였는데, 이는 이상적 인격 형성에 대한 강력한 보장으로 작용한다. 이를 위해 그는 도덕 수양의 원칙과 방법으로 '의리를 중시하고 이익을 경시하는 일', '인의로 백성을 편안하게 하고, 의리로 자신을 바르게 하는 일', 그리고 '인(仁)하여 지혜로워야 한다.'라는 가르침을 제시하였다.

탕궈쥔(唐國軍)은 「동중서와 유가 사상정치교육 이론의 실천화-유가 전통 사상정치교육 이론 모형 연구」에서 '한대(漢代) 유가 사상정치교육 내용과 목표의 실천적 지향'을 주제로 관련 내용을 탐구하였다. 그는 동중서가 한대 사상정치교육의 주요 내용과 목표를 구축하였다고 보고, 네 가지 측면에서 설명하였다. 첫째, '삼강(三綱)'과 '오상(五常)'의 이론 체계를 구축하여 유가 사상정치교육의 중심 내용을 형성하였다. 둘째, 경학(經學)을 학교교육의 주된 내용으로 확립하였다. 셋째, 경전을 통달하여 실용에 이르게 한다는 사풍(士風)의 교육 목표를 제시하였다. 넷째, '교화'를 통해 풍속을 형성하는 민중 교육 목표를 설정하였다.

웨이챠오위안(韋喬元)은 「동중서 교화 사상이 현대 사상정치교육에 주는 시사」에서 동중서의 '성선론(性善論)'은 교화의 기초이며, '성인지교(聖人之敎)'는 교화의 핵심이다 '시초로 되돌아감[反其所始]'을 교화의 중점이며, '천인합일(天人合一)'을 교화의 생성 원리라고 하였다.

둥진위(董金裕)는 「동중서의 숭유중교(崇儒重敎) 및 그 현대적 의의」에서 동중서의 숭유(崇儒)는 인의(仁義)의 도리를 강조하고, 덕성을 중시하며 형벌을 가볍게 여기는 데 나타난다고 보았다. 동중서가 말한 '인(仁)'은 백성을 편안히 하며, 사랑하며, 바르게 한다는 뜻으로, '안인(安人)'과 '애인(愛人)', 그리고 '정인(正人)'이다. 그것은 '은혜를 널리 베풀고, 관대함으로 대중을 포용함'에 있다. '의(義)'는 자신을 바로잡고, 자신을 사랑하며, 자기를 실현한다는 뜻으로, '정아(正我)', '애아(愛我)', '자아(自我)'이다. 그것은 이치를 반성하여 몸을 바르게 하며, 도리에 따라 복을 권장함에 있다.

이는 공자와 맹자가 말한 '인의'의 뜻과는 다르지만, 그 목표는 여전히 자신을 수양하고, 공동체를 선하게 이끄는 데 있으며, 궁극적으로 공자와 맹자의 뜻과 다르지 않다. 동중서는 덕과 형벌을 음양과 결합시켜 해석하였는데, 『한서』「오행지」에는 "처음으로 음양을 추론하여 유가의 종지로 삼았다."[20]라고 기록되어 있다. 그는 형벌보다 덕을 더욱 중시하였으며, 형벌은 비록 없어서는 안 되지만, 그 기능은 덕교(德敎)를 보조하는 데에 있다고 보았다. 이는 정치와 형벌에 대한 공자의 태도와도 일치한다.

교화를 어떻게 추진할 것인가에 대해, 둥진위(董金裕)는 동중서의 견해를 분석하고 정리하였다. 첫 번째 책문에서는 고대의 왕들이 교화를 닦아 아름다운 풍속을 이루었던 사례를 들어, 한무제에게 오상지도(五常之道)를 닦기 위한 교화 개혁을 제안하였다. 두 번째 책문에서는 태학을 세워 선비를 기르는 것을 주장하는 것 외에도, 관리선발 제도의 개혁, 어진 인재를 널리 등용하는 것, 임용 이후 능력 평가를 강화할 것을 제안하였다. 특히 승진 기준은 나이나 재직 연수가 아니라 인재의 재능과 덕성의 높고 낮음을 기준으로 삼아야 한다고 하였다. 세 번째 책문에서는 녹봉을 받는 자들이 백성과 이익을 다투지 않아야 한다고 주장하여, 백성이 그 고결한 행동을 존경하고 자발적으로 그 교화를 따르며 그 품행을 경외하게 만들어야 한다고 하였다. 또한 유학(儒學)을 국가의 유일한 지도 이념으로 해야 한다는 주장을 펼쳐, 삿된 사설과 이단을 없애고, 백성이 따를 바를 명확히 해야 한다고 하였다.

모예예(毛禮銳) 선생이 편찬한 『중국교육사간편(中國敎育史簡編)』에서는 동중서(董仲舒)의 주요 문교 정책, 지식과 교수에 관한 견해,

---

20) 『漢書』「五行志」: 始推陰陽爲儒者宗.

도덕 수양에 관한 견해 등을 논의하고 있다. 세 가지 주요 문교 정책은 "유학 독존", "태학 설립", "선거 제도 중시"이며, 교수 방법으로는 연계하여 체계적으로 가르치는 것, 전심적 탐구, 주관적 노력, 교사의 모범 실천과 개별 지도 등을 들 수 있다. 도덕 수양의 방법에서는 다음과 같은 점들이 강조된다: 주관적인 노력 강조-- "도를 행하는 데 힘쓰면 덕이 날로 자라 크게 공을 이룬다[21]"; 소소한 것을 쌓아 큰 것을 이루는 점을 중시--작은 것이 모여 큰 것을 이룬다; 점진적으로 이끌어야 한다는 것; 학생의 성품에 따라 지도해야 한다는 점-- 덕육(德育)은 반드시 지육(智育)을 통해 이루어져야 한다는 점이 있다.

마오리루이(毛禮銳)·선관췬(沈灌群)이 편찬한 『중국교육통사』 제2권 제4장 「진한(秦漢) 시기의 교육」 중 제8절은 동중서의 교육사상에 대해 다루고 있다. 이 가운데 동중서의 교육사상에서, 편찬자는 개설된 주요 과목이 육경(六經)이었음을 정리하였다. 교수의 원칙과 방법은 다음과 같은 점에 주로 나타난다. 교육의 '성화(聖化)'적 기능, 교육적 상상력과 박학함, 열심히 한다는 정신의 장려한다는 점, 학문은 전일성과 전문성을 중시해야 한다는 점이 그것이다. 여기에서 도덕 교육의 내용은 삼강오상(三綱五常)이며, 도덕 교육의 원칙과 방법은 어진 인(仁)으로 사람을 편안하게 하고, 의(義)로 나를 바르게 한다는 것이다.

4. 교화 사상의 의의와 평가

동중서의 교화 사상은 중국 교육사에서 중요한 위치를 차지하고 있다. 이에 따라 학자들은 그의 '교화' 사상을 연구하면서, 동중서 교화

---

21) 『漢書』「董仲舒傳」: 彊勉行道, 則德日起而大有功.

사상의 의의에 대해 다양한 평가를 내리고 있다.

류자오웨이(劉兆偉)는 「동중서의 교화로 나라를 다스리는 전략에 대한 논의」에서, 동중서의 교화로 나라를 다스리는 방략은 '복고'가 아니라 '개혁'이며, 그의 사상적 방략은 시대의 산물로서 역사 발전의 필연적인 요구라고 보았다. 그는 『한서』 「동중서전」에서 반고가 평론한 "공자의 학설을 드러내어 밝히고, 제자백가를 억제하고 배척하였으며, 학교 관직을 세우고, 주군에서 뛰어난 인재와 효렴을 천거하게 한 것 모두 동중서로부터 비롯되었다.[22]"라는 말을 인용하며, 동중서의 교화 사상이 봉건 사회 질서의 수립, 완비, 공고화에 지대한 역사적 역할을 하였다고 평가하였다.

랴오치파(廖其發)은 「동중서의 인성론과 교육사상」에서 동중서의 교화 사상에 대해 높이 평가하며, 그의 교육에 관한 주장은 한대는 물론이고 중국 전체 봉건 사회의 문화 교육 발전에 매우 큰 영향을 끼쳤다고 보았다. 그렇게 될 수 있었던 이유는 동중서의 주장이 봉건 지배 계층의 근본적 이익에 부합하고, 봉건 정치·경제 및 문화 교육 발전의 필요에 잘 맞았다는 점 외에도, 이론적으로 자신의 주장을 논증하는 데 주력했다는 점이다. 특히, 인성론을 통해 자신의 주장을 설명하려 한 점은, 봉건 지배자가 이를 쉽게 이해하고 받아들이도록 만든 핵심 요소였다. 아울러 그는 오늘날의 많은 이론 연구자가 동중서의 교화 사상에서 교훈을 얻어야 한다고 제안한다. 즉, 자연과 사회뿐만 아니라 인간 자신에 관한 연구도 중시해야 한다는 것이다.

톈하이젠(田海艦)은 그의 논문 「동중서 교화 사상 탐구」에서 동중서 사상에 대해 긍정과 부정 양면에서 간단한 평가를 제시하였다. 동

---

22) 『漢書』 「董仲舒傳」: 推明孔氏, 抑黜百家. 立學校之官, 州郡擧茂材孝廉, 皆自仲舒發之.

중서가 제시한 삼강오상(三綱五常)의 도덕규범은 이론적으로 유교 윤리 도덕규범을 더욱 체계화하고 조직화했을 뿐 아니라, 실제적으로도 한대(漢代) 및 이후 봉건 사회 전반의 통치 질서를 공고히 하고 유지하는 데 큰 역할을 했다. 이 때문에 유학은 학술 사상에서 질적으로 변화하여 공식적 통치 철학이 되었다. 삼강오상은 한편으로는 인간의 개성과 자유로운 발전을 억압하고 구속하는 측면이 있었지만, 특정한 봉건적 내용을 제외하고 보면, 일정한 합리성을 지니고 있어 민족정신을 도야하고 중화 민족의 전통 미덕을 형성하는 데 큰 촉진 작용을 하였다. 또한 동중서의 교화 사상은 일정 부분 그가 노동 인민의 자발적인 선의 실천에 대한 의심과 유심(唯心)주의적 입장을 반영하고 있어 계급적 한계를 지닌다. 그러나 교화의 중요성에 대한 인식, 교화의 실행 경로와 방법 등에 대해 제시한 부분은 합리적 요소를 포함하고 있으며, 다양한 측면에서 교육의 법칙성을 반영하고 있기에 오늘날의 교육 실천에도 여전히 시사점을 제공한다.

리슈정(李淑貞)은 「동중서의 '명도정의(明道正誼)' 교화사상과 그 후세에 미친 영향」에서 동중서의 '도(道)를 밝히고 정의를 바로 세우는' 교화 사상이 후대에 끼친 영향에 대해 긍정과 부정 양면에서 평가하였다. 동중서가 제안한 '백가를 배척하고 유학만을 숭상한다!'와 '정의는 추구하되 이익은 도모하지 않고, 도리는 밝히되 공로는 따지지 않는다.'라는 대응 전략은 유생(儒生)들이 정치에 참여하고 의론하는 데 이론적 기반을 제공하였다. 이는 유가적 교화 이상과 왕권 정치의 결합, 도통(道統) 이상과 정통(政統) 결정의 결합을 가능하게 하였으며, 한(漢) 제국의 패권을 구축하는 데 공헌하였을 뿐만 아니라, 이후 2천 년 넘는 봉건 사회에서 유학이 정통으로 자리 잡는 출발점이 되었다. 그러나 이러한 정교일치(政敎一體), 공리 추구의 부정, 유학 독존 사상은 후세에 경학(經學)의 쇠퇴, 예교(禮敎)의 억압, 그리고 왜곡된 부(富)에 대한 관념과 같은 매우 심각한 부정적 영향을 남기게 되었다.

가오춘쥐(高春菊)는 「오직 한여름과 추위만으로는 세월을 이룰 수 없고, 오직 위세만으로는 정치를 이룰 수 없다-동중서 사회 교화 사상 연구」에서, 동중서의 교화 사상이 담고 있는 사회 조화의 관념이 깊은 현실적 의미를 지닌다고 보았다. 동중서는 도덕적 교화를 중심으로 하면서도, 덕성과 형벌의 병행, 은혜와 위엄의 병용, 사전에 예방하는 정치적 관념을 강조하였으며, 이는 사회 안정을 유지하는 데 무시할 수 없는 긍정적 역할을 한다고 평가된다. 또한 동중서의 '오상(五常)' 교화는 일반 백성뿐만 아니라 지배 계층도 포함하는 것으로, 통치자가 '인을 베풀어 백성을 사랑하고, 의로써 자신을 바로잡으며, 백성을 먼저 부유하게 한 뒤에 교육한다면', 정권은 안정되고, 군주는 인자하며 백성은 따르게 되며, 위아래가 조화를 이룰 수 있다고 보았다.

탕궈쥔(唐國軍)은 「동중서와 유가 사상정치교육 이론의 실천화-유가 전통 사상정치교육 이론 모형 연구」에서 동중서의 교화 사상이 유가(儒家) 사상정치교육의 새로운 시대를 열었다고 평가하였다.

장사오위(張韶宇)는 「동중서의 '왕도 교화론' 이론 분석」에서, 동중서의 교화 사상이 봉건 사회에서 과거를 계승하고 미래를 여는 역할을 했으며, 후대에 지대한 영향을 미쳤고, 오늘날 '덕치(德治)'를 국가 운영의 방침으로 삼는 데 있어 일정한 참고가 될 수 있다고 보았다.

둥진위(董金裕)은 「동중서의 숭유중교(崇儒重敎) 및 그 현대적 의의」에서, 동중서의 유학을 숭상하고 교육을 중시하는 현대적 의의는 다음과 같은 측면에서 드러난다고 주장하였다. 첫째, 제자백가(諸子

百家)는 제각기 장점이 있으나, 유학이 시대적 필요에 가장 부합한다. 둘째, '부유한 뒤에 교육하라'는 공자의 사상을 오늘날 더욱 중시해야 한다. 셋째, 관리선발 제도를 개혁하고 백성과 이익을 다투지 않는다는 동중서의 주장은 여전히 현대적 효용을 지닌다.

그는 유가의 목표를 '내성외왕(內聖外王)'의 관점에서 분석하며, 동중서가 유학을 강력히 천거하지 않았다면, 유가가 정치적으로 주도적 지위를 차지할 수 있었을지, 나아가 유가가 일관되게 주장해 온 인의(仁義)의 도리와 '덕으로 인도하고 예로 다스린다!'라는 민중 통치 방식이 역사적으로 실현될 수 있었을지는 단언하기 어렵다고 보았다. 더욱이 오늘날에도, 그가 고수했던 교화의 중요성이나, 관리제도 개혁·빈부 격차 해소 등 구체적 주장들은 여전히 시대적 의미를 지니고 있다. 이 모든 점을 통해, 동중서가 세운 사상과 그 영향은 오늘날 우리가 긍정적으로 평가함과 동시에 그 정수를 취하여 행정과 교육에 참고할 가치가 있다.

마오리루이(毛禮銳)가 편찬한 『중국교육사간편』에서는 동중서의 교육사상에 대해 다음과 같이 평가하고 있다. 동중서는 교육 실천면에서 공헌을 한 교육가이다. 그가 제안한 세 가지 교육정책은 한대의 교육사업에 진보적 역할을 했을 뿐만 아니라, 이후 봉건 사회에도 심대한 영향을 끼쳤다. 그는 공자가 창시한 원시유학을 신학화(神學化)하여 봉건 사회 통치자가 정신적으로 민중을 지배하는 도구로 만들었다. 그의 사상은 보수적이고 반동적인 면도 있으나 봉건 사회 질서가 막 확립되고 통일을 공고히 해야 하는 역사적 조건 속에서, 그 긍정적 작용 또한 인정할 만하다.

마오리루이(毛禮銳)·취쥐눙(瞿菊農)·사오허팅(邵鶴亭)이　편찬한

『중국고대교육사』에서는 동중서의 교육사상에 대해 다음과 같이 평가하고 있다. 동중서의 교육사상은 무제의 정치 사업에 일정한 기여를 하였다. 사상을 통일하고, 학교를 발전시키며, 선거 제도를 개선함으로써 정치의 통일을 강화하고, 당시 정치에 봉사할 수 있는 지주계급의 지식인들을 대거 양성하고 선발하여 중앙집권적 군주 전제 제도를 공고히 하였다. 동중서가 신학화한 유가 사상 체계는 봉건 예교(禮敎)의 형성에 큰 역할을 하였다. 그의 사상 체계는 유가의 정통 사상으로 간주되었으며, 후세에 이른바 '순유(純儒)'로 불리며 송대 성리학에 큰 영향을 미쳤다. 공자가 창시한 유학은 동중서의 해석과 신격화 과정을 거쳐, 봉건 사회에서 인민을 정신적으로 예속시키는 더욱 강력한 도구로 변모하였다. 동중서가 유학만을 숭상하라는 주장을 제기한 이후, 기타 제자백가의 학파들은 억압을 받아 학술 발전에 장애가 되었다.

마오리루이(毛禮銳)·선관췬(沈灌群) 선생이 편찬한 『중국교육통사』 제2권에서는 동중서에 대해 비교적 객관적 평가를 내리고 있다. 동중서는 중국 2천년 통일 봉건 체제의 이론적 기반을 마련하고, 교육 개혁 방안을 제시함으로써 후대의 제왕들로부터 존경을 받았다. 원대(元代)에는 사묘(祠廟)에 배향되었고, 명대(明代)에는 '선유(先儒)'라는 칭호를 받았다. 학계와 교육계에서도 동중서의 영향은 지대하였다. 왕충(王充)은 동중서를 공자의 계승자로 보며 "문왕의 학문은 공자에게 있고, 공자의 학문은 동중서에게 있다."[23]라고 평가하였다. 정호(程顥)와 정이(程頤)는 그를 '성인의 뜻을 가장 잘 이해한 학자'라고 하였으며, 주희는 그를 '순수한 유학자'라고 일컫었다. 근대에 와서는 위원(魏源), 공자진(龔自珍), 강유위(康有爲) 등이 공양학(公羊學)을 부

---

23) 『論衡』: 文王之文在孔子, 孔子之文在仲舒.

흥시켜, 동중서의 '경세치용(經世致用)' 정신과 '경화(更化)' '개제(改制)' 사상을 기치로 삼아, 부패한 봉건 교육을 개혁할 것을 주장하였다. 편찬자는 동중서를 중국 봉건 교육 체제가 확립되던 시기의 중요한 대표 인물로 평가하고 있다.

Ⅲ. '교화' 사상 연구의 평가

동중서의 '교화' 사상에 관한 연구는 비교적 활발한 양상을 보이고 있다. 위에서 관련 연구 성과를 종합적으로 고찰해 본 결과, 몇 가지 특징과 문제점이 드러났으며, 이에 대해 간략히 평가하고 향후 연구 방향에 대해 간단한 견해를 제시하려고 한다.

1. 주제 선택이 다소 단일하고 내용이 상대적으로 집중되어 있다

동중서 '교화' 사상에 대한 연구 주제는 비교적 집중되어 있으며, 연구의 논리 전개는 대체로 동중서의 인성론에서 출발하여 그의 '성삼품설(性三品說)'을 분석함으로써 후속 연구를 위한 철학적 이론 기초를 마련하고 있다. 물론, 인성론에 대한 해석은 사상 체계의 기초로서, 모든 이론은 사회 발전과 인간을 위한 것이며, 교화 사상은 인간과 직접적이고 필연적으로 연관된다. 인간성을 이해하고 인간성에서 출발하는 것은 고대 사상가이자 교육가들이 그들의 사상 체계를 해석할 때의 중요한 서두이며, 동중서도 예외는 아니다. 대다수 학자는 동중서 교화 사상의 주요 체계를 개괄하려고 했으며, 이는 관련 연구에서 가장 중점적인 부분이다. 이 외에도 동중서 교화 사상의 사회적 의미와 오늘날에 주는 시사점 또한 많은 학자의 연구 대상이 되고 있다. 이러한 경향으로 인해, 동중서 교화 사상 연구의 내용이 상대적으로 집중되고, 자연스럽게 주제가 다소 단조로워져, 학술 연구의 가치를 충분히 드러내지 못한 측면이 있다. 따라서 보다 많은 분야를 개척하여 연구를 진행해야 하며, 동중서 교화 사상과 밀접한 연관이 있는 다양한 영역이 연구 대상 및 주제가 될 수 있다.

2. 연구 시기에 단절이 발생하였다

이 글에서 인용된 관련 연구 성과들은 주로 '중국지망(CNKI)'에서 수집된 것이다. 위의 개요에서 볼 수 있듯이, 동중서의 교화 사상에 대한 연구는 대부분 2007년 이후에 집중되어 있으며, 그 이전의 연구 성과는 비교적 적다. 특히 1991년부터 2001년까지 10년 동안은 관련 연구 성과가 거의 없거나 매우 드물어, 동중서 교화 사상 연구에 학문적 단절이 발생했다고 볼 수 있다. 이는 주목할 만한 문제이다. 이 10년 동안 사람들은 동중서를 어떻게 인식하고 평가했는가? 당시의 평가가 있다면, 이런 평가는 동중서 교화 사상을 연구하는 동기나 인식에 어떤 영향을 미쳤는가? 이 시기 중국의 교육, 특히 기초교육은 소질교육을 탐색하는 단계에 있었고, 다양한 교육 이념과 가치관이 등장하였다. 이러한 교육 상황이 전통적 가치관에 관한 관심에 영향을 미쳤는지도 살펴볼 만하다.

3. 관점이 반복적이고 창의성이 부족하다

위의 동중서 교화 사상 연구 성과에 대한 분석을 통해 알 수 있듯이, 학자들은 동중서의 교화 사상에 대한 이해에서 대체로 일치된 견해를 보이며, 도출된 결론 또한 대동소이하고, 학술적 관점이 대부분 반복적이며 참신성이 부족하다. 물론, 동중서 사상에 대한 연구 문헌이 제한적이기 때문에 유사한 해석이 나오는 것은 이해할 수 있다. 그러나 학술 연구 주제로서 동중서 사상을 다룰 때는 반드시 참신성이 요구되며, 선행 연구를 바탕으로 발전적이고 차별화된 접근이 있어야 한다. 만약 기존 연구 주제와 일치하거나 유사하다면, 연구 방법, 연구 시각, 연구 결론 등의 측면에서 자신만의 독창성을 드러내야 할 것이다.

4. 이론적 기초에 대한 연구가 전면적이지 않다.

동중서의 교화 사상은 그의 사상 체계에서 중요한 구성 요소 중 하나이며, 교화 사상은 그의 사상 체계에서 다양한 명제들과 직·간접적으로 연결되어 있다. 대부분의 학자는 동중서의 '성삼품설(性三品說)'을 그의 교화 사상을 연구하는 데 이론적 기반으로 삼고 있다. 그러나 일부 학자들은 음양관, 천명관, 대일통(大一統) 등의 관점에서 접근하여 동중서 교화 사상의 이론적 연원을 밝히고자 한다. 그러나 전반적으로 볼 때, 동중서 교화 사상의 형성에 직·간접적으로 영향을 미친 요인은 다방면에 걸쳐 있다 그러므로 다양한 각도에서 연구를 시도함으로써, 동중서 교화 사상의 형성에 영향을 준 이론 체계를 전체적으로 구성하려는 노력이 필요하다.

5. 옛날의 교훈을 오늘날에 활용하려는 연구는 미흡하다

역사를 거울로 삼는 것은 역사와 선현을 연구하는 데 매우 중요하다. 유가의 위대한 성인으로 평가받는 동중서는 그 사상 체계로 인해, 2천 년 이상 중국 사회에 영향을 끼쳤으며, 그가 제시한 많은 문제의식과 방법들은 오늘날에도 여전히 참고할 만한 가치를 지니고 있다. 위에서 살펴본 연구 성과들을 보면, 일부 학자들이 현실 문제와 결합하여 동중서의 교육사상을 다양한 관점에서 탐구하고, 그로부터 배울 수 있는 내용을 제시하고 요약하기도 하였다. 그러나 이러한 연구 주제는 여전히 많지 않으며, 현실과 연결되어 있다 하더라도 대부분은 간략히 언급하는 데 그치고, 실질적인 결론을 도출하지 못하는 경우가 많다. 이는 앞으로 동중서 교화 사상 연구에서 중점적으로 다루어야 할 방향이 되어야 한다.

6. 결론에서 시대의 추세를 드러냈다

20세기 80년대 교과서와 일부 연구 성과에서는 동중서에 대한 평가가 뚜렷한 시대 추세를 드러낸다. 이는 한편으로는 당시 학술 연구의 현황을 반영하고, 다른 한편으로는 당시 정치적 담론 권력의 표현 방식도 드러낸다. 사람들이 동중서 사상에 대한 연구를 심화함에 따라, 동중서에 대한 평가는 점점 더 긍정적이고 객관적으로 변화하고 있다. 시간이 흐름에 따라 학자들이 동중서 사상을 평가하는 정도는 이전에 비해 매우 높은 수준에 이르렀다. 저우구이뎬(周桂鈿)은 여러 차례의 강연에서 중국 사회에 영향을 끼친 세 사상가로 공자(孔子), 동자(董子: 동중서), 주자(朱子)를 꼽았으며, 「광명일보(光明日報)」에 기고한 글에서도 동중서를 '유가의 대성인(大聖人)'으로 평가하였다. 「형수학원학보(衡水學院學報)」에 발표한 논문에서는 아예 <동중서는 유가의 대성인이다!>라는 제목으로 자신의 평가를 분명히 밝혔다. 이러한 평가는 학계가 동중서 사상 및 그 가치에 대해 보다 심도 있게 인식하도록 이끌었다.

천인철학과 인성론 사상

린자바오(林家寶)

Ⅰ. 서언

인성(人性)에 대한 사고는 매우 복잡하고 오래된 역사를 지니고 있으며, 긴 세월 동안 많은 사상가들이 '도대체 인간의 본성은 어떤 것이냐?'라는 물음에 대답을 시도해 왔다. 이에 따라 인간 본성에 대한 다양한 성찰이 나오고, 이는 후세 동아시아 사회에 막대한 영향을 미치고 있다. 역사적으로 보면, 선진 시기의 인성론 양상은 상당히 복잡하고 어려운 모습으로 드러난다. 원인은 크게 두 가지이다. 하나는 인간의 본성이 현실에서 완전히 검증할 수 없는 선험적(先驗的) 색깔이 강하므로, 사람마다 각자의 경험에 따라, 생각이 다를 수 있다. 다른 하나는 인간의 본성에 대한 정의 자체가 불분명한 데서 발생한다. 다시 말해, 인간 본성의 범위, 즉 어떤 현상은 인간의 본성 문제에 해당하고, 어떤 현상은 인간 본성에 벗어난 사안인지 명확히 구분하지 못하는 것이다.

이러한 차원에서, 복잡한 선진 시기의 인성론은 동중서 인성론 사상 형성에 중요한 영향을 미쳤다. 동중서의 인성론은 바로 전국 시기 이래, 인성론의 사고를 토대로 하고, 맹자의 성선설과 순자의 성악설 사이의 '충돌과 대립을 봉합'하려는 산물이다(박동인, 2010: 67).

동중서의 인성론에 관한 연구는 다양하게 이루어지고 있으나, 대부분은 동중서 인성론의 구체적인 양상 분석에 집중하고 있다. 이러한 접근은 동중서 인성론의 실체를 파악하는 데 유용하다. 그러나 동중서 인성론을 전면적으로 이해하기 위해서는, 그 내용을 분석하는 데만 머무르는 것은 한계가 있다. 학계에서는 인성론과 더불어 그의 '음양관(陰陽觀)', '천명관(天命觀)' 등 여러 이론을 함께 고려해야 한다는 의견이 제기되고 있다.

'음양관'이든 '천명관'이든, 모두 자연[天]과 인간[人]의 관계에 해당한다. 동중서의 인성론은 그가 제기한 '천인철학(天人哲學)'과 연계하여 진행할 필요가 있다. '천인철학'과 결합하여 설명해야 하는 또 다른 이유가 있다. 동중서는 상고(上古) 시기에 내려오는 '천인' 관계에 대한 사변(思辨), '음양(陰陽)'론 그리고 '오행(五行)' 사상을 결합하여 독특한 '천인철학'을 만들었다. 그는 '수(數)'와 '류(類)' 두 가지를 방법으로 자연[天]과 인간[人]의 관계를 확인하고, 인간 존재의 근본을 자연, 즉 '하늘'에 있음을 주장하였다.

캉중첸(康中乾, 2014)이 지적한 것처럼, 선진 시기의 천인철학보다 동중서의 천인철학을 전문적으로 다룬 연구는 상대적으로 미흡하다. 또한 동중서의 천인철학을 표현할 때 자주 사용하는 개념이 '천인감응(天人感應)' 또는 '천인합일(天人合一)'이다. 그러나 동중서 천인철학은 다양한 내용을 융합한 유기체적인 사상이기 때문에 어떤 용어를 사용해도 그런 유기체의 전체 구조를 모두 설명하기에는 한계가 있다.

한싱(韓星, 2015)에 의하면, '천인감응(天人感應)', '천인합일(天人合一)', '천인합덕(天人合德)' 세 가지 개념은 모두 동중서의 '천인' 관계의 유기체 사상에 해당한다. 이에 동중서의 '천인' 관계 이론을 논의할 때, 보다 높은 관점에서 정돈할 필요가 있다. 이런 점을 고려하여, 천인 관계의 유기체적인 사유를 '천인철학(天人哲學)'으로 명명하여 사용한다.

여기에서는 동중서 인성론의 근거가 되는 '천인철학을' 구체적으로 규명하고, 동중서 인성론의 개략적인 양상을 살펴본다. 그리하여 동중서 인성론의 사상적 기반을 확인하고, 그 세부적 함의를 더욱 확장할 수 있기를 기대한다.

Ⅱ. 천인철학(天人哲學)

동중서는 선진유학 인성론에 영향을 받은 동시에 자신의 독특한 사유를 이입시켜 인성론을 전개한다. 그 원인은 매우 복잡하지만, 이 가운데 그의 '천인철학(天人哲學)' 체계의 비중이 가장 큰 것으로 나타난다. 런지위(任繼愈, 2010: 73)는 동중서의 사상에 대해 '천인감응(天人感應)을 중심으로 한 철학'이라고 평가한 바가 있다. 따라서 동중서의 인성론 사상을 제대로 파악하려면 그의 천인철학을 간과해서는 곤란하다.

또한 웨이옌훙(魏彦紅, 2017: 77)이 지적하듯이, 인성론은 동중서 교육사상의 중요한 이론 근거로 볼 수 있지만, 현재의 연구 성과는 인성론에만 집중되다 보니, 동중서 교육사상의 복잡성을 인위적으로 간과하는 경향이 있다. 이에 '음양관(陰陽觀)', '천명관(天命觀)' 등 다양한 내용과 연결하여 분석할 필요가 있다. 또한 대부분의 연구자는 동중서의 천인철학을 중요한 부분으로 여길지라도 그 근원을 제대로 다루지 못하고, 다루었다 할지라도 주로 춘추 전국 시기에 치우치는 경우가 많다. 단순히 춘추 전국 시기의 '천인관계' 부분에 치우치면 동중서 천인철학의 핵심적 요소는 중국 사상사의 전체 흐름에서 차지하는 위치를 객관적으로 평가하기 어렵다.

'천(天)'과 '인(人)'의 철학적 사고는 고대 중국 선민들의 '관상수시(觀象授時)' 활동과 밀접한 관계가 있다(馮時, 2012). '관상수시'는 처음부터 정치적 색깔이 강하다. 생산력이 낙후된 원시 부락에서, 사람들이 천(天)에 대한 공포감이 매우 크고, 또 기상(氣象)에 따라 자신이 심은 작물의 수확이 좌우될 수 있다. 때에 맞추어 농사를 짓는 것은 그들에게 매우 중요하였다. 어떤 작물은 너무 일찍 파종하면 안 되고, 너무 늦게 파종해도 안 된다. 사람에게 파종과 수확의 시기를 알려 주면 당연히 그들의 신임을 받을 수 있다. 이런 시기를 알리는 방법은 '하늘의 무늬를 관찰'할 수밖에 없었다. 따라서 하늘의 '무늬(象)'를 잘 관찰하는 능력을 가지고 있는 사람이야말로 하늘의 뜻을 잘 아는 사람이라는 것은 당시의 보편적인 생각이었다. 천문학(天文學)은 농업을 기초로 한 고대 중국 문명에 매우 중요한 의미를 지니고 있었고, 누군가가 천문역법(天文曆法)을 제정하여 사람에게 알려 주면, 그 사람은 영도자가 될 수 있었다(Needham, 1959; 馮時, 2001). 따라서 '천인 관계에 대한 사고는 동중서가 주장한 '군권신수(君權神授)' 사상의 논리적 기초로 볼 수 있다.

천문(天文)에서 인문(人文)으로 발전시키는 작업[1]은 중국 문명의 성숙에 중요한 영향을 미쳤다. 선사(先史) 시대의 문명에 성행했던 '관상수시'에 나온 사상들은 지속적으로 전승(傳承)되는 동시에 천인관계의 차원에서 내부적 함의(含意)도 풍부해졌다. 갑골문에서는 '천(天)'과 '인(人)' 두 글자의 모습을 모두 찾을 수 있다. 그러나 갑골문에서 '천(天)'자는 사람이 정면으로 서 있는 모습이고, 특히 머리 부분이 잘 드러나 있는 상태이다. 이에 '천(天)'은 사람의 '두정골(頭頂骨)'을 의미한다. 이는 갑골문의 두통(頭痛)에 관한 기록에서도 확인할 수 있다.[2]

『설문해자』에서는 '천(天)'을 머리(顚)[3]로 해석하지만 명확하게 천(天)은 어떤 원리에 의해 만든 글자인지 직접 말하지 않았다. 단옥재(段玉裁)는 '천(天)'을 회의자(會意字)로 보고, 장타이옌(章太炎)은 지사자(指事字)로 본다. 실제로 두 가지 견해의 차이점은 천(天)의 윗부분인 '일(一)'에 집중하고 있다. 단옥재는 그것을 실제적인 '일(一)'로, 즉 독립된 문자 '일(一)'로 보고, 장타이옌은 '일(一)'을 독립된 문자 '일(一)'로 보지 않고 비독립적 부호로 봤다. 천(天)자의 발전 흐름을 분석한 결과, 천(天)은 회의자도 아니고 지사자도 아니다. 천(天)은 상형(象形), 보다 명확하게 말하면 '증체상형(增體象形)' 원리에 의해 만든 글자이다. 갑골문이나 금문에서의 '천'은 모두 사람의 모습을 가지고 표현하고 있다. 사람의 모습으로 '천'을 표현하는 것 자체가 다른 생명체에 비해 인간의 특수성을 반영하여 '천인합일(天人合一)'적 사고를 드러내었다.

---

1) 『周易』「彖傳」賁: 觀乎天文, 以察時變; 觀乎人文, 以化成天下.
2) 『殷墟文字乙編』: 庚辰, 王弗疾朕天.
3) 『說文解字』: 天, 顚也. 至高無上, 從一·大.

은나라 시기 '천(天)'의 뜻은 주로 '머리'라는 의미로 사용했다. 은나라 사람들은 '천(天)'보다 '제(帝)'를 중시하였다. 은나라 사람들은 '제(帝)'를 최고신(最高神)으로 여겼다. 갑골문의 기록에 의하면, '제(帝)'는 날씨나 풍년(豊年), 길흉(吉凶)을 장악하고, 은나라의 왕(王)은 지속적으로 '제(帝)'에 대해 제사를 지냈다. '제(帝)'의 의지는 거북이 껍질에서 나오는 균열(兆)을 통해 인간에게 전달하고, 왕은 이를 보고 '제(帝)'의 뜻을 판단하였다. 따라서 '제(帝)'는 왕에게 명령을 주고, 왕은 이런 명령에서 자신의 통치적 정당성과 합리성을 인정받게 된다. 이는 선사 시기의 '관상수시'보다 종교 색깔이 더욱 강하다는 의미이다. 방식은 다르지만, 그 안에 담겨 있는 '천인교감(天人交感)'과 '군권신수(君權神授)' 사상은 변하지 않았다.

춘추 전국 시기에 들어서면서, 혼란한 만큼, 사람들은 천명(天命)에 대한 회의감을 더욱 심하게 드러냈고, 결과적으로 두 가지 대립되는 방향의 '천인(天人)' 관계를 노출하였다. 하나는 과거의 종교적 천인관계를 이어받아 다른 미신적 요소와 결합하여 나아갔고, 다른 하나는 종교적 천인관계를 완전히 거부하는 방향으로 나아가게 되었다. 전자를 강조하는 학파로 음양가(陰陽家)나 묵가(墨家) 등이 있고, 도가(道家)는 후자의 대표라고 할 수 있다. 유교는 비교적 중립적이어서 이 두 가지 방향의 중간 지점에 서 있다. 공자는 귀신의 존재보다 인간 자체에 관심을 두었고, 맹자는 인간의 주체성 또는 자주성을 강조하고, 그 후, 순자는 자연적 천(天) 개념을 도출해 냈다. 이런 천인관계에 대한 이해는 대체로 이성적 방향으로 발전하고 있지만, 이 과정은 직선(直線)으로 이루어지기보다 곡선(曲線)으로 이루어졌다고 보는 것이 바람직하다.

동중서의 천인철학은 과거의 천인관계 사상을 흡수하고 있다. 그가 말하는 '천(天)'은 주재(主宰)로서의 '천(天)'의 뜻을 받아들이고, 다른 한편으로 춘추 전국 시기에 나오는 자연적 '천(天)'에서 다시 신비한 방향으로 만들었다(陳來, 2019: 5-6).

천인관계 외에 음양(陰陽) 이론도 동중서 인성론에 중요한 근거로 되었다. 동중서의 음양 이론은 주로 선진 음양가의 맥락을 이어받는 것이다. 그러나 음양에 관한 개념은 음양가들이 처음 만든 것이 아니고, 상고(上古) 시기부터 이어져 온 지혜와 그들의 정치적 주장이 결합된 것이다. 음양에 대한 사고는 상고 시기의 천인철학이 지닌 사고와 분리할 수 없다. 중국의 고대인들이 음양(陰陽)의 개념을 만든 이유는 음양 자체에 국한되는 것이 아니라, 음양을 통해 만물들의 생성 원인에 관한 일반적 해석을 찾기 위한 것이다. 이에 구체적 현상을 가지고 음양을 표현한다면 당연히 '일반적 해석'이라는 목적과 거리가 생길 수밖에 없다.

고대인들은 숫자와 같은 추상적인 것과 결합하여 음양을 표현하는 방법을 만들었다. 만물의 생성 원인에 대해, 시간(時間)이 과학적 해석을 제공한다면, 음양은 철학적 해석을 제공한다(馮時, 2018: 534-563). 고대인들의 입장으로 보면 공간(空間)은 시간(時間)을 결정하는 것이고, 음양과 시간의 결합 과정에서 실제로 음양과 공간(空間)의 결합도 함께 진행된다. 예컨대 중국 고대인들이 사용했던 '천간지지 기년법(天幹地支紀年法)'은 바로 음양과 시·공간을 결합한 산물이다. 음양을 인식하는 것은 첫 단계에 불과했다. 음양 변화에 대한 인식이 나와야 일반적 해석, 또는 철학적 해석이 가능해진다. 구체적으로 말하면 음양 변화에서 조화[和]라는 요소를 불어 넣어야 비로소 음양 운행의 원리를 설명할 수 있다.

위에서 분석한 것처럼, 동중서 천인철학의 사상사적 기초와 논리는 동중서의 천인철학에서 나오는 '군권신수(君權神授)', '천인교감(天人交感)', '음양사변(陰陽四辨)' 등 모두 뿌리가 있는 존재이다. 인간은 앎을 얻을 수 있는 '존재론적 근거'를 하늘에 두었고, 하늘의 뜻은 최고의 진리로 이해된다(손흥철, 2012: 290).

한편, 동중서의 천인철학에 대해 '천인감응'으로 표현하는 주장도 있고, '천인합일'로 이해하는 경우도 있다. 학자마다 각자의 연구를 중심으로 동중서 천인철학의 일부를 가지고 개념어를 정한 결과이다. '천인철학'은 '천지인(天地人)'의 사유와 혼동될 수도 있다. 물론, 동아시아 사회의 '천지인(天地人)' 삼재(三才)의 사유를 통해 동중서의 사상을 해석할 수도 있지만, '천인철학'의 '천(天)'은 하늘[天]과 땅[地] 모두를 포함하는 우주 자연이라는 차원에서 이해하면, 굳이 '천-지-인' 삼재로 나누어볼 필요는 없다.

'천인철학'은 다음과 같은 세 가지 조목으로 설명할 수 있다.

① 천위인지조(天爲人之祖); '천(天)'은 만물(萬物)의 시조(始祖)이고,[4] 사람의 근본(本)이다.[5] 이에 사람[人]과 천(天)은 같은 종류이다.[6] 동중서의 이런 주장은 사람에게 특수한 지위를 부여하게 된다.

② 인부천지수(人副天之數); 이를 설명하기 위해 동중서는 「인부천수(人副天數)」라는 문장을 지었다. 그는 사람이 '천(天)'의 부본(副本), 즉 복사판으로 여기고, 사람 신체의 구조와 천수(天數)를 결합한다.[7]

---

4) 『春秋繁露』「順命」; 天者萬物之祖, 萬物非天不生.; 본고에서 인용한 『春秋繁露』 한국어 번역은 '남기현 역(2005)'를 底本으로 하고, 문맥에 따라 일부 단어를 수정하였다.

5) 『春秋繁露』「爲人者天」: 爲生不能爲人, 爲人者天也. 人之人本於天, 天亦人之曾祖父也.

6) 『春秋繁露』「陰陽義」: 以類合之, 天人一也.

7) 『春秋繁露』「人副天數」: 人有三百六十節, 偶天之數也; 形體骨肉, 偶地之厚也. 上有耳目聰明, 日月之象也; 體有空穹進脈, 川穀之象也; 心有哀樂喜怒, 神氣之類也. 觀人之禮一, 何高物之甚,

동중서에 의하면, 사람의 형체(形體), 혈기(血氣), 덕행(德行), 성정(性情)은 모두 천수(天數)에서 파생된 것이다.[8] 이런 결합을 통해 동중서는 '음양' 및 '오행'과 사람의 성정(性情)을 연결시켰고, 그의 다차원적(多次元的) 인성론의 뿌리는 바로 여기에 있다.

③ 천인상교감(天人相交感); '천'은 사람의 존재 근거이고, 사람은 '천'의 부본으로 보는 것에서 자연스럽게 '천'과 '인'의 상호작용에 주목한다. 선진 시기에 이미 '동류상응(同類相應)'의 사상이 등장하였는데,[9] 동중서는 이를 받아들이고,[10] '천인상류(天人相類)'에서 한 단계 더 나아가 '천인교감(天人交感)'를 제시하였다. 즉 '인'과 '천'은 같은 종류에 해당함으로써 서로 감응할 수 있다. '기(氣)'는 '천인감응'의 매개체(媒介體)로 작동한다. 여기서 그의 독특한 '재이사상(災異思想)'이 나온다.

동중서에 의하면, '천(天)'은 '재이(災異)'를 내리는 방식으로 인간에게 경계 메시지를 주고, 인간의 대표인 황제(皇帝)가 이를 보고 스스로 반성해야 한다. 이런 '재이' 사상도 선진 시기에 성행했던 것이다.[11] 동중서는『춘추공양전(春秋公羊傳)』을 적극적으로 활용하여 그의 '재이' 사상을 설명한다.[12] 물론,『춘추공양전』에서 종교적 '천(天)'과 '음양(陰陽)', '오행(五行)' 사상이 거의 없다는 점도 엿보인다(林麗

而類於天也.

8)『春秋繁露』「爲人者天」: 人之形體, 化天數而成; 人之血氣, 化天誌而仁; 人之德行, 化天理而義. 人之好惡, 化天之暖淸; 人之喜怒, 化天之寒暑; 人之受命, 化天之四時.

9)『周易』「文言」:　　　飛龍在天, 利見大人, 何謂也? 子曰: 同聲相應, 同氣相求. 水流濕, 火就燥, 雲從龍, 風從虎, 聖人作而萬物覩. 本乎天者親上, 本乎地者親下, 則各從其類也.;『呂氏春秋』「應同」: 類固相召, 氣同則合, 聲比則應.

10)『春秋繁露』「同類相動」: 今平地注水, 去燥就濕, 均薪施火, 去濕就燥. 百物去其所與異, 而從其所與同, 故氣同則會, 聲比則應, 其驗然也.

11)『呂氏春秋』「應同」: 商箴雲: 天降災布祥, 並有其職, 以言禍福人或召之也.;『中庸』: 國家將興, 必有禎祥; 國家將亡, 必有妖孼. 見乎蓍龜, 動乎四體.

12)『春秋繁露』「精華」: 詩無達詁, 易無達佔, 春秋無達辭, 從變從義, 而一以奉人.

雪, 1978; 徐復觀, 1976). 동중서의 『춘추공양전』의 방법을 보면 크게 두 가지 특징이 있다. 하나는 『춘추공양전』을 가지고 '대일통(大一統)' 전제(專制)의 근거를 확립하는 작업이고, 다른 하나는 『춘추공양전』을 통해 자신의 '천인철학(天人哲學)'을 구축한 것이다(徐復觀, 1976: 329).

전체적으로 보면, 동중서의 천인철학은 상당히 독특하다. 대부분의 요소는 그가 처음 만든 것이 아니라 선진 시기까지의 사상을 융합하여 제기한 것이다. 이는 앞에서 언급한 것처럼 당시의 융합적 학문 분위기와 긴밀한 관계가 있다. ①②③은 서로 밀접하게 연관된 유기체(有機體)적 사유이다. 동중서의 인성론과 교육의 이론적 요소는 주로 ①②부분에서 나오고, 그의 교육 실천과 정치적 주장은 주로 ③에 집중된다.

Ⅲ. 세 부류의 성: 성인(聖人)·중민(中民)·두소(鬥筲)

동중서의 학문이 선진'유학' 외에도 '음양가'의 사상이 융합되어 있다는 점은 앞부분에서 언급했다. 이는 그의 인성론에서 보다 생생하게 드러날 수 있다. 인성론을 둘러싼 동중서의 주장은 주로 「심찰명호(深察名號)」와 「실성(實性)」의 두 편에 집중되어 있다. 「심찰명호」는 주로 개념을 설명한다. 동중서는 개념의 명확성을 매우 중시하는데,[13] 「심찰명호」는 바로 명호(名號), 즉 개념을 심도 있게 관찰하여 설명한 것이다. 여기에서 '성(性)'은 다음과 같이 설명된다.

---

13) 『春秋繁露』「深察名號」: 治天下之端, 在審辨大. 辨大之端, 在深察名號. 錄其首章之意, 以窺其中之事, 則是非可知, 逆順自著, 其幾通於天地矣.

지금의 세상에서 성(性)에 어두워서 말을 하는 자가 동일하지 않더라도 어떻게 성(性)으로 돌아가는 이름을 시험하지 않겠는가? 성(性)의 이름은 생(生)이 아닌가? 그가 사는 데서 자연의 자질(資質)과 같은 것을 성(性)이라고 부른다.[14]

성(性)이란 바탕이다. 성(性)의 바탕을 선(善)한 명(名)에 힐난한다면 합하여 함께 할 수 있겠는가? 이미 합할 수 없다면 오히려 바탕이 선하다고 이르는 것은 무슨 뜻인가? 성(性)의 이름이 바탕을 떠나는 것을 얻지 못할 것이다. 바탕이 떠나면 털과 같이 미미하게 되어 성(性)은 자신의 것이 아니니 살피지 않을 수 없을 것이다.[15]

「실성(實性)」에도 비슷한 표현이 있다.

성(性)이란 타고난 바탕이 순박(淳樸)한 것이다.[16]
성(性)이란 마땅히 명(名)을 알아서 기다리는 바 없이 일어나고 태어나면 스스로 가지는 바이다.[17]

이런 것을 보면 동중서의 '성(性)'은 태어날 때부터 인간의 자연적 상태로 볼 수 있다. 얼핏 보면 동중서의 주장은 고자(告子)의 주장과 비슷하다.[18] 동중서의 설명이 여기서 그치면 고자와 별 차이가 없다. 하지만 그의 사유는 여기에서 그치지 않는다.

---

14) 『春秋繁露』「深察名號」: 世暗於性, 言之者不同, 胡不試反性之名. 性之名非生與? 如其生之自然之資謂之性.
15) 『春秋繁露』「深察名號」: 今性者質也. 詰性之質於善之名, 能中之與? 既不能中矣, 而尚謂之質善, 何哉? 性之名不得離質. 離質如毛, 則非性已, 不可不察也.
16) 『春秋繁露』「實性」: 性者, 天質之樸也
17) 『春秋繁露』「實性」: 性者, 宜知名矣, 無所待而起, 生而所自有也.
18) 『孟子』「告子」上: 告子曰: 生之謂性.

신체의 이름은 모두 하늘에서 취한 것이다. 하늘은 두 가지로 음(陰)과 양(陽)의 베풂이 있고 신체도 또한 두 가지로 탐(貪)과 인(仁)의 성(性)이 있다.[19]

하늘과 땅이 생산하는 것을 성정(性情)이라 이른다. 성정이란 서로 더불어 하나의 어두운 것이 된다. 정(情)도 또한 성(性)이다.[20]

선진 시기의 고자(告子)와 달리 동중서는 '성(性)'에 들어온 '탐(貪)'과 '인(仁)' 두 가지 상태를 언급하였다. 동중서는 자신의 천인철학에 근거하여, 천지(天地)에 음양(陰陽)이 있듯이 사람에게도 음(陰)에 해당하는 '탐(貪)'과 양(陽)에 해당하는 '인(仁)', 이 두 가지 상태가 있다고 하였다. '음[貪]'과 '양[仁]', 이 두 가지 상태는 '성(性)'과 '정(情)'의 외재적 표현이다. 탐(貪)은 정(情)에 해당하고, 인(仁)은 성(性)에 해당한다. 인성에서 '성(性)'과 '정(情)', 이 두 가지 요소가 모두 포함된다는 것은 고자와 분명히 다른 사유이다. 하늘의 음양 변화를 따라가는 동중서의 인성론은 선진 시기와 달리 일원적으로 발전할 수 없는 중요한 원인으로 꼽힐 수 있다. 따라서 동중서의 인성론은 단순히 '선(善)'하거나 '악(惡)'하다는 식의 일원적 표현을 거부한다. 동중서는 자신의 주장과 맹자를 비교하여 아래와 같이 말한다.

내가 말하는 질(質)의 성(性)을 명하는 것은 맹자와 다르다. 맹자는 질(質)을 새와 짐승의 하는 것보다 낮게 하므로 이르기를 성(性)이 이미 선(善)하다고 했다. 나는 질을 성인(聖人)이 하는 것보다 높였으므로 성(性)이 선하

---

19) 『春秋繁露』「深察名號」: 天兩有陰陽之施, 身亦兩有貪仁之性.
20) 『春秋繁露』「深察名號」: 天地之所生, 謂之性情. 性情相與爲一瞑. 情亦性也.

지 않다고 한 것이다.[21]

성(性)은 화(禾: 벼)에 견주고 선(善)은 쌀에 견준다. 쌀은 벼 속에서 나오지만 벼는 전체가 쌀이 되지 못한다. 선(善)은 성(性) 속에서 나오지만 성(性)은 온전하게 선(善)이 될 수 없다.[22]

어떤 사람이 말하기를, 성(性)에는 선단(善端)이 있고, 마음에는 자질(資質)이 있는데, 오히려 편안하게 선을 하지 않겠는가? 이에 응대하여 말했다. 아니다. 누에고치에서 실이 나오지만 누에고치는 실이 아니고, 알에서 새끼가 나오는데 알이 새끼는 아니다.[23].

맹자의 주장은 대체로 선한 단서(端緒)와 선성(善性)은 동일하게 보고 있으므로 인간에 대한 낙관적 믿음으로 가득하다. 즉 '선단(善端)=선성(善性)'으로 볼 수 있다. 반면에 동중서는 선한 단서인 성(性)를 긍정하는 동시에도 악한 단서인 정(情)도 인정하고 있기에 인성을 완전한 선(善)으로 볼 수 없다고 주장한다. 즉 선단(善端)이 선성(善性)인 것은 아니다. 이러한 특징을 지닌 선단(善端)은 자연적으로 선성(善性)을 이루지는 못하고 반드시 외부적 조건이 필요하다. 그 조건은 교육으로 담보된다.

이런 점에서 비추어 보면, 동중서의 주장은 순자와 가깝거나 심지어 동일한 이론으로 보는 주장도 있다. 순자는 인성은 악하다고 보고, 반드시 사회 교육을 실행하여 선에 이르도록 인도한다. 순자는 교육을 통해 인간의 악한 본성을 교정(矯正)하는데 무게중심을 둔다. 상쥐

---

21) 『春秋繁露』「深察名號」: 吾質之命性者異孟子. 孟子下質於禽獸之所爲, 故曰性已善; 吾上質於聖人之所爲, 故謂性未善.

22) 『春秋繁露』「深察名號」: 性比於禾, 善比於米. 米出禾中, 而禾未可全爲米也. 善出性中, 而性未可全爲善也.

23) 『春秋繁露』「深察名號」: 或曰: 性有善端, 心有善質, 尚安非善? 應之曰: 非也. 繭有絲而繭非絲也, 卵有而卵非也. 比類率然, 有何疑焉.

더(商聚德, 1998: 85)가 요약한 것처럼, 동중서는 교화(敎化)를 통해 인간이 가지고 있는 선한 요인을 펼치도록 한다. 동중서의 교화는 선한 요소를 펼치도록 하고 악한 요소를 교정하는 두 가지 부분을 동시에 강조한다. 그렇다 하더라도 후자에 대한 강조는 상대적으로 적다.

또한 동중서의 교육은 대상에 따라 다르게 적용된다. 그는 인성(人性)을 다시 '성인지성(聖人之性)', '중민지성(中民之性)', '두소지성(鬥筲之性)' 3가지 차원으로 구분한다.

① '성인지성'의 경우, 이는 동중서가 설정해 놓은 최고의 기준이다. '성인(聖人)'은 유교 전통에서 늘 완벽한 존재로 여겨지고, 동중서에게서도 '성인지성'은 교육을 받을 필요가 없는 원만(圓滿)한 상태이다. '악(惡)'의 자질이 완전히 사라지고 없는 '성인지성'은 이미 '본아(本我)' 단계를 넘은 이성적(理性的) 인격(人格)이다(曾振宇, 2002: 20).

② '두소지성'는 '성인지성'과는 상당히 다른 극단적 경우이다. '성인지성'이 완벽히 선(善)한 것이라면, '두소지성'은 이와 정반대로 볼 수 있는 완전히 악(惡)한 것이다. 이는 최하의 기준으로 볼 수 있다.

③ '최상'과 '최하'의 기준에서 그 중간에 자리하고 있는 것이 '중민지성'이다. 이는 동중서 인성론의 핵심이자 동중서 교육 대상의 주요 구성으로 볼 수 있다. '성인지성'은 완벽한 상태로 유지되고 있어 교육할 필요가 없고, '두소지성'은 악한 자질이 모두 외부로 펼치게 되어 굳이 교육해도 큰 효과가 없다. 반면, '중민지성'에는 선한 요소와 악한 요소가 모두 들어 있어 일정한 교육을 하면 충분히 악한 자질을 소멸하고 선한 방향으로 나갈 수 있다.

인성(人性)을 세 가지 차원으로 구분하여 이해하는 가운데, 동중서는 주로 '중민지성'에 관심을 둔다.

　　"성(性)을 말할 때는 상(上)으로 하지 않고 하(下)로도 하지 않으며 중(中)을 가지고 한다.[24]

　　"성인지성(聖人之性)은 성(性)으로 이름하지 않고, 두소지성(鬥筲之性)도 성(性)으로 이름하지 않으며, 성을 말할 때는 주로 중민지성(中民之性)을 의미한다.[25]

　　'성(性)으로 이름하지 않는 것'은 '성(性)'으로 보지 않은 것은 아니다. '교육을 할 필요가 없다!' 또는 '교육을 해도 아무런 효과가 없다!'라는 정도의, '교육이 의미가 없다'라는 의미이다. 성인과 두소의 경우, 교육으로 인간의 품성을 바꿀 수 없다는 점에 착안하여. 인간 교육의 능동적(能動的) 작용을 거부하는 것과 같다. 사회 교육을 원활하게 추진하려면 교육을 받는 대상자들이 교육을 거부하지 않아야 하는 전제 조건이 있다. 즉 동중서의 인성론은 선악을 말할 수 있는 존재라기보다는 선악을 주체적으로 지향할 수 있는 존재이다(정경숙, 2012: 60).

Ⅳ. 성(性)의 대상

　　인성에 대한 판단과 성찰은 동중서 교육사상의 기반이 된다. 이에 '성인지성', '중민지성', 그리고 '두소지성'에 해당하는 대상을 미리 확인할 필요가 있다. 얼핏 보면, 동중서가 주장한 세 가지 '성(性)'은 등

---

24) 『春秋繁露』「深察名號」: 名性, 不以上, 不以下, 以其中名之.
25) 『春秋繁露』「實性」: 聖人之性不可以名性, 鬥筲之性又不可以名性, 名性者, 中民之性.

급이 있는 모양으로 이해하기가 쉽다. 이에 각 '성'에 해당하는 대상을 설명할 때 등급에서 계급으로 적용하여 분석한 경우도 있다. 예컨대 런지위(任繼愈, 2010: 86)의 경우, 이런 '성삼품설'을 통치 계급의 '성'을 '선(善)'으로 규정하고, 빈천(貧賤)한 사람의 '성'을 '악(惡)'한 것으로 이해한다고 본다. 이런 주장은 단순히 계급을 대립하는 입장에서 인성론을 바라보고, 그 안에 내포되고 있는 '다차원성'을 무시하는 경향이 있다.

동중서가 '성인(聖人)-중민(中民)-두소(鬥筲)'를 구분하는 근거는 주로 두 가지 측면에서이다. 하나는 사람의 천부적(天賦的) 자질(資質)이고, 다른 하나는 그 사람의 후천적(後天的) 행위이다(廖其發, 1991: 65). 이는 선진 유학에서 인물을 품평(品評)하는 기준과 일맥상통한다.

먼저, 성인(聖人)의 범위에 대해 동중서의 사고는 선진 유학과 크게 다르지 않다. 즉 단순히 그가 차지하고 있는 자리만 보지 않고, 그 사람의 행위에 대한 관심이 크다. 동중서에 의하면, 하나라의 마지막 임금인 걸(桀)은 군주의 지위에 있었지만, 그는 여전히 천하의 큰 도둑이고,[26] 절대 성인으로 볼 수 없다. 나라를 다스리는 핵심 관료 집단은 성인의 덕행을 가지고 있는 사람으로 구성해야 하며, 이런 사람은 황제처럼 절대적 권위가 없어도 성인(聖人)에 해당한다.[27] 그뿐만 아니라, 공자와 같은 사람이 자리가 없어도 '천자(天子)'의 일을 맡을 수 있는 점을 보면,[28] 동중서의 성인(聖人)은 단순히 지위에 치우치지

---

26) 『春秋繁露』「燆燠常多」: 桀, 天下之殘賊也.
27) 『春秋繁露』「官制象天」: 三公之位, 聖人之選也. 三卿之位, 君子之選也; 三大夫之位, 善人之選也; 三士之位, 正直之選也.
28) 『春秋繁露』「自序」: 如孔子受命作《春秋》, 行天子之事耳.; 『春秋繁露』「玉杯」: 孔子立新王之道, 明其貴誌以反和, 見其好誠以滅偽.

않은 것이 분명하다. 이렇게 보면 성인(聖人)에 해당하는 사람은 성명 (聖明)한 군주, 덕행 있는 관료 집단, 그리고 공자 같은 사상가도 포함 된다. 이런 사람은 바로 그가 말하는 '성인지성'에 해당하는 대상자들 이다. 이들의 특징은 '과선(過善)'이다.[29] 인성으로 보면 '완벽하고 순 수한 선의 상태'이다.

다음으로 '두소(鬥筲)'에 관한 인식이다. '두소'는 '성인'과 정반대 의 상황에 처해 있는 극단적 상태의 인간상이다. '두소' 또한 단순히 지위와 계급만으로 이해해서는 안 된다. '두소' 집단에 걸(桀)이나 주 (紂)와 같은 왕의 자리를 차지하는 사람도 있고, 관료 집단에 해당하는 사람도 있고, 일반 서민에게도 있다. 이 사람들의 특징은 '악후(惡厚)' 이다.[30] 즉 순수한 '악' 상태에 빠지는 성품의 소유자들이다.

마지막으로 가장 핵심적인 '중민(中民)' 부분이다. '민(民)'은 상대 적 개념으로 봐야 한다. '민(民)'은 흔히 '인민(人民)', 즉 '일반 백성'으 로 보는 경우가 많다. 하지만 랴오치파(廖其發, 1991: 66-67)가 분석 한 것처럼, 가끔은 황제 밑에 있는 관료가 포함된 경우도 있는데, 각 급(各級) 관료 가운데 어떤 존재는 두소(鬥筲)에 포함되기도 한다. 중 민(中民)이라는 말 자체가 인성(人性)의 층차를 염두에 두고 만든 개 념이므로 문자적 개념과 동일시(同一視)하면 곤란하다. 실제로 동중 서가 말하는 중민은 앞에서 구명한 '탐(貪)'과 '인(仁)'의 두 가지 상태 를 모두 가지고 외부로 표현되는 사람들이다. 즉 '성(性)'과 '정(情)'이 모두 외부로 표출되는 것이 중민의 특징이다. 이는 '성인'과 '두소'에 해당하는 사람 이외의 일반 관료나 자유민(自由民)이 모두 포함된다.

---

29) 『春秋繁露』「深察名號」: 聖人過善.
30) 『春秋繁露』「玉杯」: 諸鬥筲之民, 何足數哉? 弗擊人數而已. 此所由惡厚而責薄也.

V. 결어

동중서의 인성론은 선진 유학의 획일적(劃一的) 인성론보다 성숙한 모습을 보인다. 그는 인성에 관한 다차원적 검토를 통해 일원적(一元的) 인성론의 모순을 해결하려고 노력하였다. 그러나 인성론을 둘러싼 동중서의 사유가 완벽한 것은 아니다. 특히, 일부 개념의 범주가 명확하지 않아, 동일한 글자나 개념으로 사용하여 혼동에 빠질 위험도 있다. 예를 들면, 동중서는 '정(情)도 또한 성(性)이다'라고 하였는데, 여기서 말하는 '성(性)'은 당연히 인성 전체로 볼 수 없다. 펑여우란(馮友蘭, 1934: 515-516)은 이를 '협의적(狹義的) 성(性)'으로 이해한다. 그렇다고 해도 그의 다차원적 인성론은 당시뿐만 아니라, 후세에도 깊은 영향을 미치고 있다.

서한 말에 활동했던 양웅(揚雄)은 동중서의 영향을 많이 받았다(任繼愈, 2010; 曾振宇, 2002). 양웅은 사람의 본성은 '선(善)'과 '악(惡)'을 모두 갖추고 있다고 보고, 선(善)한 부분을 수양하면 선인(善人)으로 되고, 악한 부분을 계속하면 악인(惡人)이 된다고 본다.[31] 물론 이는 인간의 차이를 중인(衆人)과 현인(賢人), 그리고 성인(聖人)의 세 가지로 분류하며, 그 특성을 제시하는 차원과도 결부된다. 중인은 사람들이 자기를 따르는 것을 좋아하고, 현인은 자기의 잘못을 바로 잡아주는 것을 좋아하며, 성인은 자기가 사람들의 스승이 되는 것을 좋아한다(신창호, 2022: 390-391).

당(唐)나라 한유(韓愈)의 주장에서도 동중서의 영향이 상당히 확인된다. 한유가 활동했던 시기는 불교(佛敎)와 도교(道敎)가 성행하였

---

31) 『法言』「修身」: 人之性也善惡混. 修其善則爲善人, 修其惡則爲惡人.

다. 한유는 유학자(儒學者)의 사명감(使命感)을 느껴 불교와 도교의 설을 강하게 비판하였고, 「원성(原性)」이라는 글을 지어 자신의 인성론 설명한 바가 있다.[32] 그는 명확하게 세 가지 성품(性品)이 있다고 말하며, '성삼품설(性三品說)'을 주장하였다. 그뿐만 아니라 그가 말하는 '소이위성자오(所以爲性者五)', 즉 '인(仁), 의(義), 예(禮), 지(智), 신(信)'이라는 부분에서도 동중서의 흔적을 확인할 수 있다.

송(宋)나라 이후 중국의 인성론은 성리학(性理學) 발전에 따라 점점 주밀(周密)한 상태를 보인다. 송나라 유학자들의 인성론도 과거 선배 학자들이 만든 기반에서 펼쳐내는 것이며, 동중서의 주장은 이 과정에서 중요하게 반영되었다.

---

32) 『韓愈文集彙校箋注』「原性」: 性也者, 與生俱生也; 情也者, 接於物而生也. 性之品有三, 而其所以爲性者五; 情之品有三, 而其所以爲情者七. 曰何也? 曰性之品有上·中·下三. 上焉者, 善焉而已矣; 中焉者, 可導而上下也; 下焉者, 惡焉而已矣. 其所以爲性者五: 曰仁·曰禮·曰信·曰義·曰智.

유교 성론(性論)에서 동중서의 위상

신창호(申昌鎬)

Ⅰ. 서언

유교에서 인간의 본성에 관한 논의는 학술의 중심을 가로지르고 있다고 해도 과언이 아니다. 특히, 맹자의 '성선(性善)'과 순자의 '성악(性惡)'을 중심으로 그것을 처리하는 문제는 인간과 사회의 존재를 구명하는 열쇠처럼 인식되어 왔다.

주지하다시피, 공자는 인간의 본성에 대해 많이 언급하지는 않았다. 『논어』에서도 '성(性)'에 관한 구체적 언표는 두어 번에 지나지 않는다. '성(性)과 천도(天道)에 대해서는 말하지 않았다!'라는 표현과 '본성은 서로 비슷하지만 습관에 의해 서로 달라진다!'라는 대명제를 제시하였을 뿐이다. 이후, 맹자와 순자는 본성에 '선(善)'과 '악(惡)'이라는 가치를 강력하게 개입시켰다. 맹자가 강조한 성선이나 순자가 주장한 성악은 인간 사회의 제반 영역에서 사람들이 지향하는 바를 상당히 다른 양상으로 진행시켜 나가게 만들었다. 인간의 본성을 선으로 인식하는 경우에는 그 선을 확장해 나가는 삶을 강조했고, 악하게 인식할 때는 그와 반대의 인생을 고민하게 유도하였다. 그것은 '선한 본성의 계발이냐?' '악한 본성의 교정이냐?'라는 인성에 대한 '추상적 관념'을 극단적으로 이끌어 냈다.

엄밀하게 말하면, 인간의 본성이 선한지 악한지 명확하게 재단하여 구명하기란 쉽지 않다. 부분적으로 특정한 근거를 들어 관념적으로 유추할 수 있을 뿐이다. 때문에 맹자와 순자의 '선-악'으로 나눠지는 '이분법적 논의'는 '관념에 의한 추상'에 머물 수밖에 없다. 기존의 본성에 관한 유교의 전통은 공자(孔子) 이후, 자사(子思)와 맹자(孟子)를 거쳐 주자(朱子)로 이어지는 '성선(性善)의 지향'에 초점이 맞춰졌다. 그런 만큼 '성악(性惡)을 강조한 순자(荀子)는 유학 전통에서 배제되었다. 대신, '존천리알인욕(存天理遏人慾)', 또는 '존천리거인욕(存天理去人慾)'이라는 차원에서 선을 대변하는 천리를 적극적으로 옹호하고 보존하여, '악(惡)' 또는 '불선(不善)'으로 대변되는 인욕을 막거나 없애는 작업을 삶의 중심 문제로 삼았다. 그것은 성악과 연관된 논의가 성선의 그늘에 가려 금기처럼 취급되었다는 학문적 파열음으로 드러났다.

이 지점에서 성악에 관한 인식과 '선-악'의 이분법적 구도가 아닌, 현실적이고도 구체적인, '유기적 차원'의 성품에 관한 이해가 요청된다. 이는 인성론의 발전 과정에서 동중서(董仲舒: 董子)가 제기한 '성삼품설(性三品說)'의 위상에서 확인할 수 있다. 여기서는 공자에서 주자로 이어지는 기존의 인성론 전통이 '추상적 관념론'에 치우쳐 있다고 인식하고, 동중서의 인성론이 그것을 보완하는 차원에서 '구체적 현실론'에 자리하고 있음을 구명해 본다.

Ⅱ. 성(性)에 관한 추상적 관념론

1. 공자의 성상근(性相近)과 천도(天道)

『논어』에서 공자가 성(性)을 언급한 곳은 두 번 정도이다. 하나는 공자가 직접 말한 대목이고, 다른 하나는 제자 자공(子貢)의 견해이다.

인간이 타고난 성은 서로 가깝지만 후천적 노력과 습관에 따라 멀어진다.[1]

선생님의 문장에 대해서는 이해할 수 있다. 그러나 선생님께서 성(性)과 천도(天道)에 대해 말씀하시는 것에 대해서는 이해할 수가 없다.[2]

이때 공자가 어떤 의미에서 성을 거론했는지, 구체적으로 파악하기란 쉽지 않다. 분명한 것은 인간의 보편적 속성으로 성을 거명했다는 점이다. 특히, '성(性)'과 '습(習)'을 대비하면서, '선천적 자연성'과 '후천적 사회성'을 동시에 거론하고 있는 부분은 주목할 만하다. 인간은 태어날 때 선천적으로 보편적 성품을 지닌다. 그것은 '성상근(性相近)'으로 표현된다. 하지만 인간의 삶에는 반드시 후천적 요인이 개입한다. 주변의 다양한 환경이나 영향을 미치는 힘은 사람마다 구별되는 특수한 인성을 형성하게 만든다. 이것은 배우고 익히며, 습관화를 거치는 가운데 다른 양상으로 표출된다. 그러기에 공자는 '습상원(習相遠)'의 시각을 신중하게 제기했다.

유학에서 인간성을 이해하는 방식은, 이 지점에서 만난다. '성상근'

---

1) 『論語』「陽貨」: 子曰, 性相近也, 習相遠也.
2) 『論語』「公冶長」: 子貢曰, 夫子之文章, 可得而聞也, 夫子之言性與天道, 不可得而聞也.

과 '습상원'으로 요약되는 인생의 함수는 본성과 습관을 어떻게 활성화 하느냐에 따라 달라진다. 다시 말하면, 인간의 성은 서로 비슷한 형태이거나 비슷한 가능성의 세계를 갖추고 있다. 그것은 인생을 어떻게 운용하느냐의 여하에 따라 차이를 보인다. 인간이 서로 비슷한 보편적 본성을 지녔다는 '인격적 특징[personality]'은 본연지성(本然之性)에 해당한다. 반면에 '다르다'는 인식, 즉 개인마다 구체적이고 특수한 양식의 '성격적 특성[character]'은 기질지성(氣質之性)로 이해된다. 이 가운데 본연지성은 순수선(純粹善), 또는 적어도 선한 것이고, 기질지성은 선악(善惡)이 혼재되거나 악의 경향성을 띤 것으로 인식되곤 한다.

자공이 언급한 성은 '성상근'과는 다른 차원에서 이해된다. 공자는 정말 성에 대해 말하지 않은 것인가? 아니면 성에 대해 다양하게 언급했으나 내용이 어려워 제자들이 알아들을 수 없었는가? 이에 대해서도 성리학의 견해를 빌려서 이해해야만 하는 사상적 한계가 있다. 주자는 "성은 사람이 부여받은 천리이다"라고 해석한다.[3] 그것은 실제로 천지자연의 본체인 천도(天道), 즉 자연의 질서와 같다. 이는 천리가 인간의 내면으로 전이되어 성으로 내재한다는 우주론적 특징이다. 다시 말하면 성은 인간이 타고나면서 천으로부터 부여받은 자연적 질서이자 이치이다. 여기에서 성리학의 기본 명제인 '성즉리(性卽理)'의 사고가 싹텄다. 성은 천지자연의 질서가 인간에게 선천적이고 숙명적이며 일정한 양식으로 주어진 것이다. 그것은 이치라는 불변의 형이상학적 법칙으로 주어졌기에 반드시 따라야 하는 필연이다.

공자가 말한 성과 자공이 언급한 성은 의미 맥락상 차원이 다르다.

---

3) 『論語集註』「公冶長」: 性者, 人所受之天理.

쉬푸관(徐復觀, 1965)은 주자의 해설을 빌어, 공자가 말한 성상근에서 성을 기질지성으로 보았다. 반면, 자공이 말한 성은 의리지성으로 이해하였다.

공자는 보편성과 특수성의 두 차원을 동시에 고려하며 인간성을 지적하였다. 그것은 인간 내부에서 본성을 확인하는 작업이다. 즉 본성 자체에 존재하는 유사함과 차이의 가능성에 대한 긍정이다. 인간은 사람으로서의 보편성과 각자의 깨우침을 통해 자기의 성품을 독특하게 펼쳐나갈 수 있는 가능성을 지니고 있다. 그러기에 인간은 자기실현을 적극적으로 고려하며 그것을 향해 노력한다.

자공은 인간이라면 누구나 타고나는 보편성에 기초한 본성을 자연의 질서와 동시에 거론하였다. 누구에게나 공유되는 객관적·보편적 체계로서의 성품은 다른 사물과 구분되는 인간만의 특징을 간직한다. 이런 차원에서 『논어』에는 기질지성(氣質之性)과 의리지성(義理之性)이라는 '성(性)'의 두 차원이 동시적이며 이중적으로 제기되어 있다.

2. 자사(子思)의 천명(天命)

자사가 지었다고 하는 『중용(中庸)』의 첫 마디는 '천명지위성(天命之謂性)'이다. 이 구절은 일방적 차원으로 이해하면, 형식적으로는 천이 인간을 비롯한 만물에게 명령을 내려 본성을 부여한 듯하다. 그러나 상호 주체의 측면에서는 대대적(待對的)이다.

명(命)은 천(天)이 준 것이고 성(性)은 만물이 받은 것이다. 명과 성은 주고받은 차원에서 하나의 이치이다. 천이 만물에게 주는 측면에서는 명령이

고 사람과 물건이 받는 측면에서는 본성이다.[4]

이처럼 주체의 전이를 통해 명과 성은 준 자와 받은 자 사이의 관계망을 형성한다. 이는 천의 의리와 도덕 질서를 인간이 스스로 부여하고 적용하는 양상을 띤다. 인간은 천에서 부여한 명령에 따라 본성을 받고 그것을 세상에 펼쳐낸다. 그러기에 "사람 알기를 생각한다면 반드시 天을 알아야만 한다."[5]라고 했다. 왜냐하면 인간은 자연의 질서를 인생의 준거로 이해하고 삶을 실현하기 때문이다(葛晨虹, 1998: 33-91).

천에 대한 인식은 '도덕적 의미'로서의 '의리천(義理天)'을 강구한 데서 그 연원을 찾을 수 있다. 『중용』의 첫마디인 '천명지위성(天命之謂性)'에서 천은 인간에 의해 도덕적 의미를 부여받는다. '지고한 우주의 근원적 원리(highest primordial principle of the universe)' 또는 '도덕적 원리(moral principle)'로 이해되는 것이다(Fung Yu Lan, 1983: 31). 이때의 천은 단순히 객관적 자연이나 종교적 숭배 대상을 넘어 도덕 정신의 기준으로 자리매김 된다. 즉 인간에게서 객관적이고 외재적 대상이던 것이 내면으로 반성된다. 거기에서 인간의 다양한 권리와 책임, 의무를 포함하는 삶의 바탕, 이른바 윤리 의식이 형성된다. 그런 차원에서 인간 삶의 바탕은 자연적 질서로부터 선천적으로 부여되었다(De Bary & Tu, 1998: 12).

객관 대상인 천은 인간에게 삶의 지침과 권리를 주었다. 이는 단순한 천, 즉 '창공(the sky)'으로서 물리적 실제가 아니다. 그리고 기독교

---

4) 『中庸章句』 1章: 天所賦爲命, 物所受爲性, 理一也, 自天所賦予萬物言之謂之命, 以人物所稟受於天言之謂之性.; 『大學章句大全』 首章: 天之賦於人物者謂之命, 人與物受之者謂之性.
5) 『中庸章句』 20章: 思知人, 不可以不知天.

나 이슬람교에서 말하는 전지전능한 唯一神(the One and Only God)
인 하나님이나 알라(Allah)가 모든 것을 주재하여 인간에게 부여한 것
과 근원적으로 다르다. 그것은 인식론적으로 인간이 자연의 질서를
삶의 관점에서 파악하고 도출했다는 의미이다. 요컨대, '천명=성'이라
는 개념을 상정하여 자연과 인간을 통일적이고 연속적으로 바라보려
는 세계관의 표출이다.

3. 맹자의 선단(善端)과 성선(性善)

맹자의 성선설을 제대로 파악하기 위해서는, 인간의 마음과 본성,
감정과 재능의 관계, 이른 바 '심(心)-성(性)-정(情)-재(才)'의 개념을
이해할 필요가 있다(楊澤波, 1995: 27-32).

심(心)은 '양심(良心)'이며 '도덕심(道德心)'이다. 이른바, '측은지심
(惻隱之心)-수오지심(羞惡之心)-사양지심(辭讓之心)-시비지심(是非
之心)'이라는 네 차원의 마음을 인간이 본질적으로 지니고 있는 도덕
적 가치 의식으로 정돈했다. 이는 양심이 본구적 양식임을 강변한다.
성선설은 바로 이 본구적·선천적 속성인 사단의 가치자각에서 출발
한다(勞思光, 1986).

성(性)은 타고난 속성을 말하는 것으로 크게 두 가지로 분류된다.
하나는 생물학적 특성이 잘 드러나는 '생리적 성'이고 다른 하나는 도
덕 윤리적 특징이 핵심인 '의리적 성'이다. 입으로 맛을 보거나 눈으로
색을 보는 것은 생리적 성이고, 부모 자식 간의 사랑이나 군신 간의 의
리는 의리적 성으로 볼 수 있다. 그러나 맹자는 인간에게서 진정한 성
을 도덕 윤리적 차원에서 강조하였다.[6]

---

6)『孟子集註』「盡心」下: 口之於味也, 目之於色也, 耳之於聲也, 鼻之於臭也, 四肢之於安佚也, 性
　也, 有命焉, 君子不謂性也. 仁之於父子也, 義之於君臣也, 禮之於賓主也, 智之於賢者也, 聖人

정(情)은 일반적으로 구체적 상황, 현재의 정황이나 실정, 또는 감정 등을 가리킨다. 맹자는 그 정과 같은 것이라면 선을 행할 수 있다고 하여, 정을 성의 움직임으로 보았다.[7] 성정의 관계는 '우산지목(牛山之木)'을 통해 구체적으로 비유된다.[8] 성은 본래의 성향이고 정은 실제의 정황이다. 존재 자체의 동정(動靜) 문제로 환원해 볼 때, 성은 고요함이고 정은 움직임이다. 이는 펼쳐지기 전의 상황인 미발(未發)과 펼쳐진 후의 정황인 이발(已發)의 관계와도 같다. 이때 정과 성은 표리관계이다. 인간의 고요한 마음의 상황이 행위 작용으로 나아간 차원에 비유된다. 정은 마음을 펼쳐내느냐 잃어버리느냐의 작용에 관한 것이다.

재(才)에 대한 인식은 맹자의 선단(善端)을 이해하는 열쇠이다. 맹자에게서 재는 세 가지 뜻을 품고 있다. 첫째는 사람이 처음 태어날 때의 '바탕'으로 질(質)이고, 둘째는 만들어 갈 수 있다는 차원의 '재능(才能)'이며, 셋째는 재능 있는 '사람'을 의미한다.[9] 재(才)는 원래 '초목의 싹'을 의미하는 글자로, 초목이 싹을 틔우고 막 자라나는 것을 뜻했다. 그러므로 인간이 처음 태어나면서 지닌 잠재능력이며, 발전 가능성을 내포하고 있다. 거기에서 재능으로 의미가 확장되었고, 재능을 보유한 인간으로 발전되었다고 판단된다. 맹자에게서 인간의 바탕은 본구적 선단이었다. 그러므로 재질이나 재능 또한 마땅히 선이다.[10]

之於天道也, 命也, 有性焉, 君子不謂命也.

7) 『孟子集註』「告子」上: 乃若其情則可以爲善矣, 乃所謂善也.; 情者, 性之動也.

8) 『孟子集註』「告子」上: 牛山之木, 嘗美矣, 以其郊於大國也. 斧斤伐之, 可以爲美乎. 是其日夜之所息, 雨露之所潤, 非無萌蘗之生焉, 牛羊, 又從而牧之. 是以, 若彼濯濯也, 人見其濯濯也, 以爲未嘗有材焉, 此豈山之性也哉. 雖存乎人者, 豈無仁義之心哉. 其所以放其良心者, 亦猶斧斤之於木也, 旦旦而伐之, 可以爲美乎. 其日夜之所息, 平旦之氣, 其好惡, 與人相近也者, 幾希, 則其旦晝之所爲, 有梏亡之矣. 梏之反覆, 則其夜氣, 不足以存, 夜氣不足以存, 則其違禽獸, 不遠矣. 人見其禽獸也, 而以爲未嘗有才焉者, 是豈人之情也哉.

9) 『孟子集註』「告子」上: 若夫爲不善, 非才之罪也.; 『孟子集註』「盡心」下: 其爲人也, 小有才.; 『孟子集註』「盡心」上: 得天下英才而敎育之.

10) 『孟子集註』「告子」上: 才, 猶材質, 人之能也. 人有是性, 則有是才, 性既善, 則才亦善.

이렇게 볼 때, 심, 성, 정, 재를 구체적으로 구분하기란 쉽지 않다. 양상에 따라 다르기는 하나, 서로 유사하며 통하기도 하고 동일한 의미로 드러나기도 한다. 그래도 뉘앙스를 달리하는 표현으로 정돈하면, 심은 인간의 본질적 존재 근거로 보이지 않는 형태의 신령스러운 것이다. 성은 이 심을 외면적으로 표현하는 말이고, 정은 실제로 드러난 상황이며, 재는 그것을 가능하게 만드는 저변의 힘이다. 맹자의 성선론은 이런 인간 이해를 바탕으로 한다.

4. 순자(荀子)의 욕망(欲望) 분출

맹자가 도덕적 차원에서 선단의 가치를 적극적으로 부여한 데 비해, 순자는 성을 '있는 그대로의 자연성'으로 강조한다.

> 성은 본래 질박한 것이고, 인위는 문명이 점차 자라난 것이다.[11]
>
> 나면서부터 저절로 그러한 것을 성이라 하는데, 그 성의 조화된 상태가 자라나서 구체적인 감응을 받아 자연적으로 일어나는 작용 또한 성이다.[12]
>
> 성이란 타고난 그대로를 말하는 것이지, 후천적으로 배워서 되는 것이 아니다.[13]

성 자체에 대한 언급만으로 볼 때, 순자는 맹자가 주장하는 천(天)의 도덕 의지를 적극적으로 수용하지 않았다. 맹자는 인위적으로 도덕적 자각 의식을 불어넣으려고 강조했지만, 순자는 자연성이나 자연질서의 실체를 선차적으로 인정하고 있다. 그런 다음, 선에 대한 설명

---

11) 『荀子』「禮論」: 性者, 本始材樸也, 僞者, 文理隆盛也.
12) 『荀子』「正名」: 生之所以然者, 謂之性, 性之和所生, 精合感應, 不事而自然, 謂之性.
13) 『荀子』「性惡」: 凡性者, 天之就也, 不可學.

과 '성이 악하다'는 논리를 전개한다.[14]

순자가 말하는 성은 사람이 태어나면서 지니고 나온 자연성이다. 이 자연성은 인간뿐만 아니라 짐승이나 여타의 동물도 갖추고 있다. 본능과도 비슷하게, 개개의 사물이 모두 지니고 있다. 그런데 인간이 타고난 감각기관 자체, 즉 자연성이 '악' 자체는 아니다.

순자가 고민한 것은 인간의 감각적 욕망이다. 무언가를 억지로 하려는 욕구, 개인의 사사로운 욕심과 욕망에 이끌리어 자연성이 악의 경향으로 추락하는 것에 대한 염려, 이것이 본래 타고난 성을 악으로 규정하는 이유이다. 인간의 욕망은 이익을 추구하고, 시기와 질투, 미움으로 가득 차 있다. 우리의 눈과 귀는 너무나 감각적인 욕망으로 치우쳐 있어 사회를 퇴폐와 음란 속으로 빠트릴 우려가 있다. 간단하게 정돈하면, 악으로 전락할 가능성이 있다.

사실, 자연성으로서의 욕망-본능 그 자체-을 순수한 악으로 규정할 수는 없다(項退結, 1990: 66). 문제는 '사회적 관계'에서 발생한다. 인간 사회가 감당할 수 있는 욕망의 대상은 유한하다. 하지만 개인의 욕망은 무한하게 흐를 가능성이 농후하다. 여기에서 혼란과 쟁탈, 질시 등 악이 발생할 개연성이 보인다. 자연성으로서의 욕망은 선악으로 구분하기 어렵다. 본래 그러한 자연일 뿐이다. 하지만 개인의 욕망이 인간관계의 사회적 차원으로 확대될 때, 악이 개입한다. 순자는 이러한 인간 본성이 감각적 욕망을 펼쳐나가는 근거라는 점에 주목하였다. 본성은 악으로 뻗어나갈 필연성을 함장하고 있다. 따라서 순자는 인간의 교화, 즉 예(禮)와 법(法)에 의한 삶의 조절과 통제를 강조한다.

---

14) 『荀子』「性惡」: 人之性惡, 其善者僞也. 今人之性, 生而有好利焉. 順是故爭奪生, 而辭讓亡焉. 生而有疾惡焉. 順是故殘賊生, 而忠信亡焉. 生而有耳目之欲, 有好聲色焉. 順是故淫亂生, 而禮義文理亡焉. 然則從人之性, 順人之情, 必出於爭奪, 合於犯分亂理, 而歸於暴. 故必將有師法之化, 禮義之道. 然後出於辭讓, 合於文理, 而歸於治. 用此觀之, 然則人之性惡明矣, 其性者僞也.

5. 주자(朱子)의 성론(性論): 본연(本然)과 기질(氣質)

성에 대한 주자의 생각은 공·맹·순의 견해와 상당히 다른 차원에서 거론된다. 성리학의 집대성이 그렇듯이, 앞에서 언급한 공맹과 자사의 인성은 성선의 측면에서, 성리학의 관점에서 재해석되었다. 주자는 성에 대해 다음과 같이 말한다.

> 성은 리일 뿐이다. 그런데 리는 천의 기와 땅의 질에 자리할 수밖에 없다. 다만 이 리는 기의 청명함을 얻으면, 가리거나 갇히지 않고 순순히 펼쳐 나온다. 가리거나 갇힌 정도가 작은 것은 천리를 펼쳐 내어 사욕을 이기고, 가리고 갇힌 정도가 큰 것은 사욕이 천리를 이기므로, 본원의 성이 착하지 않은 것이 없음을 볼 수 있다. …… 단지 저 기질의 혼탁이 있기 때문에 틈이 생기게 되었다. 그러므로 기질의 성에 대해, 군자는 성으로 생각하지 않는다. 배워서 그것을 돌이키면, 천지지성이 보존된다. 그러므로 성을 말할 때는 기질을 아울러 말해야 성의 모습이 제대로 갖추어진다. …… 성은 리일 뿐이다. 기질의 성 또한 저 리에서 나올 뿐이다. 리에서 나오지 않는다고 한다면, 정도에 지나쳐 엉뚱한 곳에 귀착할 것이다. 천지지성을 논한다면, 오로지 리를 가리켜서 말한 것이고, 기질지성을 논한다면, 리와 기를 섞어서 말한 것이다. …… 성은 기질이 아니면 의지할 곳이 없고, 기는 천성이 아니면 이룰 것이 없다.[15]

인간의 성은 두 측면이 있다. 하나는 순수한 천리를 지닌 측면이고, 다른 하나는 기질의 어둡고 흐림으로 말미암아 사욕으로 흐르는 측면

---

15) 『朱子語類』 卷4: 性只是理. 然無那天氣地質, 則此理沒安頓處. 但得氣之淸明則不蔽錮, 此理順發出來. 蔽錮少者, 發出來天理勝, 蔽錮多者, 則私欲勝, 便見得本原之性無有不善. …… 只被氣質有昏濁, 則隔了, 故氣質之性, 君子有弗性者焉. 學以反之, 則天地之性存矣. 故說性, 順兼氣質說方備. …… 性只是理. 氣質之性, 亦只是這裏出. 若不從這裏出, 有甚歸著. …… 論天地之性, 則專指理言, 論氣質之性, 則以理與氣雜而言之. …… 性非氣質, 則無所寄, 氣非天性, 則無所成.

이다. 이 두 성은 모두 인간이 갖추고 있는 리이다. 그런데 주자는 성을 본연지성과 기질지성으로 분리한다. 문제는 이 두 성을 서로 다른 것으로 보지 않으려는 독특한 논리이다.

"본연지성이 기질 가운데 떨어져 있는 것이 기질지성이다."[16] 기질 가운데 떨어져 있는 본연지성, 그것이 기질지성이다. 따라서 기질 자체가 별도로 하나의 성이 되는 것은 아니다. 기질지성은 별도로 존재하는 하나의 성이 아니라 기질 가운데 존재하는, 기질중지성(氣質中之性)을 의미한다. 그러기에 성은 어디까지나 본연지성이다(류인희, 1980). 이러한 본연지성이 성리학에서 보편적으로 지향한 의리지성(義理之性)이다. 의리지성은 본연지성과 관련하여 다양하게 언표된다. '천지지성(天地之性), 본원지성(本源之性), 천명지성(天命之性)' 등이 그것이다. 이는 자연스럽게 부여된 순수하고 지극한 최고선으로서 성이다. 하지만 인간은 태어날 때부터 제각기 다른 기질을 지녔다.[17] 그 각각의 기질을 발휘하여 인성을 형성한다. '청명(淸明)·혼탁(混濁)·박후(博厚)·혼명(昏明)'과 같은 기질의 실현, 특히 혼탁의 불완전성을 간직하고 있는 것이 기질지성이다. 이처럼 인간은 본연지성이라는 보편성과 기질지성이라는 특수성, 양 측면을 동시에 갖추고 있다. 다른 말로 하면, 본연지성이라는 '이념적 본성'과 기질지성이라는 '현실적 본성'을 동시에 지니고 있는 것이다(한형조, 1996: 104). 여기에서 '현실적 본성'은 사욕(私欲)으로 치달을 가능성이 높다고 가정한다.

그러기에 주자는 선을 구심으로 악의 가능성을 배제하지 않았다. 그것이 그가 기질지성을 거론한 이유이기도 하다. 기질지성은 개인

---

16)『朱子大全』卷58: 氣質之性, 只是此性墮在氣質之中.
17)『大學章句』序: 蓋自天降生民, 則旣莫不與之以仁義禮智之性矣. 然其氣質之稟, 或不能齊.

에 따라 다르다. 구체적이고 현실적이며 형이하학적이다. 이런 사유는 아래에서 논의할 동중서 성론의 그림자를 밟고 있다. 사람마다 다른 선악의 혼재가 이에 속한다. 주자는 그것을 자신의 성도(性圖)에서 분명하게 내비쳤다.

> 성은 선하다. 성은 선하지 않음이 없다.
>
> 악은 선으로부터 바로 스며 나온다고 할 수 없다. 선을 행할 수 없기 때문에 한쪽으로 치우쳐 악이 되는 것일 뿐이다.
>
> 선은 펼쳐져서 절도에 딱 맞는 것이므로 어디를 가도 선하지 않음이 없다.[18]

이런 사유를 이전의 자사나 맹자에게서는 찾을 수 없다. 자사와 맹자는 본연의 순선한 가능성만을 주장하기 때문이다. 반면 순자의 경우에는 그 일단을 발견할 수 있다. 왜냐하면 순자는 인간성에 차이를 주는 정욕적 악의 가능성을 상정하고 있기 때문이다.

주자 성리학은 전통적으로 선을 기준으로 본연지성의 보존과 확장을 추구한다. 기질지성 중 악한 측면을 없애고 선한 측면을 회복하려고 한다. 그것은 이른바 '존천리알인욕(存天理遏人欲)', 또는 '존천리거인욕(存天理去人欲)'으로 표현된다. 선한 마음의 천리인 성을 보존하고, 악한 마음으로 물들려는 경향이 있는 인욕을 없애는 것이다. 다시 말하면, 본연지성의 선한 속성을 보존하고 선악(善惡) 또는 선불선(善不善)이 혼재하는 기질지성 가운데 악한 속성을 내보내는 작업이다. 이는 맹자의 성선을 기본 바탕으로 하고, 어떤 차원에서는 순자의

---

18)『性理大全』卷29: 性善. 性無不善.; 惡, 不可謂從善中直下來, 只是不能善, 則偏於一邊爲惡.; 善, 發而中節無往不善.

성악을 인간의 본질로 인정하면서도 그것의 억제를 목적으로 하는 듯하다. 이렇게 볼 때, 주자에게서 성은 맹자와 순자를 종합하여, 인간으로서의 천리 회복을 노리는 것 같다. 그것은 현실적 악을 뒤로 하고 이상적 선을 구현하려는 관념의 일단이다.

Ⅲ. 동중서의 성(性), 그 구체적 현실적 실천론

1. '성미선(性未善)-선질(善質)'과 '탐(貪)-인(仁)'의 구체적 인식

동중서는 당시까지 제기되었던 성론, 즉 성선이나 성악으로 대표되는 인간 본성을 다른 방식으로 이해한다.

> 인간의 본성이라 명명할 때 이는 타고나는 것 아닌가? 자연스럽게 자질로 타고나는 것을 성이라 이른다. 성이란 자질이다.[19]
>
> 성이란 태어나면서 지니고 있는 근본 바탕이다.[20]
>
> 성이란 타고난 자질이다.[21]

동중서는 맹자나 순자가 선악을 강변하며 논의한 것과 달리, 선이나 악과 같은 어떤 가치도 개입시키지 않았다. 있는 그대로 냉정하고 객관적으로 인간의 본성을 탐구했다. 겉으로만 보면, 동중서의 '생지자연지자(生之自然之資)'는 고자(告子)의 '생지위성(生之謂性)'이나 순자의 '본시재박(本始材樸)' 등과 유사한 구조를 가지고 있다(박동

---

19) 『春秋繁露』「深察名號」: 性之名非生與? 如其生之自然之資謂之性. 性者, 質也.
20) 『春秋繁露』「實性」: 性者, 天質之樸也.
21) 『漢書』「董仲舒傳」: 性者, 生之質也.

인, 2010: 55). 그것은 선과 악이라는 가치를 개입하기 이전의 인성으로, 인간이 태어나면서 지니는 소질이다. 맹자의 성선을 기준으로 볼 때, 동중서의 본성론은 그것과는 다른 '성미선(性未善)'과 '선질(善質)'로 정돈된다(曹迎春·代春敏, 2022: 146-150).[22]

인간 본성의 경우, 자연스럽게 생성한 것을 성정(性情)이라 한다. 성과 정은 서로 합쳐서 하나의 명(瞑)이 된다. 정 또한 성이다. 성이 이미 선하다고 말한다면 정은 어떻게 되는가? 그러므로 공자는 성선을 말한 적이 없다. 왜냐하면 그렇게 이름 붙일 경우 본성을 제대로 파악하지 못하고 얽매이기 때문이다.[23]

성(性)과 정(情)은 성분이 다른 동일한 물질이므로 실재로 분리될 수 없는 하나의 실제이다. 성과 정을 동일한 본체의 다른 작용 양상으로 놓고 이해하면, 인간 본성은 두 가지 의미를 지닌다. 하나는 '타고난 자질로서의 본성'이고 다른 하나는 '정욕에 대립하는 본성'이다. 그런데 타고난 자질로서 근원적 본성은 정욕에 대립하는 '성(性)'인 '인(仁)'과 정욕을 함유한 '정(情)'인 '탐(貪)'을 모두 포함한다(안승석, 2015: 59). 이는 주자에게서 본연지성과 기질지성으로 탈바꿈하여 드러난 것은 아닐까라는 혐의를 지울 수 없다. 다시 말하면, 동중서는 본성의 일반적 범주 이외에, 본성을 다시 성과 정으로 나누어 설명한다. 이때 성은 사람의 본질이고 정은 사람의 욕망이다(代春敏, 2019: 634).

---

22) 『春秋繁露』「深察名號」: 今萬民之性, 有其質而未能覺, 譬如瞑者待覺, 教之然後善. 當其未覺, 可謂有善質, 而不可謂服力善, 與目之瞑而覺, 一槪之比也.

23) 『春秋繁露』「深察名號」:天地之所生, 謂之性情. 性情相與爲一瞑. 情亦性也. 謂性已善, 奈其情何? 故聖人莫謂性善, 累其名也.

사람의 참다운 실정에는 탐과 인의 측면이 있다. 이 두 가지는 모두 사람의 몸에 깃들어 있다. 몸이라는 명칭은 자연에서 연유한다. 자연은 음과 양이라는 두 기운의 작용을 겸비하고 있다. 자연에 있는 음은 제어를 받아야 한다. 몸에도 정욕이 있어 절제를 받아야 한다. 이는 자연의 질서와 같다. 천이 이처럼 음을 제어하는데, 사람이 어찌 자신의 욕망을 덜어내고 정욕을 멈추게 하여, 자연의 질서에 적응하지 않겠는가?[24]

여기에서 '탐'과 '인'의 내용과 형식을 주시할 필요가 있다(陳福濱, 2019: 331-332). '인'의 기운은 본성을 주도하는 측면이고, '탐'의 기운은 종속적 측면에 해당한다. '인'은 본성 가운데 사회의 도덕을 추진하고 발전시키는 선천적 요소를 가리키고, '탐'은 본성 가운데 사회의 도덕을 저해하고 퇴폐시키는 선천적 요소를 가리킨다. 이 두 가지는 인간의 본성 자체에 동시 거주하면서 대립하는 특성을 지닌다. 이런 차원에서 인간은 욕망을 소유한 존재이다. 따라서 인간의 순순한 성품을 선으로 만들기 위해서는 윤리적 교화가 요청되고, 정욕을 억제시키기 위해서는 도덕적 규범이 필요하다(김상래, 2017: 23). 이것이 바로 현실적 실천을 위한 힘이다.

2. 선(善)의 현실적 특성

동중서 이전에도 여러 측면에서 인간 본성에 대한 논의가 진행되었지만, 크게 보면 맹자의 성선설과 순자의 성악설로 대별된다. 성선

---

24) 『春秋繁露』「深察名號」: 人之誠, 有貪有仁. 仁貪之氣, 兩在於身. 身之名, 取諸天. 天兩有陰陽
之施, 身亦兩有貪仁之性. 天有陰陽禁, 身有情欲, 與天道一也. 是以陰之行不得幹春夏, 而月之
魄常厭於日光. 乍全乍傷, 天之禁陰如此, 安得不損其欲而輟其情以應天.

과 성악은 '도덕적 선험론'의 차원을 벗어나지 않는다(金春峰, 2006: 155-159). 다시 강조하면, '추상적 관념론'에 불과하다. 그러나 동중서는 맹자와 순자의 성론이 지닌 장점과 단점, 그리고 그들 이론이 갖고 있는 모순을 정확하게 인지하였다.

때문에, 동중서는 근원적으로 맹자와 순자의 성선설과 성악설의 이분법적 구도를 해체한다. 물론, 상당수의 학자들은 동중서의 성론을 맹자와 순자의 성론을 '절충'한 것으로 인식하기도 하고 종합한 것으로 이해하기도 한다. 그러나 맹자와 순자의 인성론은 선악의 도덕가치가 선천적으로 부여된 것에 무게중심을 둔다. 동중서의 경우, 본성은 성악이라는 도덕적 가치개입을 앞세우기보다는 자연소질 자체이고, 성에 녹아든 정욕의 문제를 처리하는 방식에서 인간의 노력을 통한 후천성에 무게중심을 둔다. 성의 순수한 측면을 선으로 이해하면 맹자의 관점이 엿보이고, 정욕을 악으로 이해하면 순자의 관점이 엿보이기도 하지만, 동중서의 인성론은 맹자·순자와는 엄연한 차이가 존재한다. 절충을 '서로 다른 견해나 관점을 어느 편으로도 치우치지 않게 조절하여 알맞게 한다'라는 관점에서 이해할 수도 있지만, 현실적으로 서로 다른 의미나 개념을 절충하기란 쉽지 않다. 그런 점에서는 오히려 '변증법적 종합'이라는 측면에서 절충이라기보다는 '부정을 통한 새로운 창조'로 인식하는 것이 정확하다. 이유는 두 가지 측면에서 설명할 수 있다.

하나는 동중서가 고자나 순자의 사유를 이어받아 욕망을 추구하는 존재로서의 인간 본성을 '생지자연지자(生之自然之資)'의 구조로 이해했다는 점이다. 여기에서 맹자의 인식은 거부된다. 성이라는 개념이 문자 구조적으로 보아도 그러하다. 이는 악으로 흐를 가능성을 열어

둔 것으로 현실적 악의 발생 근거인 '인-탐(仁-貪)'이나 '성-정(性-情)'의 구조를 설명하는 동시에 황제나 성왕 또는 성인의 교화를 요청하기 위한 현실적 고민을 자아낸다. 다른 하나는 맹자의 성선설을 비판하면서, 그와 동시에 '선(善)'의 질적 차이를 설정하여 '선질(善質)'의 개념을 도출한다. 이는 맹자가 강조하는 것처럼 선을 자발적으로 확충하는 논리가 아니다. 성왕의 교화를 정의로운 것으로 받아들일 수 있는 인간의 자질을 설정하여 교화의 유용성과 필연성을 구축하려는 시도이다. 이 지점에서 필연적으로 '교화(敎化)'라는 현실적이고 구체적인 실천 범주가 마련된다(魏彦紅, 2018; 曹迎春·代春敏, 2021; 2022).

다시 말하면, 동중서는 인간의 본성과 선을 엄격히 구분하였다. 그는 인성과 선을 가능성과 현실성, 또는 근거와 결과의 관계로 파악하였다. 본성은 선의 가능성이자 선이 내재하는 근원이다. 선은 본성의 이러한 가능성과 내재적 근거이다. 때문에 인간의 노력을 허용하는 조건에 따라, 도덕적 선이 현실의 인격으로 전환되는 결과를 가져온다. 인성 가운데는 기본적 욕망인 정욕과 탐욕이 근원적으로 존재한다. 그런데 맹자처럼 성이 이미 선하다고 의미를 부여하면, '선천적인 정'은 어떻게 처리할 수 있는가? 동중서는 인간의 본성과 선의 관계를 다음과 같이 서술한다.

인간의 본성이란 태어나면서 지니고 있는 근본 바탕이고, 선이란 왕의 가르침에 의한 교화를 통해 이루어진 결과물이다. 그 바탕이 없으면, 왕의 교화는 이루어질 수 없고, 왕의 교화가 없으면 바탕의 소박함은 선할 수 없다. 본성은 점진적인 교화를 거쳐 비로소 선으로 바뀐다. 본성이 선으로 바뀐 것은 교화가 만들어낸 결과이지 천성적 본질이 바로 이런 것은 결코 아니다. 그러

므로 본성이라 말하지 않는다.[25]

인간의 본성은 벼에 비유되고, 선은 쌀에 비유된다. 벼에서 쌀이 산출되어 나오더라도 벼의 상태는 아직 온전하게 쌀이 되었다고 할 수 없다. 마찬가지로 선이 본성에서 산출되어 나오더라도 성의 상태는 아직 온전하게 선이 되었다고 할 수 없다. 성은 누에고치와 같고 계란과 같다. 계란은 어미 닭이 품어 일정한 시간이 지나야 병아리를 까고 병아리가 자라나 닭이 된다. 누에고치는 고치 켜기를 기다려야 실이 된다. 본성은 교화를 통해 시간이 지나야 인격적 선이 된다.[26]

본성에는 선의 실마리가 있고 마음에는 선의 바탕이 있다.[27]

이런 관점에서 보면, 본성은 근원에서 가치가 담겨 있는 선이 아니다. 선은 본성에서 우러나온다. 그 과정에 인간의 노력이 적극적으로 개입한다. 다시 강조하면, 인간 사회의 진보를 위한 노력의 과정을 거치지 않은 본성은 인격적 선으로 나아갈 수 없다. 이것이 동중서가 인생에서 왜 공동체적 삶의 열정과 노력이 필요한지, 그 논리적 근거를 마련하는 학문적 고심이다. 그 결과, 선은 사회를 지탱하는 윤리 도덕이 된다. 즉 도덕적 인격을 열망하고 달성하려고 한다. 그것이 다름 아닌, 선이 던지는 구체적이고 현실적인 힘이다.

3. 성삼품설(性三品說)의 실천적 구현

동중서의 인간 사회에 대한 염원은 아주 간략하면서도 강렬한 실천

---

25) 『春秋繁露』「實性」: 性者, 天質之樸也; 善者, 王教之化也. 無其質, 則王教不能化; 無其王教, 則質樸不能善. 質而不以善性. 性待漸於教訓而後能爲善. 善, 教訓之所然也, 非質樸之所能至也, 故不謂性.
26) 『春秋繁露』「深察名號」: 性比於禾, 善比於米. 米出禾中, 而禾未可全爲米也. 善出性中, 而性未可全爲善也. 性如繭如卵. 卵待覆而成雛, 繭待繅而爲絲, 性待教而爲善.
27) 『春秋繁露』「實性」: 性雖出善, 而性未可謂善也.

을 요청한다. '본성은 인간의 노력 이후에 선하게 된다!' 본성은 인간의 삶에 대한 열정과 실천적 노력이 없을 경우, 국가사회를 지도할 인재로서 선한 인간 양성을 꿈꿀 수 없다. 동중서의 인성에 관한 사유는 형식적으로 볼 때, 맹자나 순자, 그 이전의 몇몇 인성론과는 상당히 다른 양상이다. 선악으로 대변되는 추상적 사유의 절충이나 종합이 결코 아니다. 맹자가 강조하는 방식으로 인간의 본성이 이미 선하다면, 인간 사회의 진보를 확대해 나갈 근거나 의미가 강렬하게 등장할 수 없다. 이미 선한 상황인데 무엇을 더 선하게 만들 필요가 있는가! 그것은 악으로 물든 사회를 바로 잡거나 인간이 바라는 보다 올바른 사회를 구현하려는 의지를 부정하는 작업이나 마찬가지가 된다.

동중서는 교훈의 불이행을 무위의 자연으로 인식하고, 유위나 인위(人爲)가 없는 교훈에 강력한 회의(懷疑)를 제기한다.

지금 말하는 본성이 이미 선하다면, 이런 상황에서는 특별히 선으로 만들기 위한 가르침이 필요 없다. 그렇다면 아무것도 하지 않고도 스스로 자라는 자연과 같은 것이 아닌가?[28]

맹자나 순자가 강조한 본성의 선악 입장에서 보면, 동중서의 본성 이해는 이와는 전혀 다른 차원이다. 상당히 현실적이고 비판적적이며, 무엇보다도 인간의 노력에 의해 건설해 나가려는 의지가 깃들어있다. 동중서는 선진 시기부터 한나라 초기까지 보편적으로 유행하던, 인간 본성을 이해하는 여러 이론을 진지하게 성찰하였다. 특히, 공자가 언급한 인간성의 등급을 고민하며 그것을 구체적으로 이론화하여 실천

---

28) 『春秋繁露』「實性」: 今謂性已善, 不幾於無教而如其自然!

하려는 의지를 드러내는 듯하다. 공자는 다음과 같이 인간의 등급 차이에 대해 언급하였다.

보통 사람 이상에게는 고차원적 사안을 말해 줄 수 있으나 보통 사람 이하에게는 그런 것을 말해줄 수 없다.; 가장 지혜로운 사람과 가장 어리석은 자는 변화시킬 수 없다.[29]

공자는 인간을 '상-중-하'의 위계로 나누었다. 그리고 중간급에 속하는 보통 사람, 즉 中人을 인간의 속성을 구별하는 기준으로 설정하였다. 이러한 사유는 보편적이면서도 구체적으로 증명할 수 현실성을 띠기 때문에 상당한 설득력을 갖는다. 다시 말하면, 중인 이하의 자질을 지닌 사람에게 갑자기 고상한 차원의 형이상학적인 이론을 말하면 제대로 알아듣지 못한다. 교화는 사람의 지적 수준 차이에 따라, 적절하게 눈높이를 맞추어 실시해야 한다. 많이 배우고 도덕성을 갖춘 사람은 스스로 자신을 수양해 나가기 때문에 별도의 교화를 하지 않아도 그 수준이 함부로 떨어지지 않는다. 그와 반대편에 자리하는, 제대로 배우지 못하고 수준이 낮은 인간의 경우, 교화를 한다고 해서 어느 순간에 자질이 놀랍게 향상되기도 어렵다. 공자는 이처럼 인간 본성의 층계에 대해 어렴풋이 지적하였다.

그러나 동중서는 보다 과학적이고 세밀하게, 상당히 구체적이고 현실적인 측면에서 인간의 성품을 정돈하였다. 인간의 본성을 세 가지 등급으로 분명하게 나누었다(김봉건, 1990: 368).

---

29) 『論語』「雍也」: 子曰, 中人以上, 可以語上也; 中人以下, 不可以語上也.; 『論語』「陽貨」: 子曰, 唯上智與下愚不移.

성인의 차원에서 본성은 일반적인 본성으로 명명할 수 없다. 그릇이 작은 사람의 본성도 일반적인 본성으로 명명할 수 없다. 일반적인 본성으로 명명 하는 것은 보통 사람의 본성이다. 일반 백성의 본성은 누에고치나 계란과 비 슷하다. 계란은 어미 닭이 20일을 품어야 병아리가 될 수 있다. 누에고치도 삶고 켜는 작업을 한 다음에야 실을 뽑을 수 있다. 마찬가지로 본성도 단계 별 교육과 훈련을 거친 다음에야 완전한 인격을 형성할 수 있다. 선은 교육 과 훈련을 거쳐 그렇게 된 것이지 바탕이 소박하게 미칠 수 있는 것이 아니 므로 성이라 하지 않는다.[30]

본성이라고 명명할 때, 이는 지혜로운 사람의 성도 아니고 어리석은 사 람의 성도 아니며, 중간 정도의 수준을 갖춘 보통 사람의 본성을 말한다.[31]

이 세 가지 등급의 본성 가운데 동중서가 기준으로 삼은 것은 보 통 사람, 즉 '일반 백성'에 해당하는 '중민(中民)'이다(魏彦紅, 2018: 278). 공자가 말한 '중인(中人)'이 아니라 '중민(中民)'이다. 그것은 역 사 발전과 사회 진보의 과정에서, 일반적 차원에서의 사람인 '인(人)' 이 국가적 차원에서 규정된 존재로서의 사람인 '민(民)'으로 나아가는, 구체적 현실성과 실천의 동력에 변화가 있음을 지시한다. 그러면서도 맹자와 순자가 추상적으로 제기한 일반적 차원에서 인간의 본성을 가 치가 개입된 선과 악의 양극단에서 취하지 않고, '국가 내'에 살고 있 는 '민'이라는 인간을 있는 그대로 보고, 그 중간에서 취하였다. 이는 인간의 본성에 대해 실존을 근거로 규정하는 실천적 구현임을 담보한 다. 그러므로 동중서는 공자가 말한 중인의 본성을 보다 구체적이고

---

30) 『春秋繁露』「實性」: 聖人之性不可以名性, 鬥筲之性又不可以名性, 中民之性如繭如卵. 卵待覆
二十日而後能爲雛, 繭待繰以涫湯而後能爲絲, 性待漸於敎訓而後能爲善. 善, 敎訓之所然也,
非質樸之所能至也, 故不謂性.
31) 『春秋繁露』「深察名號」: 名性, 不以上, 不以下, 以其中名之.

현실적으로 실천할 수 있는 중민의 본성으로 안착시켰다.

교화(敎化)는 인간의 능력이 유사하더라도 비슷한 결과를 가져오지 않을 경우가 있다. 하물며 동일한 수준이 아닐 경우, 그 효과나 결과가 비슷하거나 동일할 수 있겠는가? 세 가지로 나눈 성품 가운데, 성인의 차원에 있는 사람은 자각을 통해 자신의 감정과 욕망을 억제하며 반드시 선의 방향으로 발전한다. 그릇이 작은 사람, 즉 두소(鬥筲)에 해당하는 사람은 감정과 욕망이 강열하고 스스로 절제하기 어렵기 때문에 반드시 악의 방향으로 발전하게 된다. 이들은 교화를 통해 선으로 유도할 수 있는 대상이 아니다. 그러므로 그 중간 지점에 걸쳐 있는 보통 사람, 즉 일반 백성인 '중민'의 본성을 소유한 인간이 교화의 주요 대상이 된다. 특히, 중민은 그들이 지닌 정(情)을 선하게 바꾸어야 한다(손흥철, 2012: 287).

동중서는 인간 본성의 기준을 성인(聖人)이나 두소(鬥筲)에 두지 않고 보통 사람에 두었다. 하지만 그 최종 목표는 성인의 본성을 지향한다. 이런 점에서 그의 인성론은 본질적으로 '교화'에 핵심을 두고 있다(曹迎春·代春敏, 2021: 77-86). '중민'이라는 일반 백성을 교화의 대상으로 적시하고, 국가 발전을 위한 구체적이고도 현실적인 차원에서, 인간의 본성을 과학적으로 구명해 낸 것이다.

Ⅳ. 결어: 유교 성론(性論)의 지형도

유교 성론의 돌파구는 공자의 '성상근(性相近)'이다. 공자는 성이 무엇인지 적시하지는 않았다. 하지만 그것은 성리학자들과 후대 유학자들의 탐구로 새롭게 해석되었다. 성(性)이 습(習)을 통해 차이를 나타낼 수 있다는 차원에서 '성상근'의 '성'은 '기질의 성'으로 이해되었다. 제자 자공을 통해 간접적으로 드러난 또 다른 공자의 성은 천도와 결부되어 '의리의 성'으로 정돈되었다. 이는 공자의 성이 기질과 의리의 두 축으로 이해되고 있음을 보여준다. 하지만, 자사의 『중용』은 분명하게 성선을 정통으로 내세우는 듯하다. 천명을 상정하고, 그 지고지선의 세계가 인간의 성으로 부여됨을 확정하였다. 그것은 다름 아닌 도덕적이고 윤리적인 의리의 성이다.

맹자와 순자는 성에 대해 매우 구체적으로 의미를 부여한다. 소박한 규정인 공자의 '성상근'과 달리, 선단[성선]과 성악으로 분명하고 자신 있게 강변한다. 맹자는 선천적 도덕 의지를 지닌 선의 가능성을 강조하였고, 순자는 반도덕적 욕망과 이익을 추구하는 악의 가능성을 강조하였다(黃公偉, 1975: 463). 엄밀하게 말하면, 유학의 인성론 분화는 여기에서 시작되었다. 사실, 인간 본성은 고자의 설명처럼 선과 불선의 구분이 없는 '빙빙 도는 물'과 같을 수도 있다.[32] 그러나 유학의 성론은 맹자의 성선설-선단론-을 정통으로 인정했다. 어떤 측면에서 보면 맹자의 선과 순자의 악은 성의 이중적 특징을 서로 다른 측면에서 강조한 것 같기도 하다. 맹자는 순수하게 선한 순선의 본연지성을, 순자는 선과 불선, 또는 선악이 혼재한 기질지성을 성을 이해하는 중심축으로 설정한 듯하다. 다시 말하면, 맹자의 선단론과 순자의 욕망론은 성에 관한 규정 방식의 차이이다. 맹자의 경우, 양심의 가치 선언을 통해 인간의 본질을 구명했고, 순자는 욕망이 분출하는 사회적 관계를 인간의 특성을 발견하였다.

---

32) 『孟子集註』「告子」上: 告子曰, 性, 猶湍水也. 決諸東方則東流, 決諸西方則西流. 人性之無分於善不善也, 猶水之無分於東西也.

이런 문제가 주자를 비롯한 성리학자들의 핵심 고민으로 다가왔다는 의심을 저버릴 수 없다. 그렇다고 법가로 흘러버린 순자를 유교의 정통으로 삼지 않은 것도 후대 유학자들이 내린 당연한 귀결일 수도 있다. 주자는 순자의 사유를 깊이 있게 구체적으로 거론하지는 않는다. 문제는 이론적으로 논리적으로 악의 문제는 반드시 해결해야 하는 숙제였다. 주자는 본연과 기질이라는 성에 관한 인식을 통해, 이를 해소하려고 노력한 듯하다. 이런 주자의 사유 논리가 동중서의 인성론을 반영한 것은 아닐까? 주자의 기질에 관한 논의가 북송오자, 특히 장횡거의 '기'철학을 발전시켜 정돈한 것이라고는 하지만, 사상의 역사성과 사회성을 고려해볼 때, 그 이전에 확립된 동중서의 성삼품설을 변형했을 여지는 없는가?

본연지성과 기질지성, 이는 하나의 성에서 포착되는 두 가지 차원이다. 문제는 인간이 태어날 때부터 다른 기질을 가졌다는 점이다. 이 '다름'이 성을 규정할 때 결정적으로 작용한다. 동중서에게서 '다름'은 '삼품'이라는 범주로 설정된다. 삼품 가운데 본연지성의 보편적 특징과 기질지성의 개별적 특징이 동시에 맞물려 역동할 때, 인간의 성은 파지하기가 쉽지 않다.

이상에서 요약한 것이 유학의 성론에 관한 전통적 변주이다. 한국 학계의 경우, 동중서의 성상품설에 관한 연구나 위상 정립에 관한 논의가 상대적으로 미진했다. 앞에서 간략하게 논의한 것처럼, 동자의 성상품설은 인성의 심학적 차원에만 그치지 않는다. 개인성을 넘어 현실 사회의 교화를 위한 주요한 체제로 등장했다. 강력한 공동체성을 열망하는 형태로 가치와 동기가 새롭게 부여되었다. 개인성이라는 추상적 관념의 차원을 벗어나 사회의 진보라는 구체적 현실성을 띠는 실천의 담보로 작용했다. 국가의 기틀을 마련하려는 강력한 의지를 인간의 본성에서 찾고, 그 본성을 실제적으로 구명하여 사회 제도를 구상하였다. 그러한 사회성과 문명화를 고려하여 인간학을 정돈하려는 노력이 동중서 사상이 지닌 현실적 힘이다. 이러한 논의를 인성론의 진보와 발전의 차원에서 아래와 같이 도식해 본다.

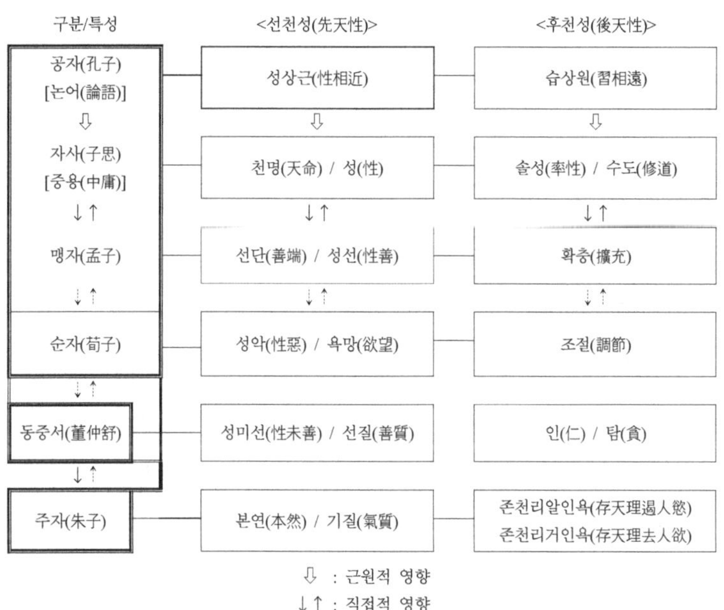

[그림 1] 유교 성론(性論)의 지형도(地形圖)

국가주의(國家主義) 교육사상

신창호(申昌鎬)

Ⅰ. 서언

공자(孔子)가 초기에 집대성한 이후, 중국 유학은 크게 두 차례의 큰 변화를 겪었다. 하나는 전한(前漢)의 동중서(董仲舒)가 '대일통(大一統)'을 중심으로 하는 국가주의(國家主義)의 기치 아래 이룬 유학의 국교화(國敎化)이고, 다른 하나는 남송(南宋)의 주희(朱熹)가 집대성한 성리학(性理學)이다. 그런 만큼 동중서는 한나라의 국가 초석을 다진 유학의 대표 인물이자, 중국의 교육 정신에 큰 영향을 미친 교육가이다. 그러나 한국에서 동중서의 교육 사상에 대한 연구는 매우 미진한 편이다(고주환, 1988; 박영진, 2004).

이글에서는 '대일통'이라는 국가주의의 사상적 기초를 제공한 동중서의 교육적 사유가 어떤 차원에서 진행되었는지, 그 대강의 요지를 검토하고, 현대적 의의를 고찰하려고 한다. 동중서가 정립한 '대일통(大一統)' 사상은 중국인들의 민족 정서인 '중화사상(中華思想)'으로 변화된다. '중화(中華)'는 '객가문화(客家文化)'와 함께 중국 문화의 정체성을 대표하는 개념으로, 춘추 전국 이래 한족(漢族)이 자신들의 중심사상으로 강조한 것이다. 이에 비해 주변의 소수민족들은 이적(夷狄)이라고 하여 언제나 한족과 구별하였다. 이 두 개념을 통합하여 '화이사상(華夷思想)'이라고 한다. 중화(中華)를 중시하는 사상가들은 공자 이래 확립된 유학의 '왕도정치(王道政治)'를 중국이 먼저 실천하고 이후에 이민족과 타국으로 확산해 가야 한다고 주장한다. 그러므로 중화의 '중(中)'은 '중국(中國)' 또는 '중앙(中央)'을 의미하며 '화(華)'는 유학(儒學)의 '왕도문화(王道文化)'를 의미한다(손흥철, 2010). 이런 사유는 대일통의 근간이자 중화주의의 뼈대로 작용했다. 중국의 경우, 이런 사유를 토대로 한 국가주의를 통해 중화 민족의 단결은 물론, 국가 발전의 기본 이념을 제시해 왔다. 이는 국가의 부흥과 그것을 추동하는 교육의 방향을 명확하게 제기하는 지침이 된다.

공자에서 동중서, 그리고 주자로 이어지는 중국 유학의 3단계 변천 과정에서, 동중서는 어떤 역할을 하였을까? 중국 교육사상사에서 볼 때, 공자가 초기에 유학을 정돈하여 유학교육을 '개시(開始)'하였다면, 동중서는 중기에 유학을 체계화하여 유학 교육의 지침을 제공하며 정초(定礎) 작업을 진행하였다. 이후 주희를 비롯한 여러 유학자는 시대 변화에 따라 다양한 사상을 섭렵하고 교육사상을 풍부하게 확장하여 발전시켜 나갔다. '개시-정초-확장'의 3단계로 전개되는 과정에서, 동중서의 교육적 사유는 이전의 교육사상을 체계화하면서도 초기와 후기를 연결하는 관절이나 허리 역할을 한다. 그만큼 중국 교육사상사의 전 체계를 조절하는 구심이 된다.

특히, 교육을 국가 제도로 정착시키는 동시에 국가 기반을 건실하게 다지는 핵심 기능으로서 지위를 부여하며, 그 기준과 방침을 구체적으로 정돈하였다. 이는 중국이라는 국가의 체계를 설정하는 엄중한 신호이다. 그것은 '국가주의 대일통'이라는 독특한 국가공동체의 정체성 확립인 동시에, 이후 주자의 성리학으로 이어지면서 중국 유학의 교육적 토대를 형성한다. 요컨대, 동중서의 교육사상은 한나라 이후 중국 역사 2천여 년 동안 교육사상의 발전에 주요한 기틀을 마련하였고, 위를 이어받고 아래를 열어, 중국 교육사상 발전을 추동하였다(魏彦紅, 2018).

동중서의 사상에서 교육은 유학의 '국교 정책' 확립과 '인재 양성'을 기조로 설정하고, 인간의 기준을 '중민(中民)'의 본성에 두고, 교육의 근거를 찾았다. 그리고 도덕적 인격을 갖춘 인물을 양성하는 작업을 교육의 지향점으로 삼았다. 그 교육의 실천은 스승을 구심으로 하여 학습자의 '노력-집중-사유'를 유기체로 결합하면서, '애쓰고 뜻을 모으며 요점을 생각하여 밝혀내는' 구체적 방법을 통해 달성되었다.

여기에서는 한나라 초기의 역동적인 시대정신을 고려하여, 동중서의 교육적 사유와 정책 실천을 객관적 시각으로 검토하고, 그 현대적 의의를 개략적으로 조명해 보려고 한다. 그 주요 내용은 교육의 '기조-근거-지향-실천'이라는 논리구조를 통해 개괄한다.

Ⅱ. 교육의 기조: 유학의 국교 확립과 인재 양성

춘추전국시대를 거치면서 유학은 '공자-맹자-순자'에 의해 상당한 사상적 기반을 구축하였다. 하지만 이런 원시유학이 당대(當代)를 선도하는 핵심적 사상은 아니었다. 한나라 초기에도 마찬가지였다. 유학을 중심으로 인간의 삶을 설계해 나가기보다는 도가적(道家的) 색채가 상당히 반영된 '무위(無爲)' 정치를 통해 백성을 다스렸다.

한나라 초기에는 황노학(黃老學)이 큰 영향력을 미치고 있었는데, '청정무위(淸靜無爲)'를 핵심 사상으로 펼쳤다. 그러나 시간이 지나고 국가 체제를 정비해 나가는 과정에서 '청정무위'가 지닌 사상적 한계와 각종 폐단이 나타나기 시작하였다. 특히, 무제(武帝)가 즉위한 이후, '청정무위' 정치로 인해 생겨난 여러 가지 사회 모순에 대해, 적절한 대안 제시나 시대정신에 부합하는 새로운 정치를 모색해야 할 필요성이 제기되었다. 그야말로 선택의 기로가 다가왔다. 그 절박한 상황은 『한서(漢書)』「동중서전(董仲舒傳)」에서 간절하게 드러난다.

그런데 '무위(無爲)'의 정치를 넘어, 국가 발전을 도모하려면 어떻게 해야 하는가? 그와 상대적인 '유위(有爲)'의 정책을 시행해야 하는가? 그렇다면 어떤 사상을 바탕으로 해야 하는가? 법가가 강조한 법치(法治)를 중심으로 해야 하는가? 유가가 강조한 덕치(德治)를 중심으로 해야 하는가? 무엇을 정치의 지도 이념이나 중심사상으로 삼을 것인가? 어떤 조치가 바람직하고 합리적인가? 이런 문제를 해결하기 위해, 무제는 '인재의 양성과 선발 문제'를 신중하게 고려하였고, 동중서는 이에 대해 더욱 깊이 고민하였다. 그로부터 제시된 대안이 다름 아닌 '현량대책(賢良對策)'이다. 이는 국가의 인재 함양을 일차적으로 내세운, 무위(無爲)에서 유위(有爲)로 전환하는 새로운 교육정책의 시발점이었다.

동중서의 문제의식은 당시 사회 상황을 신중하게 고려한 결과였다. 한나라 초기의 상황은 동일한 스승에게서 배웠다고 할지라도 사람마다 도리를 달리하고, 사람마다 논의를 달리하며, 온갖 사상가들이 제시하는 문제 해결의 방책이 다르고, 취지와 뜻도 같지 않았다. 이런 상황에서 동중서는 제일 먼저 '사상을 통일해야 한다!'라는 고민에 휩싸였다. 학문적으로 혼란한 국면을 바꾸고, 통일된 사상 체계를 아래로부터 위에 이르기까지 시행하려고 했다. 그것이 이른바 '대일통'이다. 동중서가 무제(武帝)에게 일러준 대비책은 다음과 같은 주장에 함축되어 있다.

『춘추』의 대일통이란 공간적으로 세상의 영원한 원칙이며, 시간적으로 옛날부터 지금까지의 공통된 이치이다. 현재 학자마다 그 지향하는 진리가 다르고, 사람마다 그 주장하는 이론도 다르며, 온갖 학파가 방향을 달리하면서 그 취지도 같지 않다. 이 때문에 위에 있는 사람은 통일된 양식을 일관되게 지킬 방법이 없고, 법제가 자주 바뀌어 아래 사람들은 지켜야 할 사안이 무엇인지 알지 못한다. 이에 육예의 과목과 공자의 학술에 속하지 않는 것은 모두 금지하여 함께 나아가지 못하도록 해야 한다. 비뚤어지고 한쪽으로 치우친 이론이 사라진 다음에야 학술이 하나의 계통으로 정돈될 수 있고 법도가 밝혀질 수 있으므로 백성이 따를 것이 무엇인지 알게 된다.[1]

동중서는 진(秦)나라가 강력한 법치를 시행하였고, 그 경직된 사고와 지나친 엄격함이 나라를 멸망으로 이끈 역사적 교훈을 생생하게 기억하고 있었다. 그것은 국가를 설계해 나가는 지도자로서 절대 소홀히 할 수 없는 사상적 고민이었다. 동중서는 법치의 한계를 심각하게 인식하고, 처음부터 유가의 학설을 기반으로 국가 수립의 기초를 마련

---

1) 『漢書』「董仲舒傳」: 春秋大一統者, 天地之常經, 古今之通誼也. 今師異道, 人異論, 百家殊方, 指意不同, 是以上亡以持一統; 法制數變, 下不知所守. 臣愚以爲諸不在六藝之科孔子之術者, 皆絕其道, 勿使並進. 邪辟之說滅息, 然後統紀可一而法度可明, 民知所從矣.

하였다. 특히, 군주는 '정심(正心)'으로 조정을 바르게 하고, 조정을 바르게 함으로써 모든 관리를 바르게 하고, 관리를 바르게 함으로써 백성을 바르게 하고, 백성을 바르게 함으로써 세상을 바르게 한다는 논리를 강조한다. 이는 다름 아닌, 제왕(帝王)의 학문인 『대학』의 '격물(格物)-치지(致知)-성의(誠意)-정심(正心)-수신(修身)-제가(齊家)-치국(治國)-평천하(平天下)의 정신과 상통하는 사유이다.

그것은 '유학을 중심으로 사상을 통일한다!'라는 관점을 바탕에 두고 있다. 즉 최고지도자인 군주는 '인(仁)·의(義)·예(禮)·지(智)·신(信)'의 오상(五常)을 기본 덕목으로 터득해야 한다. 오상은 유학이 강조하는 육예(六藝)의 과목과 공자의 학술에 기초한다. 이 때문에 유학 이외의 잡다한 모든 이설(異說), 즉 통일적 사고를 방해하는 사악한 학설은 끊어야 한다.

이것이 바로 그 유명한 '유학만이 존귀하다!'라는 '독존유술(獨尊儒術)'의 철학이다. '독존유술'은 정치적 차원에서 한나라를 이끌어갈 핵심 사상일 뿐만 아니라 사회문화나 교육적 측면에서도 필연적으로 담보해야 하는 사유의 중심이었다. 유학을 치국(治國)사상으로 설정한 후, 이에 기초한 정치를 시행하기 위해서는, 선행되어야 할 중요한 문제가 대기하고 있었다. 그 무엇보다도 유학으로 무장한 국가인재의 발굴과 양성, 그리고 선발이었다.

당시 한나라 무제는 밤낮으로 부지런히 생각을 짜내고 정신을 다썼을 정도로 국가의 안정과 발전을 고심하였다.[2] 그러나 노력한 만큼의 정치적 공적이나 효과를 거두지 못했다. 이런 상황에 대해, 동중서

---

2) 『漢書』「董仲舒傳」: 烏虖! 朕夙寤晨興, 惟前帝王之憲, 永思所以奉至尊, 章洪業, 皆在力本任賢. 今朕親耕藉田以爲農先, 勸孝弟, 崇有德, 使者冠蓋相望, 問勤勞, 恤孤獨, 盡思極神, 功烈休德 未始雲獲也. 今陰陽錯繆, 氛氣充塞, 群生寡遂, 黎民未濟, 廉恥貿亂, 賢不肖渾淆, 未得其真, 故 詳延特起之士, 意庶幾乎!

는 현명한 인재가 군주인 무제를 제대로 보좌하지 않았고, 동시에 무제가 현명한 인재를 얻지 못한 이유에 대해서도 깊이 생각하였다. 최고지도자를 제대로 보좌하지 못하는 관리들이 횡행한다면, 그것은 청산해야 할 사회의 문제점이다! 동중서는 적폐청산의 내용을 세 가지로 정돈하였다.

첫째, 나라를 이끌어갈 학자를 제대로 양성하지 않고 인재 발굴을 위한 교육을 진지하게 실시하지 않았다.

둘째, 인재 선발과 발탁의 과정에서 합리적인 방식을 채택하지 않았다. 한나라 초기의 관리는 대부분 관료를 세습한 집안의 자손들을 대상으로 선발했고, 부자들이 돈을 기부하거나 뇌물 같은 것으로 관직을 얻었다.

셋째, 관리가 되어 승진하는 과정에서도 비합리적 요소가 작용하였다. 승진의 자격을 논의할 때 실력이 아니라 선배나 후배와 같은, 나이에 따라서 줄을 세우는 불합리한 현상이 존재하였다.

이러한 국가 발전의 저해 요소들은 동중서를 개혁의 선봉으로 나서도록 만들었다. 독존유술을 내세운 동중서는 단호했다. 유학의 합리성에 근거해 볼 때, 위의 세 가지 적폐청산의 문제는 개혁이나 혁신이라기보다는 올곧은 학자라면 오히려 당연한 작업이었다.

첫째 문제인 국가를 위해 헌신할 학자를 양성하지 않고 인재 발굴을 위한 교육을 제대로 실시하지 않은 것은, 제대로 정비된 학교가 없기 때문이었다. 이에 동중서는 인재 양성의 요람인 '태학(太學)' 설립을 강조하였다. 그는 태학을 인재양성의 장소로 보았을 뿐만 아니라 백성의 교화(敎化)를 추진하는 핵심 수단으로 삼았다. 여기에서 '교화(敎化)'라는 표현은, 현대적으로 이해하면, 훈련(訓練)과 유사한 언표로 특수한 상황에 처한 개인의 입장을 고려한 교육활동이다. 즉 특정한 이념과 목적을 일방적으로 주입하는 과정이다(신창호, 2005; 2012).

둘째, 인재선발과 발탁의 과정에서 합리적인 방식으로 하지 않은 문제에 대해, 동중서는 관리선발을 엄격히 할 것을 건의하였다. 관리를 선발하고 임용하는 과정에는 관리로서의 자질과 자격을 철저히 논의하여, 국가를 위해 진정으로 봉사할 수 있는 인재등용을 고민하였다.

셋째는 관리 등용 이후의 질적 성장을 위한 승진의 문제를 합리적으로 시행하였다. 단순하게 나이가 많고 적은 순서로 줄을 세우는 왜곡된 현상을 극복하여, 양재(量材)로 관직을 수여하고, 녹덕(錄德)으로 지위를 정하였다. 이러한 조치는 국가 설계를 비롯하여 성장과 발전을 위한 교육원칙의 설정이었다.

당시 무제는 동중서가 태학을 일으키고 인재를 선발하며 능력이 있는 자를 임용하려는 건의를 기꺼이 받아들였다.[3] 인재의 발굴과 양성, 이후 관리로 등용하여 국가를 발전시키는 작업은 교육의 주요한 임무이다. 특히, 현명한 관리의 뛰어난 재능은 국가 성장의 핵심 동력 역할을 한다. 현명한 관리의 재능은 단순한 기술 수준을 넘어, 관리의 덕성과 연결된다. 즉 현능(賢能)의 '재(材)'는 '덕(德)'의 기준과 유학의 경술(經術)·도덕(道德)과 연결된다. 여기에서 그 능력을 관찰하여 천거하는 제도인 '찰거(察擧)'가 등장한다. 이는 교육제도를 크게 발전시켰을 뿐만 아니라 한나라의 유학 부흥을 가속화시켰다.

---

3) 『漢書』「董仲舒傳」: 養士之大者, 莫大虐太學; 太學者, 賢士之所關也, 教化之本原也. …… 臣願陛下興太學, 置明師, 以養天下之士, 數考問以盡其材, 則英俊宜可得矣. 所貢賢者有賞, 所貢不肖者有罰. …… 遍得天下之賢人, 則三王之盛易爲, 而堯舜之名可及也. 毋以日月爲功, 實試賢能爲上, 量材而授官, 錄德而定位, 則廉恥殊路, 賢不肖異處矣. …… 於是天子復冊之.

이 지점에서 동중서가 무엇을 중심으로 국가교육의 밑그림을 그렸는지, 그 핵심을 진지하게 성찰할 필요가 있다. 당시에는 동중서가 국가교육 정책을 펼칠 수 있는 상황이 서서히 조성되었고, 유학은 다른 학파가 갖지 못한 경쟁력을 지니고 있었다. 유학 사상은 하(夏)·은(殷)·주(周) 삼대(三代)의 역사지식을 토대로 춘추전국시대의 공자, 맹자, 순자 등 여러 학자가 전통을 계승하며 일관된 체계를 유지하고 있었다. 무엇보다도 '대일통(大一統)'을 구심으로 하는 중앙집권화를 위해 관료의 안정적 충원을 보장할 수 있는 제도적 장치가 요구되었다. 이에 무제는 기원전 134년에 처음으로 군국(郡國)에서 효렴(孝廉) 각 1인을 천거하는 찰거제도(察擧制度)를 통해 황제를 보필할 새로운 인재를 등용하기 시작하였다. 그리고 동중서의 건의에 따라 유학을 국학(國學)으로 채택하여, 기원전 124년 유학의 경서인 『시(詩)』·『서(書)』·『예(禮)』·『악(樂)』·『춘추(春秋)』를 연구하는 오경박사(五經博士)를 두고, 태학(太學)을 설치하여 중앙 귀족과 지방 출신의 인재들에게 유학의 경전을 교수하였다. 이와 같이 유학의 경전이 중앙과 지방에서 대대적으로 교수되고, 관리임용에서 시험과목으로 채택됨에 따라 선제(宣帝)이후에는 유학 출신의 관료가 법가 출신의 관료를 대체하기에 이른다. 오경박사 제도의 실행과 태학(太學) 건립 이후, 대관료의 자제와 대부호의 관직 독점에 제동이 걸렸고, 중소 지주와 지식인들이 관직으로 나아가는 길이 열렸다. 이제 과거의 왜곡된 인재문제를 청산하고 새로운 양식의 국가인재 양성을 위한 합리적인 국가교육이 시행되기 시작하였다(이춘식, 1988; 류동원, 2002; 신정근, 2012).

다시 말하면, 국가교육의 기조를 '국가적 인재양성'에 두었다. 이런 사유는 동서고금을 막론하고, 국가공동체가 존재하는 모든 교육에 적용된다. 동중서의 공헌은 매우 간단하면서도 핵심을 관통한다. 교육의 기능과 역할이 어떠해야 하는지, 그 본질을 꿰뚫어 본다. 요컨대, 학교의 제도적 공고화를 근간으로 인재를 양성하여 통일성을 기하면서도 유연한 국가 체제를 고려하였다.[4]

Ⅲ. 교육의 근거; 인간의 기준으로서 중민(中民)의 본성

교육은 '인간'을 대상으로 한다. 칸트(I. Kant)에 의하면, 인간만이 교육을 받을 수 있는 유일한 피조물이다. 특히, 유학은 시조에 해당하는 공자가 『논어』의 첫 구절에서 '학이시습(學而時習)'이라고 언급했듯이,[5] 유교는 배움의 철학이다. 따라서 '학'을 삶의 기저로 하는 '인간'을 어떻게 이해하느냐의 문제가 유학의 교육을 인식하고 실행하는 관건이 된다.

춘추시대를 살았던 공자는 인간의 본성에 대해 많이 언급하지는 않았다. "본성은 비슷하지만 교육에 의해 습관이 달라진다!"[6]라는 대명제를 제시하였다. 이후, 맹자와 순자는 본성에 선(善)과 악(惡)이라는 가치를 강력하게 개입시켰다. 맹자가 강조한 성선(性善)이나 순자가 주장한 성악(性惡)은 교육의 방향이나 목표를 상당히 다른 양상으로 진행시킨다. 인간의 본성을 선으로 인식하는 경우, 그 선을 확장해 나가는 '계발식(啓發式) 교육'이 강조될 수 있고, 악하게 인식하는 경우, 그 악을 고쳐나가는 '교정식(矯正式) 교육'이 강조되기 쉽다(신창

---

4) 『漢書』「董仲舒傳」: 立大學以教於國, 設庠序以化於邑, 漸民以仁, 摩民以誼, 節民以禮, 故其刑罰甚輕而禁不犯者, 教化行而習俗美也.
5) 『論語』「學而」: 學而時習之不亦說乎? 有朋自遠方來不亦樂乎? 人不知而不慍不亦君子乎?
6) 『論語』「陽貨」: 子曰, 性相近也. 習相遠也.

호, 2012: 276-280).

동중서는 기존의 본성론과 다른 방식으로 인간의 성품(性品)을 이해한다. 아주 간단하지만 명확하다.

> 인간의 본성이라 명명할 때 이는 타고나는 것 아닌가? 자연스럽게 자질로 타고나는 것을 성이라 이른다. 성이란 자질이다.[7]
>
> 성이란 태어나면서 지닌 근본 바탕이다.[8]
>
> 성이란 타고난 자질이다.[9]

동중서는 어떤 가치 개입도 하지 않고, 냉정하고 객관적으로 인간의 본성을 탐구했다. 공자가 그랬듯이 성의 본질에 대한 절제된 의견을 제시한다. 얼핏 보면, 동중서의 '생지자연지자(生之自然之資)'는 고자(告子)의 '생지위성(生之謂性)'이나 순자의 '본시재박(本始材樸)' 등과 유사한 구조이다(박동인, 2010: 55). 그것은 선과 악이라는 가치를 개입하기 이전의 인간성으로, 인간이 태어나면서 지니는 소질이다. 맹자의 성선을 기준으로 볼 때, 동중서의 본성론은 그것과는 다른 '성미선(性未善)'과 '성질론(善質論)'으로 정돈할 수 있다.[10] 문제는 소질로서의 본성을 어떻게 이해하느냐이다. 동중서의 소질 이해는 상당히 독특하다. 인간 본성의 경우, "자연스럽게 생성한 것을 성정(性情)이라 한다. 성과 정은 서로 합쳐서 하나의 명(瞑)이 된다. 정 또한 성이다. 성이 이미 선하다고 말한다면 정은 어떻게 되는가? 그러므로 공자

---

7) 『春秋繁露』「深察名號」: 性之名非生與? 如其生之自然之資謂之性. 性者, 質也.

8) 『春秋繁露』「實性」: 性者, 天質之樸也.

9) 『漢書』「董仲舒傳」: 性者, 生之質也.

10) 『春秋繁露』「深察名號」: 今萬民之性, 有其質而未能覺, 譬如瞑者待覺, 教之然後善. 當其未覺, 可謂有善質, 而不可說服力善, 與目之瞑而覺, 一概之比也.

는 성선을 말한 적이 없다. 왜냐하면 그렇게 이름 붙일 경우 본성을 제대로 파악하지 못하고 얽매이기 때문이다."[11]

　성과 정은 성분만 다른 동일한 물질로 형성되어 실재로 분리될 수 없는 하나의 실제이다(김주창, 2016: 258). 성과 정을 동일한 본체의 다른 작용 양상으로 놓고 이해하면, 인간 본성은 두 가지 의미를 지닌다. 하나는 '타고난 자질로서의 본성'이고 다른 하나는 '정욕에 대립하는 본성'이다. 그런데 타고난 자질로서 근원적 본성은 정욕에 대립하는 성인 '인(仁)'과 정욕을 함유한 '정(情)'인 '탐(貪)'을 모두 포함한다(안승석, 2015: 59). 동중서는 본성의 일반적 범주 이외에, 본성을 다시 성과 정으로 나누어 설명한다. 이때 성은 사람의 본질이고 정은 사람의 욕망이다(代春敏, 2019: 634).

> 사람의 참다운 실정에는 탐(貪)과 인(仁)의 측면이 있다. 이 두 가지는 모두 사람의 몸에 깃들어 있다. 몸이라는 명칭은 자연에서 연유한다. 자연은 음과 양이라는 두 기운의 작용을 겸비하고 있다. 자연에 있는 음은 제어를 받아야 한다. 몸에도 정욕이 있어 절제를 해야 한다. 이는 자연의 질서와 같다. 하늘이 이처럼 음을 제어하는데, 사람이 어찌 자신의 욕망을 덜어내고 정욕을 멈추게 하여, 자연의 질서에 적응하지 않겠는가?[12]

　여기에서 탐(貪)과 인(仁)의 내용과 형식을 주시할 필요가 있다(陳福濱, 2019: 331-332). 인(仁)의 기운은 본성을 주도하는 측면이고,

---

11) 『春秋繁露』「深察名號」: 天地之所生, 謂之性情. 性情相與爲一瞑. 情亦性也. 謂性已善, 奈其情何? 故聖人莫謂性善, 累其名也.

12) 『春秋繁露』「深察名號」: 人之誠, 有貪有仁. 仁貪之氣, 兩在於身. 身之名, 取諸天. 天兩有陰陽之施, 身亦兩有貪仁之性. 天有陰陽禁, 身有情欲, 與天道一也. 是以陰之行不得幹春夏, 而月之魄常厭於日光. 乍全乍傷, 天之禁陰如此, 安得不損其欲而輟其情以應天.; 『漢書』「董仲舒傳」: 命者, 天之令也. 性者, 生之質也. 情者, 人之欲也.

탐(貪)의 기운은 종속적 측면에 해당한다. '인(仁)'은 본성 가운데 사회의 도덕을 추진하고 발전시키는 선천적 요소를 가리키고, '탐(貪)'은 본성 가운데 사회의 도덕을 저해하고 퇴폐시키는 선천적 요소를 가리킨다. 이 두 가지는 인간의 본성에 근원적으로 동시 거주하면서 대립하는 특성을 지닌다. 이런 차원에서 인간은 욕망을 소유한 존재이다. 따라서 인간의 순순한 성품을 선으로 만들기 위해서는 윤리적 교화가 요청되고, 정욕을 억제하기 위해서는 도덕적 규범이 필요하다(김상래, 2017: 23).

동중서 이전에도 여러 측면에서 인간 본성에 대한 논의가 진행되었지만, 크게 보면 맹자의 성선설과 순자의 성악설로 대별된다. 성선과 성악은 도덕적 선험론의 차원을 벗어나지 않는다. 어떤 연구자는 동중서의 인성론을 맹자와 순자의 관점을 종합(綜合)한 것으로 이해하기도 하지만, 맹자와 순자의 인성론은 선악(善惡)의 도덕가치(道德價値)가 선천적(先天的)으로 부여된 것에 무게중심을 둔다. 동중서의 경우, 본성은 성악(性惡)이라는 도덕적 가치 개입을 앞세우기보다는 '자연소질(自然素質)' 자체이고, 성(性)에 녹아든 정욕(情欲)의 문제를 처리하는 방식에서 교육을 통한 후천성에 무게중심을 둔다. 성(性)의 순수한 측면을 선(善)으로 이해하면 맹자의 관점이 엿보이고, 정욕(情欲)을 악(惡)으로 이해하면 순자의 관점이 엿보이기도 하지만, 동중서의 인성론은 맹자나 순자와는 엄연한 차이가 존재한다(金春峰, 2006: 155-159).

그렇다고 하더라도, 동중서의 '인기(仁氣)'와 '탐기(貪氣)' 사상은 이런 측면과 동일하지 않지만, 연결되는 지점은 존재한다. 중요한 사실은 동중서가 인간의 본성과 선을 엄격히 구분하였다는 점이다. 그

는 인성과 선을 가능성과 현실성, 또는 근거와 결과의 관계로 파악하
였다. 본성은 선의 가능성이자 선이 내재하는 근원이다. 선은 본성의
이러한 가능성과 내재적 근거이다. 때문에 교육의 조건에 따라, 도덕
적 선이 현실의 인격으로 전변하는 결과를 가져온다. 인성 가운데는
기본적 욕망인 정욕과 탐욕이 근원적으로 존재한다. 그런데 맹자처럼
성이 이미 선하다고 의미를 부여하면, '선천적인 정(情)'은 어떻게 처
리할 수 있는가? 동중서는 인간의 본성과 선의 관계를 다음과 같이 서
술한다.

> 인간의 본성이란 태어나면서 지닌 근본 바탕이고, 선이란 왕의 가르침에
> 의한 교육을 통해 이루어진 결과물이다. 그 바탕이 없으면, 왕의 교육은 이루
> 어질 수 없고, 왕의 교육이 없으면 바탕의 소박함은 선할 수 없다.[13]

> 본성은 점진적인 교육을 거쳐 비로소 선으로 바뀐다. 본성이 선으로 바뀐
> 것은 교육이 만들어낸 결과이지 천성적 본질이 바로 이런 것은 결코 아니다.
> 그러므로 본성이라 말하지 않는다.[14]

> 인간의 본성은 벼에 비유되고, 선은 쌀에 비유된다. 벼에서 쌀이 산출되
> 어 나오더라도 벼의 상태는 아직 온전하게 쌀이 되었다고 할 수 없다. 마찬
> 가지로 선이 본성에서 산출되어 나오더라도 성의 상태는 아직 온전하게 선
> 이 되었다고 할 수 없다.[15]

> 성은 누에고치와 같고 계란과 같다. 계란은 어미 닭이 품어 일정한 시간이

---

13) 『春秋繁露』「實性」: 性者, 天質之樸也; 善者, 王教之化也. 無其質, 則王教不能化; 無其王教, 則
   質樸不能善. 質而不以善性.

14) 『春秋繁露』「實性」: 性待漸於教訓而後能爲善. 善, 教訓之所然也, 非質樸之所能至也, 故不謂
   性.

15) 『春秋繁露』「深察名號」: 性比於禾, 善比於米. 米出禾中, 而禾未可全爲米也. 善出性中, 而性未
   可全爲善也.

지나야 병아리를 까고 병아리가 자라나 닭이 된다. 누에고치는 고치 켜기를 기다려야 실이 된다. 본성은 교육을 통해 시간이 지나야 인격적 선이 된다.[16]

본성에는 선의 실마리가 있고 마음에는 선의 바탕이 있다.[17]

이런 관점에서 보면, 본성은 가치가 이미 담겨 있는 선이 아니다. 선은 본성에서 나온다. 그 과정에 교육이 적극적으로 개입한다. 다시 말하면, 교육의 과정을 거치지 않은 본성은 인격적 선으로 나아갈 수 없다. 이것이 동중서가 인간에게 왜 교육이 필요한지, 그 논리적 근거를 마련하는 모습이다. 교육의 결과, 선은 사회를 지탱하는 윤리 도덕이 된다. 즉 도덕적 인격을 형성한다.

동중서의 교육 사상적 기반은 아주 간단하다. "본성은 교육 이후에 선하게 된다!" 본성은 교육의 작용에 의하지 않을 경우, 국가사회를 지도할 인재로서 선한 인간 양성을 꿈꿀 수 없다. 동중서의 인성에 관한 사유는 형식적으로 볼 때, 맹자와 상당히 다른 양상이다. '본성이 이미 선하다면, 교육할 의미가 없다!' 그것은 인위적인 차원에서 유위의 교육을 실천하는 작업을 부정하는 것과 마찬가지가 된다.

동중서는 교육의 불이행을 무위(無爲)의 자연으로 인식하고, 유위(有爲)나 인위(人爲)가 없는 교육에 강력한 회의를 제기한다.

지금 말하는 본성이 이미 선하다면, 이런 상황에서는 특별히 선으로 만들기 위한 교육이 필요 없다. 그렇다면 아무것도 하지 않고도 스스로 자라는 자연과 같은 것이 아닌가?[18]

---

16)『春秋繁露』「深察名號」: 性如繭如卵. 卵待覆而成雛, 繭待繰而爲絲, 性待敎而爲善.
17)『春秋繁露』「實性」: 性雖出善, 而性未可謂善也.
18)『春秋繁露』「實性」: 今謂性已善, 不幾於無敎而如其自然!

맹자나 순자가 강조한 본성의 선악(善惡)에서 보면, 동중서의 인간 본성 이해는 차원이 다르다. 상당히 비판적이고, 무엇보다도 교육을 향한 열정을 드러낸다. 동중서는 선진 시기부터 한나라 초기까지 보편적으로 유행하던, 인간 본성을 이해하는 여러 이론을 진지하게 고려한 것 같다. 특히, 공자가 언급한 인간성의 등급을 고민하며 그것을 구체적으로 이론화한 것 같은 인상을 준다. 공자는 다음과 같이 인간의 등급 차이에 대해 언급하였다.

> 보통 사람 이상에게는 고차원적인 사안을 말해 줄 수 있으나 보통 사람 이하에게는 그런 것을 말해줄 수 없다.[19]
>
> 가장 지혜로운 사람과 가장 어리석은 자는 변화시킬 수 없다.[20]

인간을 상·중·하의 위계로 나눌 때, 중간급에 속하는 보통 사람, 즉 '중인(中人)'이 인간의 속성을 구별하는 기준으로 설정되어 있다. 이러한 사유는 일반적이고 보편적으로 생각할 수 있기 때문에 상당한 설득력을 갖는다. 다시 말하면, 중인 이하의 자질을 지닌 사람에게 갑자기 고상한 차원의 형이상학적인 이론을 말하면 제대로 알아듣지 못한다. 교육은 사람의 지적 수준 차이에 따라, 적절하게 눈높이를 맞추어 실시해야 한다. 많이 배우고 도덕성을 갖춘 사람은 스스로 자신을 수양해 나가기 때문에 별도의 교육을 하지 않아도 그 수준이 함부로 떨어지지 않는다. 그와 반대편에 자리하는, 제대로 배우지 못하고 수준이 낮은 인간의 경, 교육을 한다고 해서 어느 순간에 자질이 놀랍게 향상되기도 어렵다. 공자는 이처럼 인간 본성의 층계를 어렴풋이 지적하

---

19) 『論語』「雍也」: 子曰, 中人以上, 可以語上也; 中人以下, 不可以語上也.
20) 『論語』「陽貨」: 子曰, 唯上智與下愚不移.

면서도 교육적으로 명확한 의미를 부여하였다.

그러나 동중서는 이보다 과학적이고 세밀하게 인간의 성품을 정돈하였다. 인간의 본성을 세 가지 등급으로 분명하게 나누었다. 인간의 본성(本性)을 세 등급으로 나눈 것을 일반적으로 '성삼품설(性三品說)'로 명명한다. 그것은 앞에서 논의한 성(性)·정(情)과 함께 동중서 인성론의 핵심을 차지한다. 동중서는 본성을 '성선(性善)-정악(情惡)'이라는 이원구조(二元構造)로 정리하면서 맹자나 순자가 인성을 '선(善)-악(惡)'으로 해석하는 데서 오는 편협성과 그로 말미암아 봉착할 수 있는 모순에서 벗어날 수 있게 하였다. 동시에 인간이 오직 선한 성인(聖人)이나 오직 악한 두소(鬥筲)가 아닌, 중민(中民)으로 인식함으로써, 교육의 가능성을 명확하게 제시하였다(김봉건, 1990: 368).

성인의 차원에서 본성은 일반적인 본성으로 명명할 수 없다. 그릇이 작은 사람의 본성도 일반적인 본성으로 명명할 수 없다. 일반적인 본성으로 명명하는 것은 보통 사람의 본성이다. 일반 백성의 본성은 누에고치나 계란과 비슷하다. 계란은 어미 닭이 20일을 품어야 병아리가 될 수 있다. 누에고치도 삶고 켜는 작업을 한 다음에야 실을 뽑을 수 있다. 마찬가지로 본성도 단계별 교육과 훈련을 거친 다음에야 완전한 인격을 형성할 수 있다. 선은 교육과 훈련을 거쳐 그렇게 된 것이지 바탕이 소박하게 미칠 수 있는 것이 아니므로 성이라 하지 않는다.[21]

본성이라고 명명할 때, 이는 지혜로운 사람의 성도 아니고 어리석은 사람의 성도 아니며, 중간 정도의 수준을 갖춘 보통 사람의 본성을 말한다.[22]

---

21) 『春秋繁露』「實性」: 聖人之性不可以名性, 鬥筲之性又不可以名性, 中民之性如繭如卵. 卵待覆二十日而後能爲雛, 繭待繰以涫湯而後能爲絲, 性待漸於敎訓而後能爲善. 善, 敎訓之所然也, 非質樸之所能至也, 故不謂性.

22) 『春秋繁露』「深察名號」: 名性, 不以上, 不以下, 以其中名之.

이 세 가지 등급의 본성 가운데 동중서가 기준으로 삼은 것은 보통 사람, 즉 '일반 백성'에 해당하는 '중민(中民)'이다. 특히, 인간의 본성을 가치가 개입된 선과 악의 양극단에서 취하지 않고, 인간 자체를 있는 그대로 보고 중간에서 취하였다. 이는 인간의 본성에 내포된, 인간을 규정하는 사실적 근거이다. 때문에, 본성이라고 했을 때, 동중서가 고민한 본성은 공자가 말한 중인의 본성을 의미한다.

교육은 인간의 능력이 유사하더라도 비슷한 결과를 가져오지 않을 경우가 있다. 하물며 동일한 수준이 아닐 경우, 그 효과나 결과가 비슷하거나 동일할 수 있겠는가? 세 가지로 나눈 성품 가운데, 성인(聖人)의 차원에 있는 사람은 자각을 통해 자신의 감정과 욕망을 억제하며 반드시 선의 방향으로 발전한다. 그릇이 작은 사람, 즉 '두소(斗筲)'에 해당하는 사람은 감정과 욕망이 강열하고 스스로 절제하기 어렵다. 이 때문에 반드시 악의 방향으로 발전하게 된다. 이들은 교육을 통해 선으로 유도할 수 있는 대상이 아니다! 그러므로 그 중간 지점에 걸쳐 있는 보통 사람, 즉 일반 백성인 '중민'의 본성을 소유한 인간이 교육의 주요 대상이 된다. 특히, 중민은 그들이 지닌 정(情)을 선하게 바꾸어야 한다(손흥철, 2012: 287).

동중서는 인간 본성의 기준을 성인(聖人)이나 두소(斗筲)에 두지 않고 보통 사람에 두었다. 하지만 그 최종 목표는 성인(聖人)의 본성을 지향한다. 이런 점에서 그의 인간론은 본질적으로 교육을 염두에 두고 성인을 지향하는데 무게중심을 두고 있다. 이것이 동중서의 교육사상적 공헌이다. '중인'이라는 일반 백성을 교육의 대상으로 적시하고, 그 발전 가능성을 바탕으로 국가교육의 근거가 되는 인성을 과학적으로 구명해 낸 것이다.

IV. 교육의 지향; 도덕적 인격

앞에서 동중서는 청정한 무위(無爲)가 아니라 유위(有爲) 정치를 고려한다고 했다. 그 중심은 유학의 교육과 법가의 형벌이라는 두 수레바퀴이다. 하지만 이 두 가지는 뚜렷하게 구분된다. 교육을 통한 도덕적 인격 수양이 근본이고 형벌을 주어 감옥살이하는 것은 말단이다. 이는 유학의 통치사상 근거인 동중서의 음양학설(陰陽學說)에 기인한다. 동중서는 음양(陰陽)을 도덕적으로 해석하여 양(陽)은 선(善)이고 음(陰)은 악(惡)이라고 하였다. 이때 음양학은 도덕교육이 중심이고 형벌은 부수적인 것이다.

동중서의 음양학설에서 볼 때, 인성(人性) 또한 음양(陰陽)의 일부이다. 그렇기 때문에 음양(陰陽)의 기운(氣運)으로 백성의 인성을 다스려야 한다. 백성의 인성 가운데 음양의 기가 적정한 평형이 유지되도록 해야 한다. 앞에서 언급한 중민(中民)은 자신들의 정욕(情欲)을 통제할 수 없어 항상 정욕에 따라 행동한다. 그러므로 군주(君主)는 천명(天命)을 받아 백성의 정욕을 다스려 백성이 과도하게 행동하지 않도록 하는 동시에 백성의 정욕을 지나치게 묶어놔서도 안 된다. 이때 정욕은 음기(陰氣)이다. 음기의 제어를 통해 사회를 안정시키려는 것이 동중서의 교육적 의도이다(정한균, 2003: 223).

도덕이 중심이고 형벌은 부수적이라는 강조는, 법가의 형벌이 유학의 교육으로 전환해야 함을 의미 한다(서보근, 2010: 204). 그런 사유는 "교육은 정치의 근본이다. 형벌은 정치의 말단이다."[23]라는 주장과 "성인이 실천하는 정치는 위세로만 행할 수 없고, 반드시 교육을 통해

---

23) 『春秋繁露』「精華」: 教, 政之本也. 獄, 政之末也.

성취해야 한다."[24]라는 언급에서 증명된다. 동중서는 무제와 세 차례에 걸쳐 책문과 대책을 주고받는 「천인삼책」의 과정에서, 어떤 정치제도나 사회제도로 국가를 지도해 나가기보다 도덕적 내용들을 교육하는 내향적 방향(內向的 方向)으로 국가를 이끌어가려고 노력하였다(변문홍, 2007: 326-330). 그렇게 교육을 근본으로 강조하는 사상은 인정(仁政)과 덕치(德治)를 실현하려는 유학의 전통을 계승한 것이다.

교화로 상징되는 유학의 교육은 도덕적 인격을 확보하려는 수양이다. 유학이 추구하는 도덕성의 핵심은 '삼강오상(三綱五常)'이다. 동중서는 삼강오상을 윤리의 핵심이자 도덕교육의 중심에 놓았다. 선진유학의 경우, '종법(宗法) 사회'의 복잡한 인륜 관계를 '오륜(五倫)'으로 정돈하였다. 오륜은 『중용』에서 '오달도(五達道)'로 그 맹아를 보이고,[25] 『맹자』에서 구체적으로 드러난다.[26] 동중서는 오륜 가운데 '군신(君臣)·부자(父子)·부부(夫婦)'의 세 가지 관계를 매우 중요하게 여겨, 별도의 가치를 부여하였다. 등급과 명분을 강화하여 주종 관계 및 상하 수직적 윤리가 분명하도록 이론화하였다. 이것이 이른바 '삼강(三綱)'이다.

동중서는 왕도를 구현하기 위한 도덕성의 핵심인 삼강(三剛)을 자연의 질서인 천(天)에서 구할 수 있다고 여겼다. 그러기에 유명한 '천인감응(天人感應)'과 '양존음비(陽尊陰卑)'의 이론을 제기하였다. 엄밀히 말하면, '삼강(三綱)'은 동중서가 처음으로 언급한 것은 아니다. 하지만 이에 대해 체계적으로 논의하고 교육과 윤리 도덕의 실천에 적용하여 체계를 다져 후대에 영향을 미치도록 설계한 것은 동중서의 공

---

24) 『春秋繁露』「爲人者天」: 聖人之道, 不能獨以威勢成政, 必有教化.
25) 『中庸』20章: 君臣也, 父子也, 夫婦也, 昆弟也, 朋友之交也. 五者, 天下之達道也.
26) 『孟子』「滕文公」上: 聖人有憂之, 使契爲司徒, 教以人倫, 父子有親, 君臣有義, 夫婦有別, 長幼有序, 朋友有信.

적이다. 여기에서 '충신(忠臣)·효자(孝子)·순처(順妻)'의 윤리가 갖추어지고, 중국 전통사회의 중요한 도덕 규범이 확립되었다.

이때 '삼강(三綱)'과 짝하는 윤리 시스템이 '오상(五常)'이다. '오상'은 인·의·예·지·신이다. 오상은 윤리 도덕의 주요 개념으로 오래전부터 제기되었지만, 동중서가 본격적으로 그 도리를 높이고 새롭게 해석하였다. '삼강'은 도덕의 기본 준칙이고, '오상'은 도덕의 핵심 관념이다. 즉 개체의 도덕적 인지와 정감, 의지, 실천 등 인간의 심리는 물론 행위 능력과 관련된다. '삼강'과 '오상'은 서로 결부되어 강상(綱常)의 체계를 갖추고 중국 전통사회를 지탱하는 도덕교육의 중심내용이 되었다(劉振維, 2009). 중국 고대사회의 교육은 개인의 자각적 도덕 수양에 근거하여 인격을 갖추어 나가는 작업이 핵심이었다. 동중서도 마찬가지였다. 앞에서 살펴본 것과 같이, 도덕적 인격을 갖추기 위한 교육의 원칙을 인간의 본성에 반영하였다. 동중서는 개체 행위의 동기는 행위의 효과보다 큰 도덕적 가치가 있다고 보았다.

의지가 사악한 자는 기다려봤자 도덕성을 갖춘 인격자가 될 수 없다. 악을 앞세우는 자는 그 죄가 특별히 무겁다. 근본이 곧은 사람은 그 논의하는 내용이 재빠르다.[27]

도덕성에 대한 이러한 사상적 강조와 행위 동기에 대한 관점은 교육의 중심에 자리 잡는다. 『대학』에서 언급하듯이, 사람들이 마음을 바르게 하고 뜻을 성실하게 하며, 국가를 위해 헌신하는 도덕적 인격자를 지향한다. 동시에 이런 교육은 사회적 윤리에 저촉되거나 국가의 이익에 피해를 주는 의식의 싹이 자라나지 못하게 만들었다.

---

27) 『春秋繁露』「精華」: 誌邪者不待成, 首惡者罪特重, 本直者其論輕.

이 지점에서 이익과 의리가 중요한 사안으로 대두한다. 도덕적 인격 함양의 과정에서 리(利)와 의(義)의 관계를 어떻게 볼 것인가? 동중서는 말한다.

자연의 질서에 따라 인간이 태어날 때 사람에게 의리와 이익이 생겨나게 하였다. 이익으로 그 몸을 기르고 의리로 그 마음을 기른다. 마음은 의리를 얻지 못하면 즐거울 수 없고, 몸은 이익을 얻지 못하면 편안할 수 없다. 의리는 마음을 기르는 일이고, 이익은 몸을 기르는 일이다.[28]

리(利)는 사람의 몸, 즉 육체적 기관(器官)의 요구를 충족시켜 준다. 의(義)는 사람의 마음, 즉 정신적 심령의 요구에 만족을 준다. 이 두 가지는 인간을 형성하는 과정에서 어느 한쪽도 결여 되어서는 안 된다. 하지만 몸은 마음보다 귀한 것이 아니다. 그러므로 인격을 양성하는 과정에서 의보다 중요한 것은 없다. 인간을 기르고 낳는 교육의 차원에서는 의가 리보다 그 가치가 훨씬 크다. 의가 있는 사람은 가난할지라도 스스로 삶을 즐길 수 있다. 의가 없는 자는 부유할지라도 스스로 그것을 보존할 수 없다.[29]

이 지점에서 국가교육의 지향을 구체적으로 인지할 수 있다. 국가의 이익과 발전을 위한 도덕적 인격의 함양, 즉 의리는 개인의 이익 추구보다 높은 차원이다. 이것이 국가교육의 지향점이자 삶의 기본 방향이다. 그 교육이 지향하는 원칙은 다음과 같이 정돈된다.

---

28) 『春秋繁露』「身之養重於義」: 天之生人也, 使人生義與利. 利以養其體, 義以養其心. 心不得義不能樂, 體不得利不能安. 義者心之養也, 利者體之養也.

29) 『春秋繁露』「身之養重於義」: 體莫貴於心, 故養莫重於義, 義之養生人大於利. 奚以知之? 今人大有義而甚無利, 雖貧與賤, 尚榮其行, 以自好而樂生, 原憲·曾·閔之屬是也. 人甚有利而大無義, 雖甚富, 則羞辱大惡·惡深, 非立死其罪者, 即旋傷姎憂爾, 莫通能以樂生而終其身, 刑戮夭折之民是也. 夫人有義者, 雖貧能自樂也. 而大無義者, 雖富莫能自存

　　도덕적 인격을 갖춘 사람은 그 의리를 바르게 한다. 그 이익만을 도모하지 않는다. 그 도리를 밝히되 그 공적으로 이익을 계산하지 않는다![30]

다음으로 도덕적 인격자는 '인(仁)'과 '의(義)'에 관한 이해를 통해 보다 구체적으로 확인된다. '인'은 공자로부터 비롯된 유학의 핵심 용어이다. 한 마디로 얘기하면 "사람을 사랑하는 일"[31]로 대표되었다. 그것은 인간의 생명을 귀중하게 여기고, 인간을 사랑하는 삶을 기반으로 확립된 개념이다. 무엇보다도 개체 생명의 가치와 권리를 존중하는 데서 잘 드러난다. '의'는 국가의 공리를 위한 구성원의 행위 준칙이다. 이는 개인의 공동체에 대한 책임과 의무에서 잘 드러난다.

　　인과 의의 관계를 중심축으로 도덕적 인격을 완성하려는 의지는 다음과 같은 관점을 기초로 한다.

　　인(仁)으로 사람을 편안하게 하고, 의(義)로 자신을 바르게 한다. …… '인'의 법칙은 사람을 사랑하는 일에 있다. 나를 사랑하는 것에 있지 않다. '의'의 법칙은 나를 바르게 하는 일에 있다. 남을 바르게 하는 것에 있지 않다.[32]

　　사람을 편안하게 만들어 주고 사람을 사랑하는 일, 자신을 바르게 하는 일! 이는 사람에 대한 존중과 배려, 포용의 정신이 담겨 있는데, 선진유학에서 지속적으로 강조해 온 윤리의식이다. 동중서는 이를 국가교육의 최고 목표로 설정하고, 도덕 주체로서 국민이 자각할 수 있도록 제도화하였다.

---

30) 『漢書』「董仲舒傳」: 夫仁人者, 正其誼不謀其利, 明其道不計其功.
31) 『論語』「顏淵」: 樊遲問, 仁. 子曰, 愛人.
32) 『春秋繁露』「仁義法」: 以仁安人, 以義正我. …… 仁之法在愛人, 不在愛我. 義之法在正我, 不在正人.

V. 교육의 실천: '노력'-'집중'-'사유'의 유기체

다시 강조하지만, 동중서는 교육의 주요 임무를 도덕성을 함양하는데 두었다. 그것은 '독존유술(獨尊儒術)'의 사상을 기저로 교육에서 완전한 유학화를 제창한다. 유학의 국교화, 태학과 오경박사 등의 제도화를 통해 교육은 실제를 구현한다. 특히, '육예(六藝)'로 국가적 인재 함양을 도모한다. 각 경서의 연구는 교육적 효과 측면에서도 다르게 드러날 것으로 인식되었다.

육학(六學), 즉 육예는 모두 그 미치는 영향이 크다. 제각기 장점이 있다. 『시』는 뜻을 말한다. 그러므로 질(質)에 장점이 있다. 『예』는 절제를 도모한다. 그러므로 문(文)에 장점이 있다. 『악』은 덕을 읊조린다. 그러므로 풍(風)에 장점이 있다. 『서』는 공적을 드러낸다. 그러므로 사(事)에 장점이 있다. 『역』은 자연의 질서에 근본한다. 그러므로 수(數)에 장점이 있다. 『춘추』는 옳고 그름을 바르게 한다. 그러므로 치인(治人)에 장점이 있다.[33]

'시·서·예·악·역·춘추'의 여섯 교재는 제각기 중요한 교육적 가치가 있다. 『춘추번로』라는 저술로 대변되듯이, 동중서는 무엇보다도 『춘추』의 교육적 의의를 강조하였다. 『춘추』의 근본적 특징은 '봉천법고(奉天法古)'이다. 위로는 자연의 법칙에 관한 실마리를 탐구하고, 아래로는 국가 지도자들의 지위를 바르게 만드는 내용을 담고 있어, 백성이 진정으로 바라는 일이다. 옛날의 사건을 정리하고, 옳고 그른 일에 관해 정확하게 판단하며, 지나간 사안을 정돈하여 장래를 밝힌다.

---

33) 『春秋繁露』「玉杯」: 六學皆大, 而各有所長. 詩道志, 故長於質. 禮制節, 故長於文. 樂詠德, 故長於風. 書著功, 故長於事. 易本天地, 故長於數. 春秋正是非, 故長於治人.

때문에 『춘추』는 인의(仁義)를 실천하는 모범적인 윤리학 교과서이자 교육철학으로 자리매김 된다.[34]

하지만 동중서가 교육을 실천하는 과학적인 방법을 체계적으로 제시한 것은 아니다. 근대과학과 교육이 등장하기 이전, 고대사회에서 교육 실천은 시대적 한계로 인해 과학적 방법이 제시될 수 없었다. 그뿐만 아니라 교육은 그 속성상 일률적인 학업 방법을 제공하여 통용하기 어렵다. 학습자와 교육 내용의 특성에 따라 다양한 방법이 적용되기 때문이다. 그러나 교육에서 보편성을 지닐 수 있는 학업 방법의 원칙은 제시할 수 있다.

동중서는 교육 실천의 방법으로 세 가지 측면을 무엇보다도 강조하였다(孫培靑, 2000: 119-120). 첫째는 꿋꿋하게 힘쓰는 '면강(強勉)'이고, 둘째는 집중하고 몰입하는 '전일(專一)'이며, 셋째는 심도 있게 사유하는 '정사(精思)'이다. 그것은 '노력(努力)'과 '치지(致志)', '요지(要旨)'의 필요성에 대한 역설이다.

첫째, '면강노력(強勉努力)'이다. 동중서는 그 실천 방법을 다음과 같이 언급한다.

배우고 묻는 일에 꿋꿋하게 힘쓰면, 듣고 보는 세상이 넓어지고 지식이 더욱 분명해진다. 행실과 도리를 실천하는 일에 꿋꿋하게 힘쓰면, 도덕성이 날로 축적되어 인격을 크게 이룬다.[35]

학문(學問)이나 행도(行道)를 막론하고, 교육 실천의 과정에서 핵

---

34) 『春秋繁露』「俞序」: 上探正天端, 王公之位, 萬物民之所欲, 下明得失, 起賢才, 以待後聖. 故引史記, 理往事, 正是非, 見王公. 『春秋繁露』「精華」: 道往而明來者也. 然而其辭體天之微, 故難知也. 弗能察, 寂若無; 能察之, 無物不在.

35) 『漢書』「董仲舒傳」: 彊勉學問, 則聞見博而知益明; 彊勉行道, 則德日起而大有功.

심은 '꿋꿋하게 힘쓰는' 면강노력(強勉努力) 정신의 발휘이다(何俏·
唐明貴, 2015: 446-449). 그래야 교육이 성공할 수 있다.

둘째, '전일치지(專一致志)'이다. 이는 평소에 지향하는 내용에 대
해 마구 날뛰는 짐승들처럼 제멋대로 행동하지 말고, 온 힘을 다해 몰
두하는 자세이다. 그러나 선천적으로 타고난 능력의 한계로 의해 전
일의 여부가 결정된다.

> 하나의 눈으로 두 가지를 동시에 볼 수 없고, 하나의 귀로 두 가지를 동
> 시에 들을 수 없으며, 한 손으로 두 가지 일을 동시에 할 수 없다. 한 손으로
> 네모를 그리고, 다른 한 손으로 원을 그린다면, 그 흩어진 만큼 제대로 성공
> 할 수 없다.[36]

교육의 과정에서는 마음과 뜻을 한 곳에 몰두해야 학업의 효율을
지속할 수 있다. 온 힘을 모아 집중해야 학업 내용을 파악하고 장악하
는 힘을 갖출 수 있다.

셋째, '정사요지(精思要旨)'이다. 교육을 실천하는 방법은 생각의
깊이를 더하고 요점을 정돈해 나갈 때 효과를 발휘할 수 있다. 동중
서가 강조한 『춘추』의 경우, 세상이 넓고 일이 복잡한 만큼, 글 자체
는 간략하지만, 큰 의미가 함축되어 있다. 그만큼 핵심을 쉽게 파악하
기 어렵다.

> 말로 다 해명하지 못하는 것은 모두 요지나 대의에 밝혀야 하는데, 마음을
> 다하여 깊이 생각하지 않고서 어찌 그것을 알 수 있겠는가? …… 글의 대의

---

36) 『春秋繁露』「天道無二」: 是以目不能二視, 耳不能二聽, 手不能二事. 一手畫方, 一手畫圓, 莫
能成.

를 파악한 사람은 그 말의 해명을 멋대로 자임하지 않는다. 그 말에 대한 해명을 자임하지 않은 이후에야, 그에 맞는 도리에 다가설 수 있다.[37]

『춘추』를 비롯한 육예의 내용에서 '미언(微言)' 가운데 '대의(大義)'를 파악하려면, 학업을 실천하는 사람은 마음을 다하여 깊이 생각해야 한다. 그래야 만이 교육의 실천 과정에서 학업 내용의 큰 뜻을 터득하여 추리의 근거로 삼을 수 있다. 교육 실천에서 절대적 기여하는 존재가 스승이다. 스승은 교육 실천을 담보하는 존재이다.

스승 노릇을 잘하는 사람은 그 도리를 아름답게 여긴다. 그 행실을 신중히 한다. 때에 맞추어 일찍 하거나 늦게 처리한다. 일이 많거나 적거나 가리지 않고 떠맡는다. 일을 마주할 때 빠르거나 느리게 하지 않는다. 어떤 것을 만들 때 너무 급하게 만들지 않는다. 옛일을 자세하게 살피며 공부하는데 소홀히 하지 않는다. 자신의 행위를 성찰한다. 자신의 일에 몰입하여 성취한다. 이런 방식으로 교육을 실천하여 힘은 수고롭게 쓰지 않지만 몸은 크게 이룬다.[38]

동중서는 이처럼 스승의 역할을 존중하며, 교육 실천의 양식을 제공하였다. 특히, 『춘추』의 '미언대의(微言大義)'를 파악하고 장악하는 과정에서, '노력[強勉]'하고 '집중[專一]'하며 '사유[精思]'하는 유기체적 학습은 '애쓰고[努力]', '뜻을 모우며[致志]', '요점을 생각하여[要旨]' 밝혀내는 공부의 방법으로 정돈된다.

---

37) 『春秋繁露』「竹林」: 辭不能及, 皆在於指, 非精心達思者, 其孰能知之. …… 見其指者, 不任其辭. 不任其辭, 然後可與適道矣.

38) 『春秋繁露』「玉杯」: 善爲師者, 既美其道, 有慎其行, 齊時蚤晩, 任多少, 適疾徐, 造而勿趨, 稽而勿苦, 省其所爲, 而成其所湛, 故力不勞而身大成.

VI. 결어

지금까지 동중서의 국가교육 설계에 대해 개략적으로 살펴보았다. 동중서는 한나라를 대일통의 국가주의로 만들어낸 장본인이다. 그것은 현재까지도 중국 문화 제도의 초석으로 자리하고 있다. 동중서의 국가교육을 요약하면 다음과 같이 정리할 수 있다.

첫째, 교육의 기조를 제시하였다. 유학을 국교로 하는 '대일통(大一統)'의 사상을 확립하고, 이에 헌신할 수 있는 인재 양성을 교육의 기본 방침으로 삼았다. 그 기초는 '독존유술(獨尊儒術)'을 통해 국가인재를 양성하고, 인재 선발과 발탁, 관리 등용과 승진의 문제를 합리적으로 시행하는 사업으로 연결되었다.

둘째, 교육의 근거를 확립하였다. 인간을 객관적으로 인식하고 인간의 기준을 상지(上智)나 하우(下愚)가 아닌, '중민(中民)'의 본성에 두었다. 성미선(性未善)과 선질론(善質論), 그리고 성삼품설(性三品說)을 통해 '중인(中人)'이라는 백성을 국가교육의 주요 대상으로 적시하고, 국가가 교육해야 할 구체적 근거를 과학적으로 구명하였다.

셋째, 교육이 지향하는 목표를 설정하였다. 교육을 통해 양성하려는 인간 유형을 윤리성을 온전하게 갖춘 도덕적 인격에 두었다. 유학에서 성인군자(聖人君子)로 상징되는 도덕적 인간을 '천인감응(天人感應)'과 '양존음비(陽尊陰卑)'의 이론에 근거하여 '삼강오상(三綱五常)'을 확립하고, 국가공동체가 지향해야 할 사회도덕·인간윤리의 내용을 확인시켜 주었다.

넷째, 교육의 실천 방식에 주요한 원칙을 제공하였다. 도덕성 함양의 기본 내용을 '육예(六藝)'에 두고 국가의 인재 함양을 도모하면서,

『춘추』를 중심으로 하는 경서 연구에 집중하도록 하였다. 그 주요 방식으로 노력과 집중, 그리고 사유의 실천 원칙을 제시하고, 교육·학습 방법의 철학적 기준인 동시에 동기부여의 양식을 마련하였다.

총괄하면, 동중서는 중국 국가교육의 밑그림을 설계하고, 실제 구현을 통해 교육의 구체적인 기반을 닦은 중국 국가주의 교육사상의 선구자이다. 그의 사유는 시대정신을 관통하며 현실을 반영하였고, 그의 정책은 구체적이고 과학적이었으며, 그의 전망은 국가공동체의 성장과 번영을 내다보았다. 이론과 실천이 부합하는 실제적 유학을 제창하였다. 국가주의라는 유교 공동체를 지향하며, 유학의 실천, 그 실학(實學) 교육의 토대를 마련한 것으로 판단된다.

'생태(生態)' 사상

차오잉춘(曹迎春)

I. 서언

동중서는 서한(西漢)의 저명한 사상가로, 유학 발전사에서 이정표적인 인물이다. 그의 사상은 방대하고 심오하며, 풍부하고도 깊이 있는 '생태' 사상을 내포하고 있다. 최근 전통 생태 사상, 특히 유가 생태 사상에 대한 연구가 활기를 띠면서, 학계에서도 동중서의 생태 사상에 대한 연구가 시작되었다. 여기에서는 선행 연구를 바탕으로, 동중서의 '철학' 사상, '정치' 사상, '경제' 사상을 생태적 관점에서 분석해 보려고 한다.

Ⅱ. "천인합일"(天人合一)의 유기적 전체론

동중서의 생태 철학적 사유는 그의 생태 사상의 기초이다. 그 핵심 내용은 '천인합일'의 유기적 전체론이다. 천인 관계는 대체로 인간과 자연의 관계에 해당한다(牟鍾鑒, 1993). 동중서는 세계 전체를 연구의 대상으로 삼아 하늘과 인간을 하나의 유기적 전체로 보았다.

　　본이란 무엇인가? 천지인(天地人)은 만물의 근본이다. 하늘이 낳고 땅이 기르며 사람이 완성한다. 하늘은 효제(孝悌)로 낳고, 땅은 의식(衣食)으로 기르며, 사람은 예악(禮樂)으로 완성한다. 이 세 가지는 서로 손발과 같아서 합하여 몸을 이루니 어느 하나도 없어서는 안 된다.[1]
　　천지와 사람이 삼위가 되어 덕을 이룬다.[2]

이 유기적 전체 안에서 하늘과 사람은 서로 대응하는 두 개의 주요 체계이다. 동중서는 천인(天人)을 자세하게 비교하여, 이 유기적 전체의 결합점인 '유(類)'를 찾았다. '류(類)'는 천인 사이의 유사한 구조와 본질을 의미한다. 그것은 다음과 같은 언급에서 잘 드러난다.

　　사람의 몸에는 사지(四肢)가 있고, 각 지(肢)에는 세 절(節)이 있으며, 세 곱하기 사는 십이로, 열두 절(節)이 서로 균형하여 형체를 이룬다. 하늘에는 사계절이 있고, 계절마다 세 개의 달이 있으며, 3 곱하기 4는 12로, 열두 달이 서로 이어져 해가 끝난다.[3]
　　하늘에도 기쁨과 노여움의 기운, 슬픔과 즐거움의 마음이 있어 사람과 서로 부합한다.[4]

하늘과 사람은 형태와 모습, 감정과 의지, 윤리와 도덕 등 여러 면

---

1) 『春秋繁露』「立元神」: 何謂本? 曰: 天地人, 萬物之本也. 天生之, 地養之, 人成之. 天生之以孝悌, 地養之以衣食, 人成之以禮樂, 三者相爲手足, 合以成禮, 不可一無也.

2) 『春秋繁露』「官制象天」: 天地與人, 三而成德.

3) 『春秋繁露』「官制象天」: 身有四肢, 每肢有三節, 三四十二, 十二節相持而形體立矣. 天有四時, 每一時有三月, 三四十二, 十二月相受而歲數終矣.

4) 『春秋繁露』「陰陽義」: 天亦有喜怒之氣·哀樂之心, 與人相副. 以類合之, 天人一也.

에서 유사할 뿐 아니라, 내적 요소와 속성으로 보아도 천인(天人) 모두 오행(五行)과 음양(陰陽)을 지니고 있다. 현대의 과학적 관점에서 보면, 이러한 비유는 과학적 근거가 없는 부연 해석에 불과하지만, 당시 사람들의 과학 수준에서는 매우 설득력이 있었다. 동중서 이전 학자들이 천인감응(天人感應)을 논할 때 주로 음양의 운동 변화에 근거하여 설명하였다. 그러나 음양 기운의 응집과 확산, 소장(消長)은 눈에 보이지 않는 현상이다. 반면, 동중서는 천인 사이에서 뚜렷이 눈에 보이는 결합점인 '유(類)'를 찾아내어 "유로써 합쳐 보니 천인은 일체이다."5)라는 사상을 밝혀냈다.

동중서는 '유(類)'라는 범주에서 하늘과 인간을 통일시키고, 이를 바탕으로 '천-인' 유기적 전체의 상호작용 방식인 '감(感)'을 제시하였다. 『여씨춘추』에서는 '유사함이 있으면 불러 모으고, 기운이 같으면 조화를 이루며, 소리가 비슷하면 응답한다.'라고 하였는데, 동중서는 이런 '물이류동(物以類動)' 사상을 계승 발전시켜 '천인감응(天人感應)'이라는 명제를 내놓았다.

동중서는 천인 사이의 '감(感)'이 실재하지만, 일정한 형체는 없다고 보았다. 그는 '공명(共鳴)' 현상을 예로 들며 다음과 같이 인식하였다.

이는 사물이 유사함으로 인해 움직이는 것이다. 그 움직임은 소리로 이루어졌으나 형체가 없으니, 사람이 그 움직임의 형체를 보지 못하여 스스로 울린다고 한다. 또한 서로 움직임이 형체가 없으니 자연이라고 하지만, 실제로는 자연이 아니며 그것을 일으키는 것이 있다. 사물에는 분명 그것을 움직이

<hr>

5) 『春秋繁露』「陰陽義」: 以類合之, 天人一也.

게 하는 실체가 있으나, 그것을 움직이게 하는 것은 형체가 없다.[6]

사물이 감응하는 데는 분명히 그것을 움직이게 하는 실체가 존재하지만, 그 움직임은 형체가 없다! 그렇다면 이 실재하지만 형체 없는 것은 무엇인가? 동중서는 그것이 '기(氣)'라고 보았다.

천지 사이에는 음양의 기가 있어, 늘 사람에게 서서히 스며드는 것이 마치 물이 늘 물고기에게 스며드는 것과 같다. 물과 다른 점은 보이기도 하고 보이지 않기도 하는 그 희미함이다. 그러므로 사람이 천지 사이에 자리하는 것은 마치 물고기가 물을 떠나는 것과 같다. 그 사이에는 기가 물처럼 간격 없이 퍼져 있으며, 물이 기에 비하면 진흙이 물에 비유되는 것과 같다. 천지 사이가 비어 있으면서도 실체가 있는 것처럼, 사람은 언제나 그 희미한 기 속에서 거하며, 이를 다스리는 혼란의 기운과 서로 소통하고 뒤섞인다.[7]

동중서는 천지 사이가 겉으로는 허공처럼 보이나 실제로는 음양의 기운으로 가득 차 있으며, 감응은 이 무형(無形)의 기운을 통해 발생한다고 지적하였다.

동중서는 천인 사이의 '감(感)'이 쌍방향 상호작용의 특징을 가진다고 보았다.

천인 사이가 합하여 하나가 되고, 같은 이치를 통하며, 움직여 서로 더하

---

6) 『春秋繁露』「同類相動」: 此物之以類動者也. 其動以聲而無形, 人不見其動之形, 則謂之自鳴也. 又相動無形, 則謂之自然, 其實非自然也, 有使之然者矣. 物固有實使之, 其使之無形.

7) 『春秋繁露』「天地陰陽」: 天地之間, 有陰陽之氣, 常漸人者, 若水常漸魚也. 所以異於水者, 可見與不可見耳, 其澹澹也. 然則人之居天地之間, 其猶魚之離水, 一也. 其無間若氣而淖於水. 水之比於氣也, 若泥之比於水也. 是天地之間, 若虛而實, 人常漸是澹澹之中, 而以治亂之氣, 與之流通相也.

고, 순응하여 서로 받는 것을 덕도(德道)라 한다.[8]

하늘과 사람이 합하여, 도(道)에 통하며 행동할 때, 서로 보완하고, 서로 순응하며 받아들이는 것이다. 가장 대표적인 것이 동중서의 '재이(災異)' 이론이다.

국가가 도를 잃어 망하려 할 때, 하늘이 먼저 재앙을 내려 경고하고, 스스로 반성하지 않으면 이상한 현상을 일으켜 두렵게 하며, 그래도 변하지 않으면 재앙과 망함이 이르게 된다.[9]

자연계의 변화는 인간의 행위와 연관되어 있으며, 상호 감응하는 성질을 지닌다. 동중서의 '천인감응' 사상은 인간과 자연 사이의 '상호' 작용을 긍정하며, '쌍방향적 사고 원리'를 견지하였다(丁東風, 1994). '천-인' 유기 전체에서 동중서는 인간의 특별한 지위를 매우 중시하였다. 그는 인간이 만물을 초월하여 가장 귀중하며, 아래로 만물을 길러내고 위로 천지에 참여하는 책임을 감당할 수 있다고 보았다. 그 이유는 인간이 천지와 교합(交合)하여 인의(仁義)를 실천할 수 있기 때문이다.

천지의 정기가 만물을 성장 발육하는 데 가장 귀중한 것은 사람이다. 사람은 천명(天命)을 받았기에 초월적 지위를 가진다. 만물은 질병이나 결함이 있어 인의(仁義)를 행할 수 없으나 사람만이 인의(仁義)를 행할 수 있으

---

8) 『春秋繁露』「深察名號」: 天人之際, 合而爲一. 同而通理, 動而相益, 順而相受, 謂之德道.
9) 『漢書』「董仲舒傳」: 國家將有失道之敗, 而天乃先出災害以譴告之, 不知自省, 又出怪異以警懼
   之, 尚不知變, 而傷敗乃至.

며, 만물은 천지와 조화를 이루지 못하나 사람만이 천지와 조화를 이룬다.[10]

사람이 천명(天命)을 받을 때 천으로부터 인(仁)을 받아 인(仁)이 된다. 그러므로 사람이 천의 존귀함을 받으며, 부모 형제 간의 친애와 충성, 신의, 자비, 예의, 의로움, 청렴, 겸양의 행실과 시비, 역순을 분별하는 도덕적 질서가 있으며, 문리(文理)가 밝고 두텁고 넓고 깊으며, 인도(人道)만이 하늘과 통할 수 있다.[11]

사람은 천명(天命)을 받았기에 분명히 만물과 달리 초월적이며, 안으로는 부모와 자식, 형제 간의 친밀함이 있고, 밖으로는 군신과 상하 간의 의리가 있으며, 모이고 만나면 노인과 어린이에 대한 배려가 있고, 화려한 문장으로 서로 교류하며, 은혜로 서로 사랑하는 것이 사람의 귀중함이다.[12]

이러한 언급을 통해 볼 때, 인간은 '만물 가운데 귀중'하며, '천지에 참여할 수 있는' 이유는 인간이 '인(仁)·의(義)·예(禮)·지(智)·신(信)' 등의 유교적 도덕 윤리 규범을 갖추고 있기 때문임을 알 수 있다.

인간의 독특한 지위는 인간이 자연 만물에 대해 피할 수 없는 책임을 지고 있음을 결정하며, '참여'의 역할을 충분히 발휘해야 한다. 동중서는 천이 만물을 낳았는데, 그 가운데 하늘이 이롭게 하여 인간이 이용할 수 있는 것이 있고, 또 일부는 이용할 수 없는 것이 있다고 보았다. 인간은 하늘이 이롭게 하여 사람에게 준, 이용할 수 있는 자원을 합리적으로 활용하여, 날마다 이용할 수 있도록 한다. 동시에 인간은

---

10) 『春秋繁露』「人副天數」: 天地之精所以生物者, 莫貴於人. 人受命乎天也, 故超然有以倚. 物疾莫能爲仁義, 唯人獨能爲仁義; 物疾莫能偶天地, 唯人獨能偶天地.

11) 『春秋繁露』「王道通三」: 人之受命於天也, 取仁於天而仁也. 是故人之受命天之尊, 父兄子弟之親, 有忠信慈惠之心, 有禮義廉讓之行, 有是非逆順之治, 文理燦然而厚, 積知廣大有而博, 唯人道爲可以參天.

12) 『漢書』「董仲舒傳」: 人受命於天, 固超然異於群生, 入有父子兄弟之親, 出有君臣上下之誼, 會聚相遇, 則有耆老長幼之施; 粲然有文以相接, 驩然有恩以相愛, 此人之所以貴也.

주체적 능동성을 발휘하여 이용할 수 없는 자원을 잘 기르고 적극적이고 합리적으로 보호함으로써 인간과 천지자연의 만물이 조화롭게 공존하도록 해야 한다(陳業新, 2012).

요컨대, 동중서의 '천인합일(天人合一)'론은 그의 생태 사상의 철학적 기초이다. 그는 '유(類)'를 통해 '천(天)-인(人)'을 하나로 묶고, '감(感)'과 '참(參)'을 통해 '천(天)-인(人)'을 융합하여 인간과 자연을 유기적 전체로 보고, 인간과 자연을 긴밀히 연결된 체계로 여겨, 조화롭고 통일된 의미를 부여하였다.

Ⅲ. 제약과 균형의 정치론

생태학적 관점에서 보면, 동중서의 정치사상은 상호작용하고, 서로 영향을 미치며 서로 제약하는 모습으로 나타난다, 그리고 동적(動的)으로 조절 가능한 정치 시스템을 구축하여, 정치 체계의 기능이 충분히 발휘되도록 만든다.

우선, 동중서는 '천(天)-군(君)-민(民)'이 서로 긴밀히 연결된 정치 네트워크를 설계하였다. 천자(天子)는 하늘로부터 명을 받고, 천하(天下)는 천자로부터 명을 받으며, 군주의 명령이 순종적이면 백성도 순종하며, 군주의 명령이 거역하는 것이면 백성도 거역한다.

천자는 하늘로부터 명을 받고, 제후는 천자로부터 명을 받으며, 자식은 부모에게, 신하는 군주에게, 아내는 남편에게 명을 받는다. 명을 받는 모든

자는 존귀함이 모두 하늘에 있기에, 하늘로부터 명을 받는다고 해도 좋다.[13]

수직적으로 보면, 각각의 명령 체계는 위에서 아래로 이어지는 결정의 사슬처럼 보인다. '천자'는 '하늘'로부터 그 근거를 얻고, 제후와 천하 백성은 천자로부터 그 근거를 받는다. 수평적으로 보면, 제후는 천자를 '하늘'로 여기고, 자식은 부모를, 신하는 군주를, 아내는 남편을 '하늘'로 본다. 이와 같이 확장하면, 온 천하의 정치가 긴밀하게 연결된 정치 네트워크 안에 포함될 수 있다(崔濤, 2013).

동중서가 구축한 정치 네트워크에서 '천(天)-군(君)-민(民)' 사이에는 상호 견제와 균형의 관계가 존재한다.

첫째, '천(天)-군(君)'의 관계이다. 동중서는 군주가 지닌 권력의 근원을 하늘(天)에서 비롯된다고 보았다. 이러한 '천부군권(天授君權)' 이론은 군주에게 양날의 칼과 같다. 한편으로는 군주의 권력 정당성과 권위를 명확히 해 주지만, 다른 한편으로는 최고의 군주 권력도 하늘이라는 객관적 한계에 의해 제약을 받는다. 동중서는 "성인은 하늘의 뜻을 보조하여 정치를 한다."[14]라고 하여, 천도의 질서로 군주의 정치 행위를 제한하고, 군주에게 '천도의 행위를 본보기로 삼아야 한다.'라고 요구하였다.

군주는 천도의 행위를 본보기로 삼아야 한다. 내적으로 깊이 숨겨 신성이 되며, 외적으로 넓게 살펴 밝아진다. 여러 현인을 맡아 정치에 임하며, 스스로 일에 고생하지 않으므로 존귀하며, 모든 생명을 널리 사랑하여 기쁨과 노

---

13) 『春秋繁露』「順命」: 天子受命於天, 諸侯受命於天子, 子受命於父, 臣妾受命於君, 妻受命於夫. 諸所受命者, 其尊皆天也, 雖謂受命於天亦可.
14) 『春秋繁露』「四時之副」: 聖人副天之所行以爲政.

여욺, 상벌로써 다스리지 않기 때문에 어질다.[15]

군주가 하늘의 뜻을 거역하면, 하늘은 재앙과 이변으로 경고를 내린다. 이때 군주는 반드시 정책을 바꾸어야 한다. 부역을 줄이고, 세금을 가볍게 하며, 곡식을 풀어 빈곤을 구제하는 것이 대표적 방법이다. 그렇지 않으면 하늘로부터 버림을 받게 된다. 이런 맥락에서 군주는 '해야 할 뿐만 아니라 할 수밖에 없도록' 천도의 행위를 본보기로 삼게 된다. 공자는 윤리 교육으로 군주를 제약하는 '부드러운 제약 기제'를 강조하였다. 그러나 동중서는 천으로 군주의 권력을 제약하였다. 이 기제는 '강제적 제약 기제'라 할 수 있다(曾振宇·範學輝, 1998).

둘째, '군(君)-민(民)'의 관계이다. '천-군-민'의 정치 네트워크에서 '하늘은 백성을 낳는다.'라는 '생민(生民)', 그리고 '왕을 세운다.'라는 '립왕(立王)'의 역할을 한다.

군주는 백성의 마음이며, 백성은 군주의 몸이다. 마음이 좋아하는 것을 몸이 반드시 편안히 여기고, 군주가 좋아하는 것은 백성이 반드시 따른다.[16]

군주와 백성은 본래 하나의 몸체이다. 군주와 백성의 관계에서 동중서는 특히 군주의 덕(德)을 중요하게 여겼다. 그리하여 "군주는 자기 덕을 굳게 지켜 백성에게 붙어야 한다."[17]라고 하였고, 마음을 바르게 하여 조정을 바로잡고, 조정을 바로잡아 백관을 바로잡으며, 백

---

15) 『春秋繁露』「離合根」: 爲人主者, 法天之行, 是故內深藏, 所以爲神; 外博觀, 所以爲明也; 任群賢, 所以爲受成; 乃不自勞於事, 所以爲尊也; 凡愛群生, 不以喜怒賞罰, 所以爲仁也.

16) 『春秋繁露』「爲人者天」: 君者, 民之心也; 民者, 君之體也. 心之所好, 體必安之; 君之所好, 民必從之.

17) 『春秋繁露』「保位權」: 是故爲人君者, 固守其德, 以附其民.

관을 바로잡아 만백성을 바로잡고, 만백성을 바로잡아 사방을 바로잡아야 하는 존재로 자리매김하였다. 군주가 백성을 사랑하는 것은 군주의 덕을 드러내는 일이고, 백성이 군주를 존경하는 것도 군주의 덕을 존경하는 일이다. 군주의 덕은 곧 천도의 덕이다. 이렇게 '군주의 덕'을 매개로, 군주와 백성은 '천'의 조화 아래 조화롭고 통일된 상태에 이른다.

셋째, '민(民)-천(天)'의 관계이다. 동중서의 이론 체계에서 천의(天意)는 본질적으로 민의(民意)의 화신이다. 동중서는 말하였다.

> 덕이 충분하여 백성을 편안하고 즐겁게 하는 자에게는 천이 이를 내리고, 악하여 백성을 해치는 자에게는 천이 이를 빼앗는다.[18]
>
> 정치는 반드시 백성에게 유익해야 하며, 그러므로 반드시 천으로부터 봉록을 받아야 한다. 인(仁)·의(義)·예(禮)·지(智)·신(信)이라는 오상(五常)의 도는 군주가 반드시 닦아야 할 것이다. 이 다섯 가지가 닦이고 흠이 없으면 천의 가호를 받고 귀신의 신령함을 누리며, 덕은 나라 밖까지 미쳐 만물을 포용한다.[19]

군주가 백성에 대해 취하는 태도와 행동은 하늘이 군주를 평가하는 내용이다. 백성에게 이로우면 군주는 하늘의 상을 받고, 백성에게 해가 되면 군주는 하늘의 벌을 받는다. 따라서 '하늘'이 '군주'를 제약하는 것은 결국 '백성'이 '군주'를 제약하는 것이다(宋惠昌, 2006).

이런 맥락으로 '천-군-민' 세 요소는 상호 제약하는 유기적 전체를

---

18) 『春秋繁露』「堯舜不擅移·湯武不專殺」: 其德足以安樂民者, 天予之; 其惡足以賊害民者, 天奪之.

19) 『漢書』「董仲舒傳」: 爲政而宜於民者, 固當受祿於天. 夫仁誼禮知信五常之道, 王者所當脩飭也; 五者脩飭, 故受天之祐, 而享鬼神之靈, 德施於方外, 延及群生也.

이룬다.

Ⅳ. '애물순시(愛物順時)'의 생태 경제론

'애물(愛物)'과 '순시(順時)'는 동중서(董仲舒) 생태 경제사상의 핵심 키워드이다. 동중서는 자원 보호와 자연 순응을 매우 중시하며, 경제 생산에서 천(天), 지(地), 인(人)의 관계가 조화롭고 통일을 이루도록 추구하였다.

동중서는 선진(先秦) 유가의 '인민애물(仁民愛物)' 사상을 계승하여 '범애군생(泛愛群生)'을 제기하였다. 그는 "바탕이 인민에 미치면 아래로 새와 짐승, 곤충에 이르기까지 사랑하지 않는 것이 없다. 사랑하지 않으면 어찌 인(仁)이라 할 수 있겠는가?"[20]라고 하여, 자연 만물에 대한 도덕적 관심을 '인의(仁義)'의 표현으로 명확히 보았다. 또한 사람이 자연계의 동·식물은 물론 땅과 금석에 이르기까지 은혜가 미쳐야 한다고 주장하였다.

봄에 초목에 은혜가 미치면 수목이 화려해지고 풀들이 나며, 비늘 있는 벌레에 은혜가 미치면 물고기가 커지고 고래가 보이지 않는다. 여름에 불에 은혜가 미치면 불이 사람에 순종하여 감로가 내리고, 깃털 있는 벌레에 은혜가 미치면 새가 커지고 황학이 나타나며 봉황이 날아다닌다. …… 땅에 은혜가 미치면 오곡이 익고 벼들이 흥하며, 나무 벌레에 은혜가 미치면 백성이 친밀해지고 성곽이 충실해지며 현인과 성인들 옮겨 오고 선인이 내려온다. 가을

---

20)『春秋繁露』「仁義法」: 質於愛民, 以下至於鳥獸昆蟲莫不愛. 不愛, 奚足謂仁? 仁者, 愛人之名也.

에 금석에 은혜가 미치면 서풍이 불고, 털 있는 벌레에 은혜가 미치면 주박이

커지고 기린이 온다. 겨울에 물에 은혜가 미치면 이천이 솟아나고, 갑각 벌레

에 은혜가 미치면 원토가 커지고 영구가 나온다.[21]

특히, 농업 생산 자원에 대해, 동중서는 매우 중시하였다. 그는 공자의 말을 인용하여 "산천 신령이 서서 보물을 쌓고, 기구와 도구를 제공하며, 굽고 곧은 것이 합쳐져 큰 것은 궁실, 누대, 정자를 이루고 작은 것은 배, 수레, 노 등이 된다."[22]라고 하여, 산천이 인간 생활 자원으로서 생산의 과정에서 중요한 공급자임을 인식하고, 이를 '인인·지사(仁人·志士)'에 비유하였다.

또한, 동중서는 '봄철에는 나무를 베지 말고, 여름철에는 불을 함부로 피우지 말라!'라고 주장하며, 임목(林木) 자원을 보호하였다. 그는 가뭄과 비가 오지 않는 현상이 무분별한 산림 벌채와 관련 있다고 보고, 봄 가뭄에 비가 내리지 않을 때는 현과 읍에서 날마다 사직과 산천에 제사를 지내게 하고, 가정에서는 집 문 앞에 제사를 올리며, 명목을 베지 말고 산림을 베지 말라고 하여, 산림과 명목을 잘 보호해야 풍년과 비가 순조롭게 되어 '봄 가뭄'과 같은 농업 생산에 영향을 주는 자연재해를 막을 수 있다고 보았다.

생태적 관점에서 동중서의 '애물(愛物)'은 '산림' 자원, '수산' 자원, '토지' 자원의 보호를 뜻한다. 그 목적은 자연 자원을 합리적이고 지속 가능하게 이용하여, 백성이 풍족한 식량과 용도, 이익을 누리

---

21) 『春秋繁露』「五行逆順」: 恩及草木, 則樹木華美, 而朱草生; 恩及鱗蟲, 則魚大爲, 鯨不見. 恩及於火, 則火順人而甘露降; 恩及羽蟲, 則飛鳥大爲, 黃鵠出見, 鳳凰翔. …… 恩及於土, 則五穀成, 而嘉禾同. 恩及蟲, 則百姓親附, 城郭充實, 賢聖皆遷, 仙人降. 恩及於金石, 則涼風出; 恩及於毛蟲, 則走獸大爲, 麒麟至. 恩及於水, 則豐醴泉出; 恩及介蟲, 則黿龜大爲.

22) 『春秋繁露』「山川頌」: 山川神只立, 寶藏殖, 器用資, 曲直合, 大者可以爲宮室台榭, 小者可以爲舟輿浮灄.

게 하는 데 있다. 현대적 표현으로는 '지속 가능한 발전(sustainable development)'을 실현하는 사업이다.

동중서는 경제 생산에서 자원을 보호하는 동시에 '자연에 순응해야 한다.'라고 보았다. 그는 계절의 리듬이 초월할 수 없는 것임을 매우 중시하였다.

> 천지의 이치는 동방의 중천에 이르러 크게 생육하고, 서방의 중천에 이르러 크게 성숙한다.[23]

춘분이 되면 만물이 자라고, 추분이 되면 만물이 성숙한다며 "때를 어기지 않는 것이 천지의 도(道)이다."[24]라고 하였다. 이는 봄에 태어나고, 여름에 자라며, 가을에 거두고, 겨울에 저장하는 것이 천시를 맞아 잃지 않는 천지의 도임을 뜻한다. 그리하여 "때가 맞으면 해가 좋고, 때를 어기면 해가 나쁘다."[25]라고 하였다. 동중서는 바로 '때'를 통해 인간과 자연을 연결시키고, 통치자는 천지의 도에 순응하여 때를 지키고, 때에 따르며, 백성의 때를 빼앗지 말아야 한다고 지적하였다.

통치자가 조세를 무절제하게 거두어 백성의 재물을 빼앗고, 부역을 과다하게 부과하여 백성의 농사짓는 때를 빼앗으며, 일하는데 끝이 없어 백성의 이익을 빼앗으면, 곡식이 제대로 자라지 못하고, 곡식이 제대로 결실하지 못하면, 무성한 나무가 마르고 시드는 등, 농업이 흉작이 되거나 흉년이 발생할 뿐 아니라 백성의 반란까지 초래한다고 하였다. 그는 초나라 영왕(靈王)을 예로 들며, 영왕이 건계(乾溪)의

---

23) 『春秋繁露』「循天之道」: 天地之經, 至東方之中而所生大養, 至西方之中而所養大成.
24) 『春秋繁露』「循天之道」: 時無不時者, 天地之道也.
25) 『春秋繁露』「王道通三」: 時則歲美, 不時則歲惡.

대(臺)를 짓기 시작했으나 3년간 완성하지 못해 백성이 지치고 곤궁해져 결국 반란이 일어났으며, 영왕 자신도 죽임을 당했다고 하였다.

그러므로 동중서의 '애물(愛物)'과 '순시(順時)' 주장은 경제적으로는 농업의 풍년을 보장하여 국가의 물질적 부를 축적할 수 있고, 생태적으로는 '농업 생태 경제 시스템'의 기능을 안정시켜 농산물 생산량 증가를 뒷받침할 수 있다. 정치적으로는 백성의 최소한 생활을 보장함으로써 궁극적으로 통치자의 통치를 강화할 수 있다.

V. 결어

이상에서 본 것처럼, 동중서는 '천인합일(天人合一)'을 중시하며, '인간과 자연'을 '유기적 전체'로 보았다. 그는 '제약과 균형'을 강조하며, '하늘[天]-군주[君]-백성[民]'을 하나의 동적이고 조화로운 정치적 네트워크로 구성하려고 시도했다. '만물을 사랑하고 시기에 따라 행동한다.'라는 '애물순시(愛物順時)'를 주장하면서, '천(天)·지(地)·인(人)'의 조화로운 통일을 추구하는 경제관을 제시하였다.

이러한 동중서의 생태 사상을 심층적으로 연구하는 작업은, 사회주의 생태 문명을 건설하고 지속 가능한 발전을 실현하는 데 분명한 시사점을 제공한다. 미래 발전의 길을 더욱 현명하게 선택하도록 지시하고, 오늘날 중국과 세계의 생태 문제 해결을 위한 이론적·현실적 교훈을 제공할 수 있다.

'의리관(義利觀)'; 고등교육기관의 '심리건강교육'에 주는 시사점

안구이링(安桂玲)

I. 서언

현재, 중국의 대학에서는 일반적으로 '심리건강교육' 과목을 개설하고 있다. 그러나 대학생들에게 점점 뚜렷하게 나타나는, '의(義)'와 '리(利)'의 충돌 문제를 효과적으로 해결하지는 못하고 있다. 이에 사고의 폭을 넓혀, 중국의 전통문화 속에서 그 해답을 찾을 필요가 있다. 특히, 동중서의 '의리관'과 관련하여 탐구한 전문가 및 학자들의 연구 성과는 대학의 '심리건강교육'에 의미 있는 자료로 참고할 수 있다.

예를 들어, 자오위링(趙玉玲, 2016)의 경우, 동중서의 의리관(義利觀)이 '이익(利益)과 도의(道義)를 잘 조화시켰다.'라고 보았다. 그리고 천산방(陳山榜, 2018)의 경우, 올바른 의리관은 이익을 중시하면서도 도의를 가볍게 여기지 않아야 하며, '이익을 보면 도의를 생각하고, 도의를 이익으로 삼아야 한다. 결코 이익만을 추구해서는 안 되며, 이익을 보면 도의를 잊어서는 안 된다.'라고 강조하였다. 또한 웨이원화(魏文華, 2007)는 동중서의 의리관이 '추악한 인생관과 가치관에 대해 강력한 경고 기능을 한다.'라고 평가하였다.

이러한 연구들은 대학생들이 자아의식을 강화하고, 인격 구조를 완성하며, 올바른 세계관·인생관·가치관을 확립하는 데 실질적인 도움을 줄 수 있다. 대학생 심리건강교육은 반드시 중국의 우수한 전통문화와 융합되어야 하고, 그래야만 문제의 본질을 정확히 겨냥하고, 근본적으로 해결할 수 있다.

Ⅱ. '의리관(義利觀)'의 핵심 의미

동중서는 '의(義)와 리(利)'에 관해 매우 중시하는 사유를 드러냈다. 그의 주요 저서인 『춘추번로』에는 '의(義)' 자가 총 248회 등장하는데, '인의(仁義)'라는 표현이 함께 쓰인 경우는 17회이다. '이(利)' 자도 56회나 나타난다. 이러한 동중서의 의리관(義利觀)은 주로 세 가지 측면으로 구성된다. 첫째는 '의리양양(義利兩養)'이고, 줄째는 '의중어리(義重於利)'이며, 셋째는 '이의정아(以義正我)'이다.

1. 의리양양(義利兩養)

동중서는 "하늘이 사람을 낳을 때, 사람에게 의(義)와 리(利)를 주었다."[1)]라고 인식하였다. 하늘이 사람을 창조할 때, '의'와 '리', 두 가지 측면을 모두 갖추게 하였으며, 어느 하나도 결여되어서는 안 된다. '의'는 마음을 기르는 데 사용되며 주로 정신적 필요를 뜻한다. 그러기

---

1) 『春秋繁露』「身之養重於義」: 天之生人也, 使人生義與利.

에 '의'가 없으면 심리적으로 행복할 수 없다. '리'는 개인의 생존에 필요한 것을 충족시키는 데 사용되며, 주로 물질적 요구를 가리킨다. 그러기에 '리'가 없으면 몸이 편안할 수 없다. '의'와 '리'를 동시에 추구하는 일은 하늘이 사람에게 부여한 두 가지 본능으로, '의'를 추구하는 사람은 '마음'을 기르는 데 중점을 두고, '리'를 추구하는 사람은 '몸'을 기르는 데 중점을 둔다. 동중서는 강조하였다.

> 마음이 의(義)를 얻지 못하면 즐거울 수 없고, 몸이 리(利)를 얻지 못하면 편안할 수 없다.[2]

이는 '의'와 '리'가 사람에게 미치는, 서로 다른 작용과 의미를 직관적으로 설명한 언표이다. 의(義)는 중국 전통문화에서 매우 엄숙한 글자로, '인(仁)', '도(道)', '신(信)' 등과 함께 자주 사용된다. 예를 들어, '인의(仁義)', '도의(道義)', '신의(信義)'와 같은 말들이 있다. 인간과 동물이 물질적이고 생리적인 필요의 측면에서 근본적 차이가 없다면, 의(義)는 인간이 인간인 이유의 가장 본질적 특성으로, 인간과 동물을 구분하는 핵심 개념이다. 공자와 맹자가 단순히 의(義)를 도덕 원칙으로 본 것과 달리, 동중서는 의(義)가 포함하는 도덕 원칙이 물질적 이익과 대비되는, 꼭 필요한 정신적 요구의 총칭이라고 보았다. 마찬가지로, 동중서는 이(利)를 개인적 이익이 아니라 인간에게 없어서는 안 될 물질적 이익이라고 여겼다(陳昇, 2016).

현대인의 시각에서 볼 때, 동중서의 '의리양양(義利兩養)'의 관점은 '객관성(客觀性)'과 '전향성(轉向性)'을 모두 지니고 있다.

---

2)『春秋繁露』「身之養重於義」: 心不得義, 不能樂; 體不得利, 不能安.

'객관성'은 동중서가 여러 사상가, 특히 선진(先秦) 시대의 공자·맹자·순자의 의리(義利) 개념을 계승하고, 자신의 의리관(義利觀)을 형성한 데서 나타난다(秦進才, 2023). 동중서는 인간에게 '의'와 '리'라는 두 가지 필요가 있음을 인정하며, 이는 인간의 생존과 사회 발전을 위한 물질적 전제 조건이라고 보았다. 배가 고프고, 옷이 따뜻하지 못하며, 위에는 한 장의 기와도 덮지 못하고, 아래에는 몸을 뉠 곳조차 없으며, 생존 자체가 문제인 상황에서, 곡식 창고까지 비어 있으면, 예절을 알기 어렵다. 이 때문에, 적절히 이익을 추구하는 것은 무리가 아니다.

인류의 정신문명은 순수하게 물질과 무관한 활동이 아니다. 물질문명은 정신문명에 물질적 조건을 제공한다. 공자가 제자 자로(子路)에게 나라를 다스리는 법을 가르칠 때도 '서(庶)'에서 '부(富)'를 거쳐 '교(敎)'에 이르는 과정을 따랐다. 먼저, '리(利)'라는 물질적 기초가 있고, 그 다음에 교화를 통해 '의(義)'의 경지에 도달하는 것이다.

심리학자 에이브러햄 메슬로우(A. H. Maslow)의 '욕구 단계 이론'은 동중서의 '의리양양(義利兩養)'의 관점이 어떤 차원에서 타당성이 있는지를 잘 보여준다. 매슬로우는 인간의 욕구를 피라미드 형태의 다섯 단계로 구분하였다. 아래에서 위로 차례를 정돈하면 다음과 같다.

첫 번째는 '생리적 욕구'이다. 이는 인간의 본능적이고 피할 수 없는 가장 기본적 욕구로서, 먹고, 입고, 살고, 치료받는 것 등을 포함한다. 이는 동중서가 말한 '리(利)로써 그 몸(體)을 기른다.'라는 것과 같으며, 그것이 충족되지 않으면 생명에 위협이 된다.

두 번째는 '안전의 욕구'이다. 이는 생명 안전, 직업 안전, 안정성, 무재해, 미래 보장 등으로 구성되며, 이 또한 물질적 기반이 보장되어야 한다.

세 번째는 '사회적 욕구'이다. 이는 개인이 가족, 단체, 친구, 동료로부터 관심과 이해를 받고자 하는 욕구로서, 친정(親情), 우정(友情), 애정(愛情) 등 감정적 욕구를 의미한다. 이러한 욕구에는 정신적 요소가 포함되어 있지만, 여전히 물질적 기반이 필요하다. 중국 속담에 '빈천한 부부는 온갖 근심이 있다.'라고 하듯이, 적절한 이익이 뒷받침 되지 않으면, 가족이라는 틀 안의 기본 구조가 언제든 무너질 수 있고, 그로부터 파생되는 다른 정서적 귀속감 또한 충족되기 어렵다.

네 번째는 '존중받을 욕구'이다. 이는 자존심(自尊心)이든 타인으로부터 받는 존중이든, 두 가지 형태로 실현된다. 그것은 얼마나 많은 물질적 재부와 정신적 재부를 창출했느냐에 달려 있다.

다섯 번째는 '자기실현의 욕구'이다. 이 고차원적 욕구의 충족은 자신의 가치를 표현할 기회를 요구하는 것뿐 아니라, 존경받는 사회적 가치를 창출하는 것도 포함한다. 즉, '이익'으로 자신의 '몸'을 기를 뿐만 아니라, 더 많은 사람의 '몸'을 기를 수 있어야 하며, '의리'로 자기 마음을 기를 뿐만 아니라 더 많은 사람들이 '의'의 행렬에 참여하도록 이끌어야 한다.

의리양양(義利兩養)의 전향성은 동중서의 의리관(義利觀)이 '사리(私利)'에서 의(義), 즉 '공리(公利)'로 상승한다는 데서 드러난다. 이는 어떤 면에서 사회 발전의 추세와 정확히 부합한다. 사회 발전의 흐름에 따르면, 원시사회에서부터 미래의 공산주의 사회에 이르기까지, 마지막 공산주의의 핵심은 의심할 바 없이 '공산(共産)'이다. 여기에서 '산(産)'이 바로 '리(利)'라면, '공산(共産)'은 개인의 '사리'가 아니라 천하의 '공리'이며, 필요에 따라 분배되고, 천하대동(天下大同)이 실현된다. 사람들의 사상 또한 대의무사(大義無私)의 경지에 도달할 것이다.

동중서는 의리양양(義利兩養)을 강조하였으나, 그 중점은 달랐다. 의(義)는 주로 군주(君主)를 위한 것이고, 리(利)는 주로 백성(百姓)을 위한 것이다. 동중서는 강조하였다.

> 백성을 굽히고 군주를 펼치며, 군주를 굽히고 하늘을 펼친다.[3]

이 견해는 사실상 백성을 사랑하는 초심(初心)을 크게 반영한 것이다. '민심(民心)은 곧 천심(天心)'이며, 봉건 군주 시대에는 군주에게 '천자(天子)'라는 높은 명분을 주어 천하에서 내려오는 상서(祥瑞)나 재난과 재앙을 경고함으로써, 스스로 제약하고 반성하게 하여, 백성에게 이롭게 하는 목적을 달성할 수 있었다.

동시에 동중서는 '천자(天子), 귀족(貴族), 관리(官吏) 등 권력자들이 백성과 이익을 다투어서는 안 된다!'라고 여러 차례 강조했는데, 이는 백성에 대한 최대의 보호 장치였다. 동중서는 몸소 모범을 보여 "두 나라의 재상으로 있을 때, …… 자리에서 물러나 집으로 돌아간 후에도 집안의 재산에 전혀 신경 쓰지 않고, 학문을 닦으며 저술하는 일에 힘썼다.[4]" 이는 자연스럽게 공자가 추구한 "군자는 궁핍하더라도 뜻을 굽히지 않으나, 소인은 궁핍하면 저속해진다."[5]라는 말을 떠올리게 한다. 군주에게 의(義)를 강조하는 것은, 사실 백성에게 이익을 주어 많은 평민이 더욱 잘 살아갈 수 있도록 하기 위한 사고이다.

---

3)『春秋繁露』「玉杯」: 屈民而伸君, 屈君而伸天.
4)『漢書』「董仲舒傳」: 凡相兩國. …… 及去位歸居, 終不問家產業, 以修學著書爲事.
5)『論語』「衛靈公」: 君子固窮, 小人窮斯濫矣.

2. 의중어리(義重於利)

‘의리(義利)’와 관련하여, 동중서는 그 관계를 다음과 같이 요약하였다.

> 의(義)는 마음을 기르는 것이고, 리(利)는 몸을 기르는 것이다. ‘의’로 마음을 기르는 것이 ‘리’로 몸을 기르는 것보다 크다.[6]

의리(義利)를 앞에 두고 보면, 의(義)가 리(利)보다 무겁다. 이익만 보고 도의를 잊거나, 오로지 이익을 탐하며 이기적으로 행동하는 것은, 동중서가 의도한 사유가 아니다. 오직 타인을 이롭게 하는 데 능숙해야 의(義)의 모범이 될 수 있다. ‘의’가 크고 ‘리’가 거의 없는 사람들, 예를 들면, 증삼(曾參)이나 민손(閔損) 등은 모두 공자의 뛰어난 제자들이었다. 하지만 이들은 ‘이익’의 측면에서는 충분하지 않았지만, 몸과 마음을 청렴하게 지키며 그 안에서 즐거움을 찾았다. 반면, 물질적으로 풍부하지만 ‘의’가 전혀 없는 사람들은, 죄악이 깊고 재앙이 무겁다고 하며, 곧 죽음을 맞거나 상처와 근심에 시달리게 되어 평생 행복할 수 없다.

동중서가 의(義)를 리(利)보다 중시한 이유는, 의를 행하는 것이 매우 어렵기 때문이다.

> 사람의 본성은 모두 ‘의’를 좋아하지만, ‘의’를 행하지 못하는 것은 ‘리’에 의해 망가졌기 때문이다.[7]

---

6)『春秋繁露』「身之養重於義」: 義者, 心之養也; 利者, 體之養也. 義之養生, 人大於利.
7)『春秋繁露』「玉英」: 凡人之性莫不善義, 然而不能義者, 利敗之也.

사람들은 도의(道義)를 좋아하지만, 의를 행하지 못하는 것은 명리
(名利)의 속박을 받기 때문이다. 사람이 도의를 잊고 이익을 좇으며,
이치를 버리고 사리를 따르면, 자신을 해치고 집안을 재앙에 빠뜨리
게 된다.[8] 동중서는 교화를 통해 사람들의 의리관(義利觀)을 명확히
할 것을 주장하였다.

> 어진 사람은 그 도(道)를 바로잡으며 이익을 꾀하지 않고, 이치를 닦으며
>
> 공로를 따지지 않는다.[9]

사람들에게 바른 도리를 따르며 사사로운 이익을 구하지 않고, 공
로를 급히 바라지 않으며, '의'와 '리' 두 동기가 충돌하거나 '물고기와
곰의 발'을 모두 얻을 수 없을 때, '의'를 선택할 수 있도록 교육해야 한
다. 이 관점은 오늘날 일부 개인이 오로지 이익만을 좇는 인생관과 가
치관에 대해 의미 있는 마음의 교정 역할을 하고 있다.

3. 이의정아(以義正我)

동중서는 『춘추』가 다루는 것이 '남과 나', 즉 '자아와 타자'의 인간
관계라고 보았다.[10] 그는 "인(仁)으로 다른 사람을 편안하게 하고, 의
(義)로 나를 바로잡는다."[11]라고 강조하였다. 인(仁)은 타인을 위한 것
으로 타인을 안정시키는 데 쓰이며, 의(義)는 자신을 위한 것으로 자
신을 바로잡는 데 쓰인다. 이 관점은 역대 유학자들의 존중을 받았으

---

8) 『春秋繁露』「身之養重於義」: 忘義而徇利, 去理而走邪, 則賊其身而禍其家.
9) 『春秋繁露』「對膠西王越大夫不得爲仁」: 仁人者, 正其道不謀其利, 修其理不計其功.
10) 『春秋繁露』「仁義法」: 春秋之所治, 人與我也.
11) 『春秋繁露』「仁義法」: 以仁安人, 以義正我.

며, 인간성에 대한 하나의 도전이기도 하다. 일반적으로 사람은 밖으로 사랑을 구하며, 다른 사람을 의식하거나 남을 잣대로 재어보는 습관이 있다. 하지만, '의'는 나를 바로잡는 일로, 인간의 가치 지향에서 혁신적 사유를 보여준다.

진(晉)나라 영공(靈公)의 경우, 자신을 사랑하여 식사를 개선하려고 요리사를 죽이고, 자신만 사랑할 뿐 남을 사랑하지 않아 인(仁)이라 할 수 없다. 진정한 인(仁)은 남을 사랑할 뿐 아니라 모든 생명체, 새와 짐승, 곤충까지도 상처 주지 않으려 한다. 동중서는 의(義)가 남을 바로잡는 데 쓰이는 것이 아니라 자신을 바로잡는 데 쓰인다고 여러 번 강조하였다. 초(楚)나라 영왕(靈王)이 '진채(陳蔡)의 적'을 토벌하고, 제(齊)나라 환공(桓公)이 '원도(袁濤)의 죄'를 다스리며, 합려(闔廬)가 '초채(楚蔡)의 난'을 바로잡았다. 그러나 『춘추』는 이런 사건들을 의(義)로 보지 않았다. 오히려 노자(潞子)는 제후를 바로잡지는 못했으나 스스로 바로잡았기에 『춘추』에서 인정을 받았다. "스스로 책임을 엄격히 하면서 다른 사람은 가볍게 책망한다."[12]라는 말처럼, 자기의 잘못을 엄격히 자책하는 것은 지혜롭지만, 타인을 책망하는 것은 어리석다. 인(仁)과 의(義)의 대상이 명확하지 않으면, 인간관계는 반드시 혼란에 빠지고 사회 안정도 훼손될 것이다.

혼란한 상황이 발생하는 일을 방지하고, 봉건 통치 권력과 국가의 안정을 유지하기 위해, 동중서는 통치자들에게 자신에게 '인'을 베풀고 남에게 '의'를 적용하는 사회 분위기를 경계할 것을 당부하였다. 인(仁)과 의(義)라는 두 가지 도덕규범의 관계에서, 남에게는 더 많은 사랑을 베풀고 자신에게는 엄격한 요구를 해야 한다.

---

12) 『論語』「衛靈公」: 躬自厚而薄責於人.

인은 멀리 보고, 의는 가까이 본다![13)

동중서의 이 말은 자신에게 엄격할수록 의(義)에 더욱 가까워질 수
있다는 선언이다.

Ⅲ. 대학생 '심리건강' 문제 현황 분석

중국 정부의 교육과정에 따라, 현재 대부분의 대학에서는 1학년 2
학기에 대학생 심리건강 교육과정을 개설하고 있다. 이에 학생들의
심리건강 8대 기준에 따라 자가 진단을 실시하였는데, 80%의 대학생
이 자신을 긍정적으로 인식하고 있으며, 그 주요 특징은 다음과 같다.
첫째, 지능이 정상이고 타인을 수용할 수 있으며 환경에 적응한다.
둘째, 자기 자신을 인식하고 수용한다.
셋째, 건전한 인격을 지니고 심리적 행동이 연령 특성에 부합한다.
넷째, 조화로운 대인관계와 강한 정서 조절 능력을 보유하며 사회
적 역할에 부합하는 행동을 한다.
그러나 최근 대학생의 심리건강 문제는 점차 심각한 상황을 드러
낸다. 석가장공상직업대학[石家莊工商職業學院]의 재학생 5,817명
을 대상으로 설문조사를 실시한 결과, 31.9%의 학생이 다양한 심리
문제를 가지고 있었다(孫婷·李欠文·齊紅煜, 2024). 중국 인민대학교
[人民大學]의 2022년 연구에 따르면, 중국 대학생 심리건강 문제의
총검출률은 18.9%이다(袁一雪, 2024).

---

13) 『春秋繁露』「仁義法」: 仁大遠, 義大近.

이러한 연구 결과와 다년간 심리건강교육에 종사한 실무 경험을 바탕으로 정돈해 볼 때, 동중서의 의리관(義利觀)에 토대하여 대학생 심리건강 문제를 다음과 같이 요약할 수 있다.

1. 이익에 대해 말하는 것을 부끄러워 한다

공자는 이렇게 말하였다. "군자는 의(義)를 깨닫고, 소인은 리(利)를 꾀한다."[14] 군자는 대의명분을 중시하고, 소인은 작은 이익만을 좇는다. 소인이 개인의 이익을 추구하는 것과 달리, 군자는 먼저 자신의 이득이 '의'에 부합하는지를 고려하고, '의'를 원칙으로 삼아 자신의 행동을 규범화한다. 일부 대학생들은 유가의 의리 사상에 대한 인식이 부족하여, 이익을 언급하는 것이 성현(聖賢)의 수양 기준에 어긋난다고 오해하며, 사심 없이 헌신하고 공익을 위하는 사람만이 인간의 본보기가 된다고 생각한다. 이 때문에 장학금 심사, 학자금 지원 신청, 우수 학생 선정 등에서 조건이 충분히 충족되었는데도 불구하고, 일부 대학생들은 이익을 말하기를 부끄러워하여 신청을 포기하기도 한다. 평가자가 구체적 상황을 세심하게 살피지 않고 공정하게 판단하지 않는다면, 이러한 학생들의 정당한 권익이 침해될 수 있다.

2. 명예와 이익을 모두 추구한다

이익을 말하기 부끄러워하는 유형과는 반대로, 일부 이기주의자들은 명예와 이익을 모두 얻으려는 유형에 속하며, 물고기와 곰 발바닥을 모두 얻고 싶어 한다. 이들은 인격 구조에서 이타적 요소가 부족하고, 공리주의 또는 이기주의, 그리고 이익을 중시하고 정의를 경시하

---

14) 『論語』「裏仁」: 君子喻於義, 小人喻於利.

는 성향을 보인다(奉安寧·洪志亮, 2021). 모든 일에서 자기를 중심에 두고, 타인의 감정을 고려하지 않는다. 일부 대학생들은 좋은 성적을 원하면서도 노력하기를 꺼리고, 일부 학생 간부들은 명예를 원하면서도 더욱 많은 업무를 맡으려 하지 않는다. 이들은 유리한 일이면 앞장서지만, 일이 잘못되면 책임을 회피하려 하며, 조금이라도 책임을 질까 두려워한다. 첸리췬(錢理群, 2015)은 다음과 같이 말했다. 이들은 지능이 높고, 세속적이며, 노련하고, 연기를 잘하며, 협력하는 척하면서도, 체제를 이용하여 자신의 목적을 달성할 줄 안다. 이런 사람이 권력을 잡으면, 일반적으로 부패한 관리보다 훨씬 큰 해악을 끼친다.

3. 의(義)로 타인을 바로 잡다

대학생 심리건강교육 수업에서 공통적으로 관찰되는 현상 가운데 하나는 많은 학생들이 도덕적 잣대를 타인에게는 엄격하게 적용하면서 자신에게는 관대하다는 것이다. 다년간의 강의 경험에 비추어 볼 때, 학생들에게 '당신이 가장 싫어하는 사람'의 장점을 15가지 나열해 보도록 지도하였다. 이 방법은 학생들이 타인을 판단하는 시각에서 벗어나 이해와 수용의 관점으로 전환하게 만들고, 나아가 자기 성찰을 유도하며, 궁극적으로는 자아 수용을 실현하고 대인관계의 조화를 증진하는 데 도움을 준다.

IV. '의리관'이 대학 심리건강교육에 주는 시사점

문화는 바람과 같아 구멍이 없어도 스며들며, 각 개인의 내면에 깊은 영향을 미친다. 동중서의 의리관은 중국 전통문화의 정수(精髓)로서 시대성을 지닌 교육적 가치를 담고 있다. 그가 주장한 '의리양양(義利兩養)', '의중어리(義重於利)', '이의정아(以義正我)' 등의 사상은 대학생 심리건강교육에 뚜렷한 방향성을 제공하며, 대학생의 심리건강 수준을 효과적으로 제고할 수 있는 동시에, 교과서 속의 사상 교육을 실질적으로 실현하는 핵심 고리이기도 하다. 이는 대학생이 올바른 세계관, 인생관, 가치관을 확립하는 데 도움을 준다. 실제로 심리학 지식과 기술 훈련만으로는 세계관 혼란에서 비롯된 심리 문제를 근본적으로 해결하기 어렵다. 오직 중국의 우수한 전통문화 속에 담긴 철학 사상을 깊이 있게 발굴하고, 인지적 차원에서 대학생의 심리적 혼란을 해결하며, 그들이 높은 인생 목표를 세우고 너그럽고 낙관적인 삶의 태도를 형성할 수 있도록 돕는 것이야말로, 심리건강교육의 실효성을 높이는 길이다(郭楠, 2023).

1. 동중서의 '의리양양(義利兩養)' 사상은 대학생들이 이익을 말하기 부끄러워하는 걱정을 해소하는 데 도움이 된다

동중서는 "이익으로써 몸을 기르고, 의리로써 마음을 기른다."[15]라고 하여, 인간의 전인적 발달에는 의리 양면의 양육이 필요함을 깊이 있게 밝혀냈다. 대학생에게서 기본적 생활 욕구의 충족은 학업과 노력의 전제가 된다. 이를 위해 국가는 학자금 대출, 장학금 등 다채로운 맞춤형 지원 정책을 시행하고 있으며, 근로 장학제도 등 다양한 방식으로 경제적으로 어려운 대학생들의 생활 부담을 덜어주고 있다. 또한 각종 보조금과 우수 장학금은 어려운 처지의 학생들에 대한 관심과 지지를

---

15) 『春秋繁露』「身之養重於義」: 體莫貴於心, 養莫重於義.

보여주는 것이며, 그들의 기본적·물질적 필요를 보장함으로써, 학업에 더욱 정진하고 적극적으로 삶에 임하도록 격려한다.

공자가 말한 "이익을 보거든 의리를 생각하라!"[16]와 맹자가 주장한 "생명을 버리고 의를 택하라!"[17]는 언표는, 특정 상황에서의 도덕적 선택을 강조한다. 하지만, 대학생들이 근로 장학금이나 아르바이트를 통해 생활과 학습 여건을 개선하는 일과 같은 것을 배제하지 않는다. 이러한 실천 활동은 경제적 부담을 완화하는 데 도움이 될 뿐만 아니라, 사회 경험을 쌓고 자기 가치를 높이는 데도 기여한다. 마찬가지로, 대학생들이 열심히 공부하고 학교 활동에 참여하여 명예를 얻는 것도 정당하며 격려할 만하다. 따라서 대학생들은 물질적·정신적 두 측면의 풍요를 추구하는 과정에서 동중서의 '의리양양(義利兩養)' 사상을 올바르게 이해하고 실천하여, 이익을 말하는 것을 부끄러워하는 마음을 극복하고 전인적 발전을 이룰 수 있어야 한다.

2. '의중어리(義重於利)' 사상은 대학생들의 명예와 이익을 모두 추구함에 따른 탐욕을 바로잡는 데 도움이 된다

동중서가 제시한, '의(義)보다 무거운 것이 없다.'라는 관점은 이미 도덕 범주에 깊이 뿌리내려져 있다. 학생 활동 분야에서 일부 학생들이 '명(名)'과 '리(利)'를 모두 추구하는 현상이 존재한다. 이러한 문제의 핵심은 대학생들이 타인과 집단을 위해 더 많이 기여하도록 인도하여 폭넓은 인정을 받게 하는 데 있다. 동중서가 주장한 '의가 리보다 무겁다.'라는 사유는 이익 앞에서 도의를 우선해야 함을 강조한다.

2014년 11월, 시진핑 주석은 "올바른 의리관(義利觀)을 견지하고,

---

16) 『論語』「憲問」: 見利思義.
17) 『孟子』「告子」: 舍生而取義.

의와 리를 겸비하며, 신의를 중시하고, 정의를 귀하게 여기며, 정의를 실천하고, 도의를 세워야 한다.”라고 강조했다. 여기서 ‘신의를 중시한다’는 것은 정직과 신뢰를 중시하는 것으로, 성실함이 기반이 되어야 하며, 신의가 결여되면 행동 예측이 어렵다는 말이다. ‘정의를 귀하게 여긴다’는 것은 감정과 도의를 중요하게 여기는 것으로, 이는 인간과 인간, 인간과 사물 간 관계를 유지하는 연결고리이며, 친밀한 감정, 우정, 애정이 사회 구조의 견고한 기반을 이룬다는 의미이다. ‘정의를 실천한다’는 것은 공정하고 공평함을 옹호하는 일로, 각자가 스스로부터 시작해 옳고 그름을 분별하고 공공의 도리를 지키며, 자기가 원하지 않는 것을 남에게 행하지 말아야 한다는 뜻이다. ‘도의를 세운다’는 것은 도덕적 본보기를 세우는 일로, 군자는 해야 할 일과 하지 말아야 할 일을 명확히 인식해야 한다는 원칙을 뜻한다.

3. 동중서의 ‘이의정아(以義正我)’ 사상은 대학생들이 ‘이의정인(以義正人)’의 편향을 바로잡는 데 유익하다

여러 연구와 교육 실천의 과정에서 볼 때, 대학생들이 직면한 가장 큰 심리적 고민은 대인관계, 특히 룸메이트 관계에서 비롯된다. 일부 대학생들은 교류 과정에서 지나치게 자기중심적이며, 자신의 욕구와 이익에만 집중하고 타인의 감정을 거의 고려하지 않는다. 예를 들어, 일부 학생들은 밤늦게까지 깨어 책을 읽거나 게임을 하거나 대화를 하며 타인의 삶에 피해를 준다. 이런 행동으로 인해 빛 공해와 소음이 룸메이트를 심각하게 방해하여 정상적인 수면을 어렵게 만든다. 룸메이트가 이의를 제기할 때, 이 학생들은 타인의 고통을 공감하거나 입장을 바꿔 생각하는 의식이 부족하며, 심지어 룸메이트가 지나치게 까

다롭다고 생각하기도 한다. 또한, 기숙사 공용 공간 사용에서도 일부 대학생은 룸메이트의 동의 없이 개인 물품을 무단으로 두어 공용 공간을 좁고 어지럽게 만들고, 다른 사람의 정상적인 사용에 지장을 준다. 룸메이트가 불만을 표현해도, 이 학생들은 자신이 공간을 합리적으로 이용하고 있을 뿐이라고 여기며 자신의 행동이 타인의 권리를 침해한다는 인식이 전혀 없다. 이러한 행동은 엄격하게 자신을 다스리고 너그럽게 타인을 대하는 태도를 지키지 못한 사례이다. 아울러 대인관계에서는 자신이 유익하다고 생각하는 일이라도 무조건 타인에게 강요해서는 안 되며, 상대방의 필요를 고려해야 한다. 동중서는 "'인'의 법칙은 사람을 사랑하는데 있고, 나를 사랑하는 데 있지 않다. '의'의 법칙은 나를 바르게 하는 데 있고, 남을 바르게 하는 데 있지 않다."[18]라고 하였다. 이는 대학생들이 자신이 정한 도덕 기준으로 타인을 평가하기보다는 자기 절제와 반성을 더 많이 해야 함을 시사한다.

V. 결어

현대 대학생들의 심리건강 문제가 점점 두드러지는 상황에서, 동중서의 의리관(義利觀)이 대학 심리건강교육에 주는 시사점을 심도 있게 탐구해 보았다. 동중서의 '의리양양(義利兩養)' 사상은 대학생들이 이익을 말하기 부끄러워하는 심리를 해소하는 데 도움을 주어, 물질적·정신적 이중의 풍요를 추구하는 과정에서 전인적 성장을 이룰 수 있도록 한다. '의중어리(義重於利)'의 사상은 대학생들의 명예와 이익

---

18) 『春秋繁露』「仁義法」: 仁之法, 在愛人, 不在愛我; 義之法, 在正我, 不在正人.

을 모두 추구하는 탐욕을 바로잡아, 동기 갈등 상황에서 의(義)를 우선시하도록 이끈다. 또한 '이의정아(以義正我)'의 사상은 대학생들이 '의'로 남을 바로잡으려는 편향을 교정하여, 자기 절제와 반성을 촉진한다. 이런 차원에서 동중서의 의리관을 강의, 실천 활동, 캠퍼스 문화, 교원 도덕 건설에 융합함으로써 대학생들의 심리건강 수준을 효과적으로 향상시키고, 안정된 인격을 형성하며, 심리건강교육의 실효성을 제고할 수 있다.

결론적으로, 동중서의 의리관(義利觀)은 중국 전통문화의 중요한 구성 요소로서, 현대 대학생 심리건강교육을 지도하는 데 중요한 시대적 가치를 지닌다. 여기에서는 동중서 의리관에 대한 심도 있는 분석과 실천적 적용을 통해 대학 심리건강교육에 새로운 사고와 방법을 제시해 보았다. 그것은 건전한 인격과 건강한 심리를 갖춘 현대 대학생을 육성하는 데 기여할 수 있다. 오늘날 대학생 심리건강 문제가 비교적 보편적인 상황에 처해 있는 현실에서, 중국의 우수한 전통문화를 대학 심리건강교육에 융합함으로써 보다 바람직한 효과를 거둘 수 있다.

결국, 중국 대학생들의 몸속에는 중화 민족의 혈맥이 흐르고 있으며, 그들의 건강한 성장은 국가와 사회의 미래에 매우 중요하다.

'학문 계승자' 고찰

왕원수(王文書)

I. 교육 실천: 장막을 내리고 강학하다

동중서는 생애 대부분을 강학과 학문 연구에 헌신했다.『사기』에는 다음과 같이 기록되어 있다.

동중서는『춘추』를 다스리며, 효경 때 박사로 임명되었다. 장막을 내리고 가르치는 강송을 통해 제자들이 오랫동안 순차적으로 학문을 배웠고, 그 가운데는 그의 얼굴을 본 적이 없는 이들도 있었다. 이는 동중서가 삼 년 동안 집과 정원을 떠나지 않았기 때문이다. 그의 학문은 이처럼 깊었다. 출입과 태도에서 예의를 지키지 않는 법이 없었고, 학자들은 모두 그를 스승으로 존경했다.[1]

『한서』에도 이와 유사한 내용이 실려 있다. "『춘추』를 다스린다."[2]

---

1) 『史記』「儒林列傳」: 以治春秋, 孝景時爲博士. 下帷講誦, 弟子傳以久次相受業, 或莫見其面, 蓋三年董仲舒不觀於舍園, 其精如此. 進退容止, 非禮不行, 學士皆師尊之.
2) 『史記』「儒林列傳」: 以治春秋.

또는 "『춘추』를 연구한다."[3)는 기록은 동중서가 『춘추』 연구와 교육에 전문적으로 종사했음을 보여준다. 고향을 떠나기 전까지 동중서는 계속해서 고향에서 강의하고 제자들을 가르쳤다. 안사고(顔師古)는 다음과 같이 전하고 있다.

새로운 학문을 배우려고 하는 사람들은 반드시 그의 옛 제자들에게 배워야 하며, 동중서를 직접 만나지 않아도 된다.[4)

당시 동중서의 강학은 그 전례를 찾아볼 수 없을 정도로 성황을 이루었다. 경제(景帝) 중원(中元) 5년(기원전 145) 이전, 동중서는 당시 조(趙)나라 왕 유수(劉遂)의 왕국 박사로 있었다.

경제 5년, 제후국의 왕들은 다시 나라를 다스릴 수 없으며, 황제는 관리들을 두고, 재상은 상으로 바꾸고, 어사대부, 정위, 소부, 종정, 박사 등의 관직을 정리했다.[5)

각 제후국의 박사는 단지 자문 역할을 맡는 자리로, 실제 행정 업무는 없었다. 그러기에 동중서는 고향에서 주로 강학과 연구에 집중할 수 있었다. 경제 중원 5년(기원전 145)부터 건원(建元) 원년(기원전 140)까지 그는 공직에서 물러나 더욱 여유롭게 교육활동에 전념할 수 있었다.

중국의 형수(衡水)와 덕주(德州) 등의 지역에는 동중서 교육의 문

---

3) 『漢書』「董仲舒傳」: 少治春秋.

4) 『漢書』「董仲舒傳」: 言新學者但就其舊弟子受業, 不必親見仲舒.

5) 『漢書』「百官公卿表」: 景帝中五年令諸侯王不得復治國, 天子爲置吏, 改丞相曰相, 省禦史大夫·廷尉·少府·宗正·博士官, 大夫·謁者·郎諸官長丞皆損其員.

화유산이 남아 있다. 전해지는 바에 의하면, 형수시 고성현 동학촌은 동중서가 강론을 하던 곳이라고 한다.

> 동가리는 군의 서쪽에 위치하며, 동중서가 강론하던 곳이다.[6]

> 동가리는 경주 서남 60리에 위치한 광천진에 있으며, 동중서가 강론하던 곳이다. 원나라의 조원용(曹元用) 『사당기(祠堂記)』에는 『한서』에 의하면 동자는 광천 사람이다.'라고 기록되어 있다. 광천은 옛날 기주군에 속했으며, 현재의 경주 팽현이 그 자리에 해당하고, 그곳의 서남쪽 마을에 광천진이 있다. 그곳의 별장 중 하나가 바로 동가리이며, 또 다른 이름은 동학촌이다. 주소명(朱紹明)은 그의 시에서, '연구하는 마을, 예전과 같은 벼와 밀로 이름이 남아 있고, 옛터는 황폐하고 풀은 봄에만 자란다. 강도에서 관리로 있을 때의 고풍은 천고에 비추어 더욱 누가 이를 따를 수 있을까?'라고 했다.[7]

이로 미루어 보아, 당시 동학촌은 경주 광천진에 속했음을 알 수 있다. 독서대(讀書臺)는 일종의 문화적 현상으로, 전국적으로 독서대 유적이 140곳 이상이 남아 있다. 이는 사람들 사이에서 독서인과 지식에 대한 존경을 반영한 것이다. 당시 역사적 인물들이 이곳에서 활동하였고, 후손들은 그들과 관련된 장소에 그들의 행적을 기념하는 건축물을 세우기도 했다. 독서인의 일은 바로 독서였기 때문에, 높은 대를 세워 '독서대'라고 명명했다.

---

6) 『記纂淵海』: 董家裏, 在郡西, 即仲舒下帷讀書處.

7) 『明一統志』: 董家裡, 在景州西南六十裏廣川鎮, 即仲舒下帷讀書處. 元曹元用祠堂記雲: '按漢書董子廣川人.' 廣川屬冀都郡, 今景州蓨縣是也, 縣西南鄕有廣川鎮, 其別墅曰董家裡, 一名董學村, 朱紹明詩, 連村禾黍名猶昔, 故址荒蕪草自春, 慨想江都爲相日, 高風千古更誰倫.

광천대는 군치 동쪽에 높이가 삼자이며, 그 위에는 동자 사당이 있다.[8]

광천대는 경주 치의 동쪽에 위치하고, 대는 높이가 삼자이며, 그 위에는 세 겹의 탑이 있다. 원나라의 팽현 윤(尹) 사정은 동자 사당을 이곳으로 옮겼고, 그로 인해 광천대, 또한 독서대라고 명명되었다.[9]

동자 독서대는 덕주 지역에 있다.[10]

동자 독서대는 덕주에 있으며, 국조 정통 6년에 지주 위경원(韋景元)이 학문을 수리하면서 땅을 파고 돌비를 발견했다. 그 위에 '동자 독서대'라고 새겼고, 홍치(弘治) 연간에 사당이 세워졌다. 명나라의 분의 엄숭 시에는 '동자 독서처, 고요한 높은 대에, 문과 벽을 넘겨 시공을 엿본다. 간단히 고른 옛것들, 세 가지 여유가 쌓인다. 궁전은 한 묶음의 논을 열고, 묵정은 봄풀로 덮인다. 정원 나무에는 늦은 새들이 온다. 오직 현명한 계획만 남고, 사람들은 왕자급의 재능이라 부른다.'라고 적혀 있다.[11]

인용한 기록으로 미루어 보아, 동학촌, 경주 부치, 덕주의 독서대는 모두 전설에 의한 동중서의 강론지이며, 송나라 이전부터 존재했다고 할 수 있다. 이러한 역사적 전설은 공허한 말이 아니며, 분명한 역사적 근거가 있다.

---

8) 『記纂淵海』: 廣川臺, 在郡治東, 高三丈, 上有董子祠.

9) 『明一統志』: 廣川臺, 在景州治東, 臺高三丈, 上有傑閣三層, 舊爲官僚遊憩之所. 元蔭尹呂思誠移董子祠於此, 因名廣川臺, 又名讀書臺.

10) 『記纂淵海』: 董子讀書臺. 在德州境內.

11) 『北河紀』「餘卷二」: 董子讀書臺, 在德州國朝正統六年, 知州韋景元, 因脩學掘地得石碣, 刻曰 '董子讀書臺', 弘治間建祠其上. 明分宜嚴嵩詩: "董子讀書處, 寂寂臨高臺. 門墻窺孔室, 編簡拾秦灰. 業守三餘積, 宮存一畝開. 墨池春草遍, 園木晚禽來. 獨有賢良策, 人稱王佐才.

Ⅱ. 동중서는 호무생(胡母生)의 제자였는가

"호무생(胡母生)은 제(齊)나라 사람이다. 효경제(孝景帝) 때 박사로 있다가 나이가 들어 은퇴하여 제자들을 가르쳤다."[12] 호무생은 한대 (漢代)에서 가장 이른 시기에 『공양전(公羊傳)』을 전한 대가 중 한 사람이며, 공양학파의 학설을 처음으로 문서로 저술한 인물이기도 하다.

> 자하(子夏)가 공양고(公羊高)에게 전하고, 고가 그 아들 평(平)에게 전하고, 평이 그 아들 지(地)에게 전하고, 지가 그 아들 감(敢)에게 전하고, 감이 그 아들 수(壽)에게 전하였다. 경제(景帝) 시기에는 수와 그 제자인 제나라 사람 호무자도(胡母子都)가 이를 죽간과 백서로 저술하였다.[13]

이를 통해 보면, 호무생은 『공양춘추』의 적통을 계승한 인물이자, 공양수(公羊壽)를 도와 공양학파의 학설을 문서로 정리하여, 이전까지 텍스트 없이 구술로만 전해지던 상황을 마무리한 중요한 인물임을 알 수 있다. 호무생은 또한 공양학의 의례(義例)를 체계적으로 정리하여 『공양조례(公羊條例)』라는 책을 저술하였고, 이를 통해 공양학 이론을 조리 있게 정돈하고 학자들이 핵심을 쉽게 파악할 수 있도록 하였다.

후한 말기의 학자 하휴(何休)는 『공양해고(公羊解詁)』를 저술할 때 "호무생의 『조례』를 참고하여 많은 부분에서 정통을 얻었다." [14]라고 하였다. 호무생은 제나라 지역에서 『춘추』학을 널리 퍼뜨리는 데 결정

---

12) 『史記』「儒林列傳」: 胡母生, 齊人也. 孝景時爲博士, 以老歸敎授.

13) 『春秋公羊傳注疏』: 徐彦疏引戴宏序曰: 子夏傳與公羊髙, 髙傳與其子平, 平傳與其子地, 地傳 與其子敢, 敢傳與其子壽. 至漢景帝時, 壽乃與齊人胡母子都著於竹帛.

14) 『春秋公羊傳注疏』: 依胡母生條例, 多得其正.

적 역할을 했으며, 많은 『춘추』학 제자들을 양성하였다. 그 제자들 가운데 훗날 유학이 독존 사상이 되는 데 중대한 기여를 한 역사적 인물, 한 무제(漢武帝) 시기의 재상 공손홍(公孫弘)도 포함되어 있다.

> 제나라에서 『춘추』를 말하는 자들 가운데 많은 이가 호무생에게서 배웠으며, 공손홍도 많이 배웠다.[15]
>
> 공손홍은 『춘추』를 바탕으로 평민에서 천자의 삼공(三公)에까지 올라 평진후(平津侯)에 봉해졌다. 천하의 학자들이 그 풍조를 따르게 되었다.[16]

어떤 사람은 동중서가 호무생의 제자였다고 보기도 한다.

> 지난날 대략 호무생의 『조례(條例)』에 의지하였고, 대부분 정통을 얻었다.[17]

서언(徐彦)의 주석에는 "호무생이 본래 공양학(公羊學)을 동씨(董氏)에게 전하였으나, 따로 『조례』를 지어 놓았기에, 하씨(何氏)가 이를 취해 『공양전』을 통달하였다."[18]라고 되어 있다. 이는 호무생과 동중서 두 사람 사이에 사제 관계가 있었음을 명확히 언급한 가장 빠른 기록이다. 서언(徐彦)에 대해서는 대부분의 학자가 당나라 사람으로 보고 있지만, 일부 학자들은 남북조 시대의 인물로 보기도 한다. 따라서 남북조 시기부터 이미 호무생과 동중서의 관계에 대한 의견 차이가

---

15) 『史記』「儒林列傳」: 齊之言春秋者多受胡毋生, 公孫弘亦頗受焉.
16) 『史記』「儒林列傳」: 公孫弘以春秋白衣爲天子三公, 封以平津侯. 天下之學士靡然鄉風矣.
17) 『春秋公羊傳注疏』: 往者略依胡毋生條例, 多得其正.
18) 『春秋公羊傳注疏』: 胡毋生本雖以公羊經傳傳授董氏, 猶自別作條例, 故何氏取之以通公羊也.

생겨났고, 동중서가 호무생의 제자라는 견해가 등장하기 시작했다. 이후로도 호무생과 동중서의 관계에 대해 두 가지 견해가 나란히 존재해 왔으며, 오늘날까지도 이러한 이견은 여전히 지속되고 있다.

그러나 이러한 인식은 사실 잘못된 것이다. 서한(西漢) 초기의 학술 구도에 대해, 사마천(司馬遷)은 이렇게 말하였다.

『시경(詩)』을 논함에 있어 노나라에서는 신배공(申培公), 제나라에서는 연고생(轅固生), 연나라에서는 한태부(韓太傅)를 따른다. 『상서(尙書)』는 제남의 복생(伏生)으로부터 전해지고, 『예(禮)』는 노나라 고당생(高堂生)으로부터, 『역(易)』은 치천의 전생(田生)으로부터, 『춘추(春秋)』는 제나라와 노나라에서는 호무생(胡毋生), 조나라에서는 동중서(董仲舒)로부터 전해진다.[19]

이런 기록으로 볼 때, 『춘추』학에서는 동중서와 호무생이 나란히 대등한 위치에 있었음을 알 수 있다.

호무생은 제나라 사람으로, 효경제(孝景帝) 때 박사를 지냈고, 나이가 들어 은퇴한 뒤 제나라에서 후학을 가르쳤다. 제나라에서 『춘추』를 배우는 자들 가운데 대부분이 호무생에게 배웠으며, 공손홍 또한 많이 배웠다.[20]

이는 공손홍이 호무생의 제자였음을 분명히 밝힌 것이며, 동중서가 그의 제자라는 언급은 없다. 이는 단순한 누락이라기보다는 그와 같은 관계가 존재하지 않았음을 뜻한다고 보아야 한다.

---

19) 『史記』「儒林列傳」: 言詩於魯則申培公, 於齊則轅固生, 於燕則韓太傅. 言尙書自濟南伏生. 言禮自魯高堂生. 言易自菑川田生. 言春秋於齊魯自胡毋生, 於趙自董仲舒.

20) 『史記』「儒林列傳」: 胡毋生, 齊人也. 孝景時爲博士, 以老歸敎授. 齊之言春秋者多受胡毋生, 公孫弘亦頗受焉.

호무생(胡母生)의 자는 자도(子都)이고 제나라 사람이다. 『공양춘추(公羊春秋)』를 공부하였고, 경제(景帝) 시절 박사가 되었다. 동중서와는 같은 분야에서 활동하였으며, 동중서는 글에서 그의 덕을 칭송하였다. 늙어서는 제나라로 돌아가 제자들을 가르쳤고, 제나라에서 『춘추』를 논하는 자들은 그를 스승으로 섬겼으며, 공손홍 또한 많이 배웠다.[21]

동중서와 호무생은 모두 경제 시절의 박사로, 호무생이 벼슬에서 물러난 후에야 동중서가 『춘추공양(春秋公羊)』 박사로 임명된 것으로 보인다. 서한 시대에는 하나의 경전에 두 명의 박사를 동시에 두는 예가 없었기 때문에, 동중서가 임명된 것은 분명히 호무생이 퇴임한 이후였을 것이다(程元敏, 2018).

그러나 이러한 논설이 반드시 옳다고는 할 수 없다. 나이로 보았을 때, 동중서(董仲舒)는 공손홍(公孫弘)과 비슷한 연배였고, 호무생(胡母生)보다는 상당히 젊었다. 하지만 두 사람은 각자 제후국에서 왕국 박사(王國博士)로 재직했을 가능성이 있으며, 동중서는 조국(趙國)의 박사, 호무생은 제국(齊國)의 박사였던 것으로 보인다. 이는 조정의 박사 관직이 아닌 지방 제후국 소속의 박사였다는 뜻이다. 경제(景帝) 중원 5년(기원전 145년)에야 왕국 박사관 제도가 폐지되었다.

유여림(劉汝霖)의 고증에 따르면, 공손홍은 호무생에게 학문을 배웠고, 호무생이 늙어 고향 제나라에서 가르칠 때도 그에게 배웠다. 따라서 그의 박사직 사임은 경제 중원 5년(기원전 145년) 이전이며, "이는 호무생이 박사직을 사임한 이후에 일어난 일이다. 따라서 호무생

---

21) 『漢書』「儒林傳」: 胡母生字子都, 齊人也. 治公羊春秋, 爲景帝博士. 與董仲舒同業, 仲舒著書稱其德. 年老, 歸敎於齊, 齊之言春秋者宗事之, 公孫弘亦頗受焉.

이 처음 박사가 된 것은 경제 초년으로 추정된다."[22] 동중서 또한 조나라 박사로 재직한 시기가 경제 중원 5년 이전일 것이다. 동중서는 저술에서 호무생의 덕을 칭송하며 다음과 같이 말했다.

> 호무자도(胡母子都)는 미천한 평민이었고, 가난하여 천한 사내로 여겨졌으나, 의리를 즐기고 예의를 좋아하며, 바른 행실로 일생을 마쳤다. 그러므로 천하 사람들이 그의 인품을 존경하고, 세속은 그 명성을 우러러보았다. 매우 영예로운 일이다![23]

이로 미루어 보면, 동중서가 그의 덕을 칭송하는 글을 지었을 때, 호무생은 이미 세상을 떠났음을 알 수 있다. 이는 앞서 말한 것처럼 두 사람이 같은 시대 사람이기는 하지만, 호무생이 동중서보다 나이가 많았다는 점을 분명하게 뒷받침한다.

피석서(皮錫瑞)는 호무생(胡母生)과 동중서(董仲舒)가 사제(師弟) 관계가 아니라 동문(同門) 관계, 즉 같은 시기의 학문 동료였다고 보았다. 피석서에 따르면, 사마천은 동중서가 누구에게 학문을 배웠는지 언급하지 않았다. 또한 호무생과 함께 효경제(孝景帝) 시기의 박사였다고 기록한 것으로 보아, 두 사람은 연배가 비슷했을 것으로 판단했다. 앞에서 언급했듯이, 이 의견은 반드시 정확한 것은 아니다.

> 사마천은 공손홍(公孫弘)이 호무생에게 배웠다고 했을 뿐, 동중서가 호무생에게 배웠다는 언급은 없다.[24]

---

22) 『漢晉學術編年』: 而又在子都辭博士之後, 故知子都之初爲博士在景帝初年也.

23) 당안(唐晏)의 『兩漢三國學案』에 수록된 「文館詞林」 중 이고(李固)의 인용에 따른 내용: 胡母子都, 賤爲布衣, 貧爲鄙夫. 然而樂義好禮, 正行至死. 故天下尊其身, 而俗慕其聲. 甚可榮也!

24) 太史公但雲公孫弘受胡母, 不雲董子亦受胡母.(출처 미상).

　　호무생은 공양수(公羊壽)의 제자였고, 동중서 또한 공양수를 스승으로 삼
았을 가능성도 있다.[25)]

　　피석서는 동중서가 호무생에게 학문을 배웠다는 견해를 부정한다.
그러나 두 사람이 동문 관계였다고 보기에도 무리가 있다. 여기서 말
하는 '동업(同業)'이란 단순히 두 사람이 모두 『춘추공양전(春秋公羊
傳)』을 연구한 학자였다는 뜻이지, 꼭 같은 스승 아래서 배웠다는 의
미는 아니다. 『한서』「유림전(儒林傳)」에는 호무생에 대해 "동중서와
동업이었고, 동중서는 저술에서 그 덕을 칭송하였다."[26)]라고 기록하
고 있다. '동업'이라고 했으니, 사제 관계는 아니었던 것이다(皮錫瑞,
2017: 371).
　　동중서와 호무생은 동시대에 각자 『공양춘추』를 연구했지만, 서로
에게 가르치고 배우는 관계는 아니었다.

　　『춘추공양전』에는 공양자의 말뿐 아니라 침자, 사마자, 북궁자 등 여러
인물의 언급도 함께 나오니, 후대의 스승이 어찌 이렇게 많을 수 있겠는가?
이는 이 전서가 반드시 공양자 한 사람에게서만 전해진 것이 아님을 명백히
보여준다.[27)]

　　이는 『공양춘추』의 학문 전승이 반드시 공양 집안 내부에만 국한
된 것이 아니라, 다양한 인물들에게 전해졌다는 것을 뜻한다. 동중서

---

25) 胡母師公羊壽, 董子或亦師公羊壽.(출처 미상).
26) 『漢書』「儒林傳」: 與董仲舒同業, 仲舒著書稱其德.
27) 『日知錄』「子沈子」: 傳中有子公羊子曰 …… 而又有子沈子曰 …… 子司馬子曰 …… 子北宮子
　　曰 …… 何後師之多歟? …… 然則此傳不盡出於公羊子也明矣.

는 조(趙)나라 출신으로, 공양수나 호무생에게서 배우지 않았고, 다른 학술 전통으로부터 『춘추공양』을 전수받았을 가능성도 충분히 있다. 따라서 호무생과 동중서는 사제 관계도 아니고, 동문 관계도 아니다.

호무생과 동중서는 직접적 사제 관계는 없지만, 두 사람은 공통된 학술 연구 영역을 공유하고 있었다. 호무생은 공양수(公羊壽)와 협력하여 『공양전(公羊傳)』을 죽간과 백서에 기록하였고, 장구(章句)의 학문을 창작하여 완성하였다. 그 이후 동중서는 이를 계승하였는데, 왕충(王充)이 인용한 유서(儒書)에 따르면 동중서가 '『춘추(春秋)』를 읽었다.'라고 하였으므로, 이는 『공양전』이 문헌으로 형성된 이후 동중서가 그 책을 읽었다는 의미로 이해할 수 있다. 따라서 동중서가 접한 『공양』 문헌은 장구까지 포함되어 있었으며, 그것은 호무생의 저작에서 비롯되었을 가능성이 있다.

그러므로 피석서(皮錫瑞, 2017: 371)는 "하씨(何氏, 하휴何休)는 호무생을 따른다고 하면서도 동중서에 대해서는 언급하지 않았지만, 『해고(解詁)』와 동중서의 저술은 그 뜻이 대부분 일치하므로, 호무생과 동중서의 학문은 본래 한 집안, 즉 같은 계통에 속한다고 해야 한다."라고 말하였다.

Ⅲ. 5대 제자 문파

『사기』「유림열전」에는 다음과 같이 기록되어 있다.

동중서의 제자로 이름을 남긴 사람들은 다음과 같다. 난릉(蘭陵)의 서대

(褚大), 광천(廣川)의 은충(殷忠), 온(溫)의 여보서(呂步舒)이다. 저대는 양나라 승상에 이르렀고, 보서는 장사(長史)가 되어 부절(符節)을 지니고 회남(淮南)의 재판을 맡았다. 제후들의 전횡에 대해 황제에게 보고하지 않고 『춘추』의 의리를 들어 바로잡았으며, 천자 또한 모두 옳다고 여겼다. 제자들 가운데 학문에 통달한 자는 대부(大夫)의 명을 받을 정도에 이르렀고, 낭(郎), 알자(謁者), 장고(掌故)를 지낸 자도 백 명에 달했다. 또 동중서(董仲舒)의 자손들도 모두 학문으로 인해 고위 관직에 올랐다.[28]

『사기』와는 달리, 『한서』에는 동중서의 단독 전기가 수록되어 있으나, 그의 제자들에 대해서는 전기 속에 따로 설명되어 있지 않다. 『유림열전』 가운데 호무생(胡毋生)의 전기 말미에 언급되면서, 동중서의 제자들이 호무생의 제자들인 것처럼 잘못 전해지는 역사적 혼란이 발생하였다.

호무생의 자는 자도(子都)이고, 제(齊)나라 사람이다. 『공양춘추(公羊春秋)』를 연구하였고, 경제(景帝) 때 박사로 임명되었다. 동중서(董仲舒)와는 같은 학문을 연구하였으며, 동중서는 저술을 통해 그의 덕을 칭송하였다. 나이가 들자 제나라로 돌아가 가르침을 펼쳤고, 제나라에서 『춘추』를 말하는 자들은 그를 스승으로 삼았다. 공손홍(公孫弘) 또한 그의 영향을 많이 받았다. 한편, 동중서는 강도(江都)의 재상이 되었으며, 그에 대한 전기가 따로 존재한다. 그의 제자 가운데 학문을 이어받은 사람으로는 난릉(蘭陵)의 저대(褚大), 동평(東平)의 영공(嬴公), 광천(廣川)의 단중(段仲), 온(溫)의 여보서

---

28) 『史記』「儒林列傳」: 仲舒弟子遂者: 蘭陵褚大, 廣川殷忠, 溫呂步舒. 褚大至梁相. 步舒至長史, 持節使決淮南獄, 於諸侯擅專斷, 不報, 以春秋之義正之, 天子皆以爲是. 弟子通者, 至於命大夫; 爲郎, 謁者, 掌故者以百數. 而董仲舒子及孫皆以學至大官.

(呂步舒)가 있다. 그 가운데 저대는 양나라의 승상에 올랐고, 보서는 승상의 장사(長史)가 되었다. 오직 영공이 학문을 지켜 사법(師法)을 잃지 않았으며, 소제(昭帝) 때 간대부(諫大夫)가 되어, 동해(東海)의 맹경(孟卿)과 노(魯)의 수맹(眭孟)에게 가르침을 전했다. 맹은 부절령(符節令)을 지냈으나 재이(災異)를 말한 죄로 주살당했으며, 그 또한 따로 전기가 있다.[29]

'그의 제자 가운데 학문을 이어받은 사람으로는[弟子遂之者]' 이하의 내용[30]은 기본적으로 『사기』의 내용을 베낀 것이다. 반고(班固)의 『한서』 서술 방식은 독자를 쉽게 오해하게 만든다. 『한서』에서 강조한 동평(東平)의 영공(贏公)은 『사기』에서 언급된 제자 명단에 나타나지 않으며, 그 인물 자체도 『사기』에는 보이지 않는다. 영공은 유일하게 사법(師法)을 잃지 않은 제자로 평가되며, 후세의 수맹(眭孟)으로부터 엄(嚴)·안(顔)의 학문까지 모두 그의 계통에서 나왔다. 따라서 그의 학문적 전승은 앞을 계승하고 뒤를 여는 데, 가장 핵심적 위치를 차지한다고 할 수 있다.

이후, 일부 학자들은 동중서와 그의 네 제자, 즉 '난릉(蘭陵)의 저대(褚大), 동평(東平)의 영공(贏公), 광천(廣川)의 단중(段仲), 온(溫)의 여보서(呂步舒)'를 모두 호무생의 문하로 오해하여 귀속시키기 시작했다. 범엽(範曄)은 『후한서(後漢書)』에서 처음으로 이를 명확히 언급하며, 『한서』를 인용해 다음과 같이 적었다.

---

29) 『漢書』「儒林傳」: 胡母生字子都, 齊人也. 治公羊春秋, 爲景帝博士. 與董仲舒同業, 仲舒著書稱其德. 年老, 歸敎於齊, 齊之言春秋者宗事之, 公孫弘亦頗受焉. 而董生爲江都相, 自有傳. 弟子遂之者, 蘭陵褚大, 東平贏公, 廣川段仲, 溫呂步舒. 大至梁相, 步舒丞相長史, 唯贏公守學不失師法, 爲昭帝諫大夫, 授東海孟卿·魯眭孟. 孟爲符節令, 坐説災異誅, 自有傳.

30) 宋祁曰: 遂之者, 當刪之字. 劉敞曰: 遂之者, 之字衍.

『전서(前書)』에 의하면 제(齊)나라 사람 호무자도(胡母子都)는 『공양춘추(公羊春秋)』를 전하여 동평(東平)의 영공(嬴公)에게 가르쳤고, 영공은 이를 동해(東海)의 맹경(孟卿)에게, 맹경은 노(魯) 사람 수맹(眭孟)에게 전하였다. 수맹은 다시 동해의 엄팽조(嚴彭祖)와 노나라 사람 안안락(顏安樂)에게 가르쳤다. 팽조는 『춘추』 엄씨학(嚴氏學)의 창시자가 되었고, 안안락은 『춘추』 안씨학(顏氏學)의 창시자가 되었다. 또 하구(瑕丘)의 강공(江公)은 『곡량춘추(穀梁春秋)』를 전하였으며, 이로써 세 학파가 모두 박사로 임명되었다.[31]

그 뒤를 이어 『수서(隋書)』 「경적지(經籍志)」에서도 같은 기록을 찾아볼 수 있다.

처음에 제나라 사람 호무자도(胡母子都)가 『공양춘추』를 전하여 동해의 영공(嬴公)에게 가르쳤고, 영공은 동해의 맹경(孟卿)에게, 맹경은 노나라 사람 수맹(眭孟)에게, 수맹은 다시 동해의 엄팽조(嚴彭祖)와 노나라 사람 안안락(顏安樂)에게 전하였다. 그래서 후한 시대의 『공양학(公羊學)』에는 엄씨학과 안씨학이 생겨나게 되었으며, 『곡량』과 함께 세 학파가 병립하게 되었다.[32]

그러나 대부분의 학자는 여전히 올바른 견해를 고수하며, 이른바 '4대 제자(四大弟子)'를 동중서의 문하로 귀속시킨다.

『공양(公羊)』을 연구한 자는 호무생과 동중서이며, 동중서의 제자는 영공

---

31) 『後漢書』: 前書齊胡母子都傳公羊春秋, 授東平嬴公, 嬴公授東海孟卿, 孟卿授魯人眭孟, 眭孟授東海嚴彭祖·魯人顏安樂. 彭祖爲春秋嚴氏學, 安樂爲春秋顏氏學, 又瑕丘江公傳穀梁春秋, 三家皆立博士.
32) 『隋書』 「經籍志」 一: 初, 齊人胡母子都傳公羊春秋, 授東海嬴公, 嬴公授東海孟卿, 孟卿授魯人眭孟, 眭孟授東海嚴彭祖·魯人顏安樂. 故後漢公羊有嚴氏·顏氏之學, 與穀梁三家並立.

(贏公), 영공의 제자는 수맹(眭孟), 수맹의 제자는 엄팽조(嚴彭祖)와 안안락(顏安樂), 안안락의 제자는 음풍(陰豐), 유향(劉向), 왕언(王彦)이다.[33]

경제(景帝) 때 호무자도와 동중서는 『춘추공양전(春秋公羊傳)』을 함께 연구하였고, 모두 박사(博士)로 임명되었다. 하구(瑕丘) 사람 강공(江公)은 『곡량춘추(穀梁春秋)』를 연구하였으며, 동중서와 『춘추』를 논의하였으나 동중서에 미치지 못하였다. 무제(武帝) 때 마침내 『공양(公羊)』을 숭상하여 세웠다. 동평(東平)의 영공(贏公)은 그의 학문을 이어받아 소제(昭帝) 때 간의대부(諫議大夫)가 되었으며, 노국(魯國)의 수맹(眭孟)에게 전수하였다. 수맹은 동해(東海)의 엄팽조(嚴彭祖)에게 전하고, 엄팽조는 안안락(顏安樂)에게 전하니, 이로부터 연씨(顏氏)와 엄씨(嚴氏)의 학이 생기게 되었다.[34]

한나라가 흥기한 이후, 제(齊)나라 사람 호무생과 조(趙)나라 사람 동중서는 함께 『춘추공양전(春秋公羊傳)』을 연구하였다. 난릉(蘭陵)의 저대(褚大), 동평(東平)의 영공(贏公)[원주: 간의대부(諫大夫)], 광천(廣川)의 단중(段仲), 온려(溫呂)의 보서(步舒) 등은 모두 동중서의 제자였다. 영공은 학문을 지키며 스승의 가르침을 잃지 않았고, 동해(東海)의 맹경(孟卿)과 노(魯)의 수굉(眭弘)[원주: 자는 맹(孟), 부절령(符節令)을 지냄]에게 전수하였다. 수굉은 엄팽조(嚴彭祖)와 안안락(顏安樂)에게 가르쳤고, 이로부터 『공양전』에는 엄씨(嚴氏)와 안씨(顏氏)의 학파가 생기게 되었다.[35]

---

33) 『六藝論』: 治公羊者, 胡母生·董仲舒, 董仲舒弟子贏公, 贏公弟子眭孟, 眭孟弟子莊彭祖及顏安樂, 安樂第子陰豐·劉向·王彦.

34) 『漢紀』「成帝紀」: 景帝時, 胡母子都與董仲舒治春秋公羊, 皆爲博士. 瑕丘人江公治穀梁, 與仲舒議春秋, 不及仲舒, 武帝時遂崇立公羊. 而東平贏公受其業, 昭帝時爲諫議大夫, 授魯國眭孟. 孟授東海嚴彭祖, 彭祖授顏安樂, 由是有顏·嚴之學.

35) 『經典釋文』「序錄」: 漢興, 齊人胡母生·趙人董仲舒並治公羊春秋. 蘭陵褚大·東平贏公(原注: 諫大夫)·廣川段仲·溫呂步舒皆仲舒弟子. 贏公守學, 不失師法, 授東海孟卿及魯眭弘(原注: 字孟, 符節令). 弘授嚴彭祖及顏安樂, 由是公羊有嚴·顏之學.

<동중서의 5대 제자>

1. 저대(褚大)

'저대'는 난릉(蘭陵, 지금의 조장시 읍성구) 사람으로, 동중서의 네 제자 중 으뜸으로 꼽힌다. 오경(五經)에 정통하고, 동중서에게서 『춘추』를 배워 무제(武帝) 때 박사로 임명되었으며, 한 무제에게 중용되어 부절(符節)을 가지고 천하를 순행한 적도 있었다. 정부의 재정난을 해결하기 위해, 원수(元狩) 4년(기원전 119년)에 한 무제는 다시 삼주전(三銖錢)을 주조할 것을 명하고, 흰 사슴 가죽으로 만든 피폐(皮幣)와 백금삼품(白金三品)도 만들게 하였다. 도주(盜鑄)를 억제하기 위해, 무제는 금전(金錢)을 몰래 주조하는 자는 사형에 처하라는 명령도 내렸다. 이는 무제의 여러 차례 화폐 개혁 가운데 가장 규모가 큰 것이었다. 하지만 이 화폐 개혁과 민간의 도주 금지령은 근본적으로 민간의 주조 행위를 억제하지 못했다. 오히려 높은 가치의 백금삼품이 도리어 민간의 불법 주조 행위를 부추겼다. 금전 도주자는 모두 사형에 처한다고 하였으나, 백금을 몰래 주조하는 관민은 수없이 많았다.

백금 오수전(五銖錢)을 만든 지 5년 만에 금전을 몰래 주조한 죄로 사형을 선고받은 관민이 수십만 명에 이르렀으며, 발각되지 않아 서로 죽이기까지 한 자는 셀 수 없을 정도였다. 스스로 죄를 자백한 자는 백여만 명에 달하였으나, 자수하지 않은 자가 절반을 넘었다. 천하의 대다수는 거의 모두 금전을 주조하고 있었던 것이다. 범법자가 너무 많아 관리들이 모두 처벌할 수 없었다. 이에 무제는 박사인 저대와 서언(徐偃) 등을 각 군국에 파견하여, 불법

병합이나 사익을 추구하는 자들을 적발하게 하였다.[36]

군국(郡國) 중에서 합리적인 방안을 가진 자는 이를 승상(丞相)과 어사(禦史)에게 보고하도록 하였다. 동시에 "홀아비와 과부를 돌보고, 빈곤한 자에게는 빌려주며, 은거한 고사(高士)나 독행군자(獨行君子)는 행재소(行在所, 황제가 머무는 곳)로 천거하게 하였다. 군국 중 편의가 있다고 여기는 자는 이를 승상과 어사에게 보고하게 하였다.[37]

한 무제 원수(元狩) 6년(기원전 117년)에 "박사 저대 등 여섯 사람을 파견하여 천하를 순행하게 하고, 홀아비, 과부, 병약자 중 스스로 생업을 일으킬 수 없는 자를 조사하여 그들에게 빌려주었다."[38] 저대 등의 순행은 한나라 중앙정부의 강병억부(強兵抑富) 정책을 수행한 것으로, 비교적 좋은 성과를 거두어 "천하가 모두 기뻐하였다."[39]

저대는 또한 너그러운 품격을 지닌 선비였다.

처음에 양(梁)의 재상이었던 저대는 오경(五經)에 정통하여 박사가 되었고, 당시 예관(倪寬)은 그의 제자였다. 어사대부(禦史大夫)의 자리가 비자, 저대가 임용되었다. 저대는 자신이 어사대부가 될 것이라 여겼다. 낙양에 도착하니 예관이 임명되었다는 소식을 듣고 저대는 웃었다. 이후 황제 앞에서 봉선(封禪, 천지에 제사하는 의식)을 논할 때, 그는 예관만큼 이르지 못하였고, 물러나 스스로 감복하며 말하였다. "황제께서 참으로 인재를 알

---

36) 『史記』「平準書」: 自造白金五銖錢後五歲, 而赦吏民之坐盜鑄金錢死者數十萬人. 其不發覺相殺者, 不可勝計. 赦自出者百餘萬人, 然不能半自出, 天下大氏無慮皆鑄金錢矣. 犯法者衆, 吏不能盡誅, 於是遣博士褚大·徐偃等分行郡國, 舉並兼之徒守相爲利者.

37) 『漢書』「五行志」: 存賜鰥寡, 假與乏困, 舉遺逸獨行君子詣行在所. 郡國有以爲便宜者, 上丞相·禦史以聞.

38) 『漢書』「武帝紀」: 今遣博士大等六人分循行天下, 存問鰥寡廢疾, 無以自振業者貸與之.

39) 『漢書』「五行志」: 天下鹹喜.

아보셨다."40)

저대는 자신보다 지위가 낮은 예관이 삼공(三公) 가운데 하나인 어사대부가 된 것을 담담히 받아들였으며, 자신의 출세가 좌절된 상황에서도 자신을 올바르게 인식하고 겸허하게 자리를 양보할 줄 알았던 인물이었다.

2. 은충(殷忠)

'은충'은 단중(段仲)이라고도 하며, 광천(廣川) 사람으로 동중서와 같은 고향 출신이다.

은(殷)은 '단(段)'으로도 쓰이며, 또 '하(瑕)'로도 쓰인다.41)

단중과 은충은 옛 도표에서는 두 사람으로 되어 있으나, 『사기』 주석자인 서광은 은을 단으로 쓰고, '중(仲)'과 '충(忠)'의 음이 유사하므로 같은 인물로 보았다. 지금의 도표는 이 견해를 따른 것이다.42)

은충의 행적은 자세히 고증할 수 없다.

3. 여보서(呂步舒)

'여보서'는 '온(溫)' 지역 사람이다. 전설에 따르면, 여보서는 본래 이 이름이 아니었으나, 스승인 동중서를 매우 흠모하여 이름을 '보서

---

40) 『漢書』「公孫弘蔔式兒寬傳」: 初梁相褚大通五經, 爲博士, 時寬爲弟子. 及禦史大夫缺, 徵褚大, 大自以爲得禦史大夫. 至洛陽, 聞兒寬爲之, 褚大笑. 及至, 與寬議封禪於上前, 大不能及, 退而服曰: "上誠知人."

41) 『史記集解』: 殷一作段, 又作瑕也.

42) 『授經圖義例』「春秋」: 段仲·殷忠, 舊圖爲二人, 史記徐廣注曰: 殷作段, 仲忠聲相近, 當是一人. 今圖從之.

(步舒)'로 바꾸었다고 한다. 이는 동중서의 뒤를 따르겠다는 뜻에서 유래한 것이다. 무제(武帝) 원광 원년(기원전 134년), 요동 고묘에서 화재가 발생하고 고원 편전이 불타는 일이 있었다. 이에 동중서는 「재이대(災異對)」를 지어, 재해와 기이한 현상를 통해 시정을 논하고, 비판의 화살을 전분(田蚡), 유안(劉安) 등으로 향하게 하였다.

같은 해에 주부언(主父偃)은 한 해에만 네 차례 연속으로 승진하였다. 그는 어느 날 동중서를 찾아갔는데, 마침 동중서가 외출 중이었고, 우연히 「재이대」 초고를 보게 되었다. 주부언은 시기심을 품고 이를 훔쳐 무제에게 보고하였다. 무제는 여러 신하를 소집해 의견을 물었는데, 모두가 이 글을 비난하며 조롱하였다. 동중서의 제자인 여보서는 이 글이 스승의 것임을 몰랐고, 이를 어리석은 자의 글이라 여겼다. 결국 동중서는 하옥되었고, 죄를 논의하여 죽음에 처해 질 상황이었다. 그러나 여보서를 비롯한 여러 제자의 구명 노력으로, 무제는 동중서를 사면하는 조서를 내렸다. 생사를 넘나드는 고비를 겪은 뒤, 동중서는 더 이상 쉽게 '재이(災異)'에 대해 논의하지 않았다.

이후 원삭 5년(기원전 124년), 회남왕(淮南王)의 반역 사건이 발각되자, 한 무제(漢武帝)는 건원 6년(기원전 135년)에 동중서가 올린 「재이대(災異對)」를 떠올리고, 정위(廷尉) 장탕(張湯)을 시켜 동중서에게 회남왕 반역 사건의 처리 의견을 물었다. 이에 동중서는 제자인 여보서(呂步舒)를 추천하였다.

보서(步舒)는 장사(長史) 직에 이르러, 부절(符節)을 지니고 회남왕의 옥사를 단독 처리하였는데, 제후에 대한 판단을 상주하지 않고 『춘추』의 의리

에 따라 정죄하니, 무제가 모두 옳다고 여겼다.[43]

무제가 동중서의 예전 말을 떠올려, 동중서의 제자 여보서에게 형벌의 상
징인 도끼와 도끼자루를 들고 회남왕의 사건을 처리하게 하였고, 『춘추』의
의리에 따라 외부에서 자의로 판결하고 보고하지 않게 하였다. 돌아와 사건
을 보고하자, 무제가 모두 옳다고 판단하였다.[44]

여보서는 회남왕 반역 사건을 처리하는 과정에서 무제의 충분한 신
임과 인정을 받았다.

4. 오구수왕(吾丘壽王)

'오구수왕'은 자(字)가 자간(子贛)이며, 조(趙)나라 사람이다. 젊은
시절 바둑을 잘 두는 재능으로 인해 조정에 불려가 대조(待詔)로 임
명되었다. 오구수왕은 '저대(褚大), 은충(殷忠), 여보서(呂步舒)'와 상
황이 달랐다. 저대·은충·여보서, 이 세 사람은 모두 동중서의 핵심 제
자로, 동중서가 조지방에서 장막을 치고 경전을 강론하던 시기의 문
하생이었다. 반면, 오구수왕은 동중서가 강도상(江都相)에서 장안으
로 돌아와 중대부(中大夫)로 임명된 이후에야 제자가 되었으며, 이는
황제의 명에 따라 『춘추』를 배우기 위해 동중서를 따르게 된 것이다.

조서를 내려 중대부 동중서에게서 『춘추』를 배우게 하니, 재주가 뛰어나
고 총명하였다.[45]

---

43) 『史記』「儒林列傳」: 步舒至長史, 持節使決淮南獄, 於諸侯擅專斷, 不報, 以春秋之義正之, 天子
皆以爲是.
44) 『漢書』「五行志」: 上思仲舒前言, 使仲舒弟子呂步舒持斧鉞治淮南獄, 以春秋誼顓斷於外, 不
請. 旣還奏事, 上皆是之.
45) 『漢書』「嚴朱吾丘主父徐嚴終王賈傳」: 詔使從中大夫董仲舒受春秋, 高材通明.

총명하고 학문을 좋아하여 시중중랑(侍中中郎)으로 임명되었으나, 후에 법을 어겨 면직되었다. 동군(東郡)에서 도적이 일어나자 동군도위(都尉)로 임명되었고, 이후 다시 불려 들어와 광록대부(光祿大夫) 시중이 되었으며, 승상 공손홍(公孫弘)이 백성의 활과 칼 소지를 금지하자 이를 반대하였다. 그 후 다시 법을 어겨 처형당하였다. 그는 한(漢)나라 시기 '부(賦)'를 잘 짓는 사람으로 명성이 높았으며, 그 명성과 지위는 엄조(嚴助), 주매신(朱買臣) 등과 어깨를 나란히 했다. 저서로는 『오구수왕(吾丘壽王)』 6편, 『우구설(虞丘說)』 1편, 『오구수왕부(吾丘壽王賦)』 15편이 있다.

5. 영공(嬴公)

'영공'은 동평(東平) 사람으로, 소제(昭帝) 때 간의대부(諫議大夫)를 지냈다.

> 오직 영공만이 학문을 지켜 사법(師法)을 잃지 않았다.[46]

영공은 동중서의 학술을 진정으로 전파하고, 그것을 널리 알린 유일한 인물이다. 역사서에는 영공의 구체적 사적이 남아 있지 않으며, 어쩌면 그의 인생은 오랜 기간 평범한 강학 활동 속에서 흘러갔을 것이다. 영공은 '저대(褚大)·은충(殷忠)·여보서(呂步舒)·오구수왕(吾丘壽王)' 등과는 성격을 달리한다. 이 네 사람은 주로 행정 실천 속에서 『공양춘추(公羊春秋)』의 이념을 활용하여 동중서의 학설을 실현한 인물들인 반면, 영공의 주요 공헌은 다수의 뛰어난 제자를 양성하여 동중

---

46) 『漢書』 「儒林傳」: 唯嬴公守學不失師法.

서의 학문이 한(漢)대에 현학(顯學)이 되게 했다는 데 있다.

이는 동중서 학술이 양한(兩漢) 시기에 전파되는 데 결정적 역할을 하였다. 영공은 "동해(東海)의 맹경(孟卿)과 노(魯)나라의 수맹(眭孟)을 가르쳤다."[47] 맹경과 수맹, 특히 수맹은 사제 계승을 통해 양한 시대『춘추』학계 전체가 사실상 동중서의 학문 후예들에 의해 계승·발전되도록 하는데 기여하였다.

IV. 재전 제자

1. 맹경(孟卿)

'맹경'은 동해(東海) 사람으로, 동중서(董仲舒)의 재전 제자이며, 그의 스승은 영공(嬴公)이다. 맹경은 "『예(禮)』와『춘추(春秋)』에 능통하여 후창(後蒼)과 소광(疏廣)에게 전수하였다. 세상에 전해지는『후씨예(後氏禮)』와『소씨춘추(疏氏春秋)』는 모두 맹경에게서 비롯된 것이다."[48]

맹경은 소분(蕭奮)을 스승으로 모시고『예(禮)』를 배웠으며, 이후 자신이 후창에게 전수하고, 후창은 다시 대덕(戴德)과 대성(戴聖) 숙질에게 전함으로써『예』의 전파가 더욱 왕성해졌다. 후에 대덕과 대성은『예기(禮記)』를 편찬하여 문자로 기록된 유가의 중요한 경전이 되는데 기여하였다. 이후 맹경은『예경(禮經)』의 내용이 너무 많고『춘추』또한 복잡하다고 판단하여, 아들 맹희(孟喜)에게『예』와『춘추』를 포기하고 전왕손(田王孫)에게서『역(易)』을 전공하게 하였다.

맹경의 학파는 소광을 제외하고는 모두 동씨(董氏)의『춘추학(春秋

---

47)『漢書』「儒林傳」: 授東海孟卿·魯眭孟.
48)『漢書』「儒林傳」: 善爲禮·春秋, 授後蒼·疏廣. 世所傳後氏禮·疏氏春秋, 皆出孟卿.

學)』 체계에서 벗어나 예학(禮學)과 역학(易學)으로 전향하였다.

2. 수홍(睦弘)

'수홍'의 자는 맹(孟)으로 노(魯)나라 번현(蕃縣), 지금의 산동(山東) 등주(滕州) 사람이다. 그는 영공(嬴公)을 스승으로 모셨으며, 동중서의 재전 제자이다. 수홍은 젊었을 때 협객의 기질을 지녔으며, 투계와 구기 등을 즐겼다가, 나중에 영공에게 『춘추(春秋)』를 배우고, 경전에 밝은 자로 인정받아 의랑(議郎)이 되었고, 관직은 부절령(符節令)까지 올랐다.

수홍은 도참(圖讖)을 유포한 일로 황위 계승 문제에 휘말려 처형되었다. 한 소제(昭帝) 원봉(元鳳) 3년(기원전 78년), 태산(泰山)과 내무산(萊蕪山)에서 수천 명의 사람 소리가 들리고, 사람들이 가고 난 뒤에는 큰 돌이 저절로 서 있는 것이 보였으며, 세 개의 돌이 발처럼 버티고 있었다. 돌 옆에는 수천 마리의 흰 까치가 모여 있었다. 당시 창읍국(昌邑國)의 마른 사목(社木)이 쓰러졌다가 다시 살아났고, 상림원(上林苑)의 버드나무도 부러져 말라 쓰러져 있다가 스스로 일어났다. 벌레가 나뭇잎을 갉아 먹은 자국이 글자처럼 되어 "공손병(公孫病)이 이미 즉위하였다."[49]

이에 수굉은 해석하였다.

돌과 버드나무는 모두 음(陰)의 상징이며, 이는 하층 백성을 상징한다. 태산은 대종(岱宗)의 산으로, 왕이 왕조를 바꾸는 곳이다. 지금 큰 돌이 스스로

---

[49] 『漢書』「眭兩夏侯京翼李傳」: 公孫病已立.

서고, 마른 버드나무가 다시 살아났으니, 이는 사람의 힘으로 된 것이 아니니, 필시 평민 가운데 천자가 나올 징조이다. 마른 사목이 다시 살아났으니, 폐위된 공손씨(公孫氏) 집안이 다시 흥할 것이다.[50]

선사(先師) 동중서께서 '기존 체제를 계승하고 문헌을 지키는 군주가 있더라도, 성인이 하늘의 명을 받는 데는 방해가 되지 않는다.'라고 하셨다. 한(漢)나라는 요(堯)임금의 후예로, 천명을 전하는 운명을 지닌다. 그러므로 황제는 누구에게 천하를 맡길지 분별하고, 현자를 찾아 천자의 자리를 내어주며, 스스로는 백 리 땅을 봉지로 삼아 은(殷)과 주(周) 두 왕조의 선례를 따르는 것이 마땅하다."[51]

수홍은 내관인 장사(長賜)에게 상소를 올리도록 지시하였다. 당시 실권을 장악하고 있던 대장군 곽광(霍光)이 소제를 보좌하고 있었는데, 수홍과 장사는 대역무도(大逆不道)의 죄로 처형되었다. 그로부터 4년 후, 폐태자 유거(劉據)의 손자 유병이(劉病已)가 민간에서 맞이 되어 황제로 즉위하였고, 수홍의 아들은 낭(郎)이 되었다.

V. 사전 제자 및 후학 활동

동중서의 학문은 서한(西漢) 후기에 이르러 주로 수홍(眭弘) 계열을 통해 전파되었다. 수홍은 엄팽조(嚴彭祖)와 안안락(顔安樂)에게 학

---

50) 『漢書』「眭兩夏侯京翼李傳」: 石柳皆陰類, 下民之象, 而泰山者岱宗之嶽, 王者易姓告代之處. 今大石自立, 僵柳復起, 非人力所爲, 此當有從匹夫爲天子者. 枯社木復生, 故廢之家公孫氏當復興者也.

51) 『漢書』「眭兩夏侯京翼李傳」: 先師董仲舒有言, 雖有繼體守文之君, 不害聖人之受命. 漢家堯後, 有傳國之運. 漢帝宜誰差天下, 求索賢人, 禪以帝位, 而退自封百裏, 如殷周二王後, 以承順天命.

문을 전하였으며, 이로 인해 웅장한 두 학파인 '엄씨학(嚴氏學)'과 '안씨학(顔氏學)'이 형성되었다. 이들은『춘추(春秋)』학의 박사로 확립되어 오랫동안 한대(漢代) 동중서『춘추』학의 주류 학파를 차지하였다.

수맹은 생전에 수많은 제자들 가운데 특히 팽조와 안락의 앞날을 높이 평가하였고, 두 사람은 각기 견해가 달랐으나 자신의 학설을 고수하면서 서로 다른 학술적 유파를 형성하였다.

맹의 제자는 100여 명이었으나, 오직 팽조와 안락만이 뛰어났다. 서로 논쟁하고 의심스러운 뜻을 물으며 각기 자신의 견해를 고수하였다. 맹이 말하였다. '『춘추』의 뜻은 두 사람에게 있다!' 맹이 죽은 후, 팽조와 안락은 각각 학파를 세워 가르쳤다. 이로 인해『공양춘추(公羊春秋)』에는 안씨학과 엄씨학이 생겨났다.[52]

수맹은 동해 사람 엄팽조와 노나라 사람 안안락에게 학문을 전하였다. 팽조는『춘추』엄씨학을, 안락은『춘추』안씨학을 세웠다.[53]

정현(鄭玄) 또한 자신의『육예론(六藝論)』에서 동중서의 주요 학술 계보를 명확히 밝히고 있다.

동중서의 제자는 영공(嬴公), 영공의 제자는 수맹, 수맹의 제자는 엄팽조와 안안락이며, 안안락의 제자는 음풍(陰豐), 유향(劉向), 왕언(王彦)이다.[54]

1. 맹경 학파 계보

---

52) 『漢書』「儒林傳」: 孟弟子百餘人, 唯彭祖·安樂爲明, 質問疑誼, 各持所見. 孟曰: 春秋之意, 在二子矣! 孟死, 彭祖·安樂各顓門教授. 由是公羊春秋有顔·嚴之學.

53) 『後漢書』「儒林列傳」: 眭孟授東海嚴彭祖·魯人顔安樂. 彭祖爲春秋嚴氏學, 安樂爲春秋顔氏學.

54) 『春秋公羊傳注疏』: 董仲舒弟子嬴公, 嬴公弟子眭孟, 眭孟弟子嚴彭祖及顔安樂, 安樂弟子陰豐·劉向·王彦.

1) 소광(疏廣)

‘소광’의 자는 중옹(仲翁)으로, 동해(東海) 난릉(蘭陵) 사람이며, 맹경(孟卿)의 제자이자 동중서의 사전(四傳) 제자이다. 그는 젊었을 때부터 학문을 좋아하였고, 『춘추(春秋)』에 밝아 『소씨춘추(疏氏春秋)』를 저술하였다.

소광은 집에서 제자를 가르쳤으며, 학자들이 먼 곳에서도 찾아왔다. 조정에서 그를 박사(博士), 태중대부(太中大夫)로 불러들였다. 지절(地節) 3년, 황태자를 세우면서 병길(丙吉)을 태부(太傅)로, 소광을 소부(少傅)로 삼았으며, 몇 달 뒤 병길이 어사대부(禦史大夫)로 승진하자, 소광도 태부로 옮겨졌다.[55]

2) 관로(管路)

관로(管路, 또는 筦路)는 낭야(琅邪) 사람으로, 소광(疏廣)의 제자이며, 이후 안안락(顔安樂)을 스승으로 삼아 동중서의 오전(五傳) 제자가 되었다. 관로는 어사중승(禦史中丞)을 지냈다.[56] 그는 또한 학파를 세워 종지를 세웠고, 명도(冥都)와 함께 안안락을 스승으로 섬기며 학문을 배웠다. 학술적 견해에서 명도와 유사했던 것으로 보이며, 이 때문에 『공양춘추(公羊春秋)』 안씨학(顔氏學) 가운데 다시 ‘관명지학(筦冥之學)’[57]이 나타나게 되었다.

3) 손보(孫寶)

‘손보’의 자는 자엄(子嚴)으로, 영천(潁川) 연릉(鄢陵) 사람이며, 관

---

55) 『漢書』「雋疏於薛平彭傳」: 家居教授, 學者自遠方至. 徵爲博士太中大夫. 地節三年, 立皇太子, 選丙吉爲太傅, 廣爲少傅. 數月, 吉遷禦史大夫, 廣徙爲太傅.

56) 『漢書』「儒林傳」: 路爲禦史中丞.

57) 『漢書』「儒林傳」: 故顔氏復有筦冥之學.

로(管路)의 제자이자 동중서의 육전(六傳) 제자이다. 그는 경술(經術)
에 능통하여 고을에서 직무를 수행하다가, 어사대부 장충(張忠)의 추
천으로 조정에 들어가 경관(京官)으로 임명되었고, 광한태수(廣漢太
守), 경조윤(京兆尹), 사리(司隸), 광록대부(光祿大夫), 대사농(大司農)
등 여러 직책을 역임했다.

그러나 죄를 지어 관직에서 면직되었고, 결국 집에서 노환으로 사
망했다. 홍가년간(기원전 20년~기원전 17년), 광한군(廣漢郡)에서 도
적들이 일어나자, 손보는 유주자사(益州刺史)로 임명되었다. 광한태
수 호상(扈商)은 대사마(大司馬), 차기장군(車騎將軍) 왕음(王音)의 여
동생의 아들이었지만, 연약하여 그 직무를 수행할 수 없었다. 손보는
직접 산골로 들어가 도적들에게 그들이 범죄를 원하는 것이 아니라
숨겨진 사정이 있음을 알렸다. 도적의 우두머리가 뉘우쳐 자수하였고,
손보는 그를 고향으로 돌려보냈다.

이후 손보는 자신이 스스로 탄핵하며 "상商이란 사람은 난을 일으
킨 자이니, 『춘추(春秋)』의 뜻에 따라 오직 우두머리만 처벌하면 된
다."[58]라고 말했다. 호상은 손보가 풀어준 우두머리가 사형을 받아야
한다고 상소했다. 호상은 결국 구속되었고, 손보는 죄인을 풀어주었
다는 이유로 면직되었다.

손보가 대사농을 맡을 때, 마침 월준군(越雋郡)에서 황룡이 강 가
운데 떠다니는 일이 발생했다. 태사(太師) 공광(孔光), 대사도(大司徒)
마궁(馬宮) 등은 왕망(王莽)의 공덕이 주공(周公)과 비견될 만하다고
칭송하며 종묘에 제사를 지내야 한다고 말했다. 이에 대해 대신들이
놀라움을 금치 못하고, 시중(侍中)과 봉차도위(奉車都尉) 전한(甄邯)

---

58) 『漢書』「蓋諸葛劉鄭孫母將何傳」: 奏商爲亂首, 春秋之義, 誅首惡而已.

은 즉시 한 평제(漢平帝)의 명을 받아 이 논의를 중지시켰다. 손보는 자신의 의견을 내며, 모두 동중서의 『춘추』의 뜻에 따라 논의했다.

2. 수홍 학파 계보

1) 엄팽조(嚴彭祖)

'엄팽조(嚴彭祖)'의 자는 공자(公子)로, 동해 하피(下邳) 사람이며, 수홍(睢弘)의 제자이자 동중서의 재전(再傳) 제자이다. 엄팽조는 선제(宣帝) 때 박사(博士)를 지냈고, 후에 하남군 태수(河南郡太守)가 되었다. 그는 높은 과거시험을 거쳐 좌풍익(左馮翊)으로 임명되었고, 이후 태자태부(太子太傅)로 승진하였다. 엄팽조는 청렴하고 직설적이었으며 권력자들에게 아첨하지 않았다. 어떤 사람이 그에게 권력을 추구할 것을 권유하며 말했다.

"천시는 사람의 일을 이길 수 없습니다. 군주께서 작은 예의를 고치지 않으면 권세 있는 자들의 도움을 받지 못하고, 경의가 아무리 높아도 재상에 오를 수 없습니다. 조금이라도 자신을 더 힘써 노력해보십시오!"

이에 엄팽조는 이렇게 답했다.

"모든 경술을 통달하려면 선왕(先王)의 도리를 따르는 것이 당연합니다. 어떻게 세속에 따라 굴복하고 부귀를 추구할 수 있겠습니까?"

엄팽조는 결국 태부에 오르게 되었지만, 재상에 오르지는 못했다.[59]

순열(荀悅)는 엄팽조가 "재능과 학문이 뛰어나며, 『춘추』에 밝고 경

---

59) 『漢書』「儒林傳」: 或說曰: 天時不勝人事, 君以不修小禮曲意, 亡貴人左右之助, 經誼雖高, 不至宰相. 願少自勉強! 彭祖曰: 凡通經術, 固當修行先王之道, 何可委曲從俗, 苟求富貴乎! 彭祖竟以太傅官終.

전 주석을 저술하였으며, 그것이 바로 『엄씨춘추(嚴氏春秋)』라고 기록하였다."[60] 그러나 『한서』「경적지(經籍志)」에는 그의 저술이 기록되어 있지 않다.

> 『춘추좌씨도(春秋左氏圖)』 10권은 한나라 태자태부 엄팽조가 저술하였고, 『고금춘추맹회지도(古今春秋盟會地圖)』 1권은 전해지지 않는다. 『춘추공양전(春秋公羊傳)』 12권은 엄팽조가 저술하였다.[61]

신·구 『당서(唐書)』에는 『춘추공양전(春秋公羊傳)』 5권과 『춘추도(春秋圖)』 7권이 기록되어 있다. 이를 통해 엄팽조 또한 좌씨학(左氏學)을 연구했음을 알 수 있으며, 『춘추공양전(春秋公羊傳)』이 바로 『엄씨춘추(嚴氏春秋)』와 동일함을 알 수 있다. 『엄씨춘추』의 원본은 이미 전해지지 않아 그 내용을 알 수 없다. 『엄씨춘추』에서 『관주편(觀周篇)』을 인용하며, 공자가 『춘추』를 편찬할 때, 좌구명(左丘明)이 주나라를 거쳐 그 책을 보고 주나라 역사에서 배웠다. 채옹(蔡邕)의 석경(石經)에 의해 확정된 것은 바로 엄씨춘추이다(王應麟, 2011).

2) 왕중(王中)·공손문(公孫文)·동문운(東門雲)

팽조는 낭야 왕중에게 전수하였으며, 왕중은 동중서의 사전(四傳) 제자이다. 왕중은 원제(元帝) 때 소부(少府)를 지냈으며, 가문은 대대로 업을 전했다. 왕중은 동군(同郡) 출신인 공손문과 동문운에게 학문을 전수하였고, 공손문과 동문운은 동중서의 오전(五傳) 제자들이

---

60) 『前漢紀』: 有才藝, 學春秋, 明經傳, 作注即名嚴氏春秋也.
61) 『隋書』「經籍志」: 春秋左氏圖十卷, 漢太子太傅嚴彭祖撰; 古今春秋盟會地圖一卷, 亡. 春秋公羊傳十二卷, 嚴彭祖撰.

다. 동문운은 징주자사(荊州刺史)를 역임하였고, 공손문은 동평태부
(東平太傅)가 되어 제자들이 매우 성대하였다.[62]

3) 안안락(顔安樂)

'안안락'의 자는 공손(公孫)으로, 노(魯)나라 설(薛) 사람이며, 수
맹(眭孟)의 여동생의 아들이자 수맹의 제자이다. 그는 동중서의 삼전
(三傳) 제자이다. 가난한 집안에서 태어나 학문에 정력을 기울였으며,
관직은 제군태수승(齊郡太守丞)까지 올랐으나, 후에 원수에게 살해
당했다. 안안락은 『공양연씨기(公羊顔氏記)』 11편을 저술했다.[63] 다
른 저서에 대한 기록은 없으며, 당대까지 이미 전해지지 않았을 가능
성이 있다.

4) 냉풍(冷豐)·임공(任公)

안안락은 회양 냉풍차군(淮陽冷豐次君)과 자천 임공(淄川任公)에
게 학문을 전수하였으며, 이들은 동중서의 사전(四傳) 제자들이다. 임
공은 소부(少府)를 지냈고, 냉풍은 자천태수(淄川太守)를 역임했다.
이 계통은 번성하여, 그로 인해 연씨 가문에는 냉임학(冷任學)이 형
성되었다.

5) 공유(貢禹)

공유는 원공(嬴公)에게 배워 학문을 닦았고, 수맹(眭孟)에게 학문
을 완성하였으며, 동중서의 삼전(三傳) 제자이다. 그는 궁서대부(禦史
大夫)까지 올라갔다. 공유는 영천 당계혜(潁川堂溪惠)에게 학문을 전

---

62) 『漢書』「儒林傳」: 徒衆尤盛.
63) 『漢書』「藝文志」: 公羊顔氏記十一篇.

수하였으며, 혜는 동중서의 사전(四傳) 제자이다. 당계혜는 태산명도
(泰山冥都)에게 배워, 명도는 승상 장사(丞相長史)가 되어 동중서의
오전(五傳) 제자가 되었다. 명도는 또한 관로(管路)와 함께 안안락
(顔安樂)에게 배워, 이로 인해 연씨 가문에는 관명학(管冥學)이 형성
되었다.

6) 마궁(馬宮)·좌함(左鹹)

냉풍은 마궁(馬宮)과 낭야 좌함(琅邪左鹹)에게 학문을 전수하였으
며, 이들은 동중서의 오전(五傳) 제자들이다. 좌함은 군수(郡守)와 구
경(九卿)을 역임했으며, 제자들이 매우 성대했다.[64] 마궁은 복성 마시
(馬矢)인데 자는 유경(遊卿)이고, 동해군(東海郡) 척현(戚縣) 사람이
다. 그는 『엄씨춘추(嚴氏春秋)』를 연구하였고, 사책(射策) 시험에서
갑과(甲科)를 얻어 랑(郎)에 임명되었으며, 이후 초국 장사(楚國長史),
정위평(廷尉平), 청주 자사(青州刺史), 구강 태수(九江太守) 등을 역임
하며, 그 직무를 훌륭히 수행하여 칭찬을 받았다.

조정에 입직 후, 그는 태자잠사(太子詹事), 광록훈(光祿勳), 우장군
(右將軍)을 거쳐, 공광(孔光)을 대신해 대사도(大司徒)를 맡았고, 부덕
후(扶德侯)로 봉해졌다. 이후 태자태사(太子太師)와 사도공(司徒公)
으로 승진했으나, 한나라의 쇠퇴를 목격한 후 관직을 사직하고 고향
으로 돌아갔다. 왕망이 왕위를 찬탈한 후, 다시 태자사(太子師)로 임
명되었고, 그 직위에서 사망했다. 이 기간 동안 왕망은 사우제주(師友
祭酒), 시중(侍中), 간의(諫議), 육경제주(六經祭酒) 등 각기 하나씩의
제사를 맡은 제주들을 두었으며, 제사장들의 계급은 상경(上卿)에 비

---

64) 『漢書』「儒林傳」: 徒衆尤盛.

견되었다. 낭야 좌함은 『춘추(春秋)』 제사장이었다.[65]

3. 제자일 가능성이 있는 인물들

1) 보창(鮑敞)

원광 원년(元光元年) 7월, 경사(京師)에 우박이 내리자 보창이 동중서에게 물었다. '우박은 어떤 것입니까?'[66]

이 기록을 근거로 하여 주이존(朱彝尊)은 『경의고(經義考)』에서 다음과 같은 주장을 제기하였다.

동중서의 제자에는 양나라 재상(梁相) 난릉의 저대(蘭陵 褚大), 간대부(諫大夫) 동평의 영공(東平 嬴公), 광천(廣川)의 단중(段仲), 온나라 승상의 장사(長史) 광천의 여보서(呂步舒), 보창(鮑敞)이 있다.[67]

그러나 일시적으로 학문을 문의한 사실만으로 제자(弟子)로 단정하는 것은 다소 성급하다고 할 수 있다. 이러한 기준을 따른다면, 과거에 누추한 골목에서 동중서에게 계책을 물었던 어사대부(禦史大夫) 장탕(張湯) 또한 그의 제자 목록에 포함되어야 할 것이다. 그러나 이런 정돈은 타당하지 않다. 따라서 보창은 우연한 기회에 동중서와 접촉하여 우박의 생성 원인에 대해 문의하였을 뿐이며, 정식 제자의 범주에 포함시키는 것은 적절하지 않다.

---

65) 『漢書』「王莽傳」: 祭酒各一人凡力祭酒秩上卿琅邪左鹹爲講春秋.
66) 『西京雜記』: 元光元年七月, 京師雨雹. 鮑敞問董仲舒曰: 雹何物也?
67) 『經義考』: 董仲舒弟子梁相蘭陵褚大. 諫大夫東平嬴公廣川段仲溫. 丞相長史廣川呂步舒. 鮑敞.

2) 유향(劉向)·왕언(王彦)

서언(徐彦)은 하휴(何休)의 『공양전해고서(公羊傳解詁序)』를 주석하면서 정현(鄭玄)의 『육예론(六藝論)』을 인용하였는데, 그 내용은 다음과 같다.

> 『공양전(公羊傳)』을 연구한 자는 호무생과 동중서이다. 동중서의 제자는 영공(贏公), 영공의 제자는 수맹(眭孟), 수맹의 제자는 엄팽조(嚴彭祖)와 안안락(顔安樂), 안안락의 제자는 음풍(陰豐), 유향(劉向), 왕언(王彦)이다.[68]

이 기록은 유향과 왕언 또한 동중서의 학통을 잇는 3세대 제자[三傳弟子]로 포함하고 있으나, 정현이 이러한 주장을 어떤 근거에 기반하여 서술한 것인지는 명확하지 않다. 한편, 『곡량전(穀梁傳)』을 전수한 강공손(江公孫)은 한대(漢代)의 박사(博士)로 알려져 있다.

> 유향은 고간대부(故諫大夫)로서 통달한 인물로 예우를 받아 대조(待詔)의 지위에 있었고, 『곡량』을 배워 그를 보좌하고자 하였다.[69]

또한, 소망지(蕭望之)가 주관한 석거각(石渠閣) 회의에서 유향은 『곡량전』 학파의 대표로 참석하였는데, 이는 그가 명백히 곡량학(穀梁學)의 전통을 계승한 인물임을 방증한다. 그 외에 유향이 엄팽조(嚴彭祖)·안안락(顔安樂)의 학파로부터 교육을 받았다는 어떠한 문헌적 근거도 존재하지 않는다. 더구나 왕언에 대해서는 그가 누구로부터 학

---

68) 『六藝論』: 治公羊者胡毋生·董仲舒. 董仲舒弟子贏公, 贏公弟子眭孟, 眭孟弟子嚴彭祖及顔安樂, 安樂弟子陰豐·劉向·王彦.
69) 『漢書』「儒林傳」: 劉向以故諫大夫通達待詔, 受穀梁, 欲令助之.

문을 전수 받았는지에 대한 기록이 전혀 남아 있지 않으며, 그의 생애 자체도 알려진 바 없다. 그러므로 유향과 왕언을 동중서 학파의 삼전 제자(三傳弟子)로 규정하는 것은 문헌적·사실적 근거가 결여된 주장 으로, 신빙성이 떨어진다고 판단된다.

3) 신완(申挽)·이추(伊推)·송현(宋顯)·허광(許廣)

감로 3년(甘露三年, 서기 51년), 태자태부(太子太傅) 소망지(蕭望 之)는 『공양전(公羊傳)』과 『곡량전(穀梁傳)』 두 학파 간의 대규모 논 쟁회인 석거각 회의(石渠閣會議)를 조직하였다.

당시 『공양전』 박사 엄팽조(嚴彭祖), 시랑 신완(申挽)·이추(伊推)·송현(宋 顯), 『곡량전』 의랑 윤갱시(尹更始), 대조 유향(劉向), 주경(周慶), 정성(丁姓) 이 함께 논의하였다. 공양학파에서는 종종 다수의 의견이 받아들여지지 않 았기에 내시랑 허광(許廣)의 참여를 요청하였으며, 사자 또한 곡량학파의 중 랑(中郞) 왕해(王亥)를 함께 들이게 하여 양측 각 다섯 명이 서른여 개의 쟁 점을 토론하였다."[70]

이 논쟁에 참여한 공양학파 인물은 박사 엄팽조 외에 시랑 신완·이 추·송현 및 내시랑 허광 등이 포함된다. 그러나 이 네 인물의 출신 배 경과 사승 관계는 명확히 전하지 않는다. 다만 당시 공양학의 계보와 상황을 고려할 때, 이들은 엄팽조의 학파에서 배출된 인물들로 추정 할 수 있다. 이러한 추정이 사실이라면, 이들 또한 동중서 학파의 전통 을 계승한 후예로 간주할 수 있다.

---

70) 『漢書』「儒林傳」: 時公羊博士嚴彭祖·侍郞申輓·伊推·宋顯, 穀梁議郞尹更始·待詔劉向·周慶·丁姓 並論. 公羊家多不見從, 願請內侍郞許廣, 使者亦並內穀梁家中郞王亥, 各五人, 議三十餘事.

4. 이육(李育)은 동중서(董仲舒)의 제자가 아니다

명대(明代)의 『수경도의례(授經圖義例)』는 동중서의 제자 가운데
이육(李育)이 있다고 보았다. 그러나 이는 실로 큰 오류이다.

> 하휴(何休)의 전승에 따르면, 그의 스승 양필(羊弼)과 함께 이육(李育)을
> 추존하여 이전(二傳)을 논박하였고, 주석에서는『공양』이 수 차례 전해져 하
> 휴에 이르렀으며, 이 때문에 경학(經學)이 크게 밝아졌다고 한다. 이를 통해
> 휴(休)는 필(弼)에게서, 필은 육(育)에게서, 육은 중서(仲舒)에게서 배운 것이
> 며, 이는 하나의 계통이다.[71]

그리고 이와 함께 계보도도 제시되어 있다. 그러나 하휴는 “그의
스승 박사 양필과 더불어 이육을 추존하고, 두 전통을 반박하기 위해
『공양묵수(公羊墨守)』, 『좌씨고황(左氏膏肓)』, 『곡량폐질(穀梁廢疾)』
을 저술하였다.”[72] 하휴가 양필에게 배웠고, 양필이 이육에게 배운 것
은 전승 계보로 보면 문제가 없다.

이육(李育)의 자는 원춘(元春)이고, 부풍(扶風) 칠현(漆人) 출신으
로, 동한(東漢) 초기에 활동한 금문경(今文經)의 대가이다. 이육은 젊
은 시절 태학(太學)에 입학하였고, 일찍이 『공양춘추(公羊春秋)』를 익
혀 깊은 조예를 이루었으며, 태학생들 사이에서 상당히 이름이 알려
져 있었다. 같은 고향의 반고(班固)가 깊이 존중하였다. 영평(永平) 초
년, 표기장군(驃騎將軍)이자 동평왕(東平王)인 유창(劉蒼)이 정사를
보좌하면서 천하의 어진 인재들을 널리 초빙하였다. 반고는 유창에게

---

71) 『授經圖義例』「春秋」: 何休傳稱, 與其師羊弼追述李育, 以難二傳, 注疏又稱公羊壽四傳而至何
　　休, 經學大明, 以此知休受於弼, 弼受於育, 育受於仲舒, 當是一派.
72) 『後漢書』「儒林列傳」: 與其師博士羊弼, 追述李育, 意以難二傳, 作公羊墨守·左氏膏肓·穀梁廢
　　疾.

이육을 추천하면서 그의 재능과 학식을 높이 평가하였다. 비록 발탁되지는 못했지만, 그의 명성은 수도에 널리 퍼졌다. 건초 원년(建初元年, 76년), 위위(衛尉) 마요(馬廖)의 천거로 의랑(議郎)으로 임명되었고, 이후 박사(博士)에 제수되었다. 건초 4년(建初四年, 79년), 백호관회의(白虎觀會議)에 참여하여 『공양』의 의리를 가지고 가규(賈逵)를 반박하였으며, 그 공방에는 모두 논리적 근거가 있었다. 그 후 승진하여 상서령(尚書令)이 되었으나, 건초 8년(建初八年, 83년)에 사건에 연루되어 면직되었고, 건초 9년(建初九年, 84년)에 다시 전보되어 시중(侍中)에 임명되었으며, 재임 중 사망하였다.[73]

그의 약력을 통해 알 수 있듯이, 이육(李育)이 100세의 장수를 누렸다 하더라도 그의 출생은 기원전 20년경으로 추정된다. 그러나 동중서는 서한(西漢) 한 무제(漢武帝) 원정 3년(元鼎三年, 기원전 114년) 이전에 이미 사망하였으므로, 이 시점은 동중서가 사망한 지 거의 100년이 지난 셈이다. 따라서 이육이 동중서의 문하에서 수학했다는 것은 불가능하다.

---

73) 『後漢書』「儒林列傳」: 李育字元春, 扶風漆人也. 漆, 縣, 今豳州辛平縣. 少習公羊春秋. 沈思專精, 博覽書傳, 知名太學, 深爲同郡班固所重. 固奏記薦育於驃騎將軍東平王蒼, 由是京師貴戚爭往交之. 州郡請召, 育到, 輒辭病去. 常避地教授, 門徒數百. 頗涉獵古學. 嘗讀左氏傳, 雖樂文采, 然謂不得聖人深意, 以爲前世陳元·範升之徒更相非折, 折, 難也, 音之舌反. 而多引圖讖, 不據理體, 於是作難左氏義四十一事. 建初元年, 衛尉馬廖擧育方正, 爲議郎. 後拜博士. 四年, 詔與諸儒論五經於白虎觀, 育以公羊義難賈逵, 往返皆有理證, 最爲通儒. 再遷尚書令. 及馬氏廢, 建初八年, 順陽侯馬廖子豫爲步兵校尉, 坐投書怨謗, 豫免, 廖歸國. 見馬援傳. 育坐爲所擧免歸. 歲餘復徵, 再遷侍中, 卒於官.

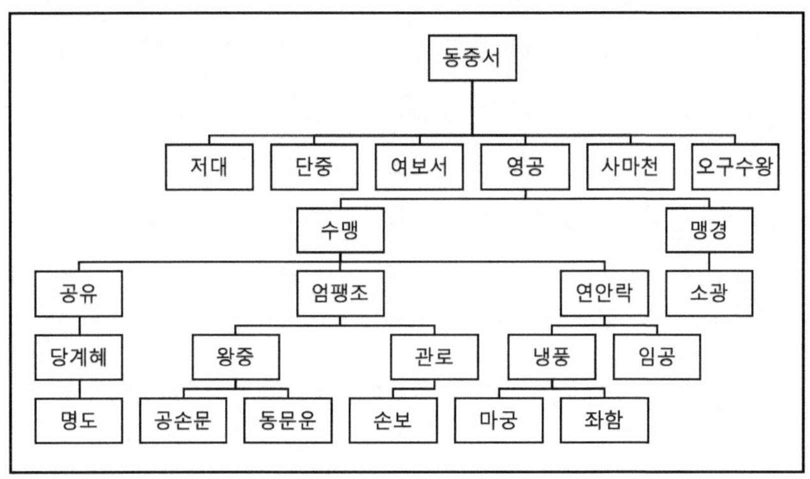

[그림] 서한 시기 동중서 학술의 전승 계보도

송대(宋代) 시(詩)에 나타난 동중서 형상(形象)

다이춘민(代春敏)

I. 서언

송대(宋代)에 동중서(董仲舒)를 칭찬한 시문(詩文)은 100여 수에 이를 정도로 많다. 문헌 자료도 풍부하고 심오하여 동중서 연구에 자세한 사료를 제공한다.

송대에 읊은 시는 대체로 두 가지 유형으로 나뉜다.

첫 번째는 역사시(歷史詩)로, 동중서와 그의 사적을 역사적 관점에서 평가하며, 사실에 근거해 사건을 논하고 역사로서의 의미를 따진다. 이는 일종의 독서 기록과 유사하다.

두 번째는 감정을 표현하거나 서사를 담은 시로, 동중서는 역사적 고사로서 널리 등장한다.

다양한 창작 소재와 내용, 그리고 방대한 창작자들은 동중서가 후대 사상 발전에 끼친 영향이 어떠한지를 보여주며, 이는 깊은 인문학적 가치를 지닌다.

II. 송시(宋詩) 속 동중서 형상의 시의화(詩意化)

당대(唐代)의 시가 발전을 거쳐 송대에 이르러, 동중서를 읊은 시, 이른바 '영동시(詠董詩)'의 양상에는 다음과 같은 변화가 나타난다.

첫째, 양적으로 볼 때, 송대의 동중서 관련 시는 이전 시대를 압도하며 100여 수에 달한다.

둘째, 고사의 활용이 더욱 보편화되어 단순히 동중서의 생애, 학문, 덕행에 국한되지 않고, 그의 인격적 매력, 역사적 지위, 사상적 성취 등 다양한 면모를 포괄한다.

셋째, 시의(詩意)의 측면에서 송대 시인들은 인문적 이미지를 조형하는 데 주력하였으며, 이 때문에 동중서는 점차 시의화되어 하나의 시적 이미지이자 정신적 상징으로 자리매김하게 된다.

그는 박학다식, 학문 전수, 청렴, 혁신, 불우 등의 대명사로 기능하며, 전반적 시적 분위기에 깊이 녹아든다.

1. 박학치세(博學治世)의 재능과 학문

『한서』「동중서전」에 의하면, 동중서는 "장막을 내리고 강론하며, 제자들이 오래도록 차례로 학업을 이어받았고, 어떤 사람은 그의 얼굴조차 볼 수 없었다. 대개 3년간 뜰을 엿보지 않았으니, 그 정성이 이와 같았다."[1]라고 한다. 이는 그가 장막 속에서 학문에 몰두하며, 경서를 두루 섭렵하였음을 잘 보여준다.

송 진종(宋眞宗) 조항(趙恒)은 「사양억판비감(賜楊億判秘監)」이라는 시에서 "봉산(蓬山)에서 오늘날 문사(文史)를 논하니, 널리 들음이

---

1) 『漢書』「董仲舒傳」: 下帷講誦, 弟子傳以久次相授業, 或莫見其面. 蓋三年不窺園, 其精如此.

동중서를 능가하도다!"[2)]라고 하였다.『한서』「유림전」에서도 "동중서는 오경(五經)에 능통하고, 논리를 펼칠 줄 알며, 문장을 잘 지었다."[3)]라고 기록되어 있어, 양억(楊億)의 박식함이 동중서를 뛰어넘었다고 칭송하였다.

왕안석(王安石)은 「차운수오언진견기이수·기이(次韻酬吳彦珍見寄二首·其二)」에서 "비록 집안이 가난하고 재산이 없어서 공자의 제자 단목사(端木賜)와는 비교할 수 없지만, 마을 사람들에게 글을 가르치고 전하는 일은 동중서와 견줄 만하다."[4)]라고 하였다. 또한 왕지도(王之道)는 「역양(歷陽)」에서 "동진(東晉)의 도연명, 서한의 동중서. 이들의 고상한 품격은 속세를 바로잡고, 이들의 훌륭한 논설은 책 속에 남아 있다."[5)]라고 하여, 동중서를 고결한 풍모와 교화적 영향력을 지닌 인물로 칭송하였다.

육유(陸遊)는 「자려(自勵)」에서 "병약한 몸 올해도 살아남았으니, 마음을 가라앉혀 다시 동생의 장막 아래로 하네."[6)]라 하며, 자신의 학문적 태도와 동중서의 공부 자세를 동일시하였다. 여기서 '마음을 가라앉히다.'라는 의미의 잠심(潛心)'이라는 표현은 동중서가 장막 아래에서 몰두하여 경서를 강론하던 모습을 잘 담아낸 말이다. 오직 마음을 가라앉혀 정성을 다해 학문에 매진하였기에 큰 성취를 이룰 수 있었다.

여조겸(呂祖謙)은 「만춘(晚春)」에서 노래하였다.

---

2)『宋詩紀事』: 蓬山今日詮墳史, 還仰多聞過仲舒.
3)『漢書』「董仲舒傳」: 董仲舒通五經, 能持論, 善屬文.
4)『全宋詩』: 家貧殖貨羞端木, 鄉裏傳書比仲舒.
5)『全宋詩』: 東晉陶元亮, 西京董仲舒. 高風敦薄俗, 妙論見遺書.
6)『全宋詩』: 羸病今年能未死, 潛心更下董生幃.

바람에 흩날리는 솜털과 꽃잎을 그저 흘려보내고,

북창에 높이 누워 푸른 그늘을 맞는다.

문을 닫고 봄빛 속에 한가로이 늙어가니,

평생을 동중서처럼 살아왔다고 자부하네.[7]

이는 시인이 문을 닫고 세속을 떠나 독서에 몰두하는 자신의 모습을 동중서의 고사에 빗대어 표현한 것으로, 그에 대한 깊은 공감과 존경의 감정을 담고 있다.

동중서 공부를 할 때, '눈길 한 번 뜰을 넘기지 않았다.'라고 하나, 이는 결코 '문을 닫고 수레를 만드는' 식의 고립된 학문 활동이 아니었다. 그는 수만 권의 경서를 바탕으로 시선을 당대의 사회 현실과 치국(治國)·리정(理政)의 문제로 확장하였다.

송상(宋庠)의 「독사이수·기이(讀史二首·其二)」에서는 다음과 같은 시를 지었다.

가부(賈傅)는 상심하여 논표를 감췄고,

동생(董生)은 근본을 밀어『춘추』에 응답하였네.

궐장(蹶張)이 책상을 치며 재상을 자청했지만,

누가 유가를 아홉 유파의 으뜸으로 삼았던가.[8]

여기서 송상은 동중서가 『춘추』의 대의(大義)를 바탕으로 유가 사상을 숭상하고, 이를 '구류(九流)' 사상 가운데 으뜸으로 세운 점을 감

---

7) 『全宋詩』: 風絮流花一任渠, 北窗高臥綠陰初. 閉門春色開中老, 爲謝平生董仲舒.
8) 『全宋詩』: 賈傅感傷論表餌, 董生推本對春秋. 蹶張抵幾能爲相, 誰序儒家冠九流.

탄하고 있다. 이는 동중서가 "통치 질서를 하나로 아우르고, 법도는 명확하게 하며, 백성은 따를 바를 알게 한다."[9]라는 이상을 실현하려 했음을 보여준다.

유극장(劉克莊)은 「차강권군연신진사운(次江權軍宴新進士韻)」에서 "동중서의 세 가지 책문은 지극한 것[10]"이라 하였고, 「광주권가일수(廣州勸駕一首)」에서는 "동중서의 세 편 책문을 자주 보면 되니, 당인(唐人)의 하루 꽃놀이에 많이 몰입하지 마라."[11]라고 하였다. 이는 동중서의 '삼책(三策)'이 학문과 현실을 결합하여 실제 정치에 기여하였음을 찬탄하는 표현이다. 또한 위상(韋驤)은 「화방고(和訪古)」에서 "성쇠의 말을 극진히 하니, 동중서가 우러러 보이네."[12]라고 하여, 그의 역사 인식과 현실 정치에 대한 통찰을 높이 평가하였다.

이처럼 동중서의 책문은 단순한 이론을 넘어, 당시 한나라의 폐단을 치료하였고, 후세에 이르기까지 정치와 사상에 깊은 영향을 끼쳤다. 송시 속의 동중서는 시인 자신을 비추는 거울이기도 하고, 타인을 칭송하는 수단이기도 하다. 이때 동중서는 이미 박학다식하고, 학문을 실천으로 연결하며, 치세의 재능을 갖춘 인물의 상징으로 자리 잡고 있다.

2. 청렴하고 어질며 의로운 품성

『한서』「동중서전」에 의하면, 동중서는 '사람됨이 청렴하고 곧았다.'라고 한다. 성품이 돈후(敦厚)한 그는 늘 겸손하고 신중하였으며,

---

9) 『漢書』「董仲舒傳」: 統紀可一而法度可明, 民知所從.
10) 『全宋詩』: 董生至論惟三策.
11) 『全宋詩』: 好陳董子三篇策, 莫看唐人一日花.
12) 『全宋詩』: 言極興衰仰仲舒.

청렴하고 단정하며 인의를 중시하는 품격과 절조를 지켰다. 몸가짐을 곧게 하고 평소 언행을 삼가며, 아첨하는 소인들과 결코 어울리지 않았다. 그러기에 후대 문인들의 존경과 찬미를 받아왔다.

추호(鄒浩)는 「송왕유안부거(送王幼安赴擧)」에서 "맑은 시절이 오면 마땅히 중서(仲舒)를 알아보게 되리라."[13]라고 하였다. 이는 과거에 나가는 젊은이를 경계하고 권면하는 말로, 동중서가 지닌 '청(清)'의 의미를 본받으라고 당부한 것이다. 여기서 '청'은 곧 관직에 나아가 청렴하고, 인격이 바르고 곧으며, 학문에서도 맑고 정당한 식견을 가지는 것을 뜻한다.

동중서의 학문은 고루한 틀에 머무르지 않고 속류와 구별되며, 유학을 창의적으로 융합하고 혁신하였다. 그의 정치적 생애는 군주 권력과 인재 등용, 황권과 지방 세력의 대립, 인사(人師)와 경사(經師), 군도(君道)와 신도(臣道) 사이의 복잡한 논쟁으로 점철되어 있었다.

『한서』「동중서전」에 의하면, 그는 "자신의 몸가짐을 바르게 하여 아랫사람을 이끌고, 자주 상소하여 간쟁하며, 교령을 만들어 나라에 시행하고, 자신이 다스린 강도(江都)·교서(膠西) 두 지역을 잘 다스렸다."[14]라고 한다. 이러한 도의로 임금을 섬긴다는 유학자의 풍모와 책임감 있는 태도는 그 자체로 어질고 의로운 자의 행실이라 할 수 있다. 진보(陳普)는 「동중서」에서 다음과 같이 읊었다.

옛것을 좋아한 유안(劉安)은 어찌 거스른 짝이랴,

좌오(左吳)와 매혁(枚赫)은 제후들 사이에 빛났건만,

동중서가 간 곳마다 호랑이와 이리가 있었으되,

---

13) 『全宋詩』: 會使淸時識仲舒.
14) 『漢書』「董仲舒傳」: 正身以率下, 數上疏諫爭, 敎令國中, 所居而治.

태평하고 어진 자로 오직 그가 끝까지 이르렀도다.[15]

진보는 동중서만이 인의의 도리로 호랑이와 이리 같은 왕들을 설득하고 바르게 이끌었다고 찬양한다. 이는 좌오(左吳), 매혁(枚赫)과 같은 인물들과의 뚜렷한 대조를 이루며, 유향(劉向)이 말한 바와 같이 동중서가 '왕을 도울 만한 재능'을 가졌다는 평가도 결코 과장이 아니다.

조변(趙抃)은 가풍과 도덕 전승을 중시하며, 「신필시제제질자손(信筆示諸弟侄子孫)」이라는 시에서 이렇게 노래했다.

> 공자의 성정은 바른길로 돌아가고,
>
> 중서의 인의는 점차 몸소 행해졌도다.[16]

조변은 공자와 동중서의 인의 정신과 의리관을 후손들에게 훈계하며, 말은 짧지만 그 뜻은 깊고도 간절하다. 이처럼 동중서의 청렴하고 정직하며, 인의에 따라 행한 품성은 그의 시적 형상에서 중요한 상징의 하나로 자리 잡고 있다.

3. 세상의 근심과 기쁨을 함께하는 정서

『춘추번로』「교어」에는 "천하가 아직 태평하지 않은 것은, 천자의 교화가 행해지지 않기 때문이다."[17]라고 했다. 동중서가 주장한 '덕을 주로 하고 형벌은 보조한다.'라는 정치 이념은 인의예악(仁義禮樂)으로 백성을 교화하고 다스리려는 것으로, 장기적 안정과 평화를 모색

---

15) 『全宋詩』: 好古劉安豈逆傳, 左吳枚赫滿諸侯. 仲舒到處皆狼虎, 妥帖馴良獨到頭.

16) 『全宋詩』: 孔氏性情歸利正, 仲舒仁義事摩漸.

17) 『春秋繁露』「郊語」: 天下所未和平者, 天子之教化不行也.

하는 치국의 방책이었다. 특히, '대일통(大一統)' 사상은 "천자는 천하를 통일하고, 더욱이 천하의 근심을 자신의 근심으로 삼으며, 천하의 고통을 제거하는 데 힘써야 한다."[18]라는 사유로 강조된다. 이러한 '천하의 근심을 더하여 염려한다!'라는 관념은 '유학의 독존'을 통해 사상적으로 통일되면서, 후대 문인들의 국가와 백성을 우려하는 정서에 깊은 영향을 미쳤다.

사마광은 낙양에 유배되었을 때, 교외에 '독락원(獨樂園)'이라 이름 붙인 정원을 짓고, 초여름 연꽃이 막 피기 시작한 날 벗과 함께 노래하며, 「화자준신하(和子駿新荷)」라는 시를 지었다.

바빠서 오랜 세월 뜰을 들여다보지 않았으니,

본래 동중서를 흉내 내려던 것은 아니었네.

새 연꽃 가득히 연못을 메우고,

대바구니 이고 들 나서니 인적 드물다.

물안개 피어나는 늦은 저녁과

이슬 젖는 이른 아침, 어느 쪽이 더 아름다울까.

부끄럽구나, 물고기 노니는 구절도 없고,

그저 붓을 휘두르며 백지에 쓰기만 하네.[19]

사마광의 내면은 고독과 번민으로 가득했으며, 오랫동안 정원을 들여다보지 않은 그의 모습은 동중서의 고사와 흡사하다. 다만 전자는 세속을 피하고 산수에 정을 두었고, 후자는 학문에 몰두하며 정진

---

18) 『春秋繁露』「符瑞」: 一統乎天子, 而加憂於天下之憂也, 務除天下所患
19) 『全宋詩』: 懶不窺園久, 元非效仲舒. 新荷滿沼密, 籃舁出門疏. 借問含煙晚, 能勝裛露初. 愧無魚戲句, 弄翰白紛如.

하였다. 사마광은 스스로 동중서를 흉내 낸 것은 아니라고 했지만, 세상에 대한 근심이라는 점에서 두 사람은 시대를 달리하며 서로 통하는 바가 있었다.

'독락(獨樂)'은 결코 세상을 잊고 도피하거나 자기만의 쾌락을 추구하는 것이 아니었다. 동중서는 말년에 초라한 골목에 거주하면서도 여전히 국가의 운영과 백성의 삶을 걱정하였고, 조정에 큰일이 있을 때마다 한 무제는 사자를 보내 그의 의견을 물었다. 임종 직전까지도 그는 소금과 철을 관에서 독점 운영하는 정책에 반대하는 상소를 올렸다.

사마광 또한 동중서와 마찬가지로, "낙양에 머무른 15년 동안 온 나라 사람들이 그를 진정한 재상이라 칭송하였고, 들에서 농사짓는 백성과 시골 노인들은 모두 그를 사마상공이라 불렀으며, 부녀자와 어린 아이들까지도 그를 군실(君實, 사마광의 자)이라 불렀다."[20]라고 한다. 『삼조명신언행록(三朝名臣言行錄)』에서는 사마광이 "낙양에 물러나 살면서도 언저리의 사람들에게 덕으로 감화시키고, 학문을 본받게 하며, 검소한 생활을 귀감으로 삼게 하였다."[21]라고 전한다. 조정에서 멀리 떨어져 있었지만, 그는 근검절약의 덕행과 지조를 굽히지 않았고, 백성을 교화하여 풍속에 깊은 영향을 끼쳤다.

사마광과 동시대에 재상으로 재임했으나 정치적 입장이 달랐던 왕안석 또한 「규원(窺園)」이라는 동중서를 읊는 시를 남겼다.

　　지팡이 짚고 뜰을 들여다보는 날이 수차례,

---

20) 『宋史』: 凡居洛陽十五年, 天下以爲眞宰相, 田夫野老皆號爲司馬相公, 婦人孺子亦知其爲君　　實也.
21) 『三朝名臣言行錄』: 退居於洛, 往來陝洛間, 皆化其德, 師其學, 法其儉.

꽃을 따고 풀을 만지며 흥취는 날마다 새롭네.

동생은 『공양전』에만 미혹되어

어찌 "책을 버리라"는 말이 참되었음을 믿지 못했는가.[22]

왕안석은 동중서처럼 '규원'의 자세를 취하지 않고, 오히려 정원을 수시로 들여다보고 꽃과 풀을 즐겼다. 여기서 '권(捐)'은 '버리다, 포기하다'의 뜻으로, 경서를 내려놓고 독서를 그만두어야만 자연의 풍광을 온전히 감상할 수 있다는 의미이다.

왕안석은 민생의 고통을 잘 이해했고, 국가를 다스릴 방도를 알고 있었으며, 사회의 풍속을 개혁하려는 뜻을 품고 있었다. 그렇다면 그는 왜 굳이 책을 버리고 독서를 그만두라고 권했을까? 북송(北宋)이 직면한 심각한 사회 위기를 마주하며, 왕안석은 자신이 배운 바와 알고 있는 모든 것을 바탕으로 국력을 진흥시키고, 국가의 내우외환(內憂外患)을 제거하며, 백성을 고통에서 구제하려고 하였다.

그러나 변법이 실패로 돌아가고, 왕안석이 재상직에서 물러나게 되면서, 이른바 날마다 '뜰을 들여다보고', 꽃과 풀을 돌보는 일 또한 그의 부득이한 선택이 되었다. 그 마음속에는 이루 말할 수 없는 울적함이 가득했고, 결국 '책을 버리라!'는 말이 참되다는 회한의 탄식을 쏟아내기에 이르렀다. 이러한 표현 속에서 왕안석이 품고 있었던 나라를 향한 걱정과 백성을 위한 충심, 즉 '근심과 기쁨을 함께하는 마음'과 더불어, 자신의 이상이 좌절된 데 대한 어쩔 수 없는 무력감과 안타까움을 동시에 엿볼 수 있다.

---

22) 『全宋詩』: 杖策窺園日數巡, 攀花弄草興常新. 董生只被公羊惑, 肯信捐書一語眞.

4. 재능을 알아주지 않아 겪는 비분강개

동중서가 만년에 지은 「사불우부(士不遇賦)」에서 "인생이 삼대(三代)의 융성한 시절에 태어나지 못하고, 오히려 삼계(三季) 말기의 속세에 태어났다!"[23]라고 하여, 과거와 현재를 생각하며 자신이 시대를 잘못 만났음을 한탄하고 있다. 그는 상고(上古) 삼대처럼 번영한 시절에 태어나 자신의 큰 뜻을 펼치지 못함에 괴로워했다. "누가 순수한 본업으로 돌아가지 않고 세상의 물결에 휩쓸려 다니랴!"[24]라고 하며, 중용받지 못할 바에는 불안에 떨며 조심조심 지내기보다 본업으로 돌아가 마음을 바로잡는 것이 낫다고 여겼다.

후대 문인들은, 이런 심정에 깊은 안타까움을 느끼며 마음에 품었다. 이팽(李彭)은 "동중서가 교서(膠西)를 버리니, 흰말이 빈 골짜기에 있는 듯하다."[25]라고 하여, 뛰어난 인재가 세상 밖에 묻혀 있음을 비유하였다. 조번(趙蕃)의 「우성(偶成)」에서는 "동중서는 불우한 세상을 한탄하고, 도연명은 한산한 마음을 노래하네."[26]라고 평가했고, 장뢰(張耒)는 청렴한 관리로서 사회 현실을 깊이 통찰하며 가난과 유배 속에서도 백성을 불쌍히 여겼다. 그는 '어지러운 세상사'와 명예와 치욕을 견디는 데 나름의 깨달음을 갖고, "동중서는 경전을 밝히고 올곧음을 지키니, 백발이 되어도 하찮은 신하로 나라를 섬겼다. 동중서의 영욕(榮辱)은 봉후의 득실 사이에 있을 뿐이다."[27]라고 했다.

동중서는 관직에 많이 나아가지 못했다. 그러나 유학의 도통을 잇는 데 남긴 공적은 지울 수 없다. 진정한 영욕과 득실은 무엇으로 판

---

23) 『士不遇賦』: 生不丁三代之盛隆兮, 而丁三季之末俗.
24) 『士不遇賦』: 孰若反身於素業兮, 莫隨世而輪轉.
25) 『全宋詩』: 仲舒棄膠西, 白駒在空穀.
26) 『全宋詩』: 慷慨董生悲不遇, 蕭條靖節賦閑情.
27) 『全宋詩』: 董生明經守正直, 白首區區相侯國. 可能董子之榮辱, 乃在封侯得失間.

단해야 하는가? 그것은 수많은 가문을 거느린 후작의 영광인가, 아니면 보잘것없는 신하로서의 치욕인가? 세상의 흐름에 휩쓸림인가, 아니면 평생을 굳건히 지킴인가? 눈앞의 작은 이익인가, 아니면 영원한 천추의 가치인가?

Ⅲ. 동중서 형상의 인문 정신과 가치

시적으로 형상화된 동중서는 단순한 시의 찬미 대상이 아니라, 무거운 인문적 가치와 정신적 추구를 담고 있으며, 깊은 문화적 상징과 정신적 표상을 전하고 있다. 이러한 인문적 내포는 동중서에 관한 시문을 해석하는 가치와 목적이기도 하다.

1. 정견(政見)을 뛰어넘는 군자 간의 논쟁

비교적 개방적이고 개명한 송대(宋代)의 정치 풍조 아래, 동중서에 관한 시문 창작의 주체인 사대부들은 '대화를 추구함과 동시에 대립을 추구'했다(薛湧, 1985). 사마광과 왕안석은 덕망 높고 재능 넘치는 조정의 중신이자 학자로서 동중서에게 깊이 존경하고 숭배했고, 시 속에서 '불규원(不窺園)'의 고사를 인용하였다. 겉으로는 상반되는 듯 보이나 그 이면에는 군자 간의 논쟁이 자리잡고 있다. 두 사람의 대립과 분쟁은 오직 개혁 문제에 관한 정치 견해 차이에 한정되며, "서로 맞지 않음은 행하는 술책이 달라서이다."[28]라고 했듯이, 개인적 원한은 전혀 개입되지 않은 순수한 군자 간의 다툼이었다.

---

28) 『王文公文集』: 議事每不合, 所操之術多異故也.

왕안석은 재임 시에 사마광의 승진을 위한 조서를 작성하며 찬미를 아끼지 않았다. 사마광 또한 왕안석을 높이 평가하며 다음과 같이 말하였다.

> 왕안석은 30여 년 동안 천하의 큰 명성을 독차지했으며, 재능이 높고 학문이 풍부하여 나가기 어렵고 물러서기 쉬우며, 근원과 먼 곳의 선비들 모두가 왕안석이 나서지 않으면 그만이고 나서면 태평성대를 이룰 수 있다고 여긴다. 백성 모두가 그 은택을 입었다. …… 나와 왕안석은 성향은 달라도 근본으로 돌아가면 같다.[29]

이로 보건대, 만발한 정원의 꽃들 사이에서 동중서의 '불규원(不窺園)'에 관해, 왕안석과 사마광은 모두 변혁을 주장하든 반대하든 그들의 '초심(初心)'은 일치하며, 내면의 근심과 즐거움은 서로 통한다. 이는 단지 사마광과 왕안석이 동중서에 대한 경의와 추모일뿐만 아니라, 유학의 맥이 이어져 서로 호응하는 전통적 유전자와 문화 정신이기도 하다.

2. 시공을 뛰어넘는 심령의 교감

시인의 문화적 배경과 인생의 처지가 시공에 대한 그의 인식에 영향을 미칠 수 있다. 과거와 현재가 서로 비추어지며, 시인은 시공에 대한 독특한 깨달음과 체험을 담는다.

말년의 소식(蘇軾)은 담주(儋州)로 유배를 간다. 이때 전에 없던 고독과 쓸쓸함을 느꼈다. 동생 소철(蘇轍)에게 다음과 같이 읊었다.

---

29)『司馬光集』: 介甫獨負天下大名三十餘年, 才高而學富, 難進而易退, 遠近之士, 識與不識, 鹹謂介甫不起則已, 起則太平可立致, 生民鹹被其澤矣. …… 光與介甫, 趣向雖殊, 大歸則同.

하얀 머리와 푸른 얼굴이 물그릇에 비치니,

동생(董生)이 혹시 전생(前生)인가.

홀로 누각에 머무르니 많은 손님이 떠나가고,

새 책을 쓰느라 기운이 다하지 않았다.

약간 취해도 쉽게 깨어나고 부드러운 바람이 불며,

편안히 자는데 꿈은 없고 빗소리는 새롭다.

긴 노래를 스스로 탄식하며 부르니 참으로 웃을 만하고,

이 세상 어디가 기쁨인지 알 수 없도다.[30]

세수하는 물그릇 속에, 소식은 흰머리와 시든 얼굴, 쓸쓸한 표정을 담은 자신의 모습이 비치는 것을 보았다. 혼미한 사이에 1,000년 전 한대(漢代)로 넘어간 듯, 하늘과 땅은 광활하고 높은 누각에 홀로 앉아 있는 듯한 심정을 느꼈다. 같은 처지와 마음으로 소식은 노인의 눈빛에서 집중과 단호함, 충만함을 읽어냈다. 약간의 취기와 함께 시공의 장벽을 넘어, 물그릇 속 반영이 지금의 나인지, 전생의 나인지, 혹은 1,000년 전 외로운 노인인지 알 수 없었다. 전생과 현생이 뒤섞인 그 비 오는 아침, 소식은 동중서와 1,000년을 뛰어넘는 응시와 교감을 이루어냈다.

소식이 동중서를 자신의 전생으로 여긴 것은 그를 충분히 알고 이해했기 때문이다. 그는 동중서가 당시 책을 읽던 마음가짐을 알았고, 마음 깊은 곳에서 우러나오는 고독과 공허함을 더 잘 이해했다. 이 고독은 세속의 소란과는 무관하며, 바람과 비, 꽃과 풀과도 상관없고, 외딴섬이나 먼 곳과도 무관하다. 천지의 무궁함을 생각하며 홀로 쓸쓸히

---

30) 『全宋詩』: 白髮蒼顏自照盆, 董生端合是前身. 獨棲高閣多辭客, 爲著新書未絕麟. 小醉易醒風力軟, 安眠無夢雨聲新. 長歌自詠眞堪笑, 底處人間是所欣.

슬퍼하고, 한 높은 곳의 쓸쓸함, 오랫동안 영혼의 벗을 찾지 못한 깊은 상실감이었다. 바로 이런 이유로, 그 순간 소식은 동중서와 합일하여, 전생과 현생의 만남처럼 자연스럽고 친근하게 손에 닿을 듯이 마주했다. 소식은 또 다른 시에서 이렇게도 노래했다.

> 등불을 켜고 앉아 새벽까지,
>
> 그림자와 이야기를 나누네.
>
> 장막 아래 고인을 마주하니,
>
> 어찌 또 정원에 들여다볼 틈이 있겠는가.[31]

외로운 등불 아래 홀로 앉아 그림자와 말하며, 또 한 번 동중서와 예기치 않은 만남을 가졌다. 위대한 철인들은 이렇게 시공을 뛰어넘어 서로 위로하고 격려한다. 이것은 오직 그들만의 정신적 교류이다.

현실은 소식에게 무거운 타격을 주었지만, 그는 고난 속에서 찬란한 꽃을 피웠고, 그것으로 인해 주변 사람들을 더 나은 삶으로 인도했다. 오늘날까지도 하이난(海南)에는 소동파의 흔적이 빼곡하다. 동파서원(東坡書院), 동파촌(東坡村), 동파정(東坡井), 동파전(東坡田), 동파모(東坡帽) 등, 사람들이 소식에 대한 그리움과 감사함을 표현하고 있다. 이것은 바로 소식이 애써 찾아 헤맨, 인간 세상의 진정하고도 영원한 기쁨과 평안이 아니겠는가?

3. 부자(父子)에서 민족 문화로 확장된 세대 간 전승

동중서의 근면한 학습과 청렴결백한 삶에 근거한, 후배 학자들을

---

31) 『全宋詩』: 留燈坐達曉, 要與影晤言. 下帷對古人, 何暇復窺園.

격려하는 시구는 동중서에 관한 시에서 자주 등장한다. 이러한 스승과 제자, 부자 사이의 세대 전승에서 비롯된 가풍은 가족 감정을 유지하는 유대일 뿐만 아니라 민족정신과 가치를 지향하는 중요한 요소이기도 하다.

조변(趙抃)은 자기의 가족 형제에게 가훈과 같은 시문을 지어, 자손들에게 문(文)을 중시하되 행(行)을 더욱 중요하게 여기며, 진퇴(進退)와 거취(去就)의 인의(仁義) 원칙을 견지할 것을 경계하는 내용을 제시하였다.[32] 구호(鄒浩)의 「송왕유안부거(送王幼安赴擧)」에는 시험을 치러 가는 학자들에게 진취적인 동시에 정의롭고 청렴할 것을 권고하였다.[33]

소식의 아들 소과(蘇過)는 어린 시절 아버지를 따라 빈번히 이주하였고, 아버지의 영향으로 담박하고 평온하며 가난과 천함에 안주하는 성격을 형성했다. 맹춘(孟春) 시절, 만물이 소생하고 생기가 가득할 때, 소과는 생계를 위해 분주하게 움직이다가 우연히 사람들이 무리 지어 물가에서 술잔을 돌리며 봄나들이를 즐기는 모습을 보고, 오늘이 상사절(上巳節)임을 깨닫고 「차운숙부상사이수·기이(次韻叔父上巳二首·其二)」라는 시를 지었다.

> 몇 해 동안 세상 떠나 강호에 머물러,
>
> 즐거운 일 그 누구와 함께하랴.
>
> 상사(上巳)날 우연히 흐르는 물 따라 계(禊)를 지내고,
>
> 술잔 띄우며 잠시 어린아이처럼 즐기네.

---

32) 『全宋詩』: 進欲安舒退欲恬, 要將高行與文兼. 吾門自昔傳淸白, 聖世於今重孝廉. 孔氏性情歸利正, 仲舒仁義事摩漸. 人生試看無聞者, 徒爾區區歲月添.

33) 『全宋詩』: 會使淸時識仲舒.

남은 술잔과 차가운 음식에 명절을 부끄러워하고,

초라한 옷과 누런 갓을 쓰고 산속 선비를 동경하네.

가벼운 쾌락과 세상의 좋은 것을 추구하여,

이렇게 '규원(窺園)'하여 진정한 학자들 앞에 부끄럽구나.[34]

젊은 시절 생활이 고달팠지만, 아버지와 형제가 곁에 있었고, 지금은 아버지가 병사하고 형제들이 흩어져 소과 혼자 외롭다. 즐거운 일이 있어도 누구와 함께 나누겠는가? 이를 통해 현재 소과의 곤궁과 마음속 외로움을 절절히 표현한다. 소과에게 남은 것은, 차가운 잔과 찬밥뿐, 상사절의 좋은 날과 봄날을 헛되이 보낸 느낌이며, 좋은 절기에 들판 농부들이 친구들과 술잔 돌리며 즐기는 모습이 부럽기만 하다. 명절마다 가족을 그리는 정서는 시에는 직접적으로 표현하지 않았지만, 구절마다 고립과 외로움, 그리고 명절의 화려함과 사람들의 즐거움과 극명한 대비를 드러낸다. 결국, 소과는 스스로 달래며, 세상의 아름다움과 즐거움은 영원히 나의 것이 아니기에, 더 이상 좇지 않겠다고 다짐한다.

소과는 동중서를 떠올린다. 그리고 정원을 걸으며 살펴보는 것조차 부끄럽다고 여긴다. 하물며 가벼운 말과 비단옷 같은 세속적 쾌락은 더욱 그러하다. 선현과의 대화 속에서 소과는, 내면에서 진정하게 추구하는 것과 동경이 무엇인지를 드러낸다. 가장 외롭고 쓸쓸하며 상실감에 빠졌을 때, 선성(先聖)과 선현(先賢)의 영혼적 위안이 없고, 아버지 소식이 남긴 정신적 보물이 없었다면, 소과가 어떻게 가벼운 쾌락과 세상의 좋은 것을 추구한다는 정신적 용기를 가질 수 있었겠는가!

---

34) 『全宋詩』: 幾年零落臥江湖, 樂事何人與我俱. 上巳偶尋流水禊, 泛觴聊爲小兒娛. 殘杯冷炙慚佳節, 草服黃冠慕野夫. 永謝輕肥追世好, 窺園已愧下帷儒.

일생을 전쟁 속에서 보낸 신기질(辛棄疾)은 반평생을 떠돌며 격동의 삶을 살았다. 아들이 열심히 『춘추(春秋)』를 읽는 것을 보고, 자신의 관직 생활과 전장(戰場)의 삶을 생각하며, 시를 지어 아들 세대들이 부지런히 공부할 것을 권했다.

> 봄비는 낮에도 밤에도 계속되고,
>
> 봄 강물은 차가워 얼음 같구나.
>
> 맑은 근심은 매우 크고 광대하여,
>
> 광경은 격렬하게 날아오르네.
>
> 나는 은퇴한 손님 같고,
>
> 마음은 선정에 든 스님과 같구나.
>
> 서원에 가본 적 있느냐?
>
> 동중서처럼 배워야 하느니라.[35]

신기질이 묘사한 봄은 따사로운 바람과 햇살이 부드럽게 부는 계절이 아니라, 갑자기 따뜻해졌다가도 다시 추워지고, 봄비가 연이어 내리며, 강물은 차갑게 얼음이 될 듯한 모습이다. 눈에 보이는 봄의 풍경은 사실 마음속의 풍경이다. 얼음처럼 차가운 봄은 신기질의 복잡하고 안타까운 심경을 반영한다. 아들이 열심히 공부하는 모습을 보면서, 그의 마음속에는 파도가 치듯 복잡한 근심이 일어난다. "격렬하게 날아오르네[劇飛騰]"라는 구절은 신기질이 겪은 삶의 부침과 고난을 나타낸다. "나는 은퇴한 손님 같고, 마음은 선정에 든 스님 같다."라고 했지만, 산야(山野)에서 마음은 선정(禪定)에 들어 있어도, 늘 북벌(北

---

35) 『全宋詩』: 春雨晝連夜, 春江冷欲冰. 清愁殊浩蕩, 莫景劇飛騰. 身是歸休客, 心如入定僧. 西園曾到不, 要學仲舒能.

伐)과 복국(復國)의 대업을 생각하고 있다. 비록 은퇴했지만, 그의 비장함과 근심은 결코 '선정'에 들지 못한다. 결국, 시인은 아들에게 희망을 걸고, 아들이 『춘추』를 열심히 읽으며 도학에 뜻을 두고 큰 뜻을 깨닫는 모습을 기쁘게 여긴다. 동중서가 3년 동안 정원을 들여다보지 않고 공부하며 공양 『춘추』를 연구해 경문을 해석하고 대의를 펼친 것처럼, 신기질 또한 후배들에게 독서와 뜻 세우기를 권하는 것이다.

동중서와 마찬가지로 신기질도 현실과 이상 사이의 갈등과 충돌에 직면했다. 그가 아들에게 권하는 것은 후대를 위한 격려라기보다 고대의 성현을 빌려 스스로 독려하는 것이다. 세월이 흘러 나이가 들었지만, 인생을 멈추지 말고 계속 '격렬하게 움직여라!'는 메시지다. 금과 철마를 타고 싸우는 장수도 영웅이지만, 지략을 품고 강토를 지휘하는 자도 영웅이며, 칼 대신 붓을 들어 만세의 법을 세운 자가 진정한 영웅이다. '불가능함을 알면서도 행하며', 재능이 있으나 뜻을 이루지 못하고, '생전과 사후에 명성만 남는다 해도', 절대 "격렬하게 날아오르네[劇飛騰]"라는 자세를 포기해서는 안 된다.

왕부지(王夫之)는 "인정(人情)의 움직임은 끝이 없으나 각자 감정에 따라 마주하는 바가 다르니, 이 때문에 시(詩)가 귀중하다."36)라고 말했다. 다행히 시(詩)가 있어, 시간과 공간을 넘나들며 빛나는 사상을 서로 비교하고 반짝이게 하며, 후세 시인들은 끊임없이 동중서에게서 정신적 힘을 찾는다. 동중서는 생명의 빛으로 외딴섬의 소식을 비추고, 슬프고 분노하는 신기질을 격려했다. 소식 또한 눈부신 빛으로 아들 소과와 세상을 따뜻하게 만들었다. 신기질은 호탕한 영웅적 기개로 후배들을 북돋았다.

---

36) 『薑齋詩話箋注』: 人情之遊也無涯, 而各以其情遇, 斯所貴於有詩.

시문 속의 동중서는 결국 하나의 정신적 힘의 상징이 되었다. 절망과 외로움 속에서도, 자기 절제와 부지런함으로 아들 세대를 격려하며, 시인들은 시대의 흥망성쇠, 개인의 기쁨과 슬픔, 이상 추구를 시구마다 담아냈다. 이는 역대 문인들의 혈맥 속에 흐르는 문화적 기억이며, 민족 문화가 지속될 수 있는 가치이기도 하다. 중국의 문화는 이처럼 지속적으로 성현의 발자취를 찾아가며, 세대를 이어 완성해 왔다.

참고문헌(參考文獻)

春秋繁露. 春秋繁露義證. 漢書. 史記. 白虎通. 法言. 尙書. 詩經. 周易. 毛詩. 禮記. 呂氏春秋. 論語. 孟子. 荀子. 大學. 中庸. 論語集注. 孟子集注. 大學章句. 中庸章句. 說文解字(段注). 朱子語類. 性理大全

葛晨虹(1998). 德化的視野-儒家德性思想研究. 北京: 同心出版社.

葛 洪(2005). 西京雜記. 西安: 三秦出版社.

康有爲(1990). 春秋董氏學. 北京: 中華書局.

康中乾(2014). 董仲舒'天人感應'論的哲學意義. 吉林大學社會科學學報 54(05).

季桂起(2023). 董仲舒「王道」觀的國家治理思想. 衡水學院學報 3.

顧炎武(2020). 日知錄. 上海: 中華書局.

고주한(1988). 董仲舒 敎育思想의 成立. 중앙대학교 석사논문.

高春菊(2007). 獨以寒暑不能成歲 獨以威勢不能成政: 董仲舒社會教化思想研究. 衡水學院學報 3.

郭 楠(2023). 中華優秀傳統文化融入大學生心理健康教育課程研究. 公關世界 16.

郭炳潔(2008). 淺析董仲舒的人學思想與道德教育思想. 菏澤學院學報 6.

苟東鋒(2015). 孔子正名思想探源. 湖南大學學報(社會科學版) 9.

邱 琳(2009). 董仲舒教化思想的人性論基礎. 船山學刊 4.

宮長爲(2002). 天子考論. 周秦社會與文化研究-紀念中國先秦史學會成立20週年學術研討會論文集. 陝西師範大學出版社.

김봉건(1990). 董仲舒의 人性論. 哲學論叢 6.

김상래(2017). 董仲舒의 天人合一說과 그 倫理的 含意. 退溪學論叢 30.

김주창(2016). 物學의 起點. 董仲舒哲學의 辨證的思惟: 一氣. 感應. 民主概念을 中心으로. 儒學研究 34.

金春峰(2006). 漢代思想史. 北京: 中國社會科學出版社.

唐國軍(2008).　董仲舒與儒家思想政治教育理論的實踐化—儒家傳統思想政治教育理論模式研究之五. 廣西社會科學 3

唐君毅(2021). 中國文化之精神價值. 北京: 九州出版社.

代春敏(2019). 董仲舒教化思想初探. 董仲舒與儒學研究 7. 成都: 巴蜀書社.

戴鴻森·王夫之(2012). 薑齋詩話箋注. 上海: 上海古籍出版社.

董金裕(2015). 董仲舒的崇儒重教及其現代意義. 衡水學院學報 3.

董作賓(1953). 殷墟文字乙編. 歷史語言研究所.

杜　巍(2003). 董仲舒天人觀中教育思想探微. 無錫教育學院學報 3.

厲　鶚(1981). 宋詩紀事. 上海: 上海古籍出版社.

勞思光(정인재 옮김. 1986). 中國哲學史(古代篇). 서울: 탐구당.

雷曉鵬(2015). 秦始皇爲何不自稱「天子」?. 唐都學刊 4.

廖其發(16991). 董仲舒的人性論與教育思想研究. 西南師範大學學報(哲學社會科學版) 2.

廖其發(1991). 董仲舒人性論與教育思想研究. 西南師範大學學報 12.

劉　强(2016). 論語新識. 長沙: 嶽麓書社.

劉國忠(1999). 五行大義研究. 瀋陽: 遼寧教育出版社.

류동원(2002). 儒家思想의 官學化-董仲舒의 天人感應論을 中心으로-. 中國學研

劉汝霖(2010). 漢晉學術編年. 上海: 華東師範大學出版社.

류인희(1980). 朱子哲學과 中國哲學. 서울: 汎學社.

劉兆偉(1989). 論董仲舒以教化治國之方略. 遼寧高度教育研究 2.

劉知幾(1978). 史通. 上海: 上海古籍出版社.

劉振維(2009). 論董仲舒'三綱'·'五常'之宗教蘊義. 南華大學哲學系. 倫理與宗教的對話: 第十

屈比較哲學會議.

陸元朗(2003). 經典釋文. 上海: 上海古籍出版社.

李牡瓊(2010). 兩漢名實思想探析. 陝西理工學院學報(社會科學版) 3.

李淑貞(2004). 論董仲舒"明道正義"的敎化思想及對後世影響.董子思想初探—董仲舒思想學
   術硏討會論文集.

李宗桂(1991). 董仲舒的文化貢獻. 河北學刊 4.

李澤厚(1999). 中國思想史論. 合肥: 安徽文藝出版社.

李澤厚(2015). 論語今讀. 北京: 中華書局.

李 賢(2003). 明一統志. 上海: 上海古籍出版社.

林麗雪(1978). 中國歷代思想家 9-董仲舒卷. 台北: 台灣商務印書館.

馬克思·恩格斯(2012). 馬克思恩格斯選集. 北京: 人民出版社.

毛禮銳(1984). 中國敎育史簡編. 北京: 敎育科學出版社.

毛禮銳·瞿菊農·邵鶴亭(1983). 中國古代敎育史. 北京:人民敎育出版社.

毛禮銳·沈灌群(1985). 中國敎育通史. 濟南: 山東敎育出版社.

牟鐘鑒(1993). 生態哲學與儒家的天人之學. 甘肅社會科學 3.

박동인(2010). 董仲舒 儒術獨尊의 정치철학적 의미. 고려대학교 박사학위논문.

박영진(2004). 동중서의 교육사상연구. 한국교육논단 3-1.

班固(1994). 白虎通義. 北京: 中華書局.

班固(1999). 漢書. 北京: 中華書局.

班固(2019). 白虎通義疏證. 北京: 中華書局.

潘自牧(2003). 記纂淵海. 上海: 上海古籍出版社.

範 曄(1965). 後漢書. 北京: 中華書局.

변문홍(2007). 董仲舒의 內向的 哲學 硏究. 人文學硏究 34-3.

奉安寧·洪志亮(2021). 儒家義利觀對大學生構建正確價值觀的啟示. 文化創新比較硏究

5(35).

北京大學古文獻研究所(1991). 全宋詩. 北京: 北京大學出版社.

司馬光(2010). 司馬光集. 成都: 四川大學出版社.

司馬遷(1982). 史記. 北京: 中華書局.

謝永芳(2016). 辛棄疾詩詞全集. 武漢: 崇文書局.

謝肇淛(2003). 北河紀餘. 上海: 上海古籍出版社.

謝遐齡(2019). 董子大一統學說是王道學核心思想. 德州學院學報 5.

商聚德(1998). 試論董仲舒人性論的邏輯層次. 中國社會科學院哲學研究所. 中國哲學史 2.

서보근(2010). 中國 董仲舒의 統治思想. 大韓政治學會報 18-2.

徐復觀(1965). 中國人性論史-先秦篇. 臺北: 臺灣商務印書館.

徐復觀(1976). 兩漢思想史(卷2). 臺北: 學生書局.

徐復觀(2014). 兩漢思想史. 北京: 九州出版社.

薛湧(1985). 文化價值與社會變遷: 訪哈佛大學教授杜維明. 讀書 10.

蘇興(1992). 春秋繁露義證. 北京: 中華書局.

孫培靑 主編(2000). 中國教育史. 上海: 華東師範大學出版社.

孫 友(2010). 董仲舒教化思想探微. 赤峰學院學報(漢文哲學社會科學版) 7.

孫婷·李欠文·齊紅煜等(2024). 高職大學生心理危機預警和幹預機制研究. 大學 13.

손홍철(2010). 董仲舒의 政治思想에 관한 解釋學的理解. 現象·解釋學的教育研究 7-2.

손홍철(2012). 董仲舒의 人間觀 研究. 南冥學 17.

孫希旦(1989). 禮記集解. 北京: 中華書局.

宋鎮豪(2010). 商代史論綱(卷1). 北京: 中國社會科學出版社.

宋惠昌(2009). 董仲舒的君權制約論. 中共中央黨校學 6.

荀 悅(2003). 前漢紀. 上海: 上海古籍出版社.

荀 悅(2017). 前漢紀. 北京: 中華書局.

신정근(2012). 동중서, 중화주의의 개막. 파주: 태학사.

신창호(2005). 교육학개설. 고양: 서현사.

신창호(2012). 유교의 교육학 체계. 서울: 고려대학교 출판부.

신창호(2021). 동중서의 국가주의 교육사상. 온지논총 66.

신창호(2022). 교육철학잡기 3. 서울: 박영스토리

安文強(2014). 董仲舒正名思想研究. 武漢: 湖北大學.

안승석(2015). 董仲舒의 政治思想에 關한 硏究. 대구한의대학교 박사논문.

愛新覺羅·毓鋆(2019). 毓老師說春秋繁露. 石家莊: 花山文藝出版社.

楊伯峻(2009). 春秋左傳注. 北京: 中華書局.

楊濟襄(2018). 儒家道德思想的實踐—董仲舒「仁義法」的人我內外之別. 衡水學院學報 6.

楊澤波(1995). 孟子性善論研究. 北京: 社會科學出版社.

餘治平(2002). 論董仲舒的天本體哲學. 上海交通大學學報(社會科學版) 2.

餘治平(2009). 董仲舒五行學說論. 衡水學院學報 5.

餘治平(2012). 董子仁義學新釋. 衡水學院學報 5.

王錕(2017). 從分到合: 五行學說的系統結構及其現代啟示. 人文雜誌 3.

汪受寬・金良年(2012). 孝經·大學·中庸譯注. 上海: 上海古籍出版社.

王新春・丁巧玲(2021). 邵雍三才之道視域下的易學思想建構. 周易研究 6.

王安石(1974). 王文公文集. 上海: 上海人民出版社.

王爲全(2004). 對當代中國道德建設中的形上缺失的分析. 理論與改革 3.

王應麟(2011). 漢藝文志考證. 北京: 中華書局.

王 燦(2011). 「天子」新考. 文化學刊 1.

王 澤(2019). 董仲舒譜考補. 衡水學院學報 3.

袁說友(1987). 東塘集. 上海: 上海古籍出版社.

袁一雪(2024). 面對大學生心理健康問題. 怎樣防又如何治. 中國科學報 2024-03-05(4).

韋喬元(2010). 董仲舒敎化思想對現代政治敎育的啟示. 廣西民族師範學院學報 6.

魏文華(2007). 董仲舒義利論及對後世之影響. 衡水學院學報 3.

魏彥紅(2017). 董仲舒敎化思想硏究述評. 衡水學院學報 19(1).

魏彥紅(2018). 董仲舒教化思想研究述評. 董仲舒與儒學研究 5. 成都: 巴蜀書社.

魏彥紅(2018). 董仲舒教化思想研究述評.董學新論. 吉林: 長春出版社.

魏　徵(1973). 隋書. 北京: 中華書局.

俞天印·李國春(2015). 論五行之不可廢. 南京中醫藥大學學報(社會科學版) 3.

이춘식(1998). 中華思想. 서울: 敎保文庫.

任繼愈 編(2010). 中國哲學史(2). 北京: 人民出版社.

張文英(2009). 董仲舒的"性三品說"與君主的敎化責任. 理論月刊 4.

張韶宇(2011). 董仲舒"王道敎化論"理路透析. 鄭州輕工業學院學報(社會科學版) 12(1).

張天儒(2008). 淺論董仲舒敎化思想之實施路徑. 隴東學院學報 6.

章　樵(1989). 古文苑注. 上海: 上海書店出版社.

張　平(2013). 政統與道統之間: 董仲舒思想探要. 社會科學論壇 7.

錢　穆(2009). 中國學術思想史論叢1-2. 北京: 生活·讀書·新知三聯書店.

錢　穆(2011). 論語新解. 北京: 九州出版社.

田海艦(2001). 董仲舒敎化思想探析. 河北大學成人敎育學院學報 4.

정경숙(2012). 동중서의 인성론에 관한 연구. 대전대학교 석사논문.

丁東風(1994). 董仲舒"天人相應"說對現代社會生態學的啟示. 江西社會科學 12.

丁四新(2021). 三綱說的來源·形成與異化. 衡水學院學報 3.

程元敏(2018). 漢經學史. 臺北: 臺灣商務印書館.

정한균(2003). 동중서천학. 서울: 법인문화사.

鄭慧生(1982). 「天子」考. 歷史敎學 11.

趙逵夫(2010). 歷代賦評注: 漢代卷. 成都: 巴蜀書社.

曹　影(2008). "性三品":董仲舒社會教化的理論根據. 社會科學戰線 8.

曹迎春·代春敏(2021). 董仲舒思想通解. 河北: 燕山大學出版社.

曹迎春·代春敏(2022). 德音潤澤-董仲舒名言品鑒. 河北: 燕山大學出版社.

趙玉玲(2016). 董仲舒義利觀探析. 鄭州: 鄭州大學.

趙潤琦(1998). 五行學說是樸素的系統論—兼論五行學說的基本內容. 西北大學學報(哲學社會

　　科學版) 2.

鍾肇鵬(2005). 春秋繁露校釋. 石家莊: 河北人民出版社.

朱傑人(2010). 朱子全書·上蔡語錄(外編 第3冊). 上海: 上海古籍出版社; 合肥: 安徽教育出版社.

周桂鈿(1989). 董學探微. 北京: 北京師範大學出版社.

周桂鈿(2008). 董學探微. 北京: 北京師範大學出版社.

周桂鈿(2015). 今天來看董仲舒. 光明日報. 2015-05-18(16)字.

周桂鈿(2015). 董仲舒是儒家大聖人. 衡水學院學報 5.

周桂鈿(2015). 董學續探. 福州: 海峽出版社.

朱睦㮮(2003). 授經圖義例. 上海: 上海古籍出版社.

朱彝尊(2003). 經義考. 上海: 上海古籍出版社.

朱人求(2007). 董仲舒教化哲學研究. 福建師範大學學報(哲學社會科學版) 5.

周　迪(2019). 再論「王道政倫」概念之詮分與闡釋: 基於孔孟古典儒學與董仲舒新儒學的思域.

　　海南大學學報(人文社會科學版) 5.

朱駿聲(1983). 說文通訓定聲. 武漢: 武漢古籍書店.

周春蘭(2010). "性未善":董仲舒教化思想的邏輯起點. 衡水學院學報 5.

周熾成(2015). 性樸論與儒家教化政治:以荀子與董仲舒爲例. 廣西大學學報(哲學社會科學版) 1.

朱　熹(1983). 四書章句集注. 北京: 中華書局.

曾振宇(2002). 董仲舒人性論再認識. 史學月刊 3.

曾振宇·範學輝(1998). 天人衡中-春秋繁露與中國文化. 鄭州: 河南大學出版社.

陳　來(2019). 儒學發展與進化-陳來講談錄. 台北: 崧博文化.

陳　來(2014). 仁學本體論. 北京: 生活·讀書·新知三聯書店.

陳福濱(2019). 董仲舒人性論研究. 董仲舒與儒學研究 **8**. 成都: 巴蜀書社.

陳山榜(2018). 義利之辨與董仲舒的不白之**冤**. 衡水學院學報 20(5).

陳生璽(2013). 張居正講評大學·中庸皇家讀本. 上海: 上海辭書出版社.

陳　昇(2016). 孟子與董仲舒對仁·義理解之同異. 衡水學院學報 18(3).

陳業新(2012). 儒家生態意識與中國古代環境保護**研**究. 上海: 上海交通大學出版社.

秦進才(2023). 正誼明道與董仲舒義利觀關係新探. 衡水學院學報 25(3).

崔　濤(2013). 董仲舒的儒家政治哲學. 北京: 光明日報出版社.

鄒學熹·佘賢武(2008). 易經. 成都: 四川科學技術出版社.

沈　約(2013). 宋書. 北京: 中華書局.

沈才彬(1992). 日本天皇與中國皇帝的比**較研**究-以「天子思想」爲中心. 日本學刊 2.

脫脫等(1977). 宋史. 北京: 中華書局.

馮　時(2001). 中國天文考古學. 北京: 社會科學文獻出版社.

馮　時(2018). 文明以止-上古的天文. 思想與制度. 北京: 中國社會科學出版社.

馮　時(2012). 見龍在田.天下文明—從西水坡宗教遺存論到上古時代的天文與人文. **濮陽職業
　　　技術學院學報** 25(3).

馮友蘭(1934). 中國哲學史(下). 上海: 商務印書館.

皮錫瑞(2017). 經學通論. 北京: 中華書局.

何金松(2004). 漢字文化解讀. 武漢: 湖北人民出版社.

何休·徐彥(2014). 春秋公羊傳注疏. 上海: 上海古籍出版社.

韓　星(2015). 董仲舒天人關系的三維向度及其思想定位. 哲學**研**究 9.

韓　星(2014). 王道通三: 董仲舒的王道觀與政治理想. 江漢論壇 10.

韓　星(2025). 董仲舒的批判精神與王道構建. 衡水學院學報 5.

한형조(1996). 朱熹에서 丁若鏞으로. 서울: 세계사.

項退結(1990). 孟荀人性論之形上學背景. 臺大哲學系 主編. 中國人性論. 臺北: 東大圖書公司.

許 慎(1963). 說文解字. 北京: 中華書局.

許 慎(1988). 說文解字注. 段玉裁(注). 上海: 上海古籍出版社.

桓 譚(2009). 桓譚新論. 北京: 中華書局.

黃公偉(1975). 孔孟荀哲學證義. 臺北: 幼獅文化事業公司.

黃 釗(2004). 董仲舒以"獨尊儒術"爲特徵的道德教化思想探析. 河南大學學報(社會科學版) 4.

侯外廬·趙紀彬·杜國庠(1957). 中國思想通史(第1卷). 北京: 人民出版社.

De Bary. Theodore & Tu. Weiming(1998). Confucianism and Human Rights. N.Y.: Columbia University Press.

Fung. YuLan(1983). A History of Chinese Philosophy Vol. I . Princeton: Princeton University Press.

Needham. J. (1959). Science and Civilization in China. Vol.Ⅲ. The Sciences of The Heavens. Cambridge University Press.

錢理群(2015.5.20.). 大學裡絕對精緻的利己主義者. http://edu.Qq.com/a/20150520/041737.htm 2023년 8월1일 檢索

동중서 사상의 핵심과 전변

초판 1쇄 발행 | 2026년 1월 20일

지은이 | 다이춘민 ·린자바오 · 바이리창 · 신창호 · 안구이링,
　　　　왕원수 · 웨이옌홍 · 차오잉춘 · 최쭈어장

편역자 | 신창호 · 린자바오

편　집 | 강완구

디자인 | S-design

펴낸이 | 강완구

펴낸곳 | 도서출판 써네스트　　**브랜드** | 우물이있는집

출판등록 | 2005년 7월 13일 제2017-000293호

주　소 | 서울시 마포구 양화로 56, 1521호

전　화 | 02-332-9384　　　**팩　스** | 0303-0006-9384

홈페이지 | www.sunest.co.kr

ISBN 979-11-94166-76-4(93150) 값 25,000원

우물이있는집은 써네스트출판사의 인문브랜드입니다

잘못된 책은 바꾸어 드립니다.